Theodor Kirchhoff

Reisebilder und Skizzen aus Amerika

1. Band

Theodor Kirchhoff

Reisebilder und Skizzen aus Amerika
1. Band

ISBN/EAN: 9783744633840

Hergestellt in Europa, USA, Kanada, Australien, Japan

Cover: Foto ©Andreas Hilbeck / pixelio.de

Weitere Bücher finden Sie auf **www.hansebooks.com**

Reisebilder und Skizzen

aus

Amerika.

Von

Theodor Kirchhoff

(in San Francisco).

Erster Band.

Altona,
Carl Theod. Schlüter.

New-York,
E. Steiger, 22 u. 24 Frankfort Street.

1875.

Vorwort.

In der vorliegenden Sammlung von Reisebildern und Skizzen aus Amerika habe ich meinen während des letzten Jahrzehnts unter den verschiedensten Lebensverhältnissen entstandenen schriftstellerischen Arbeiten vereint eine Heimstätte verschaffen wollen. Neben manchen bereits in Journälen und Zeitschriften (Gartenlaube, Daheim, Globus, das Ausland rc. und in deutsch=amerikanischen Blättern) veröffentlichten Skizzen, an denen ich jedoch Vieles geändert und hinzugefügt habe, bringe ich eine Anzahl von Reiseschilderungen hier zum ersten Male vor die Oeffentlichkeit. Als Abdrücke früherer Erlebnisse sind mir dieselben frisch in die Feder geflossen und habe ich an ihnen nur solche Aenderungen vorgenommen, die diesem Werke eine mehr einheitliche Gestaltung geben sollten. Eine große Schwierigkeit bei Reisebeschreibungen, welche die Ländergebiete des fernen Westens behandeln, besteht in der fortdauernden Umgestaltung aller dortigen Culturverhältnisse;

noch so zutreffende Beschreibungen ihrer gegenwärtigen Zu= stände werden in kurzer Zeit als veraltet gelten müssen. Ich habe daher versucht, das Aeltere sich in gefälliger Form le= bendig an das Neuere anschmiegen zu lassen, um so dem Leser an dem Faden meiner eigenen Erfahrungen und Er= lebnisse ein faßliches Bild von der wechselvollen Entwickelung dieser Länder zu geben.

San Francisco, im December 1874.

Theodor Kirchhoff.

Inhalt.

Fünfzehnhundert Meilen

in der

Stagekutsche.*

—

* Stage = amerikanische Postkutsche.

Einleitung.

Die nachfolgende Beschreibung meiner Stagereise über den nordamerikanischen Continent ist auf eine etwas ungewöhnliche Weise entstanden. Auf dem Ladentische meines „Store's" verfaßte ich dieselbe im Winter, bei offenen Thüren. Ich habe sie erst mit Bleifeder auf Pappendeckel und Hunderte von losen Papierstücken, auf ungezählte alte Briefcouverte und sogar auf Bretter von Cigarrenkisten und Modeschachteln hingeworfen. Hundertmal bin ich täglich bei meiner Arbeit von neugierigen Kunden gestört worden. Biedere Goldgräber haben mir unzählige Fragen über den Inhalt der fremden Schriftstücke auf den Pappendeckeln gestellt, während sie, im Hinterwäldlercostüm neben mir am Blechofen sitzend, Nüsse knackten, Holz schnitzelten oder feine Havanna-Cigarren rauchten und dabei meinem eifrigen Schreiben verwundert zusahen. Oft mußte ich inmitten einer glänzenden Periode ein halbvollgeschriebenes Brettchen weglegen, um einem Kunden Waare zu verkaufen oder schnöden Goldstaub auf der Goldwaage zu wiegen, während so ein Yankee-Goldtourist sich sofort des Brettchens bemächtigte und mir den schönsten Gedanken mit dem Taschenmesser buchstäblich entzweischnitzelte. Wenn ich hinzufüge, daß ich in einem keineswegs luftdichten Holzhause wohnte, wo bei 10 bis 15 Grad Kälte meine wässerige Dinte die unangenehme Gewohnheit hatte sich in

1*

Eisklumpen zu verwandeln, und daß ich meistens in Mantel, Handschuhen und Pelzüberschuhen am Blechofen saß, während ich an meinem Manuskript arbeitete, so wird man zugeben, daß diese Skizzen unter nicht geringen Schwierigkeiten entstanden sind.

Die funfzehnhundert Meilen lange Stagereise, welche hier geschildert werden soll, war nicht minder abenteuerlich, als die Art und Weise, womit sie zu Papier gebracht wurde. Im fernen Westen Nordamerika's beginnt dieselbe an den Grenzen des Reiches der Indianer, der Büffel und Antilopen. Hinter uns lassen wir das weite Thal des gewaltigen Missouri, mit seinen blühenden Städten und Farmen und Menschenwohnungen. Wir werden hinaussteuern auf den Ocean unabsehbarer Grasflächen, alleine mit einem halben Dutzend Insassen in derselben Stage und den Angriffen blutdürstiger Indianerhorden ausgesetzt, um jenseits des Steppenmeeres das hohe Ufer der schneegipfelnden Felsengebirge zu erreichen; den Rückgrat des nordamerikanischen Continentes wollen wir übersteigen, unermeßliche Salbei- und Alcaliwüsten durchziehen, dem „Heiligen vom jüngsten Tage" einen Besuch abstatten und weiter nach dem fernen Goldlande Idaho kutschiren. Wen beim Antritt einer solchen Reise nicht ein Gefühl des Romantischen ein wenig überschleicht, wer eine solche Steppen-, Gebirgs- und Wüstenfahrt nur nach Dollars, Cents und verloren gegangenen Stunden berechnet, den lade ich nicht als meinen Gesellschafter ein; er bleibe nur ruhig zurück und langweile sich nach alter Gewohnheit im nüchternen Alltagsleben! Wer aber Lust hat, frei, wie der Vogel in der Luft, hinauszueilen in die Urnatur, der sei mir ein willkommener Reisebegleiter und ich verspreche ihm, wir werden uns auf eine ganz originelle Weise in der Wildniß amüsiren.

Den voranstehenden Worten, welche ich im Februar 1868 in Boise City, im Territorium Idaho, als Einleitung zu den hier folgenden Reiseskizzen schrieb, will ich jetzt, indem ich diese in neuer Umarbeitung der Oeffentlichkeit übergebe *, noch Einiges hinzufügen.

Die Gegend, durch welche meine Reiseroute lag, war damals noch zum größten Theile eine menschenleere Wildniß. Seitdem wurde die Pacificbahn gebaut. Eine Erinnerung an die alte Zeit sollten diese Blätter sein, ehe der Dampfzug die Entfernungen zusammengerückt und die riesigen Ländergebiete sozusagen verkleinert hatte. Möge sich der Leser, wenn er mir auf meiner abenteuerlichen Stagefahrt folgt, bewußt werden, was das amerikanische Volk im Bewältigen von Naturhindernissen Großartiges vollbracht hat, indem es dem Verkehr eine eiserne Brücke durch die Wildnisse dieses Continentes schlug. Wer, wie ich, dieselben Gegenden nur drei Jahre später in einem glänzenden „Hotel-Zuge" durchflogen hat, dem wird die Schilderung der schneckenartigen und mit fast fabelhaft klingenden Strapazen verbundenen Reise in der Stagekutsche wie ein Mährchen aus vorigen Jahrhunderten vorkommen; und doch ist das Leben dieser thatkräftigen Nation seitdem nur kurze anderthalb Lustra vorgeschritten.

Und nun wandert denn hin, ihr anspruchslosen Blätter wo überall das deutsche Wort eine Heimstätte hat, und plaudert von Reiseabenteuern in „alter Zeit" hier im jungen Amerika!

Theodor Kirchhoff.

* Die Schlußkapitel (von Salt Lake nach Idaho) erschienen bereits im Jahrgang 1868 des „Globus", Band XIII. Nr. 10, 11 u. 12.

A.

Die Steppe.

1. Von Solomon nach Monument.

Am Ostersonntage des Jahres 1867 gelangte ich auf einer Reise von Texas nach Jdaho mit einem Constructions-Zuge der „Kansas Pacific=Eisenbahn" nach dem Städtchen Solomon in Kansas, an welchem äußersten Punkte im Westen bis wohin damals das eiserne Geleise reichte, meine Stage-fahrt beginnen sollte. Im Bahnzuge zwischen Leavenworth und Solomon hatte sich die Unterhaltung fast allein um den vor Kurzem auf den Ebenen ausgebrochenen Indianer-krieg gedreht und es waren den Ueberland=Passagieren von den mitfahrenden Landbewohnern die schrecklichsten Beschrei-bungen von Grausamkeiten, welche die rothen Teufel ver-übt hätten, haarklein mitgetheilt worden. Nach den ernsten Mienen der Zuhörer zu schließen, fanden diese Erzählungen allgemeinen Glauben, und Mancher verwünschte seinen Ueber-muth, die gefährliche Reise über die Ebenen unternommen zu haben. Zur Umkehr war es aber jetzt für die meisten zu spät, und mit Ausnahme weniger mit Glücksgütern be-sonders Gesegneter, welche zurück nach New=York und von dort über den Isthmus von Panama nach Californien reisten,

setzten alle für die Ueberlandsreise eingeschriebenen Passa=
giere ihre Fahrt nach Westen fort.

In Solomon galt unsere erste Frage den Rothhäuten,
und wann die nächste Stage abführe. Ueber beides wußten
die Solomoner wenig Auskunft zu geben. Man erzählte
uns, daß seit fünf Tagen keine Stage von Westen angelangt
sei und die Gefahr vor den feindlichen Indianern so groß
wäre, daß sich vielleicht gar keine Postkutsche mehr auf die
Ebenen hinauswagen würde. Dazu kam, daß die Stages
auf dieser sogenannten „Smoky Hill=Route" in letzter Zeit
mehrfach Eigenthümer gewechselt hatten, wodurch, wie bei
solchen Gelegenheiten stets der Fall ist, Alles in herrliche
Unordnung gerathen war. Die Stadt Solomon, welche
aus einer einzelnen Reihe von elenden Bretterbuden be=
stand und auf einer öden, baumleeren Ebene lag, bot nicht
den geringsten Reiz, und das miserable „Solomon=Hotel"
war ein wahrer Hohn auf seinen hochklingenden Namen.

Als ich mich eben etwas im Freien erging, über das
Namenskind des Tempelbauers eigenthümliche Gedanken
hegte und die mir bevorstehenden Gefahren der Reise be=
denklich im Geiste erwog, erscholl unerwartet der Ruf:
„Die Stage!" — „Die Stage!" — und richtig, dort
ward der ersehnte Steppenfahrer über einer nahen Boden=
hebung sichtbar: und bald darauf galoppirten die vier
schnaubenden Rosse den „Broadway" von Solomon entlang
und brachten die schwere Postkutsche vor dem „Hotel" zum
Stillstand. Passagiere waren keine darin, und der Kutscher,
den wir sofort mit Fragen über die Indianer bestürmten,
ließ als Antwort nur einige zweideutige Bemerkungen fallen:
„er hoffe, daß wir unser Leben versichert hätten." —
„Scalpe seien jetzt billig." 2c. 2c., — durch welche sarka=
stische Aeußerungen unsere Freude über die Ankunft der
Stage erklärlicher Weise bedeutend herabgestimmt wurde.

Ich war als dritter Passagier für die erste Postkutsche eingeschrieben worden. Meine Reisegesellschaft bestand aus einem Kaufmann und zwei Goldgräbern aus Montana, einer ältlichen Mormonendame mit einem hübschen blauäugigen Knaben, die nach Utah reis'ten, und einer Familie aus Chicago, welche nach Denver übersiedeln wollte, Mann, Frau und vier Kinder — Charlie, Sandy, Sam und das Baby. Mit dem Kutscher zählten wir also dreizehn Personen an Bord, eine ominöse Zahl, wie die zurückbleibenden vierzig Passagiere kopfschüttelnd bemerkten, von denen wir quasi als Avantgarde gegen die Indianer betrachtet wurden. Doch befand sich ein ganzes Waffenarsenal von Hinterladungsbüchsen, Revolvern, Dolchmessern etc. nebst reichlicher Munition in der Stage, so daß wir im Nothfall schon ein gutes Scharmützel mit den Rothhäuten aushalten konnten.

Bei Dunkelwerden rasselte die Stage fort, schwer beladen mit Postsäcken und Gepäck und ihrer lebendigen Fracht von Männern, Frauen und Kindern, begleitet von den Segenswünschen der Zurückbleibenden. Da die Kinder müde waren und schnell einschliefen und wir Erwachsenen Ursache genug zum Nachdenken hatten, so herrschte bald allgemeine Stille in der Postkutsche. Der Mond hatte sein Silberlicht über die Prairie ausgegossen. Aus dem Kutschenfenster sah ich, in meine warme Wolldecke eingehüllt, den phantastischen Schatten des Wagens und der Pferde, mit der unförmlichen Gestalt des Rosselenkers darüber, auf der mattleuchteten Ebene neben uns hereilen und formte dieselbe in eine Schutzwache um, welche uns über die weite gefahrdrohende Steppe das Geleit gab. Zuletzt schloß auch ich die Augen und verfiel in einen Halbschlummer, aus dem ich erst erwachte, als der Wagen um zwei Uhr Morgens in dem Städtchen Salina anhielt.

In diesem äußersten Vorposten der Civilisation, wo wir einige Stunden verweilten, regalirte man uns wieder mit verschiedenen grauenhaften indianischen Mordgeschichten. Sandy, der zweite rothhaarige Sprößling der Chicaguer Familie fand diese Erzählungen so wenig nach seinem Geschmack, daß er sich weigerte, weiter mitzufahren, und mußte von seinem Papa auf summarische Weise weiter befördert werden. Das Zetergeschrei von Sandy, worin seine beiden Brüder, nebst dem am lautesten kreischenden Baby unisono einstimmten, gab uns Erwachsenen einen hübschen Vorgeschmack von den unterwegs für uns in Aussicht stehenden Quartett= Concerten. Punkt acht Uhr waren wir wieder auf der Reise, diesmal mit sechs muthigen Rossen im Geschirr, damit wir, wie der Kutscher, bei dem ich auf dem Bock Platz genommen, bemerkte, im Nothfall schneller vor den Indianern davonlaufen könnten. Ein eisiger Nordostwind pfiff über die flache Gegend und sauste in unharmonischen Accorden um unsere Kutsche, die in meilenweiter Runde als einziger hoher Gegenstand seine Kraftübungen hinderte. Die warme Büffeldecke, welche der Kutscher kameradschaftlich mit mir getheilt hatte, gab etwas Schutz vor dem grimmigen Blasen des Boreas, und ein Strick, womit ich meinen breitkrämpigen Texanerhut um Deckel und Kinn festgebunden, vereitelte seine energischen Anstrengungen, mir den Hut vom Kopfe herunterzuwehen. Nachdem wir anderthalb Miles von Salina das enge, nicht überbrückte Bett des „Dry Creek" mit zwei energischen Sätzen passirt hatten, die mich fast von meinem erhabenen Sitze heruntergeschleudert hätten — erst steil in die Tiefe und dann wieder hinauf in einem scharfen Winkel — steuerten wir hinaus auf die unendliche Steppe.

Die Steppe (the plains), welche wegen der frühen Jahreszeit nur mit spärlichem Graswuchs bedeckt war, muß

man sich nicht durchweg flach vorstellen. Oft ist dieselbe von
Hügelreihen durchzogen, und vereinzelt dastehende groteske
Felsformationen sind auf ihr keine Seltenheit. Tiefe, mit=
unter meilenlange straßenähnliche Höhlungen, die nicht früher
zu sehen sind, bis man dicht an ihren Rand gelangt, durch=
schneiden dieselbe und bilden natürliche Hindernisse für den
Reisenden und Schlupfwinkel für die Indianer. Das ganze
Land ist aber baumlos und sieht trotz seiner vielen Boden=
senkungen, wie eine endlose Fläche aus. Hier erstreckte
sich die Steppe in langen wellenförmigen Linien ringsum
bis zum Horizonte, — ein Land=Ocean. Vereinzelte Gras=
brände hatten hie und da gleichsam schwarze Inseln auf der
ungeheuren Grasfläche gebildet, welche das Monotone der
Landschaft unterbrachen, und die Erdarbeiten an der Pacific=
bahn zogen sich stellenweise darüber wie dunkle Linien meilen=
weit vor uns hin. Alle paar Meilen war die Steppe von
schmalen Bodensenkungen „Barrankas" genannt, durch=
zogen, welche oft, mit Wasser gefüllt und nicht überbrückt,
unserm Fortkommen unangenehme Hindernisse entgegen=
stellten. In einer solchen Barranka, von dem Kutscher
das „Kembelloch" genannt, weil sein College Kembel
einmal dort während achtundvierzig Stunden mit einer
Stage stecken blieb, hatten wir das Mißgeschick, im Schlamm
festzufahren. Wir waren genöthigt, hier die Postsäcke als
Faschinen zu benutzen, um neben den Rädern Fuß fassen
und den Pferden beim Losbringen des schweren Wagens
Hülfe leisten zu können. Nach einer anderthalb Stunden
dauernden anstrengenden Arbeit gelang es uns, mit ver=
einter Kraft in die Speichen greifend, während der Kutscher
die Thiere mit indianischem Schlachtgeheul zum Anziehen
ermunterte, die Stage — allerdings nicht zur Verschönerung
der Postsäcke — wieder aus dem „Kembelloch" herauszu=
bringen. Auf meine bescheidene Anfrage an den Kutscher,

weshalb die Stage-Compagnie das „Kembelloch" nicht
überbrücken ließe, belehrte er mich), daß dies vergebliche
Mühe sei, da die erste vorbeipassirende Emigrantenfuhr
die Brücke unfehlbar zu Feuerholz benutzen würde. Wo
bei besonders schlechten und sumpfigen Stellen den Pferden
das Ziehen schwer ward, pflegten sämmtliche männlichen
Passagiere unserer Reisegesellschaft auszusteigen. Jeder
von uns bewaffnete sich dann mit Steinen, und während
wir auf ein gegebenes Zeichen Alle auf einmal die Thiere
unter lautem Geschrei mit einem Steinhagel bombardirten,
und der Kutscher fluchend auf die Rosse einhieb, riß das
erschreckte Sechsgespann mit vereinter Kraft die Stage durch
das Sumpfloch, daß der Schlamm uns um die Ohren flog
und hoch bis über das Kutschendach spritzte.

So kutschirten wir über die Steppe, bis wir dreißig
.englische Meilen von Salina, Fort Harker, (ehedem Fort
Ellsworth genannt) erreichten. Romantisch standen die
Garnisonsgebäude auf der Ebene da, und lange Züge von
Gouvernementsfuhrwerken, mit ihren weißleinenen, mit den
großen schwarzen Buchstaben U. S. markirten Planen
brachten Leben und Abwechselung in das Landschaftsbild.
In der Regel waren zwei Frachtwagen, der vorderste
mit acht Mauleseln bespannt, einer hinter den andern gebunden, auf welche Weise acht Zugthiere so viel zu ziehen
vermögen, als zwei sechsspännige Fuhren fortschaffen können,
während dabei ein Fuhrmann überflüssig wird. Etwas
nordwestlich von Fort Harker liegt ein zwanzig Fuß hoher
vereinzelter Felsen, „Fremonts Fels" genannt. Dort hielt
der berühmte „Pfadfinder" eine Rede an verschiedene
damals mächtige Indianerstämme und ermahnte sie zum
Frieden mit den Weißen, welche sie sonst mit Donner und
Blitz vernichten würden, ein Rath, welcher von ihnen zu
ihrem Schaden wenig beherzigt worden ist. Zu jener Zeit

hatten die Weißen eben erst ihre Ansiedelungen an den Ufern des Missouri gepflanzt und die Indianer waren noch die unumschränkten Herren der Wildniß, von dort bis zum tausend Stunden entfernten Stillen Ocean. Heute steht die Indianerrace bereits so zu sagen mit einem Fuß im Grabe, und die Weißen haben blühende Staaten in jenen Wildnissen geschaffen; und bald werden unter dem schrillen Pfeifen der Locomotive die menschengefüllten Waggons mit Sturmeseile bei diesem Felsen vorüberbrausen!

Als wir weiter über die Steppe fuhren, begegnete uns ein wild aussehender Reiter in phantastischem Leder-costüm, der bis an die Zähne bewaffnet war und sich bei uns erkundigte, ob wir nicht vier Deserteure gesehen hätten, auf deren Verfolgung er begriffen sei. Ein einzelner Mann, der vier, wie vorauszusetzen bewaffnete desperate Kerle auf der Steppe einfangen wollte, war mir eine interessante Erscheinung. Ich erfuhr, daß dieser Wagehals der be-rühmte „wilde Wilhelm" (wild Bill) sei, von dessen fast unglaublichen Abenteuern ich schon mehrfach gelesen hatte. Zur Zeit war derselbe Staffetten-Reiter im Dienste des Generals Hancock und stets bereit, auf eigene Faust die verwegensten Streifzüge zu unternehmen. Oefters hatte er ganz allein ein Dutzend und mehr Indianer angegriffen und in die Flucht geschlagen, und wurde das Einfangen von vier Deserteuren von ihm gewiß für ein scherzhaftes Intermezzo gehalten. Die Zahl der von ihm getödteten Weißen belief sich nach seiner eigenen Angabe auf mehr als hundert, während er es nicht der Mühe werth gehalten hatte, die Indianer, welche er skalpirt, zu zählen. Das wettergebräunte Gesicht und die Adleraugen dieses Mannes-schlächters, der bald darauf allein seitwärts über die Steppe weitergaloppirte, behielt ich treu im Gedächtniß.

Bei einbrechender Nacht nahm ich wieder meinen Sitz in der Kutsche, wo wir zwölf Passagiere, groß und klein, uns in unser Minimum zusammendrückten. Eine recht elende Nachtfahrt war es, und da nicht zu hoffen stand, daß sich unsere Bequemlichkeit bis Denver irgendwie verbessern würde, so war meine Laune eben keine rosige zu nennen. Die Chicagoer Familie machte sich unausstehlich. Mann und Frau zankten sich fast fortwährend; das Baby schrie vier= telstundenlang und kreischte dabei, als ob es am Spieße steckte; Charlie, der älteste Knabe, ein Prachtexemplar vom frechen, vorlauten Jungamerika, gab seine Ansichten über Politik und Tagesneuigkeiten zum Besten, worin ihn sein jüngerer Bruder Sam nach Kräften unterstützte, während der mir besonders verhaßte rothhaarige Sandy darauf bestand, mir sein Solferinohaupt in den Schooß zu legen. Da alles Remonstriren meinerseits gegen diese Vertraulichkeit nichts nützen wollte, so nahm ich zu einem strategischen Plan meine Zuflucht, der sich in ähnlichen Fällen bereits practisch bewährt hatte. Leise zog ich eine Stecknadel aus meinem Rockkragen, — wo ich nach Jung= gesellenart stets einige davon vorräthig hatte, — und appli= zirte dem Sandy einen freundschaftlichen Stich in die Wade, was Jenen sofort mit lautem Geschrei in Papa's Schooß trieb. Ich fürchtete mich natürlich mehr als sonst Jemand in der Stage vor dem giftigen Scorpion, der den Sandy gestochen haben sollte. Die Mormonendame fiel fast vor Furcht in Ohnmacht, als ich, um den Casus zu erläutern sofort einige Scorpions= und Tarantulageschichten aus Texas und Central=Amerika zum Besten gab. Nachdem ich das Experiment mit der Stecknadel ein paar Mal wiederholt hatte, schien Sandy zu meiner Befriedigung meine Nähe geflissentlich zu vermeiden.

Während mehrerer Stunden waren wir gezwungen, bei stockfinstrer Nacht stille zu liegen und das Aufgehen des Mondes abzuwarten, weil auf der endlosen dunklen Fläche jedes Merkzeichen zum Orientiren fehlte. Ansehnliche Grasbrände leuchteten in verschiedenen Richtungen auf, ab und zu heulte ein Wolf, dem ein Kamerad aus weiter Ferne antwortete, oder ein Raubvogel flog krächzend über uns hin. Als die Mondscheibe voll am Horizonte emporstieg und die Ebene beschien, jagten sich die großen Schatten dunkler Wolken über das bleiche Gefild, als ob finstre Ungethüme sich verfolgten. Endlich, lange nach Mitternacht fiel ich in einen unruhigen Schlaf, aus dem mich das Zetergeschrei des Baby, dem seine Mutter soeben Morgentoilette machte, beim ersten Grauen des neuen Tages unangenehm weckte. Nichts Eiligeres hatte ich zu thun, als meinen früheren Sitz beim Kutscher wieder einzunehmen, welchen Platz ich während meiner Reise gegen alle Eindringlinge bei Tage fortan behauptete.

Die Steppe hatte heute ein schöneres Kleid angelegt. Junges Grün deckte den wellenförmigen Plan, hie und da stand ein schimmerndes Blümlein in der hellen Morgensonne. Die zahlreichen Löcher auf der Steppe, welche aussahen, als ob Bomben dort krepirt seien, rührten vom Wühlen der Büffel her. Tief ausgetretene Fußpfade, einzeln oder doppelt neben einander herlaufend, welche alle in der Richtung von Süd nach Nord, oft die Fahrstraße kreuzten, waren Büffelwege, auf denen diese Thiere in Reihen hinter einander hertraben. An diesem Vormittage gewahrte ich die ersten zwei Büffel, welche wie schwarze Kleckse sich an einer fernen grünen Höhe zeigten. Skelette von Büffeln, Pferden und Rindern und andere Thiergerippe, die am Wege bleichten, waren so häufig, daß ich bald gar keine Notiz mehr von ihnen nahm.

Einzelne Gräber am Wege, mit über Kreuz zusammen=
genagelten Stöcken darauf, machten einen düsteren Eindruck.
Ungenannt schliefen dort die rastlosen Abenteurer, die Pioniere
der Civilisation, den ewigen Schlaf auf der einsamen Steppe.
Ob von Krankheit und Seuchen dahingerafft, oder den Müh=
seligkeiten der Reise erlegen, ob ein Opfer des Mordes, der
Rachsucht oder des Raubes, oder von den Wilden grausam
getödtet — Niemand vermochte es zu sagen! Graus und
Entsetzen, verloren gegangene Hoffnungen, Noth und Herzeleid
schlummerten in diesen Gräbern. Hatte ein treues Weib dem
Gatten hier den Todesschweiß von der kalten Stirn getrocknet,
oder legte sich ein verlassener, lebensmüder Wanderer nieder
zum Sterben? — Hielten dort gar erbarmungslose Wilde
mit teuflischem Gejauchze die blutigen Scalpe hoch empor?
Verschollen der Jammer, und Keiner kann davon Kunde
geben! und bald werden auch jene Todtenhügel und ihre
Kreuze verschwunden sein. Nur die Winde der großen Steppe
werden über den vergessenen Grabstätten ein Klagelied singen!
Während wir so immer weiter westwärts über den
Steppenocean eilten, und nach Büffelheerden, Antilopen
und Indianern ausspähten, passirten wir jede acht bis zwölf
englische Meilen eine Stage=Station, an welcher die Pferde
gewechselt wurden und wo wir gelegentlich unsere nicht eben
lukullisch zu nennenden Mahlzeiten für anderthalb Dollars
die Portion einnahmen. Die Stationen bestanden aus roh
gezimmerten Holzhäusern, mit Stallungen daneben und
großen Heuschobern in gefährlicher Nähe, die bei aus=
gedehnten Grasbränden der Steppe nicht selten mit den
Gebäuden in Flammen aufgehen. Die Bewohner jener Sta=
tionen schwebten Alle in tödtlicher Angst vor den Indianern;
die Frage, ob wir auch gut bewaffnet seien, wiederholte
sich bei jedem Halteplatze und wurde immer bedeutsamer,
je näher wir den Jagdgründen der Rothhäute kamen.

Einige Meilen jenseits des vom 3. B. St.-Cavallerie-
Regimente besetzten Fort Hayes, welches wir am hohen
Vormittage passirt hatten, erreichten wir, 90 Miles von
Salina die Station Big Creek. Hier mußten wir vorläufig liegen bleiben, weil die Indianer sämmtliche vierzig
zur Station gehörigen Pferde zum offenbaren Hohn des in
nächster Nähe liegenden Truppen-Commando's geraubt
hatten. In der Station sah es aus wie in einer belagerten
Festung. Hinterladungsbüchsen, Carabiner und Revolver
hingen reihenweise an den Wänden, Patronen lagen auf
Tischen und Bänken und Jedermann handhabte Waffen, lud
Gewehre und sah unruhig oft hinaus auf die Steppe, als
ob die Indianer jeden Augenblick erscheinen könnten. Soeben war die Nachricht eingetroffen, daß die Rothhäute die
nächste westlich liegende Station angegriffen und verbrannt
hätten. Die drei dort wohnenden Stationswächter hatten
sie schrecklich verstümmelt und darauf noch lebend in die
Thür gelegt, die Köpfe draußen und mit den Beinen im
brennenden Gebäude. Zwei andere Stationen waren demselben Schicksal nur dadurch entgangen, daß die Wächter,
welche die rothen Teufel bei Zeiten gewahr wurden, eiligst
die Thüren schlossen, worauf die Wilden unter der Drohung,
bald wieder kommen zu wollen weiterzogen. Mit welchen
Gefühlen wir Stagereisenden diese Schauergeschichten an-
hörten, läßt sich denken! Auf einer Wegstrecke von mehr
als dreihundert englischen Meilen in der Wildniß sollten
wir in einer einzelnen Kutsche solchen Schrecknissen Trotz
bieten und mitten durch das Jagdgebiet der ergrimmten
Rothhäute fahren. Die Truppen stellten noch keine Be-
deckungsmannschaft, und selbst auf die Hoffnung, in Begleitung von zwei oder mehreren Stages zu gegenseitigem
Schutze die Reise zurückzulegen, mußten wir verzichten,
da die zum Wechseln nöthigen Pferde an den Stationen

2

fehlten. Seit drei Tagen war keine Kutsche vom Westen angelangt, was die Aussicht noch ominöser machte. Der in Big Creek wohnende Divisionsagent der Stage-Compagnie hatte vollständig den Kopf verloren. „Wir müßten selbst zusehen, wie wir durchkämen, helfen könne er uns nicht!" — das war der leidige Trost, den er uns gab.

Da wir voraussichtlich nicht vor der zweiten Station Pferde wechseln konnten, indem ja die nächste von den Indianern zerstört war, und wir auch mit demselben Gespann, das uns nach Big Creek gebracht, weiter fahren mußten, so war vor Allem nöthig, die Thiere rasten zu lassen. Der Kutscher benutzte seine Mußezeit, unsere Stage einer gründlichen Revision zu unterwerfen, damit wir nicht Gefahr liefen, unterwegs etwas am Wagen zu zerbrechen, was bei einem Kampfe, oder besser gesagt — Davonlaufen vor den Indianern unangenehme Folgen haben möchte. Wir Passagiere suchten unterdeß unsere Waffen in guten Stand zu setzen, schossen nach der Scheibe, übten uns im Schnellfeuern und recognoscirten ab und zu die Steppe mit Ferngläsern, während unsere Damen sich in herzzerbrechenden Lamentationen ergingen. Gegen Abend langte eine zweite Stagekutsche, die mit bewaffneten Passagieren überfüllt war und wie ein fahrendes Arsenal aussah, vom Osten bei der Station an und wurde als Verstärkung unserer Macht mit Jubel begrüßt.

Während der Nacht wurden Vorposten ausgestellt, durch das Loos bestimmt. Auf mich fiel die Zeit von ein bis vier Uhr Morgens, welche ich in Gemeinschaft mit einem der Stationsleute abhalten mußte. Jeder von uns war mit einer mit achtzehn Spitzkugelpatronen geladenen Henry's-Büchse und zwei sechsschüssigen Marinerevolvern bewaffnet. Langsam gingen wir vor den Stationsgebäuden auf und ab und spähten forschend hinaus auf die vom Mondlicht bleich

beschienene Steppe. Mitunter wähnten wir, es schwankten
die Grashalme über einer dunklen sich leise dahin bewegen=
den Gestalt, als ob dort Indianer auf dem Boden heran=
schlichen. Schnell wurden dann die Büchsen schußfertig ge=
halten, wir lüfteten die Revolver im Gürtel und zogen uns
in den dunklen Schatten der Gebäude zurück. Ob es In=
dianer gewesen waren, jene verschwimmenden Gestalten, die
wir öfters in einer Entfernung von etwa hundert Schritt
im Gras entlang schleichen sahen, ob Wölfe oder Coyotes,
deren Geheul und weinerlich schallendes Gekläff mitunter
unheimlich die Stille der Nacht unterbrach, darüber blieben
wir im Zweifel; denn wir wollten die Schlafenden in der
Station durch Schießen nicht unnöthig in Schrecken setzen.

Mein Gefährte, ein wackrer Irländer, war Tags zuvor
alleine zu Fuß von Salina angelangt, mit der Absicht, sich
in der Station als Arbeiter zu verdingen, oder nöthigen=
falls gegen die Indianer zu fechten. Das Leben dieses
muthigen Sohnes der „grünen Insel" war ein sehr be=
wegtes gewesen. Jahrelang hatte er sich am „Cap" (der
guten Hoffnung), in Ostindien, Algier, Peru, Chili, Australien
und Californien aufgehalten. Was er mir an seltsamen
Abenteuern in jenen Ländern mit leiser Stimme erzählte,
trug bei der uns umlauernden Gefahr nicht wenig dazu
bei, jene drei Stunden auf dem Posten auf mondlichter
Steppe romantisch zu machen. Charactere wie diesen Ir=
länder findet man tausende im fernen Westen Amerika's;
aber es gehört zu den großen Seltenheiten, wenn Einer
von ihnen das Erlebte auf interessante Weise wiedererzählt.
Haarsträubende Abenteuer, deren Beschreibungen in einer
illustrirten Zeitung bei flackerndem Kerzenlicht von blassen
Pensionsmädchen schaudernd im Bett gelesen werden würden,
sind solchen Leuten etwas so Gewöhnliches, daß es stets
ein Zufall ist, wenn die Welt davon erfährt. Als der

Tag angebrochen war und wir eben ein Morgenpfeifche
in der Gaststube rauchten, erstaunten wir nicht wenig, vo
einem Eisenbahnarbeiter die Neuigkeit zu hören, es hätte
die Indianer in dieser selben Nacht seinen Kameraden etlich
zwanzig Pferde gestohlen. Jetzt zweifelten wir nicht länge
daran, daß die Indianer ganz in unserer Nähe gewese
waren und uns auf dem Posten beobachtet hatten; ware
aber doch ganz zufrieden, ihre werthe Bekanntschaft nich
näher gemacht zu haben!

Den zweiten Tag unsres unfreiwilligen Aufenthalte
in der „Big Creek=Station" verbrachten wir so gut als e
sich unter den Umständen machen ließ. Einige von un
spielten vor den Gebäuden auf dem grünen Anger Bal
und Ringwerfen und Andere spähten mit Feldgläsern nac
Indianern und Stages oder schossen nach der Scheibe
während die Damen, welche, als die Gesellschaft sich ver
größerte, die Wilden ganz und gar vergessen hatten, i
Begleitung einiger Chesterfields an dem dicht hinter de
Station fließenden Bach sich am Fischfang amüsirten. Ei
sehr häßliches Büffelkalb wurde von der Jugend ganz be
sonders bewundert. Zwei zahme Prairiehunde (spermo
philus ludovicianus, der amerikanische Hamster), welche sic
auf dem Hofe in Erdlöchern häuslich eingerichtet hatten
nahmen am meisten die Aufmerksamkeit in Anspruch. Jen
putzlustigen Thierchen, welche mit ihren kurzen Schwänze
vergnügt wedelten, wenn sie mit einem lautem „Tschirp!" —
„Tschirp!" vor uns in ihre Löcher flohen, um bald darau
wieder klug herauszugucken, als wollten sie sagen: „Na nu
ihr habt ja nur Spaß gemacht!" — wurden wir nicht müd
zu betrachten, da sie ebenso liebenswürdig als frech waren

Gegen Mittag brachten die Damen von ihrer Razzi
ein paar hundert von anderthalb bis zehn Zoll lange Fisch
zurück, welche mit Jubel begrüßt wurden, und die wir be

Tische, in Butter gebraten, den trockenen Büffelsteaks bei weitem vorzogen. Kaum hatten wir unseren Imbiß beendigt, als der frohe Ruf: „die Stage! — die Stage!" erscholl. Es war keine Täuschung. Dort kam der kühne Steppenfahrer vom fernen Westen her, und bald darauf sprengte das schnaubende Sechsgespann über den grünen Plan heran und wurde bei der Station mit Hurrah empfangen. Zu unserer großen Beruhigung vernahmen wir, daß auf der Fahrt von Denver bis hierher gar keine Indianer gesehen worden waren. Gegen Abend langte noch eine Stage mit Passagieren von Salina an, und es war von den bis an die Zähne bewaffneten Insassen der vier Postkutschen so lebendig in der Station, wie in einem Feldlager.

Aber die Zeit drängte und wir rüsteten uns zur Weiterreise. Schon war der Mond aufgegangen. Die Pferde hatten sich genug ausgeruht und waren eingeschirrt, und der Kutscher knallte ungeduldig mit der Peitsche und hielt mit Mühe nur die sich bäumenden Thiere. Schnell nahmen wir alle unsere Plätze in der Stage ein. Die Sprößlinge der Chicagoer Familie wurden unter Zetergeschrei in die Kutsche expedirt, während der Papa mit seiner schlecht gelaunten Ehehälfte kräftige Complimente austauschte und ein Paar zurückbleibende Goldjäger sich laut in anzüglichen Witzen über Sandy und das „Baby" ergingen: da ließ der Kutscher mit einem kräftigen Peitschenhieb auf die Rosse diesen die Zügel schießen und fort sprengte in gestrecktem Galopp unser muthiges Sechsgespann. Als wir drei Passagiere, die, mit den geladenen Büchsen in der Hand, auf dem Kutschendache Platz genommen hatten, die Hüte schwenkten, erscholl hinter uns ein lautes „good bye!" — und kaum war der letzte Abschiedsgruß verhallt, als wir bereits eine halbe Meile entfernt, in rasender Eile über die nächste Bodenhebung jagten; die Stationsgebäud entschwanden unserm Blick und wir waren wieder allein auf bleicher, endloser, mondbeleuchteter Steppe.

Frisch auf, ihr Renner! hebt das Haupt und schüttel die Mähnen und trabt eilig hin über den glatten Plan mit hoch gehobenen Hufen! und du, Mond, mit den lächelnden Antlitz, gieße dein helles Licht über die weit Ebene, daß nicht die tückischen, blutgierigen Wilden sich un erwartet uns nahen! — Fort! — fort! — immer ge Westen — und scharf gespäht Kameraden, vom hohen Si und das gute Feuerrohr fertig zum Schuß! Keine Nach ist diese zum Schlafen hier oben auf eilender Kutsche, wenn der teuflische Feind uns vielleicht hinter dem nächsten Hüge zum Blutfest erwartet. Was schleicht dort drüben und duck sich im hohen Gras — zwei — drei — vier Gestalten Coyotes sind es, die feigen Jakals der Steppe, die ausgingen um Gräber aufzuspüren und Leichen auszuscharren, oder vielleicht einen lahmen Büffel hinterrücks im Schlafe zu überfallen. Nicht gefeuert, Freund! es möchte der Knal uns grimmigere Feinde herbeilocken, erbarmungslosere, al jene Hyänen der Steppe. Fort! Fort! immer gen Wester — und nicht müde geworden, ihr wackeren Rosse! Wa schnaubt ihr ängstlich und blickt zur Seite? — Ha! di schwarzen Ruinen sind es, nahe am Weg, die grausig Stätte, wo noch vor zwei Nächten die rothen Teufel wü theten mit Mord und Brand und Entsetzen. War's doch als ob Luna ihr Antlitz verbarg hinter jener finstren Wolke um nicht den Schreckensort zu schauen, wo brave Männe verstümmelt, zerhackt den Tod fanden in den prasselnde Flammen — mit zuckenden, blutenden Gliedern lebendi verbrannt! — Ein Rudel Wölfe flieht aus den Ruinen wo sie nach Leichen gespürt, und im gestreckten Galop jagen wir weiter, vorbei an dem Orte des Entsetzens.

Fort! — Fort! — immer gen Westen! die langan=
schwellenden Hügel hinan, hinab in rasender Eile. Wild
springen die Rosse zur Seite und stürmen mit schnaubenden
Nüstern in weitem Bogen hinaus auf die pfadlose Steppe,
und ein schwarzer Koloß erhebt sich dicht vor uns im
Wege. Ein Büffel war es, der dort Siesta gehalten, und
jetzt erschreckt nordwärts flüchtet im schweren Galopp. —
Seht! vor uns liegt ein einsames Haus mit niedrigem
Dach. Wildes Gejauchze läßt der Kutscher erschallen, um
die schlafenden Männer in der nahen Station zu wecken.
Jammergeschrei und lautes Weinen ertönt aus dem Wagen:
Die Frauen und Kinder wähnten beim Jauchzen des
Kutschers, es seien die Wilden gekommen. Ein unbändiges
Gelächter vom Bock beruhigt sie bald — und hier hält
unser dampfendes Sechsgespann nach einem Schnelllaufe von
ein und zwanzig englischen Meilen vor der einsamen Station.

Vorsichtig öffnen die drei Insassen des Stations=
gebäudes, mit den Waffen in der Hand, die Thüre, um
sich zu vergewissern, daß ihnen nicht der Verrath genaht.
In der Erdschanze hatten sie geschlafen, die in der Nähe
von den meisten dieser Stationen erbaut ist und durch unter=
irdische Gänge mit dem Wohnhause und den Stallungen
Verbindung hat. Ein Paar Holzbänke mit Wolldecken
darauf, ein Krug Wasser, und ein geringer Vorrath von
getrocknetem Büffelfleisch und hartem Zwieback, nebst einem
ganzen Waffenarsenal sind der Inhalt dieser Erdfeste, der
ich einen flüchtigen Besuch abstatte. Auf verschiedenen
Stellen öffnen sich Schießscharten durch die Erdwände dieser
von außen unzugänglichen und den Wilden uneinnehmbaren
Feste. Aber schon knallt der Kutscher mit der Peitsche und
mahnt laut rufend die Passagiere einzusteigen. Ein frisches
Sechsgespann steht eingeschirrt und schnell wie wir gekommen
eilen wir weiter. —

Der Morgen ist angebrochen, klar und frostig, und
der Wind, welcher sich während der Nacht gelegt hat, bläst
wieder recht kräftig, nicht stoßweise, sondern in langem,
gleichmäßigem Zuge. Diese unablässig wehenden, den feinen
Sand forttreibenden heftigen Winde sind mit dem scharfen
Witterungswechsel naßkalter Winter und trockener Sommer
die Hauptursache der vielen grotesken Felsformationen, denen
man auf den Ebenen begegnet. Der feine flüchtige Sand
nagt unaufhörlich an den vereinzelt sich erhebenden Gestein=
massen. Im Laufe von Jahrtausenden wurden die verwitterten
oder weicheren Theile des Gesteins buchstäblich fortgeblasen,
die härteren Felsstücke dagegen blieben stehen und bildeten
vom sandgeschwängerten Winde in wunderbare Formen
sozusagen ausgemeißelt, oft die überraschendsten Figuren, —
natürliche Obelisken und Säulen, meilenlange Steindämme,
täuschend ähnliche Nachbildungen von Domen, Bastionen,
riesigen Standbildern, Ruinen von Tempeln und Schlössern,
Bogengängen, crenellirten Mauern und tausenderlei mehr
Absonderlichkeiten. In Folge des scharfen Windes ist die
Luft in diesen Gegenden außerordentlich zehrend, dabei aber
so rein, daß eine Erkältung in diesen Gegenden zu den
größten Seltenheiten gehört. Der fatalste Husten oder
Schnupfen wird Einem hier binnen vier und zwanzig Stun=
den complet fortgeblasen. Einen Appetit entwickeln die
Ueberlandreisenden, der sie selbst in Erstaunen setzt; aber
recht satt wird trotz alles Essens doch Keiner von ihnen.

Wir fuhren am Smoky Hill=Flusse, einem seichten
und schlammigen Gewässer, hin, nach welchem diese Stage=
Route ihren Namen erhalten hat. Die Gegend war mit=
unter ziemlich hügelig, und oft überraschten uns die selt=
samsten Felsformationen. Hie und da trat Schiefer zu
Tage, und an mehreren Punkten gewahrte ich Kreide= und
Sandsteinbänke hart am Wege, die wie natürliche Steinbrüche

ausſahen. Dann wieder verflachte ſich die Gegend und ein
mit goldgelben Sternblumen geſchmückter grüner Teppich
erſtreckte ſich endlos ringsum. Mitunter zeigten ſich vereinzelte Schaaren von Büffeln (Buffalos), welche ſich ſobald
ſie die Stagekutſche gewahr wurden, in Bewegung ſetzten,
um die Fahrſtraße vor uns zu überſchreiten. Sie ſchienen
dies entſchieden als einen Ehrenpunkt anzuſehen. Unermüdet
rannten die gewaltigen Thiere, mit dem buſchigen Höcker
dicht hinter dem ſtämmigen Nacken und den zierlichen Beinen,
halbſtundenlang mit tief gekrümmten Rücken im ſchweren
Galopp neben uns her, die Zunge lang aus dem Halſe
hängend, immer näher kommend und unbeirrt durch die
Schüſſe, welche wir fahrenden Nimrods ihnen gelegentlich
zuſandten. Unſeren im ſchnellſten Lauf dahineilenden ſechs
Roſſen gewannen jene ſcheinbar ſo unbeholfenen Thiere
immer mehr und mehr Boden ab und erreichten jedesmal
ihre Abſicht, die Straßen vor dem Wagen zu kreuzen. —
Ein Detachement von fünf Büffeln paſſirte nach einem
ſolchen Wettrennen von etwa acht engliſchen Meilen keine
zwanzig Schritt vor uns über die Straße, nach welchem
Siege ſie plötzlich mit dem Laufe einhielten und ruhig
weiterſpazierten. Als Anerkennung ihrer Bravour und
Ausdauer unterließen wir's jenen ritterlichen Biſons Eins
auf den zottigen Pelz zu brennen.

Ein paar Mal gewahrten wir kleine Abtheilungen von
Antilopen, jener perſonificirte Poeſie der Steppe, welche
graciös über den Plan hineilten und bald hinter einer
Bodenhebung verſchwanden. Mitunter blieb eins der Thierchen von einer fliehenden Schaar ſtehen und blickte uns verwundert ein paar Minuten lang an, worauf es plötzlich
kehrt machte und eilig weiterrannte. Durch eine rothe
Fahne laſſen ſie ſich leicht in Büchſenſchußweite heranlocken,
da ſie außerordentlich neugierig ſind. Rannte eine Antilope

auf ihrer Flucht zufällig an die Landstraße, so prallte sie
unfehlbar davor wie vor einer fremden Erscheinung zurück
und floh auf demselben Wege, auf dem sie gekommen, weiter,
bis sie unseren Blicken hinter einem Hügel entschwand.
Eins dieser niedlichen Thiere näherte sich uns bis auf etwa
hundert Schritt und blickte uns eine geraume Zeit ver=
wundert an, ehe es zurückfloh. Es war ein erregender
Moment, das allerliebste Thierchen, dessen glattes Vließ
in's gelblich Braune spielte, so nahe zu sehen, als sei es
ein zahmes Reh. Keinem von uns fiel es ein, dasselbe
durch einen Schuß zu erschrecken und nichts hätte ich lieber
gethan, als es zu liebkosen.

> „Antilope, zierlich Thierchen,
> Mit den Augen, sonnenhelle,
> Sag', warum so scheu, so flüchtig,
> Der Savannen du Gazelle?"

> „Wenn du durch die bunten Gräser
> Eilest mit den leichten Hufen,
> Schwebend, wie der Vogel flieget,
> Möcht' ich gern dich zu mir rufen!"

> „Möchte deinen braunen Rücken
> Streicheln, niedliche Gazelle,
> Und dir in die Aeuglein schauen,
> In die Aeuglein, sonnenhelle!"

> Sprach's — doch eh' ich kaum die Worte
> Zu der Steppe Maid gerufen,
> Schwand sie hinter grünen Hügeln,
> Wie verschämt, mit leichten Hufen.

*   *   *

Alle zehn bis zwölf englische Meilen kamen wir nach
einer Station, wo die Pferde gewechselt wurden. Sie sahen
sich so ähnlich, wie ein Ei dem andern: Ein niedriges
Holzhaus, nebst Stallungen und Heuschobern und dahinter
eine, mitunter zwei Erdfesten, denen die Stationswächter
den Namen „Beutelrattenlöcher" (gopher holes) beigelegt
hatten, nach ihrer Aehnlichkeit im Bau mit den Erdlöchern
jener auf der Steppe in großer Zahl lebenden Thierchen.
Mit den 150 bis 200 englische Meilen von einander entfernten Militairposten der Vereinigten Staaten bildeten jene
Stationen der Stage-Compagnie die alleinigen Zeichen der
Civilisation auf den Ebenen. Aber nirgends hatte man
sich die Mühe genommen, Gärten anzulegen, obwohl der
Boden vortrefflich und Dünger in Menge zur Stelle war.
Das Bauholz zu den Gebäuden mußte aus einer Entfernung
von dreihundert bis vierhundert englischen Meilen von
Denver herbeigeschafft werden. Dort kostete dasselbe vierzig
Dollars, der Transport bis an Ort und Stelle des Ver-
brauchs einhundertundfünfzig bis zweihundert Dollars für
tausend Fuß. Der Preis von Brennholz belief sich auf
fünfundsiebzig Dollars die Klafter. Welschkorn zur Fütte-
rung der Pferde und Maulthiere, Lebensmittel aller Art ꝛc.
kosteten einen viertel Dollar das Pfund allein für den
Transport, und alles dies mußte vom Westendpunkte der
Pacificbahn oder von Denver herbeigeschafft werden. Das
Passagegeld von 375 Dollars für die Reise von Leavenworth in Kansas bis Boise City in Idaho war bei so
bewandtem Preis-Courant auf der Ueberland-Stageroute
nicht übermäßig hoch gestellt. Die Entbehrungen während
dieser Reise hatten wir namentlich dem auf den Ebenen ausgebrochenen Indianerkriege zu verdanken, da wegen der
Schwierigkeit und Gefahr des Transportes die Lebensmittel überall in den Stationen sehr knapp waren. Sonst

freilich pflegten Gemüse, z. B. Spargel, Erbsen, Tomatos 2c.,
eingemachte Früchte, Austern, Hummer, Sardinen und der=
gleichen einem an civilisirte Lebensweise gewöhnten Magen
äußerst annehmbare Dinge in luftdicht verschlossenen Blech=
büchsen vom Osten eingeführt zu werden. Aber wir bekamen
für anderthalb Dollars die Mahlzeit nur wenig von der=
artigen Gerichten zu sehen und mußten uns — Dank den
Indianern! — meistens mit ranzigem Speck, schlechtem
Maisbrot und noch schlechterem Kaffee, mit trockenem Büffel=
und pikantem Antilopenfleisch begnügen.

An jeder Stagestation unterhielt man uns selbstver=
ständlich mit haarsträubenden Erzählungen von Grausamkeiten,
welche jüngst von den Indianern verübt worden waren, und
die stereotyp gewordene Frage, ob wir auch gut bewaffnet
seien, sowie das Mitleid, welches man mit den Frauen
und Kindern hatte, fingen nachgerade an, langweilig zu
werden. Wir wünschten den· großen Cheyenne=Häuptling
General Schlitznase (Cut Nose), welcher den Bau
der Pacificbahn verhindern wollte und eine specielle Malice
gegen alle Bleichgesichter hegte, auch einmal von Angesicht
zu Angesicht zu schauen, — natürlich nicht mit zu vielen
von seinen eleganten Leibgarden! Wir waren jetzt innerhalb
der Grenzen seines Regierungsbezirks und befanden uns
auf der gefährlichsten Strecke zwischen Salina und Denver.

Die Sonne stieg höher. Am Horizonte lag es vor
uns wie eine lange Reihe von weißen Felsen, an denen die
Luftspiegelung sich brach, als brandete das Meer dort am
fernen Klippengestade In der Nähe eines vereinzelt in der
Ebene emporragenden Felsens, welcher nach seiner, freilich
etwas hergeholten Aehnlichkeit mit einer alten Ritterburg
der Schloßfelsen (castle rock) hieß, sollte das Haupt=
quartier des blutdürstigen Cheyenne=Häuptlings sein. Unser
Kutscher behauptete, ein intimer Freund von „Schlitznase"

zu sein, den er als einen im Umgang ganz gemüthlichen Kerl kenne. Derselbe hätte ihm auch aus alter Freund=schaft das Versprechen gegeben, ihn nicht skalpiren zu wollen, falls er ihn einmal in der Stage zu fassen bekäme: ein allerliebster Trost für uns Mitreisenden! — Unsere sechs Grauschimmel mußten diesmal ohne Aufenthalt neunzehn englische Meilen zurücklegen, da die nächste Station „Castle Rock" aus Furcht vor Schlitznase von ihren Bewohnern verlassen worden war, und man Niemand finden konnte, der in einer so interessanten Nachbarschaft sein Domicil hätte aufschlagen wollen. Die Stage glich einer beweg=lichen Festung. Jeder von ihren fünf männlichen Insassen hatte eine Hinterladungsbüchse in der Hand, Revolver und lange Dolchmesser im Gürtel, Patronen und Zündhütchen in allen Taschen, um bei einem etwa vorkommenden Ge=fecht nicht lange darnach suchen zu müssen. Drei von uns hatten auf dem Kutschendache Posten gefaßt und zwei saßen im Wagen, Einer an jedem Fenster. Mit unsern Feld=gläsern und Opernguckern rekognoscirten wir unablässig die Gegend nach allen Richtungen und beachteten kaum die putzlustigen Prairiehunde, welche mit lautem „Tschirp! Tschirp!" dicht neben der Straße hin= und herliefen, oder auf den Hinterbeinen vor ihren Löchern dasaßen und, mit dem Stummelschwanz wedelnd, uns frech anblinzelten, als wollten sie sagem: „Na nu! was thut ihr denn so gar gefährlich!" Sogar die sich hier recht zahlreich zeigenden Büffel und Antilopen hatten zeitweilig alles Interesse für uns verloren.

Glücklich waren wir neben dem linker Hand nahe an der Landstraße liegenden „Schloßfelsen" vorbeigefahren, sowie an einem mächtigen Felspfeiler, der sich nicht weit davon jäh aus der Tiefe emporhob, und bald zeigte sich uns die verlassene Station „Castle Rock". Als ich ver=

wundert darauf hindeutete, daß dieselbe von den Indianern nicht zerstört worden sei, woran sie doch Niemand hätte hindern können, erfuhr ich, es sei Grundsatz bei den Wilden, nie verlassene Gebäude aus Furcht vor einem schlau angelegtem Hinterhalt zu betreten, auch könne die Stationswache unbesorgt Kleider und Lebensmittel zurücklassen, wovon die Indianer, welche Vergiftung, ansteckende Krankheiten oder verborgene Höllenmaschinen argwöhnten, gewiß nichts anrühren würden.

Plötzlich hieb der Kutscher mit einem Fluche auf die Grauschimmel los und deutete nach links hinüber, von wo eine lange Reihe dunkler Gestalten, die wir Passagiere nicht beachtet hatten, über einen sich sanft abdachenden Höhenzug schnell näher kam. Da waren sie, die gefürchteten Rothhäute! — Auch wir hatten unsere Todfeinde bald durch die Feldgläser erkannt. — Es mochten ihrer dreißig bis vierzig sein und sie hatten es offenbar darauf abgesehen, uns den Weg zu verlegen. Aber wir hatten etwas den Vorsprung, die Straße war glatt wie der Boden einer Tenne und unsere Rosse waren keinenfalls von der langsamen Sorte. Brach nichts am Geschirr oder an den Rädern, so war die Aussicht, unsere Scalpe zu behalten keineswegs hoffnungslos. Dem Kutscher bedeuteten wir, nur auf die Pferde, das Geschirr und den Wagen Acht zu geben, wir würden ihm die wilde Bande schon vorläufig vom Leibe halten!

Bald hatten auch die Indianer erkannt, daß sie von uns gesehen worden waren, und es begann nun ein im höchsten Grade interessanter Wettlauf auf Tod und Leben. Unsere Grauschimmel schienen die Gefahr nicht minder als wir zu würdigen, sie thaten das Mögliche und flogen gleichsam über den Plan. Doch gewannen uns die Indianer, welche seitwärts von uns schräge herüberjagten, mehr und mehr Boden ab. Sobald jene in den Bereich unserer weit

tragenden Büchsen gekommen waren, schickten wir ihnen,
um nicht mißverstanden zu werden, daß wir keineswegs ge=
sonnen seien, die schönen Grauschimmel und unsere Scalpe
gutwillig Preis zu geben, Schuß auf Schuß zu. Die beiden
Goldgräber aus Montana, welche im Wagen gesessen hatten,
schwangen sich, ihre Büchsen in der Hand, durch die Fenster
auf das Kutschendach, um von dort bequemer schießen zu
können, ein Kunststück, dessen Ausführung bei der wilden
Fahrt keine geringe Geschicklichkeit erforderte. Wir fünf Passa=
giere ließen nun ein Schnellfeuer auf die wilde Horde los,
als ob wir eine Compagnie Scharfschützen am Bord hätten.

Die Indianer antworteten uns mit Feuerwaffen, und
Einer von ihnen hatte sogar die Frechheit, näher als hun=
dert Schritt gegen uns heranzureiten und ein paar Mal auf
uns zu schießen. Der berühmte Schlitznase war es nicht,
den der Kutscher sicher erkannt hätte und der sich als
commandirender General wahrscheinlich in gemessener Ent=
fernung hielt. Wären die andern Indianer so kühn wie
jener Vorreiter gewesen, so hätten sie uns ohne Frage durch
einen Massenangriff leicht bewältigen können. Aber das
mußte ihnen wohl zu gefährlich scheinen. Selten wagen die
Indianer, welche von Natur hinterlistig sind, einen offenen
Angriff. Bei dem geringsten unerwarteten Widerstande
laufen sie davon und greifen in der Regel nur da an, wo
sie zwanzig gegen Einen sind, oder wenn sich ihnen die
Gelegenheit bietet, sich in einen sichern Hinterhalt legen zu
können. Von den alten Stagekutschern und den verwegenen
berittenen Grenzjägern werden sie als Feinde gründlich ver=
achtet. In unserm Falle warteten sie nur darauf, daß etwas
am Geschirr oder am Wagen bräche, um alsdann über
uns herzufallen. Daß sie das Gespann niederschießen und
wir so unrettbar Havarie leiden und ihnen in die Hände
fallen würden, brauchten wir nicht zu befürchten, außer es

träfe eine schlecht gezielte Kugel eins der Pferde; denn auf
die Grauschimmel hatten sie es besonders abgesehen. Unsere
Skalpe galten ihnen nur als eine angenehme Beigabe.

Die Indianer saßen, oder vielmehr lagen wie ange-
wachsen auf ihren Ponies und deckten sich auf der von
uns abgewendeten Seite ihrer Thiere so viel wie möglich
vor unseren Kugeln. Die meisten von ihnen ritten ohne
Sattel und hatten als Zaum einen Lederriemen um den
Unterkiefer ihres Pferdes geschlungen. Was wir von ihren
roth bemalten Fratzengesichtern zu sehen bekamen, und das
teuflische Geheul, daß sie unisono anstimmten, benahm uns
die Lust, ihnen brüderlich die Hand zu reichen. In der
Kutsche machten die schreienden Frauen und Kinder eine
Vocalbegleitung zu dem Schlachtconcert, als ob die Wilden
sie bereits beim Schopfe hätten. Mehrere Kugeln flogen
uns ziemlich dicht bei den Ohren vorbei, und auch einzelne
Pfeile schwirrten herüber, die von den Indianern in hohem
Bogen geschossen wurden und uns fast so unangenehm wie
die Kugeln vorkamen. Doch zielten die Indianer erbärmlich und wurden augenscheinlich durch unser Schnellfeuer
stark beunruhigt. Einzelne von ihnen blieben weit zurück
und hie und da lief ein reiterloses Pony fort, dessen Eigenthümer von unsern Kugeln getroffen war oder, dieselben
fürchtend, sich auf den Boden geworfen hatte. Nachdem die
Teufelsjagd so eine Viertelstunde gedauert, verschwanden die
Indianer, welche wohl die nächste Station, wo uns Hülfe
erwartete, bemerkt hatten, mit strategischer Meisterschaft
plötzlich hinter einem Hügel und überließen uns das Schlachtfeld. Unser Gefechtsschaden belief sich auf ein paar Kugel-
löcher in Onkel Sam's Postsäcken, die oben auf der Stage
festgeschnallt lagen, ein Loch durch den Hut eines Goldjägers und einen leichten Streifschuß, den der Kutscher am
Oberarm erhalten hatte. Den Rothhäuten ein höhnisches

Lebewohl nebst Complimenten an den „General Schlitznase"
nachrufend, waren wir dennoch froh, mit ungeschorenem
Haupte bei der nächsten Station anzulangen, wo wir uns
nach der siegreich bestandenen Hetzjagd wie die Helden einer
modernen Ilias sämmtlich stolz in die Brust warfen.

Nach kurzem Aufenthalte befanden wir uns mit einem
frischen Sechsgespann auf der Weiterreise. Wollte ich behaupten, daß wir, trotz unseres Siegesrausches, uns nach
der Wiederholung eines solchen Scharmützels mit den Rothhäuten sehnten, so müßte ich entschieden unwahr reden.
Nach wie vor recognoscirten wir die Steppe mit unsern
Operngläsern und waren ganz zufrieden damit, keine Indianer mehr in Sicht zu bekommen.

Antilopen und Büffel zeigten sich jetzt immer zahlreicher;
die Prairiehunde hätte man nach Tausenden zählen müssen.
Diese geselligen Thierchen leben in förmlichen Dörfern beisammen. Die etwa vier Stunden von Fort Kearny entfernte sogenannte „Hundestadt", in welcher die Erdlöcher
in regelmäßigen Abständen zwanzig bis dreißig Fuß von
einander entfernt liegen, soll sich volle sieben englische
Meilen weit erstrecken. Die Prairiehunde (Wisch=Ton=Wisch
werden sie von den Indianern genannt), welche sich von
Gras und Wurzeln nähren, sind um Weniges größer, als
die Eichhörnchen, dunkelbraun von Farbe mit weißem Bauch,
und gehören zum Geschlecht der Hamster. Der Name „Prai-
riehund" ist geradezu absurd. Ihr „Tschirp! Tschirp!",
welchen Laut sie, mit dem kurzen Schwanze wedelnd, oft ein
Dutzend Male schnell nach einander wiederholen, hat nicht die
geringste Aehnlichkeit mit Hundegebell. Die lustigen kleinen
Thiere haben sich eigenthümliche Hausgenossen ausgesucht.
Sie leben in Gesellschaft von diminutiven Eulen, welche
man oft am Eingange ihrer Löcher steif wie Grenadiere
dastehen sieht, wie es heißt, um Wache für „die Familie"

zu halten. Zu dieser gehören auch noch Klapperschlangen, gehörnte Eidechsen und Landschildkröten, welche alle mit den Eulen und Prairiehunden in demselben Neste friedlich beisammen wohnen. Aber letztere spielen die Rolle des Hausherrn und führen das Commando in der Familie. Sie sind die fidelsten Geschöpfe, welche man sich nur denken kann, und wir gewannen sie so lieb, daß es uns nie einfiel, sie mit einem Schusse zu tödten. Nach ihrem runden, wohl=genährten Aeußeren zu schließen konnten sich die Wisch=Ton=Wisch nicht über schlechte Zeiten beklagen. Oder war ihnen das fröhliche Gemüth und die angenehme Gesellschaft, in welcher sie sich bewegten, zur Corpulenz zuträglich? Auch beim Menschen können ja die Begriffe Gemüthlichkeit und Wohlbeleibtheit nicht gut von einander getrennt werden, und unter den Thieren gilt wohl dieselbe Regel!

Als magere Murrköpfe können unter den Steppen=bewohnern die hundsföttischen Coyotes passend betrachtet werden, und mit unserer Freundschaft für dieselben war es nicht weit her. Einem solchen Hungerleiderpaar, das uns aus dem halb abgefressenen Cadaver eines dicht am Wege liegenden verreckten Büffels schief ansah, machten wir seinen socialen Standpunkt mit etlichen Revolverschüssen bald klar und störten es in seinen Betrachtungen über den wohl=schmeckenden Buffalo. Diese Jakals der Ebenen sind kleiner und schlanker gebaut, als die Wölfe; sie haben ein schmutzi=ges, graugelbes, langhaariges Fell. Mitunter raschelte eine Beutelratte scheu durch das Gras, ein niedliches kleines Thier mit Pausbacken und einem hellbraunen Streifen auf dem Rückgrat. Unter dem befiederten Volk waren die Black Birds in ganzen Schwärmen vertreten; Kibitze und glänzend schwarze Raben, die letzteren nie mehr als ein paar der=selben beisammen, bemerkte ich zu verschiedenen Malen. Prairiehunde zeigten sich sehr zahlreich; doch waren die=

selben scheu und hielten sich in ehrerbietiger Ferne von unseren Büchsen. Bleichende Thierskelette lagen alle paar
hundert Schritt am Wege da.

Während wir stets scharf nach feindlichen Indianern
ausspähten, von denen unser Reiseprogramm stets unangenehm unterbrochen werden konnte, fuhren wir ruhig weiter,
und wieder tauchte die Sonne in den Landocean und das
Dunkel der Nacht senkte sich auf die große Steppe. Am
schwarzblauen Himmelsgewölbe funkelten die Sterne durch
die reine Luft, so blank, so glitzernd wie man sie sonst nur
auf hohen Bergen schaut. Der Wind hatte sich gelegt
und ernste Stille lagerte auf der unendlichen Steppe, nur
unterbrochen von dem Rasseln der Räder und dem Schnauben
der Rosse. Ganz allmählich stiegen wir hinauf zum Rückgrat des Continents und waren bereits zweitausend Fuß
über dem Spiegel des Missouri, in einer Höhe, wo der
Thau nicht mehr fällt. Nach Mitternacht ging der Mond
auf und legte seinen magischen Schleier auf die Ebene.

Die Nacht war mondhell. Schlafend lag
Die bleiche Steppe da.
Nur ein Coyote unterbrach
Die Stille, wie banges Geklag'.

Lautathmend schleppte mühsam nur
Das dampfende Sechsgespann
Dahin die hochbelad'ne Fuhr
Auf tiefer, sandiger Spur.

Am Horizonte flammte auf
Ein rother Prairiebrand.
Die Rosse hoben das Haupt mit Geschnauf
Und horchten im schnelleren Lauf.

3 *

Phantastische Felsen ragten empor
Wie zerfallener Tempelbau
In Arabiens Wüste. Mondlichtflor
Umhüllte den offenen Chor.

Mir däucht', hoch hob sich ein Minaret
Zwischen riesigen Quadern dort.
Ein Moslem, beturbant, stand zum Gebet
Auf schwindelndem Felsskelett

Ich saß im warmen Buffalorock
Beim Kutscher; der nickte tief,
Die schlaffen Zügel, den Peitschenstock
In der Hand auf hohem Bock.

Die Passagiere, in Decken gehüllt,
Die schliefen im Wagen still.
Die Geister der Steppe mit zauberndem Bild
Belebten das bleiche Gefild.

Ich habe ganz alleine gewacht
Auf schaukelndem Sitz, allein;
Ich habe belauscht die Geister sacht
Auf der Steppe in Mondscheinnacht.

*   *   *

Gegen Mitternacht erreichten wir die Station „Monument", wo wir eine zahlreiche Wachtmannschaft, der Mehrzahl nach Deutsche vorfanden. Hier mußten wir mehrer Stunden verweilen, weil die Indianer Tags zuvor sämmtliche Pferde als gute Beute von dort fortgetrieben hatten und die unsrigen der Ruhe bedurften. Bald hatte ich mich in eine warme Wolldecke gehüllt, auf den Boden hingestreckt und vergaß die fremde Umgebung im festen Schlafe

2. Von Monument nach Denver.

Hell schien die Morgensonne des 26. April durch die Fenster der Station Monument, als das Lärmen im Hause durch die Vorbereitungen zur Weiterreise mich aus tiefem Schlummer weckte. Toilette war bald gemacht und da das Frühstück noch nicht fertig, so beeilte ich mich, die Einrichtung und Umgebung dieser Karavanserei der Steppe etwas näher in Augenschein zu nehmen.

Die Stagestation Monument, 183 englische Meilen von Salina, und 234 Meilen von Denver entfernt, war eine sogenannte „home station" d. h. eine solche, wo eine Familie wohnte und Frauen anstatt Pferdeknechte Küche und Wirthschaft besorgten. Im Gegensatze zu den Troglodytenwohnungen, welche man von Big Creek bis Monument Häuser zu nennen beliebte, konnte dieses füglich als ein Hotel gelten. Das nette Fremdenzimmer, die ansehnlichen Stallungen und die saubere Umgebung stellten der Ordnungsliebe und dem Fleiße der deutschen Bewohner ein ehrenhaftes Zeugniß. An dem hohen Ufer eines nicht weit von den Gebäuden in felsigem Bette fließenden Baches hatten meine kriegerischen Landsleute eine Batterie Kanonen aufgepflanzt, um damit die Wilden in Furcht zu setzen. Diese aus der Ferne gewiß sehr gefährlich aussehenden Geschütze, welche auf Wagenrädern statt auf Lafetten ruhten, waren nichts anderes als glatt geschälte Baumstämme, mit gemalten Rohrmündungen. An Stelle der Kugeln, Bomben und Kartätschen lagen leere

Blechbüchsen bergeweis da, und lieferten zugleich den Beweis, daß unsere Wirthe, obgleich dem Mars dienend, doch
die Paraphernalien des Friedens, in Gestalt von Austern,
Hummern, Sardinen, eingemachten Früchten, sauren Gurken
und ähnlichen Produkten der civilisirten Yankee-Staaten,
keineswegs verschmähten.

Ein achtzig Fuß hoher, natürlicher Obelisk, welcher sich
in der Nähe der Station isolirt erhob, hatte jener ihren
Namen gegeben. Außer diesem merkwürdigen Felspfeiler
bemerkte ich noch eine Anzahl pittoresker Felsgebilde, die in
zackigen Formen fremdartig emporragten. Aber der an diesem
Morgen besonders kalt und heftig wehende Wind bewog
mich, meinen Spaziergang bald einzustellen. Im Fremdenzimmer war es angenehm warm, und den Passagieren kam
es recht gelegen, nach eingenommenem vortrefflichen Frühstück, bis acht Uhr Morgens bis die Pferde ihren Hafer
verzehrt, dort verweilen zu dürfen. Nur zu bald deutete
der Kutscher mit Peitschengeknall an, daß eingespannt sei,
und ermahnte uns mit lautem Halloh, einzusteigen.

Eine öde Gegend war es, durch welche wir zunächst
hinfuhren. Linker Hand floß der seichte schlammige Smoky
Hill-Fluß, der voll von Sandbänken war, und eine mit
spärlichem Gras und Zwergcactussen (prickly pear) bewachsene dürre Fläche dehnte sich vor uns bis zum Hori-
zonte aus. Der Wind blies mit solcher Kraft, daß die
Kutsche öfters davon in Gefahr kam, umgeworfen zu werden.
Büffel waren nirgends zu sehen und nur wenige Antilopen,
die eilig entflohen, sobald sie die Stage gewahr wurden.
Hier war es, wo am 9. December 1864 das berüchtigte
„Blutbad am Sandbache" (sand creek massacre) stattfand.
Die Indianer hatten in jenem Jahre durch sich fast täglich
wiederholende haarsträubende Gräuel die Bewohner des
Territoriums Colorado zur Verzweiflung gebracht, und da

alle Appellation an die Regierung zu Washington dort taube Ohren fand, so griffen die Grenzer zuletzt selbst zu den Waffen. Am Sandbache überfiel der Obrist Chivington mit einigen Compagnieen berittener Freiwilligen aus Denver ein Indianerlager, bei welcher Gelegenheit fünfhundert Roth= häute — Männer, Frauen und Kinder — erbarmungslos massacrirt wurden. Es ist in der That entsetzlich, daß in unseren Tagen noch ein so schauderhaftes Gemetzel vorkommen kann! Aber es würden sich ohne Zweifel Tausende von Weißen in den Grenzstaaten und Territorien finden, welche an einer Wiederholung eines solchen Blutbads mit dem größten Vergnügen Theil nehmen möchten. Durch die so oft von den Indianern an wehrlosen Emigranten und an= deren Weißen verübten Grausamkeiten werden die Leiden= schaften der Grenzer dermaßen aufgestachelt, daß diese, wenn sich ihnen eine Gelegenheit zur Rache darbietet, dabei schlim= mer noch als die Wilden verfahren.

Gegen Mittag überraschten uns wunderbare Luftspie= gelungen. Zitternde Büsche und fließende Gewässer, mit Nebelgestalten dazwischen, bald deutlicher geformt, bald in Dunst verschwimmend, kamen und verschwanden am Horizonte und mitunter verfolgten sich wie eine wilde Jagd die Wolken= und Luftgebilde in phantastischen Figuren. Aber die Wirklichkeit verdrängte die Nebelgestalten. Plötz= lich gewahrten wir lange Reihen von Zelten, stattliche hell= gelbe Steingebäude, mit flatternden Sternenbannern auf den Dächern, einen Artilleriepark, Wagenzüge, Fußsoldaten, Reiter und Rosse; eine ansehnliche Militairstadt auf einem grasreichen Plateau — ein romantisches Bild! Es war dies das Fort Wallis, ein Militairposten, welcher hier vor zwei Jahren errichtet wurde, um der Ueberlandsroute zum Schutze zu dienen. Die im Bau begriffenen, recht an= sehnlichen Garnisonsgebäude wurden aus einem hellgelben

Magnesia=Kreidestein (dolomit) aufgeführt, der hier in
mächtigen Ablagerungen vorkommt. Jene Steine sind so
weich, daß man sie wie Holz sägt und abhobelt, härten sich
aber bald an der Luft und bilden in dieser baumleeren Ge=
gend ein unschätzbares Baumaterial. Die meisten von den
Soldaten im Lager, wo wir kurze Zeit anhielten, gehörten
zu den „Fußläufern‟, mit welchem Namen die Infanterie,
welche auf den Ebenen ungefähr so zweckdienlich ist, wie
ein fünftes Rad am Wagen, von den Indianern verächt=
lich bezeichnet wird. Die Stagekutscher sowohl wie die Be=
wohner in den Stationen hatten wenig Vertrauen zu dem
Schutze, den das reguläre Militair ihnen gegen die Wilden
geben sollte. Als Regel schien zu gelten, daß die Soldaten
allemal an solchen Plätzen stationirt waren, wo man sie am
wenigsten gebrauchte.

Bald nachdem wir Fort Wallis verlassen hatten, kamen
wir nach der Station Pond Creek, wo ich zum ersten=
male an der Smoky Hill Route den Versuch zu einer
Gartenanlage sah und auch etliche Kühe, Schweine, Hühner
und Gänse bemerkte. Die Bewohner von Pond Creek waren
sämmtlich Inhaber werthvoller Bauplätze und angehende
Millionaire in einer zukünftigen großen Handelsstadt, welche
hier nächstens entstehen sollte. Auf nähere Anfrage erfuhr
ich, daß es im Plane der Pacific=Eisenbahn=Gesellschaft
liege, eine Zweigbahn von Pond Creek nach Santa=Fe
in Neu=Mexiko zu bauen, deren westlicher Ausgangspunkt
die Stadt San Diego am Stillen Ocean werden sollte. Un=
sere Wirthe sagten, es wäre lächerlich zu glauben, daß eine
Eisenbahn von Omaha nach San Franzisco wegen der
auf jener Route zu passirenden Schneeregionen im Winter
befahrbar sein könne, wogegen sich dem Bau einer Eisen=
bahn von Pond Creek City nach San Diego fast gar keine
Terrainschwierigkeiten entgegenstellten und dieselbe nirgends

die Schneelinie erreichen würde. In Pond Creek hätte ich leicht etliche tausend Dollars in corner lots (Eckbauplätzen) anlegen können, und wurde von den Stationsleuten mit Bedauern betrachtet, als ich einige leise Zweifel über die zukünftige Größe ihrer geographisch so vortheilhaft gelegenen Steppenstadt fallen ließ.

Die Steppe gewann jetzt mehr und mehr das Bild einer der großen westlichen Prairien. Weithin dehnte sich die mit goldgelben Sternblumen und mit weißen, blauen und lila Blümlein besäete grüne Fläche ringsum bis zum Horizonte aus, und nirgends wurde die Aussicht von Höhenzügen beschränkt. Der gleichmäßige Wind, welcher als eine endlose Luftwelle über die Steppe rauschte, stählte sozusagen die Lungen, und die Atmosphäre war so rein, daß der Horizont sich weiter auszudehnen schien und der Himmel, ein unermeßlich großes Glockengewölbe, auf der wie eine Scheibe abgerundeten grünen Erde herrlich dastand. Zierliche Antilopen jagten, mit zurückgelegtem Nacken, gleichsam schwebend über die Ebene, und prallten ab und zu erschreckt vor der Landstraße zurück, ungeheure Massen von Büffeln weideten auf den üppigen Grasfluren, und wieder rannten kleinere und größere Schaaren von ihnen trotz unserer Schüsse im schweren Galopp mit uns um die Wette, um vor uns die Straße zu kreuzen, daß es nur so eine Lust war.

> Die Sonne neigte sich tief hinab
> Zur westlichen Himmelshöh',
> Und zwischen uns und dem Horizont
> Lag schimmernd die blumige See.

> Ein goldener Teppich erglänzte sie
> Im scheidenden Sonnenstrahl,
> Von schwarzen Flecken marmorirt,
> Von Buffalos ohne Zahl.

Die schnaubenden Rosse sprengten stolz
Vor der rasselnden Kutsche hin;
Die helle Straße, ein goldgelb Band,
Schnitt endlos durch's blumige Grün.

Seht! — plötzlich beleben sich rechts und links
Die schwarzen Flecken mit Macht;
In schwerem Galopp, in langen Reih'n
Naht der Büffel donnernde Jagd.

Im Wettlauf mit dem Sechsgespann
Stets näher stürmen sie wild;
Die Straße zu kreuzen ist ihr Ziel.
Es bebt das weite Gefild.

Hei! lustig, ihr Renner, greifet aus!
Du, Kutscher, die Peitsche geknallt!
Seht, näher und näher dem Fahrweg schon
Kommt der Hörner wirbelnder Wald.

Vor den Rossen kreuzen die Straße sie,
Erst einer, dann hundert und mehr;
Dann tausend und immer noch kommen sie,
Wie die Wogen im stürmenden Meer

Die Büchsen knallen vom hohen Bock,
Zum Schnauben der Renner ertönt
Das jauchzende Hurrah, die Luft ist dick
Vom Staub und der Boden dröhnt.

Das war eine köstliche Kutschenfahrt
Auf der Steppe im großen West!
Und denke ich dran, noch bebt mein Herz
Von berauschendem Jagdlust=Fest.

*   *   *

Nachdem sich die Sonne mit südlicher Farbenglut in
den Landocean gesenkt hatte, legte sich weiche Dämmerung
auf die große Steppe, und das lang dauernde Zwielicht
errinnerte mich an die deutsche Heimath. Als wir uns
der nächsten Station näherten, deren Gebäude sich scharf
am Himmel abzeichneten, gewahrten wir dort einen uns
unerklärlichen weißen Hügel. Mehrere hundert Büffel-
skelette waren es, auf engem Raum zusammengedrängt.
Im vorjährigen Februar erlagen die armen Thiere dem
Futtermangel und einer damals hier herrschenden wahrhaft sibirischen Kälte. Die Stationswächter berichteten uns,
daß sie die halbverhungerten Thiere nicht mit Schüssen
von den Heuschobern hätten forttreiben können. Als das
Thermometer in einer bitterkalten Nacht zwei und dreißig
Grad Fahrenheit unter Zero anzeigte, legten sich die Büffel
dort nieder mit kläglichem Gebrüll, bis sich der Tod ihrer
erbarmte. Da die Gefahr vor feindlichen Indianern nicht
mehr groß war, so nahm ich bei einbrechender Nacht meinen
Sitz im Coupé der Stagekutsche wieder ein, um dort ein
paar Stunden Schlaf zu erhaschen. Von den Mitgliedern
der Chicagoer Familie wurde ich als unberufener Eindring-
ling mit feindlichen Blicken betrachtet. Doch ich sank, trotz
Kindergeschrei und Gezänk bald in einen tiefen Schlummer,
aus dem erst der lichte Morgen mich weckte. Beim Oeffnen
der Augen hatte ich eine seltene Ueberraschung. Mir gegenüber saß der pater familias in festem, sonorem Schlafe
mit weit geöffnetem Munde und offenen verglas'ten Augen
— ein Abbild des schönsten Nußknackers, der mich je in
goldenen Tagen der Jugend auf einem deutschen Jahrmarkt
entzückt hat!

Bald hatte ich meinen alten Platz neben dem Kutscher
wieder eingenommen, wo mich ein interessantes Schauspiel
überraschte. Vor uns auf der Steppe wimmelte es förm-

lich von Büffeln, denen wir uns rasch näherten. Soweit das Auge reichte, war die Ebene buchstäblich schwarz von ihnen, die sämmtlich nordwärts eilten. Bald waren wir mitten unter der ungeheuren Heerde und fuhren langsam hin durch die lebendige Masse, die sich scheu vor uns zertheilte. Wir Passagiere konnten nicht umhin, manchem alten Buffalo, der mit lang aus dem Hals hängender Zunge und krummem Buckel vorbeigaloppirte; Eins auf dem zottigen Pelz zu brennen. Die naseweisen Kälber, welche an dem Schießen Gefallen zu finden schienen, wurden vorsorglich von ihren Müttern beschützt, die nichts Eiligeres zu thun hatten, als sich zwischen uns und die Jungen zu drängen. Von einem Berittenen kann ein Büffelkalb leicht eingefangen werden, indem jener nur die Alten von dem Kalb fortzujagen braucht, worauf dieses seinem Pferde unfehlbar irgendwohin folgen wird. Volle zwei Stunden nahm es uns, durch die dichtesten Heerschaaren der Büffelarmee hindurchzupassiren, und während weiterer zwei Stunden kamen wir bei Tausenden von Seitenschwärmern vorbei, die einzeln oder in kleineren und größeren Abtheilungen vorüber defilirten, alle gegen Norden eilend, als säße der Teufel ihnen auf den Fersen. Es war dies die große südliche Büffelheerde, welche auf ihrer jährlichen Wanderung nordwärts nach den Weideplätzen am oberen Arkansasflusse begriffen war.

Der Büffel (bison americanus), welcher zur Zeit der Entdeckung Amerika's bis zum Atlantischen Ocean streifte und noch vor dreißig Jahren an den Ufern des unteren Missouri weidete, hat sich in neuerer Zeit nach den westlichen Ebenen zurückgezogen. Eigenthümlich, gleichsam ein Bruchstück aus der Vorwelt, ist das Aussehen dieser unseren Rindern stammverwandten Thiere. Dicht hinter dem stämmigen Halse erhebt sich ein buschiger Höcker. Der Vorder-

bau mit der gewaltigen Brust und dem dicken Kopfe, mit
den beiden etwa einen Fuß langen, kräftigen und leicht ge=
bogenen Hörnern steht in keinem Verhältniß zu dem schmäch=
tigen Hinterbau. Der kolossale mit schwarzbraunem zottigen
Fell bekleidete Körper und die zierlichen Beine, die kleinen
feurigen Augen und der plumpe Kopf passen gar nicht zu
einander und das Thier scheint eine verfehlte Schöpfung
zu sein. Trotz ihrer scheinbaren Unbeholfenheit und großen
Schwere — die ausgewachsenen Thiere wiegen voll fünf=
zehnhundert Pfund und sind etwa acht Fuß lang — besitzen
die Buffalos eine erstaunliche Gewandtheit und überholen
im Dauerlauf selbst das flüchtige Roß, wie ich zu sehen
bereits oft die Gelegenheit hatte. Die Versuche, welche man
gemacht hat, um jung eingefangene Buffalos zu zähmen
und als Zugthiere für die Landwirthschaft nutzbar zu machen,
sind nicht von dauerndem Erfolg gewesen, da es unmöglich
ist, jene Thiere in einer Umzäunung zu halten. Hohe Zäune
werden von ihnen gar nicht berücksichtigt. Sie überspringen
dieselben mit Leichtigkeit, und der Schaden, den sie in den
Feldern anrichten, überwiegt bei Weitem den Vortheil, den
ihre riesige Kraft als nicht ganz unwillige Zugthiere ge=
währen kann.

Es giebt gegenwärtig drei von einander getrennt le=
bende große Büffelfamilien, die sich gelegentlich in kleinere,
jede zweitausend bis dreitausend Stück zählende Heerden
theilen. Die erste von jenen drei Hauptfamilien lebt am
großen Winipeg=See und am Saskatchewan=Flusse, die
Heimath der zweiten ist am Yellow=Stone, die der dritten
am Platte= bis südwärts vom Arkansas=Flusse. Jede dieser
drei großen Büffelheerden, die sich auch durch Wuchs und
Größe von einander unterscheiden, macht aber häufige Streif=
züge nach neuen Weideplätzen von vielen hundert englischen
Meilen aus ihren oben angedeuteten Weideplätzen. Ihr

Futter besteht meistens in dem kurzen und krausen soge=
nannten Buffalogras, welches, einerlei ob durch die Sonnen=
hitze vergilbt oder im Winter halb verfault, außerordentlich
nahrhaft ist. Nach ihren Tränkplätzen traben die Thiere
täglich einmal viele Meilen weit in langer Reihe hinter
einander her und bilden so die tief ausgetretenen Pfade,
welche die Steppe meistens in der Richtung von Süd nach
Nord und rechtwinklig gegen die von Westen nach Osten
strömenden Flüsse zahlreich durchkreuzen. Die älteren Stiere
werden nach wüthenden Kämpfen mit ihren jüngeren Ri=
valen in der Regel durch diese von den Heerden fortge=
trieben und führen das einsame Leben eines Hagestolzen,
welches ihr Temperament versauert und sie den Reisenden
und Jägern zu gefährlichen Gegnern macht. Für die auf
den Ebenen wohnenden Indianerstämme sind die Büffel
von unschätzbarem Werthe, und ohne dieselben könnten jene
dort gar nicht existiren. Jedes Stück von diesen Thieren
wird von den Indianern nutzbar gemacht. Aus den Sehnen
verfertigen sie Bogenschnüre und Zwirn zum Nähen, aus
den Hörnern Nadeln und aus den Mähnenhaaren Stricke
und Lassos; die vermittelst Alcali gegerbten Felle werden
zu Kleidern, Decken und Zeltdächern verarbeitet; das Fleisch
wird entweder frisch gegessen, oder es dient getrocknet zum
Winterproviant. Die Büffelpelze (buffalo robes), welche
die Indianer selber nicht benutzen, verkaufen sie an die
Pelzhändler. Die amerikanische Pelzcompagnie käuft davon
jährlich an 70,000 Stück. Feingegerbte Felle, die nach in=
dianischer Mode mit rothen Wollschnüren in phantastischen
Figuren durchwirkt sind, mit Augen daran und elegant be=
malt und gefüttert, kosten je nach ihrer künstlerischen Voll=
endung auf den Ebenen von acht bis zwanzig, in Chicago
bis zu vierzig Dollars das Stück. Als Reisedecken, um
darauf zu schlafen und den Wind abzuhalten, sind die

Buffalorobes vorzüglich, nur muß man sie vor dem Regen
schützen, da sie alsdann steif werden und schwer wie Blei
sind. Die Jagd auf Büffel, von denen jährlich 200,000
bis 300,000 getödtet werden, wird von den Indianern
systematisch betrieben. Größere Heerden werden nur zu bestimmten Jahreszeiten, wenn die Felle am tauglichsten sind,
getödtet, sonst nur so viele davon, um dem Bedarfe zum
Lebensunterhalte zu genügen. Dagegen dürfen vereinzelt
umherstreifende Buffalos zu jeder Zeit getödtet werden.
Das Nichtachten dieser Gesetze wird von den Indianern
mit Todesstrafe geahnt. Die Weißen, welche sich in der Regel
um jene Anordnungen wenig kümmern, müssen ihre rück-
sichtslose Jagdlust nicht selten mit dem Tode büßen, indem
die Indianer, welche durch das nutzlose Niederschießen der
Büffel ihre Existenz bedroht sehen, dadurch zur äußersten
Wuth gereizt werden.*

Es war hoher Nachmittag geworden, das Wetter
frühlingswarm, und lustig trabten unsere sechs Braune

---

* Während der Jahre 1872 und 1873 wurde die große südliche
Buffaloheerde von Jägern, welche die Thiere lediglich der Häute
halber tödteten, beinahe vernichtet, und viele hunderttausend von
Büffelskeletten bleichen gegenwärtig auf der Steppe. Alleine am
Republikanflusse befanden sich im Herbste 1873 an zweitausend
solcher Jäger. In Folge jener Massentödtung ist der Preis von
ungegerbten Büffelhäuten, welche früher drei Dollars per Stück
brachten, auf vierzig Cents bis zu einem Dollar herabgegangen.
An den Stationen der Kansas Pacific-Eisenbahn sieht man die
weißen Knochen jener Thiere bergeweis aufgeschichtet, um als
Handelsartikel für allerlei Zwecke nach den östlichen Märkten verschifft zu werden. Der Sucht nach Gewinn fielen mit der voran-
schreitenden Civilisation des weißen Mannes jene harmlosen
Geschöpfe zum Opfer. Heute giebt es südlich vom Arkansasflusse
kaum noch so viele Buffalos, um eine in früherer Zeit als klein
bezeichnete Heerde zu bilden, und auch diese werden ihrer baldigen
Vernichtung nicht entgehen.

dahin über den glatten Plan. Als wir eine sanft an-
schwellende Bodenhebung hinangefahren waren, lagen sie
plötzlich vor uns, die leuchtenden Felsengebirge in ungeheurem Bogen, vom fernsten Süden bis weit nach Norden,
Zacke an Zacke, Grat auf Grat, sich einander übergipfelnd,
im blauen Aether — ein wundervolles Panorama! Die
Erscheinung kam so unerwartet, als wären wir auf einmal
in eine fremde Welt versetzt worden. Zwischen uns und
den blendend weißen Hochgebirgen dehnte sich die weite
Steppe aus, ein hellgrüner Riesenteppich, der vor dem
Silberthrone des Continentes ausgebreitet war. Nicht die
geringste Bodenhebung unterbrach die Aussicht auf den
gezackten Demantwall der Felsengebirge. Das Gebirgspanorama ist jedoch auf den Ebenen nur zu dieser Jahreszeit ein so ergreifendes. Im Spätsommer entblößen sich
in Folge der schmelzenden Schneemassen die Abhänge und
Bergkuppen mehr und mehr von ihrem Silberschmucke;
denn nur die höchsten Gipfel der Felsengebirge sind mit
ewigem Schnee und Eis bedeckt.

Fern im Süden thürmte sich der durch das Goldfieber,
welches seinen Namen führt, berühmt gewordene Pike's
Peak empor, ein von der Hauptkette der Felsengebirge
gleichsam abgelöster gewaltiger Gebirgsknoten, dessen mit
Eis und Schnee gekrönter Scheitel herrlich im Sonnenlichte
blinkte. 14,216 Fuß über dem Meeresspiegel erhebt der
Koloß sein Silberhaupt in den Aether und blickt achtzig
Stunden weit auf die Ebenen hinaus. Die Quellen des
Arkansas und des Colorado entspringen auf seinen gold-
durchflochtenen Abhängen. Genährt von den nie versiegen-
den Wassern seiner schmelzenden Schneemassen brausen sie
thalwärts, jener zum Golfe von Mexiko, dieser zum Golfe
von Californien. Weit im Nordwesten lag der 14,050 Fuß
hohe Long's Peak, dessen Umrisse jedoch theilweise durch

Nebeldünste verschleiert waren. Zwischen beiden Bergriesen
lehnte sich, mit ungeheurem Bogen den ganzen westlichen
Abschnitt des Horizontes umgürtend, die gezackte Kette der
Felsengebirge aus. Es war kaum zu glauben, daß wir
inhundertundfünfzig englische Meilen vom Fuße jener Berg=
ette entfernt waren; denn erst zwanzig Stunden westlich
von Denver beginnen die Hochgebirge, — so riesig war
das Bild, welches sie vor unseren Augen entrollten. Die
Steppe hatte jetzt alles Interesse für uns verloren, und
nur die Zinnen der leuchtenden Hochfeste des Continents
fesselten das Auge. Als der Sonnenball sich hinter ihre
Bluth blinkenden crenellirten Mauern gesenkt hatte und
dann ein violettblauer Schleier das Hochgebirge bedeckte,
als die Nacht mit schwarzem Vorhang dasselbe längst schon
unseren Blicken entzogen hatte, dachte ich immer noch an
das glänzende Zauberbild, bis die neue Sonne wieder
die Schneezacken entzündete, und das Prachtpanorama in
schweigender Majestät noch größer, noch schöner, als Tags
zuvor uns entgegentrat.

Fort! — fort! — immer gen Westen! — Es ist der letzte
Tag unserer Steppenfahrt. — Lustig trabten die muthigen
Rosse über den glatten Plan; immer näher kamen uns
die mächtigen Hochgebirge. Dunkle Streifen an denselben,
in mannigfachen Schattirungen zwischen den Schneefeldern
hinauflaufend deuteten hier tief eingeschnittene Seitenthäler,
dort dichte Wälder, schwarze Felsmassen oder jähe Abhänge
an. Fünfundzwanzig englische Meilen vor Denver begrüßte
uns die endlose Reihe der Telegraphenstäbe an der Land=
straße von Omaha, und bald hatten wir die große Platte=
Straße erreicht und blickten ungeduldig aus nach der jugend=
lichen Hauptstadt der Ebenen, dem rasch emporblühenden
Denver. Der Wind blies wieder mit vollem Uebermuth,
als wollte er uns beim Abschied von der Steppe noch

4

einmal recht seine Kraft zeigen. Als wir bei der letzten Station vor Denver die Pferde wechselten, rollte er der schweren Wagen an zwanzig Schritt zurück, so daß der Kutscher hurtig einen Postsack hinter ein Rad warf, um die Stage zum Stehen zu bringen.

Weiter jagen wir, den immer höher sich empor= thürmenden Gebirgen entgegen eilend. Schon zeigen sich vereinzelte Häuser und Heerden von bunten Rindern, Landwagen und Reiter; ein leichtes „Buggy", mit einem Pärchen darin, fliegt an uns vorüber. Jetzt begrüßen uns ansehnliche Häuserreihen auf der Ebene, und ehe wir's gedacht — am siebenten Tage unserer Stagefahrt, nach einer Reise von 417 englischen Meilen seit wir Salina verlassen — rasselt unsere Kutsche durch die von schmucker Häusern eingefaßten breiten Straßen von Denver und hält um die Mittagsstunde vor dem langen Portico des „Planters Hotels".

B.

Von Denver nach Salt Lake City.

---

1. Bis zur Wasserscheide des Continents.

Der Tag meiner Ankunft in Denver war ein Sonntag.
In einem Platze wie dieser, der, obgleich keine eigentliche
Minenstadt, doch das Hauptemporium und den Centralort
für die reichen Golddistricte von Colorado bildet, ist der
Sonntag, wie in allen Minenländern, der Haupttag für
Geschäft und Vergnügen. Die Stadt war denn auch le=
bendig von Goldjägern und Abenteurern aller Art, welche
aus den etwa vierzig englische Meilen entfernten im Ge=
birge liegenden Minenlagern des Amüsements halber her=
gekommen waren, um hier ihre überflüssigen Dollars auf
gentile Weise klein zu machen. Prachtvoll ausgestattete
Billardsalons, Hunderte von elegant eingerichteten Trink=
stuben, zahlreiche Tanzlocale, Spielhöllen ꝛc. ꝛc., ein Theater,
zwei tägliche und zwei Wochenzeitungen sorgten für die
Unterhaltung und geistige Ausbildung der Bewohner und
Gäste dieses verfeinerten Goldhafens.

Die Stadt Denver liegt am Zusammenflusse des Platte
und des Cherokeebachs und zählte zur Zeit meines Besuchs
etwa sechstausend Einwohner. Dem im Cherokeebach ge=

4*

fundenen Goldstaub, der aber längst ausgewaschen worden
ist, hat der Platz seine Entstehung zu verdanken. Später
hat sich derselbe zum Handelsemporium des reichen Territoriums Colorado emporgeschwungen, und ist seine Zukunft
durch seine günstige geographische Lage und namentlich
dadurch, daß er der westliche Endpunkt der Kansas Pacific-
Eisenbahn werden wird, jedenfalls als eine bedeutende sicher
gestellt.* Es befanden sich in Denver große Waarenlager,
aus denen sowohl die Minenplätze Colorado's, als die
Städte Santa Fe und Albuquerque in Neu-Mexiko sich
versorgten, und namentlich die nach dem fernen Westen
ziehenden Emigranten, als in der ersten Haltestation jenseits der Ebenen, Vorräthe aller Art für die Weiterreise
einkauften. Eine Zweigmünze der Vereinigten Staaten
verwandelte hier den aus den Minen herbeiströmenden
Goldgewinn in blanke Zwanzigdollargoldstücke. Bis zum
Juli 1864 prägte die Zweigmünze in Denver etwa zehn
Millionen Dollars.

Zur Zeit meines Besuchs litt Denver an einer Geld-
und Geschäftskrisis, wie dieselbe sich in allen neuen Ländern
periodisch wiederholt, und die hier in Folge der Indianer-
unruhen durch das Stocken des Verkehrs mit dem Osten

* Dieses für die zukünftige Größe Denvers gestellte glänzende
Prognostikon hat sich nur als theilweise richtig erwiesen. Bis zum
Jahre 1873 war die Stadt Denver in einem so raschen Aufblühen
begriffen, daß man den Ort als ein zweites San Franzisko zu bezeichnen pflegte. Seitdem geräth die „Hauptstadt der Ebenen",
welche die Handelsconcurrenz mit St. Louis und anderen östlichen
Städten nicht auszuhalten vermag, in raschen Verfall, und Handel
und Wandel liegen jetzt (beim Jahresschluß 1874) in ihr kläglich
danieder. Ihre Hoffnung auf die Wiederkehr der besseren Zeit
bauen die Denveraner auf den Bau einer Eisenbahn, welche den
Seehafen Galveston in Texas mit ihrer Stadt in directe Verbindung bringen soll.

bedenklich gesteigert wurde. Da der Platz seinen ganzen Bedarf an Kaufmannsgütern vom Missouri her bezog, so nahm eine Unterbrechung des Verkehrs mit dem Osten hier die Form einer allgemeinen Calamität an. Statt wie sonst täglich drei bis vier mit Passagieren gefüllte Stage- kutschen und lange Züge von Emigranten und Frachtfuhren vom Osten in ihrer Stadt eintreffen zu sehen, blickten die ergrimmten Bewohner Denvers jetzt hinaus auf die ganz verödete Steppe. Der Haß gegen unsere rothen Brüder war hier deshalb ein wahrhaft satanischer und man ver- langte allgemein einen Vernichtungskrieg gegen die Roth- häute. Die Territorial-Regierung bot sogar eine Prämie von zwanzig Dollars Gold pro Scalp, mit den Ohren dabei. Dieser barbarische Zusatz war deshalb gemacht worden, weil die Scalpjäger sonst mit Leichtigkeit drei oder gar vier Scalpe aus der Kopfhaut eines getödteten In- dianers hätten herausschneiden können — jeder Indianer aber bekanntlich nur zwei Ohren hat.

Was mich in Denver recht unangenehm berührte, war der dort fortwährend außerordentlich heftig wehende Wind, welcher um die Straßenecken pfiff, daß man stets Obacht geben mußte seinen Hut nicht zu verlieren. Außer daß er die Straßen hübsch rein gefegt hielt, war an dem Denver- Wind wenig zu loben, obschon er der Gesundheit sehr zu- träglich sein soll. Man gab mir jedoch die Versicherung, daß es am Tage meines Besuches durchaus nicht stark wehe; es säusele nur ein sanfter Zephyr! An wirklich windigen Tagen pflegten die Fensterscheiben von dem dagegen- gepeitschten feinen Sand wie von einem Diamanten zer- kratzt zu werden. Daß die Vegetation in und um Denver bei einer so windigen Atmosphäre eine äußerst kümmerliche war, nahm mich nicht Wunder. Gärten gab es hier nur wenige, und die Bäume hätte ich leicht zählen können.

Das Klima ist in diesem Platze, der 5317 Fuß über dem
Meere liegt, ein sehr rauhes, und in den Gebirgen sind
die Winter außerordentlich strenge. Oft fällt das Thermo=
meter daselbst bis zu dreißig und mehr Grad Fahrenheit
unter Zero, und heftige Schneestürme giebt es dort in
jedem Monat im Jahre. Am Nachmittage meines Auf=
enthaltes in Denver wüthete ein solches Unwetter im
Hochgebirge. Die schwarzen Wolkenwogen, welche an der
Seite des Gebirgs hinrollten und ab und zu einen oder
mehrere von den Silbergipfeln aus ihrem dunklen Gewim=
mel hervortreten ließen, gaben ein grandioses Bild. In
jener Gegend lag die großartige Gebirgsscenerie, welche
durch unseres genialen Landsmanns Bierstadt herrliches
Gemälde „Ein Schneesturm in den Felsengebirgen" welt=
berühmt geworden ist. Wenn erst das eiserne Roß bis zu
jener hohen Burg des nordamerikanischen Continentes hin=
jagt, werden gewiß Tausende von Touristen in jedem Som=
mer diese herrliche Gebirgsgegend, mit Recht die amerika=
nische Schweiz genannt, besuchen. —

Bleich und düster brach der Morgen des 29. April an,
an welchem Tage ich meine Weiterreise von Denver antreten
sollte. Ein Blick aus dem Fenster meines Schlafgemachs im
wohnlichen „Planter's Hotel", wo ich zum ersten Mal seit
ich Leavenworth verlassen wieder in einem Bett geschlafen,
zeigte mir die Luft draußen lebendig von großen Schnee=
flocken. Vom Gebirge war gar nichts zu sehen, Fußgänger,
bis über die Ohren in Mäntel gehüllt, eilten schnell vorüber
und ich erwartete jeden Augenblick, das Klingeln eines
Schlittens zu hören. Es war ein Wintertag, wie man
ihn im Januar sich nicht besser hätte wünschen können!

Bald hatten wir Passagiere, welche die Fahrt über
die Felsengebirge machen sollten, uns im Speisesaal des
Hotels versammelt und nahmen dort in wenig reiselustiger

Stimmung unseren Morgenimbiß ein, ab und zu mit schwer=
müthigen Blicken das immer heftiger werdende Schnee=
gestöber durch die Fenster betrachtend. Die Chicagoer
Familie, welche während der Reise über die Steppe meine
philosophische Langmuth so sehr auf die Probe gestellt hatte,
war zu meiner Beruhigung in Denver zurückgeblieben,
und von meinen alten Reisegefährten bemerkte ich nur die
Mormonendame mit ihrem sanften blauäugigen Knaben, der
von dem Agenten der Stage=Compagnie beim Empfange
des Passegeldes als viertel Größe taxirt worden war.
Fünf männliche Passagiere, welche nach Salt Lake City und
Montana reisen wollten, bildeten meine neuen Begleiter.
Dieselben hatten sich mit · Büffelpelzen, Wollendecken,
schottischen Umschlagetüchern, Federkissen, Zephyrs, Ohren=
wärmern, Pelzmützen, Muffs und Ueberschuhen versehen,
als ob sie eine Reise nach Alaska unternehmen wollten.
Einer von ihnen, ein reicher aristokratischer Irländer, wie es
schien ein seelenguter Mann, bediente sich bei jeder passen=
den und unpassenden Gelegenheit des Wortes wonderful.
Das Schneegestöber war „wonderful!" — der blauäugige
Mormonensohn, die Frau Wirthin mit den verschlossenen
Augen, der fette Bärenschinken, die steinhart gesottenen Eier
waren „wonderful!" — Ein zweiter Passagier war eine
von jenen unglücklichen Naturen, die Alles schlecht finden,
Jedermann hassen und sich und ihren Nebenmenschen das
Leben verbittern. Der Kaffee war ihm zu heiß, die Hühner=
augen plagten ihn schrecklich, der Speisesaal war zu dunkel,
der Kellner zu dumm, die Zeit zum Abfahren zu früh, und
den sanften Mormonenknaben sah er, als derselbe ihm
einmal zufällig zu nahe kam, mit orthodoxchristlicher Ent=
rüstung an. Dieser Misanthrop, ein getaufter Jude, war
ein Yankee aus Boston und nannte sich Mister Eisak
(Isaac). Er schien der Mentor des Herrn Wonderful

zu sein, von dessen fabelhaftem Reichthum und frommer Gesinnung er der Tischgesellschaft vor ihm laut erzählte. Herr Wonderful reis'te nach Montana, um dort von Mister Eisak für den Spottpreis von 60,000 Dollars eine Gold=mine zu kaufen, welche, wie dieser versicherte, unter Brüdern ihre zwei Millionen werth sei. Die drei anderen mit=reisenden Herren waren Spießbürger aus Denver, welche sich in Utah und Montana ein Bischen umsehen wollten.

Das Peitschenknallen und das Hallohrufen auf der Straße deutete an, daß die Stage vorgefahren sei, und ich eilte hinaus, mir das Gefährt anzusehen, welches uns über die Felsengebirge befördern sollte. Es war ein mittel=großer, mit einem Leinentuch überdachter Wagen, anstatt der eleganten Kutsche, welche uns über die Ebenen bis nach Denver gebracht hatte. Beim Kutscher war nur ein extra Außensitz, im Wagen kaum Raum für sechs Passagiere vorhanden. Da meine neuen fünf Reisegefährten sich alle vor mir in Denver hatten einschreiben lassen und der Mor=monendame mit ihrem Knaben selbstverständlich der beste Platz im Wagen reservirt worden war, so mußte ich mit dem Außensitz vorlieb nehmen; beim Schneegestöber und voraussichtlich kalten Wetter in den Hochgebirgen während einer sechshundert Meilen langen Reise, die ununterbrochen Tag und Nacht dauern sollte, gewiß ein wenig beneidens=werther Platz! Das Gefährt, welches beim reisenden Publikum den unpoetischen Namen „Schmutzwagen" (mud wagon) führte, wurde von unserem aristokratischen Irländer sofort mit „wonderful" bezeichnet.

Wir sollten von nun an unter dem Banner der Mammuth=Expreß=Gesellschaft von Wells, Fargo und Comp. reisen, welche sich im Besitze der Haupt=Stage=linien und Postrouten im Westen der Vereinigten Staaten, zwischen dem Missouri und dem Stillen Ocean, befindet.

Alle Verkehrslinien zusammen gerechnet, auf denen Wells,
Fargo und Comp. Stagekutschen fahren, betragen circa
3500 englische Meilen. Ueber 2000 Pferde, 500 Zug-
ochsen und Maulesel und eine ganze Brigade von Kutschern,
Stallknechten, Stationswächtern, Fuhrleuten und Agenten,
von bewaffneten Schutzwachen auf den Stages, welche die
edlen Metalle befördern, von Zahlmeistern ꝛc. stehen im
Dienste der Compagnie. Auf allen ihren Linien sind jede
zehn bis zwölf englische Meilen Stationsgebäude und
Stallungen erbaut, auf Tausenden von Wegstunden die
einzigen Zeichen der Civilisation in den Wildnissen des
Continents.* Von der Gesellschaft wird auf allen ihren
Routen nebst ihrer eigenen Brief- und Packetpost, gegen
hohe Vergütung die Post der Vereinigten Staaten befördert.
Die Kaufleute und Miner in den Staaten und Territorien
an der pacifischen Küste ziehen meistens die Briefcouverte
von Wells, Fargo und Comp., welche à 5 Cents kosten,
denen der Vereinigten Staaten zu 3 Cents vor, weil jene
dem Adressaten schnell und direct ins Haus befördert werden.
Das Hauptbureau von Wells, Fargo und Comp. in San
Franzisco ist ein großartiges Etablissement, in welchem Alles
mit militärischer Genauigkeit angenommen und abgeliefert
wird. Ein etwaiger Verlust von Werthsachen, wenn z. B.
die Stages, wie oft vorkommt, ihrer Metallschätze beraubt
werden, wird dem Eigenthümer ohne Widerrede sofort ver-
gütet und sind Fälle vorgekommen, wo die Gesellschaft
10,000 und mehr Dollars auf solche Weise auf einmal
ausgezahlt hat. Die in einem Jahre zurückgezahlten Ver-

* Seit der Eröffnung der Pacificbahn fahren täglich mit Werth-
sachen und Eilgütern beladene geschlossene Waggons, die Wells,
Fargo und Comp. exclusiv gehören, von New-York bis nach San
Franzisco. Wo keine Eisenbahnlinien sind, fahren nach wie vor
Stagekutschen im Dienste jener Gesellschaft.

lüste haben sich schon auf 100,000 Dollars belaufen. Da=
gegen berechnen Wells, Fargo und Comp. selbstverständlich
einen hohen Procentsatz (aus entfernten Minenlagern zwei
bis vier Procent vom Werthe) für die Beförderung der
edlen Metalle von den Minen nach San Franzisco und
dem Osten, welche fast ganz in ihren Händen ist. In je=
dem nur einigermaßen bedeutenden Orte, von Arizona bis
nach Montana und Britisch Columbia, vom Stillen Meer
bis nach den Felsengebirgen, hat diese Gesellschaft ein
Expreßbureau errichtet. In jedem Minendistricte ist sie
Bankier, Postbote und Generalagent sowohl der Kaufleute
als Miner. Eine Kneipe, eine Schmiede und eine Wells,
Fargo und Comp.=„Office" sind die ersten Grundbestand=
theile jeder neuen Minenstadt.

Für die Beförderung und die Verpflegung der Passa=
giere ist auf den Stagerouten, welche jener Gesellschaft
gehören, so gut gesorgt, wie es sich in solchen wilden und
entlegenen Gegenden vernünftiger Weise erwarten läßt.
Eine Ausnahme bildete jedoch die erst kürzlich durch Wells,
Fargo und Comp. käuflich erworbene Linie von Nebraska
nach Salt Lake City, wo Alles in größter Unordnung und
die Verpflegung geradezu abscheulich sein sollte. Da ich
in Denver genaue Erkundigung über die Beschaffenheit der
Naturalverpflegung einzogen, womit die Reisenden zwischen
dort und der Marmonenstadt am großen Salzsee regalirt
wurden, so hatte ich mich mit „extras" und „et caeteras"
wohl versorgt und schob zur Freude des Kutschers, neben
dem ich Platz nahm, einen ansehnlichen Proviantkasten unter
den Bock. Der Inhalt desselben bestand, wie ich hier beiläufig
erwähnen will, aus zehn Dutzend hart gesottenen Eiern und
zwei gebratenen, mit Rosinen ausgestopften Truthühnern,
nebst entsprechendem Vorrath von Knackwürsten, getrocknetem
Büffelfleisch, Limburger Käse, sauren Gurken, Sardinen und

Austern in Blechbüchsen, Aepfeln, Feigen und Mandeln,
Eingemachtem, Kringeln, Biscuit, Brot, Kuchen und Pfeffer-
nüssen und sechs Flaschen von dem besten Whisky, den ich
in Denver hatte auftreiben können. Der keines Neides
fähige Irländer, welcher meinen Proviantkasten wißbegierig
musterte, bezeichnete denselben beifällig als „wonderful".

Um sieben Uhr Morgens waren wir reisefertig, und
mit einem Fluche auf das Wetter hieb unser Kutscher auf
das Viergespann ein. Durch die winterlichen Straßen von
Denver jagten wir, passirten den Cherokeebach auf einer
langen Holzbrücke und fuhren im dichten Schneegestöber
direct nach Norden. Die Stage-Route, welcher weiter
nördlich das Nivellement der Unionpacific-Eisenbahn in un-
gefährer Richtung folgte, lief von Denver aus nach Norden
bis zur großen Laramie-Ebene *, dann in einem Bogen
nach Nordwest und überschritt die Felsengebirge im Bridger's
Paß, von wo sie in direct westlicher Richtung, nach dem
Becken des großen Salzsees führte. Die bedeutend kürzere
Linie, durch den 11,400 Fuß hohen „Berthoud-Paß" direct
nach Westen, war, wegen der daselbst fast unpassirbaren,
entsetzlich felsigen Straßen, nach kurzem Versuche im vorigen
Jahre von der Stage-Compagnie wieder aufgegeben worden.

Unsere erste Tagereise führte uns durch das beste Acker-
bauland und die blühendsten Ansiedelungen des Territoriums
Colorado. Die Fahrt auf einer vortrefflichen Landstraße
wäre eine sehr angenehme gewesen, hätte nicht das dichte
Schneegestöber alle Fernsicht verschlossen und die Hochgebirge ganz unserem Blick entzogen. Die Niederlassung
St. Vrances, 33 englische Meilen von Denver, würde eine

---

* Auf dieser Linie ist die „Cheyenne- und Denver-Eisenbahn",
als Anschluß an die Unionpacificbahn bei der zur Zeit meiner Reise
noch nicht existirenden Stadt Cheyenne, erbaut worden.

Zierde für eins der gesegneten Counties im Mississippithale sein. Eine Lust war es, das herrliche grüne Heu an den Stationen zu sehen, welches auf den Prärieen geschnitten wird und ein außerordentlich nahrhaftes Futter für das Vieh giebt. Mehrere kleine Flüsse passirten wir, reißende Berggewässer, deren klare Fluth quer über die Landstraße lief. Die bedeutendsten derselben, der große und der kleine Thompson, versperren, da sie nicht überbrückt sind, nach schnellem Schmelzen des Schnees im Gebirge oft tagelang die Passage. Beide Flüsse waren ziemlich geschwollen, so daß beim Hindurchfahren uns das Wasser bis in's Wagenbett trat.

Am Nachmittage klärte sich das Wetter auf. Nach rechts hin rollte der Schneesturm seine grauen Wolken über die Ebene, linker Hand zeigten sich in der Nähe, in pittoresken Formen, aber fast ganz von Baumwuchs entblößt, die felsigen Schwarzen Hügel. Dieser berg=ähnliche Höhenzug erstreckt sich in nördlicher und nordwest=licher Richtung, mit den Felsengebirgen bis zu den britischen Besitzungen parallel laufend. Weiter nördlich ist derselbe mit Kiefern dicht bestanden, welche von fern schwarz aus=sehen; daher sein Name. Der mächtige Stamm der Sioux Indianer pflegt dort seine Winterquartiere aufzuschlagen, weil zahlreiche Büffelheerden in den geschützten Thälern jener Bergkette vor dem rauhen Wetter alsdann eine Zu=flucht suchen und in bequemer Nähe einen unerschöpflichen Vorrath von Fleisch zum Lebensunterhalte gewähren. Gegen Abend wurde das Wetter wunderschön, und beim Sonnenuntergange glühte rechter Hand die weite Ebene wie vergoldet. Es war dies ein prächtiges Schauspiel und ganz einzig in seiner Art, das seine Ursache in dem Reflex der Sonnenstrahlen hatte, welche schräge auf die dort meilenweit abgebrannte Grasfläche fielen.

Bei eintretender Dunkelheit erreichten wir, 67 englische
Meilen von der Stadt Denver, die Stage-Station „Cache
la Poudre", neuerdings „La Porte" getauft. Der frühere
Name wurde dem Orte nach einigen französischen Bären=
jägern gegeben, welche, von Indianern hart bedrängt, einen
bedeutenden Pulvervorrath in einer nahe gelegenen Höhle
vergraben hatten. Ein klarer Bergstrom, reich an köstlichen
Forellen, welcher dicht bei der Station vorbeirauschte,
wohlgepflegte grüne Felder und Gärten und die sauberen
Gebäulichkeiten gaben ein freundliches Bild. La Porte
war eine Oase unter den Stations=„Hotels", welche wir
bis jetzt gesehen hatten, und die immer schlechter wurden,
je weiter wir kamen. Beim Anblick der sauberen, mit
duftenden Speisen reich bestellten Tafel und insbesondere
der bildschönen jungen Wirthin, die bei Tisch aufwartete,
vergaß ich meinen Proviantkasten. Nie hat mir ein Abend=
brot in einem Hotel erster Classe besser gemundet, als die=
ses in der bescheidenen Stage-Station an der Grenze des
entlegenen Territoriums Colorado. Zum Verwundern war
es, wie unsere jugendliche Wirthin die Grazie einer feinen
Cultur an einem Orte bewahrt hatte, wo rohe Fuhrknechte,
Abenteurer und Grenzler die Hauptbestandtheile der männ=
lichen Nomadenbevölkerung bildeten, die mit nichts weniger
als polirten Sitten jene Station frequentirte.

Wir befanden uns wieder auf der Landstraße, noch
immer nordwärts kutschirend. Langsam verging die Nacht,
während welcher ich mich mit Gewalt wach hielt, um nicht
auf dem rauhen Wege vom hohen Kutscherbock herunter
zu fallen. Dabei wehte ein eisig kalter Wind, der durch
meine schwere Wolldecke wie durch dünnes Tuch hindurch=
blies. Als wir uns dem Felsthale von Virginia Dale
näherten, graute endlich der Morgen. Hier rieth der Kut=
scher allen Passagieren auszusteigen und zu Fuß nach der

nächsten Station durch die etwa zwei Meilen lange Schlucht
zu wandern, um die romantische Scenerie, besser als vom
Wagen aus geschehen konnte, zu genießen. Mit Ausnahme
des Mister Eisak, der einen weinerlichen Methodisten=
Morgengesang in der Kutsche angestimmt hatte, befanden
wir männlichen Passagiere uns bald alle zu Fuß auf der
Landstraße und wanderten rüstig durch das enge Thal, wo
sich die mit riesigen Granitblöcken übersäeten schneegekrönten
Bergabhänge und nackte Felswände zu beiden Seiten mehrere
hundert Fuß hoch emporthürmten. Mein Gefährte, der
liebenswürdige Irländer, mit dem ich besondere Freundschaft
geschlossen und öfters Reiseerinnerungen aus der Schweiz,
die er vor Kurzem besucht hatte, austauschte, rief vor Eestase
einmal über das andere „wonderful" aus und fand diesen
Engpaß so großartig, wie die Via Mala. Es hält schwer,
einen richtigen Vergleich zwischen solchen weit von einander
getrennt liegenden Naturscenerieen anzustellen, da das Neue
auch den unbefangenen Beobachter stets vorwiegend fesselt.
Großartige Berg= und Felspartieen sind immer anziehend,
und dieses Felsthal war gewiß sehenswerth; aber der nach
dem Splügen führenden weltberühmten Schweizerstraße war
dasselbe an grandioser Schönheit, trotz aller Bewunderungs=
rufe meines Freundes Wonderful, nicht ebenbürtig.

In der Station Virginia Dale, wo wir, nach einer
Reise von hundert englischen Meilen seit wir Denver ver=
lassen hatten, gegen fünf Uhr Morgens anlangten, erfreute
uns in der Wirthsstube ein riesiges Kaminfeuer, welches,
mit Hülfe einer Tasse heißen Moccas, unser fröstelndes
Blut bald wieder warm pulsiren machte. Zur Sommerszeit
mußte dies ein reizender Aufenthaltsort sein, obgleich von
Bequemlichkeit daselbst nicht die Rede war. Die keineswegs
palastartigen Gebäulichkeiten — ein bescheidenes Wohnhaus,
nebst Pferdestall und Schmiede — boten keinen Comfort,

und die Mahlzeiten vermöchte selbst ein im Küchenzettel wenig
wählerischer Hinterwäldler nicht als lucullisch zu bezeichnen.
Aber die romantische Umgebung gab hinreichenden Ersatz
dafür. Im felsigen Bette rauschte ein klarer Bergstrom
durch einen kleinen Thalkessel, in den sich die Felsschlucht,
durch welche wir gekommen waren, öffnete. Die zu dieser
Jahreszeit schneegekrönten Bergkuppen, gewaltige Fels=
abhänge, an denen hin und wieder schlanke Fichten Fuß
gefaßt hatten, und im Thalgrund ein reizendes, von waldi=
gen Höhen umkränztes hellgrünes Stück Wiesenland gaben
ein schweizerisches Bild. Am jenseitigen Rande der Wiese
standen malerisch die weißen Zelte eines Truppendetachements,
das zum Schutze der Station gegen die Indianer daselbst
ein Lager bezogen hatte. Zur Zeit meines Besuchs wohnten
in Virginia Dale, außer den wenigen Soldaten im nahen
Zeltlager, nur drei Männer, deren Geschäft sich darauf
beschränkte, die Pferde zu füttern und in der Schmiede
etwaige Reparaturen an den Stagekutschen zu machen.
Eine einzelne Frau bediente die Gäste und hatte das
wenig beneidenswerthe Amt, täglich für zwei Stageladungen
hungriger und bestaubter Reisenden die Mahlzeiten zu kochen.
Unsere frühere liebenswürdige schöne Wirthin in La Porte
hatte bis vor Kurzem hier gewohnt und Virginia Dale
den Reisenden zum Paradiese auf der Ueberland=Stageroute
gemacht. Von der vierschrötigen irischen Köchin, welche hier
gegenwärtig als Hebe bei Tisch aufwartete, war jedoch
nicht zu behaupten, daß sie einem Praxiteles ein passendes
Modell für eine Venus Amathusia gegeben hätte.

Nur ungern nahmen wir Abschied von dem romantischen
Virginia Dale. Ein neues Viergespann war eingeschirrt,
und der Kutscher, der in schlechter Laune war, hätte uns
just so lieb zurückgelassen, als fünf Minuten länger auf
uns zu warten. Unser Plan, den Soldaten in ihrem Zelt=

lager einen freundschaftlichen Morgenbesuch abzustatten,
wurde durch die im kategorischen Imperativ gestellte Auf=
forderung des Roſſelenkers, ſofort einzuſteigen, vereitelt.
Ehe noch die Inſaſſen des „Schmutzwagens“ gehörig Platz
genommen und ſich in ihre Büffelpelze, Wollendecken, ſchot=
tiſchen Umſchlagetücher, Zephyrs, Muffs ꝛc. gehüllt hatten,
jagten wir bereits weiter über eine ſelſige Landſtraße, auf
welcher ſich die Stage in halsbrechenden Sätzen erging.
Die Paſſagiere wurden erbärmlich durcheinander geworfen.
Zum erſten Male hörte ich den frommen Miſter Eiſak
gottesläſterliche Flüche äußern, während mein Freund, der
Irländer, in den Schoß der ihm gegenüberſitzenden Mor=
monendame geſchleudert wurde und ſich wiederholt mit dem
Ausruf „wonderful“ entſchuldigte, — eine urkomiſche Scene,
welche ſogar die ernſten Spießbürger aus Denver in ein
homeriſches Gelächter ausbrechen ließ.

Nach einer Fahrt von dreizehn engliſchen Meilen, die
uns eine öde Gebirgsgegend, voll von gigantiſchem Fels=
geröll, führte, debouchirten wir in weſtlicher Richtung auf
die „große Laramie Ebene“, ein mehr als 7000 Fuß über
dem Meere erhabenes ausgedehntes Plateau, über welches
der eiſig=kalte Wind mit doppelter Stärke hinpfiff. Der=
ſelbe bläſt hier manchmal mit ſolcher Heftigkeit, daß nicht
nur Zelte, ſondern ſogar Wagen mit dem leinenen Bezug
davon umgeworfen werden.

Linker Hand hatten wir einen prächtigen Blick auf die
mit dichten Waldungen bedeckte ſchneegekrönte Centralgruppe
der Felſengebirge, über welche ſich der gewaltige Long's
Peak mit ſeinem 14,050 Fuß hohen eiſigen Scheitel in
den blauen Aether emporthürmte. Die helle Morgenſonne
zeigte die Gebirge in blendender Beleuchtung; die Bäume
ſahen ſo friſch aus, als ob ſie eben den Schlaf abgeſchüttelt
hätten. Auf der Hochebene ſtanden hier und dort ſeltſame

Felsgebilde wie fremde Gestalten da, die an das Felsen-
Meublement eines Schweizergletschers im Hochsommer erinnerten. Die geologische Formation des Continents änderte
sich hier, und weißer oder röthlicher Sandstein und Kies-
conglomerat traten an die Stelle der Kreidelager. Die
außerordentlich heftigen, mit feinem Sand geschwängerten
Winde, welche von Zeit zu Zeit über das Hochland streichen,
thun im Bunde mit der sibirischen Kälte des Winters und
den Regengüssen der Herbst- und Frühlingsmonate das
Mögliche, um jene leicht zerbröckelnden Gesteinmassen in
groteske Formen umzubilden.

Auf glattem Wege fuhren wir den ganzen Tag hindurch über die Laramie Ebene. Gegen Mittag waren wir
gezwungen, bei einer Station während zwei Stunden zu
verweilen, da die Maulesel, welche uns weiter bringen
sollten, es sich in den Kopf gesetzt, einen längeren Spaziergang zu machen. Dieser unerwartete Aufenthalt kam mir
jedoch sehr gelegen, indem ich dadurch Zeit zu einer Siesta
auf einem duftenden Heuschober gewann, mein erstes Schläfchen in Dakota, dessen Grenze wir soeben überschritten
hatten. Der Mangel an Schlaf ist von allen Strapazen
auf einer solchen Reise das Schlimmste. Man muß denselben förmlich stehlen, und oft war ich froh, wenn es mir
gelang, auf dem Kutscherbock in sitzender Stellung ein
halbes Stündchen nicken zu können. Unter solchen Verhältnissen kam mir der Heuschober wie das weichste Daunen-
bett vor! Nur zu früh nach unserem Wunsche waren die
Esel wieder eingefangen, und mit schwerem Herzen verließ
ich mein bequemes Lager, um auf's Neue meinen Jammer-
sitz beim Kutscher wieder einzunehmen.

Nach und nach verengte sich jetzt die Ebene, welche
zu beiden Seiten von niedrigen Höhenzügen begrenzt war.
Rechter Hand stand in weiter Ferne der schöne bläuliche

Eiskegel des Laramie Peak, der die Hochebene um 6000 Fuß überragte. Der Boden war hier mit kleinen Feuersteinen, bunten Kieseln und Quarzstücken gleichsam übersäet, und hin und wieder bemerkte ich Striche von Alcalisalzen, welche den spärlichen Graswuchs wie frischgefallener Schnee bedeckten. Die Stationshäuser, bei denen wir vorsprachen, sahen alle arg verfallen aus, und an der Mahlzeit mußte, nach den sauren Mienen meiner Mitessenden zu urtheilen, wenig zu loben sein. Mein unerschöpflicher Proviantkasten, zu dem ich meinen Freund Wonderful und die Mormonendame mit ihrem Knaben wiederholt einlud, überhob mich jedoch der Gastmähler, welche die Stage-Compagnie den Reisenden auftischte. Der Nektar in meinen Flaschen hatte mir den Kutscher zum Busenfreund gemacht, so daß dieser mir willig die Hälfte von seiner warmen Büffeldecke abtrat. Als es gegen Abend immer kälter wurde, war dies ein wahrer Freundschaftsdienst!

Um zehn Uhr in der Nacht langten wir bei der Station Coopers Creek an. Hier begannen die eigentlichen Strapazen der Ueberlandreise, welche mir alle vorhergehenden Mühsale im rosigen Lichte erscheinen ließen. Man bedeutete uns, daß die Stagekutsche, vulgo „Schmutzwagen" genannt, nicht weiter fahren könnte. Stellenweise läge der Schnee noch achtzehn Fuß tief auf der Landstraße, die so schlecht sei, daß jeder auf Federn ruhende Wagen dort kurz und klein brechen müßte — und wie sonst die beängstigenden Neuigkeiten hießen! Genug, wir wurden peremptorisch aufgefordert, in einem federnlosen sogenannten Rumpelwagen (lumber wagon) Platz zu nehmen, der einem jütischen Bauernwagen auf ein Haar glich, und den mein irischer Freund sofort mit „wonderful" bezeichnete. Sitze waren, mit Ausnahme von solchen, welche unsere Mantelsäcke und des guten Onkel Samuels benagelte Post-

beutel bildeten, keine darin vorhanden. Doch ermöglichten
wir es, durch sinnreiches Ineinanderschlagen unserer Beine
uns acht und ein viertel Personen in dem Gefährte ein
Unterkommen zu verschaffen. Die Mormonendame und
ihren Knaben (die viertel Größe) bemitleideten wir am
meisten, und sorgten für ihre Bequemlichkeit, so gut es
sich unter den Umständen machen ließ. Was mich bei dem
Arrangement allein befriedigte, war die Gewißheit, daß
Mister Eisak, welcher stets um den besten Platz im Wagen
gestritten hatte, fortan in keiner Beziehung bequemer als
wir anderen Passagiere fahren würde. Da wir nach Angabe der Stationsleute an dreihundert englische Meilen in
solchen „Postkutschen" zurücklegen sollten, so wird es der
Leser natürlich finden, daß mein Vorsatz, auf dieser Reise
jegliches Ungemach als ein weiser Mann fortzulachen, gänzlich zu Schanden wurde und sich meiner eine Art verzweifelten Ingrimms bemächtigte.

Keine hundert Ellen weit waren wir im schlanken
Trab auf einem entsetzlich holperigen Wege gefahren, als
Mister Eisak, wie ein Türke fluchend, vom Wagen sprang,
wobei er der Länge nach hinfiel und Wells, Fargo und
Comp., die Besitzer dieser famosen Stagelinie, mit einer
Fluth von unliebenswürdigen Wörtern überschüttete. Er
schwor, daß er lieber zu Fuß nach Salt Lake City laufen
wolle, als sich auf einem solchen Wagen rädern und schinden
zu lassen! Der Kutscher nahm keine Notiz von ihm und
fuhr schnell weiter, bis er nach einer viertel Stunde auf
unsere Bitten still hielt und den Murrkopf, der bereits ein
halbes Dutzend Mal in tiefe Schmutzlöcher gefallen war
und gottsjämmerlich aussah, wieder an Bord nahm. Da
wir andern Passagiere es uns während seiner Abwesenheit
den Umständen nach bequem gemacht hatten, so mußte Eisak
zur Strafe für seine unbesonnene Hitze mit einem Sitz auf

der scharfen Kante des Wagenbetts vorlieb nehmen. Es war übrigens eine Nachtfahrt, wie man sich derselben Zeit seines Lebens erinnert! Der eisige Nordwind pfiff uns um die Ohren und eine klingende Kälte drang selbst durch die Büffeldecken, so daß wir Alle wie Espenlaub zitterten und uns die Zähne vor Frost klapperten. Wo man hinsah lag Eis und Schnee (wir befanden uns 7000 Fuß über dem Meere), und der Weg war so holperig, daß wir auf den mit eckigen Kupfernägeln beschlagenen Postsäcken, die sich fortwährend unter uns verschoben und deren nichts weniger als sanfter Inhalt von voluminösen Staatsdocumenten und Congreß Pamphleten mich unangenehm berührte, hin und her gerüttelt wurden, als ob eine Ladung von losen Knochen im Wagen läge. Etwas nach Mitternacht hatten wir das seltene Schauspiel, die „Venus durch den Mond gehen" zu sehen, was mich in anderen Verhältnissen sehr interessirt haben würde. Ehe der schöne Planet hinter der leuchtenden Mondsichel verschwand, sah das Bild genau so aus wie der türkische Halbmond mit seinem Stern darüber, und dabei funkelte die Venus in der klaren winterlichen Nacht heller als ich sie je gesehen. Bei dieser schändlichen Fahrt im Rumpelwagen ärgerte ich mich jedoch sowohl über die Venus als den Mond, die beide gar keine Ursache hatten, uns ein solches Schauspiel zum Besten zu geben.

Endlich brach der Morgen an, der erste des Monats Mai. Wunderschön war er freilich nicht, aber klar und frostig, wie ein Januarmorgen. Die Umgebung war sonst recht romantisch. Seitwärts zeigten sich bewaldete Bergkuppen und weite Schneefelder, vor uns lag das finstere Eltgebirge, welches wegen der fast täglich auf ihm wüthenden Schneestürme einen bösen Namen hat. Dieses Gebirge, ein vereinzelt daliegender Bergrücken, erhebt sich ganz all=

mählig und fällt an seiner höchsten Stelle steil ab. Aus
der Ferne gesehen erinnert dasselbe an einen riesigen Be-
lagerungswall, wie ihn Cäsar gegen den Vercingetorix an-
wandte. Das Elkgebirge ist die Heimath unzähliger Elen-
thiere (elk — daher sein Name), Antilopen, Wölfe, schwarz-
geschwänzte Hirsche und schwarzer und brauner Bären.
Auch der gewaltige Grizzly-Bär, der König der amerikanischen Thierwelt, hat in ihm sein Domicil aufgeschlagen.
In den elenden Stagestationen, wo ich kaum eine einzige
Feuerwaffe sah, waren die Bewohner alle in tödtlicher Angst
vor den Indianern, welche bereits mehrere Mordthaten
unter haarsträubenden Grausamkeiten auf der Laramie Ebene
in Scene gesetzt hatten. Sobald das Gras, welches ihren
Ponies Nahrung geben müsse, hinreichend gewachsen sei,
hieß es, würden sie auch in dieser Gegend ihr Erscheinen
machen.

Als wir weiter fuhren, fanden wir die Landstraße
durch Schneebänke, die an dreißig Fuß tief lagen, ganz
versperrt. Das eingetretene Thauwetter hatte ein Hinüber-
fahren über dieselben unmöglich gemacht, so daß wir einen
halsbrechenden Weg am Rande eines abschüssigen Berges
einschlagen mußten, wo unser Fuhrwerk in der sogenannten
„Teufelsschlucht" stecken blieb. Hier hieß es: aussteigen
und abladen! — Im Kniehosencostüm wateten wir durch
den breiartigen halbgeschmolzenen Schnee, zogen die Postsäcke achtzig Schritt weit durch den Sumpf auf trockenes
Land und zerrten schließlich die wild hintenausschlagenden
störrisch gewordenen vier Maulesel nebst dem Rumpelwagen
mit vereinter Kraft durch den tiefen Morast, eine Arbeit,
welche wenigstens das Gute im Gefolge hatte, daß sie uns
recht erwärmte. Jenseits der „Teufelsschlucht" nahmen
wir unsere Jammersitze auf Onkel Sam's Postsackkissen,
welche durch den Schmutz hübsch lackirt worden waren,

aufs Neue ein und fuhren in trübseliger Stimmung weiter. Bei meinen Leidensgefährten, welche seit dem vorigen Nach= mittage keinen Bissen zu sich genommen hatten, meldete sich auch noch ein nagender Hunger. Hier war mein uner= schöpflicher Proviantkasten, aus dessen Inhalt ich ein herr= liches Mahl für die Reisegesellschaft auftischte, in Wahrheit eine Hülfe in der Noth!

Die Gegend, durch welche wir hinfuhren, bestand aus einer Reihe von aneinander folgenden allmählich ansteigenden Thalmulden, welche für den Bau einer Eisenbahn wie ge= schaffen schienen. Die Gebirge hatten nicht die Gestalt einer zusammenhängenden Bergkette, sondern waren in viele ver= einzelte Höhenzüge getrennt. An den Abhängen standen hie und da verkrüppelte Fichten und Bergcedern, an den Bächen und in den Niederungen wuchsen Weiden und cana= dische Pappeln. Aber die meisten Berge waren von Bäumen ganz entblößt. Die allerorten sich zeigenden aschefarbigen zwei bis drei Fuß hohen Büsche von wildem Salbei (sage= brush; artemisia tridentata) gaben der Landschaft ein trost= loses Aussehen.

Das dichtbewaldete Elkgebirge zeigte sich immer groß= artiger, je näher wir demselben kamen. Plötzlich rollten finstere Wolken den langgestreckten Gebirgszug hinan, ein Schneegestöber fiel in das Thal und der Sturm kam mit einer solchen Wuth daher gebraus't, daß wir gezwungen waren, eine halbe Stunde lang anzuhalten. Als wir uns, hinter den Wagen geduckt, vor dem blendenden Schneesturm zu schützen suchten, tauchten plötzlich ein paar hundert flüchtige Thiergestalten kaum fünfzig Schritt vor uns durch das dichte Schneegestöber auf und eilten wie eine wilde Jagd quer über die Landstraße. Es waren der Mehrzahl nach Antilopen, mit riesigen Elenthieren untermischt, welche letzteren mächtige vier bis sechs Fuß lange Geweihe trugen.

Das fliehende Heer, mit dem Gewimmel der großen und kleinen Geweihe, erschien so unerwartet und verschwand so schnell vor unseren Blicken, daß wir keine Zeit fanden, ihm einige Schüsse nachzusenden und uns damit begnügen mußten, seine Flucht durch ein lautes Hurrah zu beschleunigen. Schnell wie er gekommen, braus'te der Schneesturm vorüber, und als dann plötzlich wieder die helle Sonne schien, und die über die wilde Gebirgslandschaft hineilenden dunklen Wolken wie mit Silber umsäumte, war das Bild großartig schön.

Gegen Mittag passirten wir das ganz verlassen dastehende Fort Halleck, eine Reihe von jämmerlichen Wohnungen und Stallungen, zu deren Erhaltung auch nicht das Geringste gethan war. Die dort stationirt gewesenen Truppen waren vor einigen Tagen nach dem auf der Laramie Ebene liegenden Fort Sanders gezogen, wie es hieß zum Schutze der dortigen Gegend gegen die Indianer, obgleich ihre Gegenwart hier eben so nothwendig gewesen wäre. Der Kutscher behauptete sarkastisch, daß der Umzug besonders deshalb stattgefunden, weil das Brennholz hier zu billig sei und die Herren Lieferanten damit bessere Geschäfte auf der holzarmen Laramie Ebene machen könnten. Bald nachdem wir Fort Halleck verlassen hatten, kamen wir nach der Elf Mountain-Station, wo meine Mitreisenden sich ein armseliges Mittagsmahl buchstäblich erbetteln mußten, während ich mich mit Freund Wonderful wieder über meinen unerschöpflichen Proviantkasten hermachte. Müde und hohläugig und an allen Gliedern wie zerschlagen, boten wir ein wahres Jammerbild, als wir mit den schweren Postsäcken und unserem Handgepäck den Umzug nach dem zweiten Rumpelwagen bewerkstelligten.

Weiter ging's durch die Gebirge, gottlob auf einer nicht so rauhen Straße wie früher, so daß der Wagen wenigstens erträglich stieß. Nachdem wir durch den 7560 Fuß über dem Meere liegenden „Klapperschlangenpaß" passirt waren, traten wir hinaus auf ein weites Plateau. Heerden von Antilopen flohen hie und da über den Plan, und auf gutem Wege fuhren wir rasch dahin. Als wir gegen Abend eine Bodenhebung erstiegen hatten, breitete sich ein herrliches Panorama vor uns aus. Die Haupt=kette der Felsengebirge lag vor uns, weit von Südost bis über den an einer Sattelsenkung zu erkennenden Bridger's Paß nordwest reichend. Der Fuß der Gebirge war mit Schneefeldern bedeckt, in mittlerer Höhe zog sich ein Kranz dunkler Wälder hin, die von leuchtenden Schneegipfeln über=ragt wurden. Zacke an Zacke, Kuppe an Kuppe, Grat an Grat dehnte sich die gewaltige Gebirgskette vor uns aus, den halben Horizont mit ihrem blitzenden Demantgürtel umschließend. Als beim Sonnenuntergange alle Schnee=gipfel auf einmal wie in Brand standen, war das Riesen=gemälde wundervoll. Ueber anderthalb Stunden hatten wir das grandiose Gebirgspanorama vor Augen; dann fuhren wir auf abschüssigem Wege schnell hinunter in das Thal des Nord Platte und erreichten, 226 englische Meilen von Denver, bei einbrechender Dunkelheit die Station Nord Platte, in der wir übernachten sollten.

Zunächst forschte ich nach einem bequemen Nacht=quartier, da ich todtmüde war und wir, wie vorauszusehen war, während der uns bevorstehenden Fahrt über den Bridger's Paß wieder wenig Gelegenheit zum Schlafen finden würden. Wie gewünscht entdeckte ich an der Seite eines gewaltigen Heuschobers ein trauliches Plätzchen, wo ich mich für die Nacht comfortable einrichtete und bald, das sternenbesäete Firmament als Himmelbett über mir, ent=schlummerte. Die Sonne stand bereits hoch am Himmel, als mein Freund, der Irländer, mich mit dem Ausruf

„wonderful" aus dem duftenden Heu hervorzog und die
Meldung brachte: das Frühstück sei aufgetischt! — Antilopensteaks, Cinnamonbären-Friccassee und ein mit Zwiebeln ge-
füllter Schweinskopf à la français. Die beiden letztgenannten Gerichte waren leider bereits verzehrt, als ich
in eiliger Hast im Speisesaal anlangte, so daß ich mich zu
meinem Aerger mit einem ledernen Antilopensteak begnügen
mußte. Mich nach der Aussicht zur Weiterreise erkundigend,
erfuhr ich, daß noch keine Stagekutsche vom Paß angelangt sei und wir wahrscheinlich den Tag über in Nord
Platte verweilen müßten. Die gegebene Mußezeit benutzte ich, um mich in der Station und ihrer Umgebung
etwas umzusehen.

Die „Home-Station" Nord Platte liegt in der Nähe
des Flusses, dessen Namen sie trägt, eines klaren und schnell-
fließenden Stromes, welcher sich mit dem westlich von der
Stadt Denver entspringenden Süd Platte etwa hundert englische Meilen unterhalb Julesburg vereinigt. Bei Hochwasser,
wenn der Schnee in den Gebirgen schmilzt, ist die Passage
dieses Flusses eine äußerst gefährliche, für solche Fälle befand sich allerdings ein Fährboot zur Stelle, das aber
stark leckte und ganz unbrauchbar war: Seit einigen Tagen
war der Fluß bedeutend angeschwollen. Sollte derselbe
noch drei Fuß steigen, ehe die Stage vom Paß anlangte,
so mußten wir mit Gepäck und Postsäcken in einem Nachen
an das jenseitige Ufer befördert werden, — eine gefährliche Passage! Man erzählte uns, daß im vergangenen
Jahre fünf Personen bei einer solchen Fahrt ertrunken
seien. Dieselbe hätten die Zeit nicht abwarten wollen, bis
der Fährmann sein Frühstück eingenommen, und wären
allein über den Fluß gerudert, wobei ihnen der Kahn um-
schlug. Die Frau eines der Ertrinkenden hatte vom dies-
seitigen Ufer unter herzzerreißendem Geschrei das Unglück

mit angesehen, ohne ihrem mit den Fluthen ringenden
Manne irgend welche Hülfe bringen zu können. Erst kürz
lich wäre eine Ochsenfuhr, welche den Fluß zu kreuzen ver
sucht, von der Fluth erfaßt und fortgerissen worden; ein
Meile unterhalb hatte der Strom aber Fährmann un
Ochsen glücklicherweise gegen das Land geschleudert, so da
sie gerettet worden waren. Diese Erzählungen trugen ih
gut Theil dazu bei, daß wir den Tag über das schnell
Steigen des Flusses mit Unruhe beobachteten.

Mit Ausnahme der nothwendigsten Einrichtungen wa
von den Bewohnern der Station Nord Platte absolut ga
nichts zur Bequemlichkeit ihres Lebens gethan worden. Wede
Gartenanlagen noch sonstige Verschönerungen bemerkte ich
kein Federvieh, Kühe oder andere nützliche Hausthiere ware
vorhanden: nur ein Paar ausgehungerte Hunde zerrte
gierig an den in Menge auf dem Hofe umherliegende
Antilopenfellen. Unsere sonst sehr arbeitsamen Wirthsleut
erklärten freimüthig, daß sie nicht geneigt seien, die Statio
für ihre Nachfolger zu verschönern. Sie wüßten nicht
wie lange sie noch hier wohnen bleiben sollten, und erwar
teten außerdem ehestens die Indianer, die so wie so Alles
was nicht niet und nagelfest sei, fortschleppen würden. Liebe
zahlten sie einen Dollar für das Pfund Faß=Butter, zwe
Dollars für das, Dutzend Eier aus Denver oder Sal
Lake City, und anderthalb Dollars für eine Blechbüchse mi
eingemachten Früchten, als diese Dinge selber zu produciren
Vor zwei Jahren wäre es in dieser Gegend schrecklich her
gegangen. Sogar Frauen und Kinder wären damals von de
Indianern scalpirt worden. An einem Tage hätten die rothe
Teufel fünf Weiße ermordet und alle Pferde geraubt, un
die Station sei wochenlang förmlich in Belagerung gewesen
so daß die Insassen derselben fast vor Hunger umgekomme
wären.

Unsere Naturalverpflegung bestand hier fast ausschließ=
lich aus Antilopenfleisch, das beim Kauen desselben seltsam
an Volumen zunahm. Mir sagte sein Geschmack nicht zu,
obschon andere Reisende das Delicate jenes Wildfleisches
sehr gerühmt haben. Möglicherweise war es jedoch das
Fleisch von alten Böcken, welches uns aufgetischt wurde.
Um unseren Mittagstisch mit einigen neuen Gerichten zu
versorgen, gingen wir Passagiere am Vormittage sämmtlich
auf die Jagd und waren auch so glücklich, einen Hasen und
zwei fette Sagehühner zu schießen. Letztere haben eine
den Sagebüschen ähnliche aschgraue Farbe. Oft lassen sie
sich unter jenen Sträuchern kaum erkennen, und fliegen, ehe
man sie bemerkt hat, Einem dicht vor den Füßen auf. Sie
sind bedeutend größer als die bekannten Prairiehühner und
haben ein zartes und wohlschmeckendes Fleisch.

Während der Nachmittagsstunden machte ich es mir
im Telegraphen=Zimmer bequem und lauschte dem „Klick!
Klick!" des electromagnetischen Zauberstromes. Gesprächs=
weise erfuhr ich von den Beamten, daß die Telegraphisten
an der Ueberland=Route 50 Dollars per Monat Gehalt
und freie Verpflegung, die Stationswächter an den Home=
Stationen 75, an den Nebenstationen 50, die Fuhrleute
und Stagekutscher 50 Dollars den Monat bezögen. Erst=
genannte Anstellungen wurden für fette Posten gehalten,
da sich stets viel nebenbei „machen" ließ, wogegen die oft
den Angriffen der Indianer ausgesetzten Fuhrleute ein we=
niger beneidenswerthes Amt inne hatten. Das Leben in
den Wildnissen des fernen Westens hat aber für jene Leute
einen großen Reiz. Bei den Fuhrleuten gilt dazu die ge=
sellschaftliche Stellung eines Stagekutschers als der höchste
Ehrenposten in der Kutschercarriere. Einer dieser Herren
vom Bock würde eher ein Vier= oder Sechsgespann, sei es
auch mitten durch ein Lager von feindlichen Indianern,

umsonst lenken, als freiwillig jenem Ehrenposten, dem ver=
wirklichten Ehrgeize eines ganzen Lebens, entsagen.

Nicht umhin konnte ich, über die Nachlässigkeit zu erstau=
nen, mit der man in dieser Station, mehr noch als in anderen,
mit den Postsäcken umging. Zweihundertundfünfzig der=
selben lagen ohne jegliche Aufsicht im Freien am Heuschober
aufgestapelt, manche davon halb offen und alle dem Regen
und Wetter ausgesetzt. Nicht die geringste Mühe schien
man sich zu nehmen, dieselben prompt weiter zu befördern.
Von den Säcken, die wir mitgebracht, wurde ein halbes
Dutzend auf den Postsack=Chimborazo geworfen, wo sie nach
der Aeußerung des Stallknechtes wohl liegen bleiben würden,
bis man Gelegenheit fände, sie auf einem Ochsenwagen
nach Californien weiter zu transportiren. Während meines
Aufenthaltes in der Station Nord Platte lieferten fremde
Fuhrleute zwei volle Briefbeutel, welche sie von der Land=
straße aufgehoben hatten. Den ehrlichen Findern dankte man
in diesem Falle nicht einmal und behauptete naiver Weise,
daß die nächste Stagekutsche so wie so die verlorenen Säcke
gefunden und mitgebracht haben würde. Ein in der Tele=
graphenstube anwesender Agent der Stage=Compagnie stellte
die Behauptung auf, daß die Postsäcke oft von den Passa=
gieren vom Wagen heruntergeworfen würden, wenn diesen
die Kupfernägel als Sitz nicht mehr convenirten, — eine
schmähliche Verläumbung, gegen welche ich nicht umhin konnte,
lebhaft Protest einzulegen.

Am hohen Nachmittage langte zu unserer nicht ge=
ringen Freude eine schöne Concord=Stage * vom Westen
an, die den Namen „Montezuma" in goldenen Lettern am
Kutschenschlag trug. Unseren abgedankten Rumpelwagen be=

---

* Nach der Stadt Concord im Staate New=Hampshier benannt,
wo jene Wagen gebaut werden.

trachteten wir jetzt mit Blicken grenzenloser Verachtung und lebten der frohen Hoffnung, seines Gleichen während unserer Weiterreise nie mehr zu schauen. Da der Nord Platte bedenklich im Steigen begriffen war, so erhielt der Kutscher die Weisung, sobald als möglich nach dem „Paß" zurück= zufahren, welche Anordnung mit allseitigem Jubel begrüßt wurde. Punkt sieben Uhr waren wir reisefertig, und bald befand sich die „Montezuma" mitten im Nord Platte, wo das Wasser bereits einen halben Schuh tief in's Wagenbett stieg. Doch erreichten wir ohne Unfall das jenseitige Ufer. Nur die hinten am Wagen in einem Lederverschlag tiefer liegenden Briefbeutel wurden gründlich eingeweicht.

Als die Sonne unterging, hatten wir einen interessanten Rückblick auf das Elkgebirge, welches, der Gestalt eines riesigen Wallfisches treffend ähnlich, in herrlicher Beleuch= tung über den niedrigeren kahlen Höhen sich erhob. Unter den wenigen Vögeln, welche diese ungastliche Wildniß be= wohnten, bemerkte ich ein Elsternpaar, das auf dem Tele= graphendrathe augenscheinlich eine wichtige Unterredung mit einander hielt. Aber bald verdeckte die Nacht Gebirg und Thal, und wir konnten von der Gegend nichts als mit= unter einige schroff am Wege emporsteigende Felswände und weiße Schneebänke erkennen. In der Kutsche schwieg die Unterhaltung, und Einer nach dem Andern von uns sank in einen unruhigen Schlummer. Wenn wir auf besonders holperigen Stellen tüchtig hin und her gerüttelt wurden und, erwachend, mit ängstlichen Händen über die Büffel= pelze hinfuhren, so schienen tausend Sternlein im Wagen aufzublitzen, — elektrische Funken, welche, mitunter knisternd, aus den Büffelhaaren unter unsern Fingern hervorsprangen.

Um Mitternacht kamen wir, fünfundzwanzig englische Meilen vom Nord Platte, bei der Station „Pine Grove" unerwartet zum Stillstand. Die Stagekutsche, hieß es,

könnte auf dem schlechten Wege nicht weiter fahren, wir
müßten hier auf einen Rumpelwagen vom Paß warten.
Mit schwerem Herzen verließen wir die warme „Montezuma“
und suchten uns Schlafstellen auf einem nahen Heuschober.
Die Nacht war grimmig kalt und über uns funkelten die
Sterne prächtig am dunkelblauen Himmelsgewölbe. In den
Wipfeln einiger einsam dastehenden Fichten, nach denen die
Station ihren Namen erhalten, rauschte der Wind, und
das Geheul eines in der Nähe umherstreifenden Wolfes
verscheuchte den Schlaf von unseren Augen. Ein Schuß,
dem ein Jammerschrei folgte, schreckte uns plötzlich auf und
bewog uns Alle, in der Richtung des Knalls nach einem
nahen Hügel hinzueilen, wo einer der Stationswächter uns
einen soeben von ihm erlegten gewaltigen silbergrauen Wolf
zeigte. Fortan war von Schlafen keine Rede mehr, und
froh nahmen wir die freundschaftliche Einladung unseres
Nimrods an, ihm bei einer Tasse Kaffee Gesellschaft zu
leisten. Bald waren wir Alle in dem kleinen von einem
brennenden Kienspan erleuchteten Zimmer des Stations-
wächters versammelt und schlürften behaglich den heißen
duftenden Trank, während wir den schauerlichen Erzählungen
von Abenteuern und Grizzly=Bären und Indianern horchten,
mit denen unser Wirth uns gratis regalirte.

Endlich brach der neue Tag an, der dritte des Mai=
monds, kalt und glanzlos wie ein deutscher Novembermorgen,
und bald darauf kam der Rumpelwagen vom Westen durch
die winterliche Gegend dahergerasselt und hielt vor der
einsamen Station. Schnell warfen wir unsere Bagage und
die Postsäcke in das offene Gefährt, verschafften der Mor=
monendame mit ihrem Knaben den bequemsten Sitz und
nahmen auf Onkels Sam's benagelten Briefbeuteln Platz,
und rasselnd und klappend rollte unsere „Staatskarosse“
dem Paß entgegen. Die Landstraße war entsetzlich rauh,

und oft bissen wir wie verzweifelt die Zähne zusammen, wenn der federlose Wagen sich in kühnen Sprüngen erging. Mister Eisack saß wie ein Gespenst, hohläugig und mit blassen Wangen, auf einem besonders eckigen Postsack und ächzte bei jedem Satz, den der Wagen machte, daß es zum Erbarmen war, während der Irländer nicht umhin konnte, diese Expreßfahrt wiederholt mit „wonderful" zu bezeichnen.

Die Gegend sah trostlos öde aus. Von Waldungen war nirgends eine Spur zu sehen: nicht einmal vereinzelte Bäume brachten Abwechselung in das öde Landschaftsbild. An den Abhängen wuchsen verkrüppelte Salbeibüsche, Schnee lag in den Schluchten und Felsgetrümmer am Wege. Die Berge erhoben sich, von unserem Standpunkte aus gesehen, zu geringer Höhe und sahen einer Kette von Hochgebirgen gar nicht ähnlich. Vergebens suchte mein Auge nach den leuchtenten Alpengipfeln, von denen phantasiereiche Touristen hier geredet haben! Bridger's Paß ist so unromantisch wie nur denkbar, und von großartiger Gebirgscenerie ist in seiner Nähe gar nicht die Rede. Für den Bau einer Ueberland-Eisenbahn scheint derselbe jedoch wie geschaffen zu sein. Die Terrainsenkung ist von der großen Steppe und über die Laramie Ebene, mit Ausnahme der etwas über 8000 Fuß hoch ansteigenden „Schwarzen Hügel"*, bis zur Paßhöhe so allmählig, daß dieselbe dem Nivellement eines practikablen Schienenweges unmöglich ernste Schwierigkeiten bereiten kann. Das größte Hinderniß, welches sich dem Bau einer Eisenbahn durch die Mitte des Continents entgegenstellt, ist nicht die Gestaltung des Bodens, sondern

---

* Die dort an der Unionpacific-Eisenbahn erbaute Station Sherman, die höchste Eisenbahnstation in der Welt, liegt 8235 Fuß über dem Meeresspiegel.

die menschenleere fast endlose Wildniß. Im Winter ma
der Schnee die Fahrten der Dampfzüge zeitweilig unter
brechen; aber die Gegend ist zu offen, als daß solche leich
zu beseitigende Schwierigkeiten den Verkehr auf die Daue
stören dürften. Von dem tiefen Schnee, der hier im ver
gangenen Winter gelegen, wußte unser Kutscher Wunder
bares zu berichten. Stellenweise waren die etwa fünfzeh
Fuß hoch an den Pfosten hinlaufenden Telegraphendräht
durch Schneebänke verdeckt gewesen, und bei einzelnen Stage
stationen hatte man Stufen bis zu vierzig Fuß tief durch
den Schnee schaufeln müssen, um von der Landstraße a
die Thüren der Gebäude gelangen zu können. Der eigent
liche Paß, welcher 7100 Fuß über dem Meere liegt, is
fünfundzwanzig englische Meilen lang.

Die aufeinander folgenden Thalmulden, durch welch
wir hinfuhren, erhoben sich fast unmerklich. Der We
verschlechterte sich jedoch zusehends. Mancher Felsblock kan
den Wagenrädern unangenehm in die Quere und veran
laßte, namentlich in Folge unserer seltsam quecksilberige
Postsacksitze, oft nicht eben freundschaftliche Berührunge
unserer Köpfe und Schultern. Der Schnee war stark in
Schmelzen begriffen, und mitunter geriethen wir unversehen
in tiefe Löcher und rollten auf jämmerliche Weise im Wage
untereinander. In einem solchen Sumpfloch fiel der Wage
um und schleuderte uns in romantischem Gewirr mit Ge
päck und Briefbeuteln in den tiefen Schnee. „Wonderful!‘
rief der Irländer, als der unter ihn und die Mormonen
dame gefallene Mister Eisack, Mund, Nase und Ohren voll
Schnee, pustend und sich schnäuzend auf allen Vieren unter
ihm hervorkroch. Sobald das Gepäck und die Postsäcke wieder
aufgeladen und die Mormonenfrau mit ihrem weinenden
Knaben im Wagen untergebracht worden waren, jagte der
Kutscher weiter und ließ uns männlichen Passagiere ein

halbe Stunde lang durch den tiefen Schnee hinterdrein=
laufen, ehe er uns wieder an Bord nahm.

Von jetzt an war unsere Reise mit Recht eine be=
jammernswerthe zu nennen! Mit jeder Minute wurde es
mir klarer, daß ich die allerschlechteste Jahreszeit zur Stage=
fahrt über die Felsengebirge gewählt hatte. Wir vertauschten
den Rumpelwagen jetzt mit einem Schlitten, oder, besser
gesagt, mit einem auf Eisenreifen ruhenden halbzerbrochenen
Wagengestell. Ehe fünf Minuten vergangen waren, warf
der Wagen um, diesmal zur Veränderung mitten in
einem an zwanzig Schritt breiten Graben, der etwa
drei Fuß tief mit einer halbzerschmolzenen breiartigen
Schneemasse angefüllt war. Ganz durchnäßt reisten wir
weiter, bald im Schlitten hockend, der im Paß noch drei
Mal umwarf, bald bis an die Kniee durch losen Schnee
nebenher watend, bald auf halbgefrorenen Schneefeldern,
wo wir fast bei jedem Schritt durch die dünne Kruste brachen
und oft auf Händen und Füßen kriechen mußten, uns, so
gut es ging, einen Weg suchend.

In der Mitte vom Bridger's Paß passirten wir zwölf,
je mit zehn Mauleseln bespannte Frachtfuhren. Die Ladung
dieser Karavane, welche von Salt Lake City nach einem
Militairposten auf der Laramie Ebene unterwegs war, be=
stand aus Speckseiten und lag auf einer Strecke von anderthalb
englischen Meilen am Wege im Schnee zerstreut da, weil
die Wagen ihre Fracht in kleinen Partien mit doppeltem
Vorspann über den beinahe bodenlosen Gebirgspaß schaffen
mußten. Die Fuhrleute verwünschten den Paß; die stör=
risch gewordenen Esel schlugen hinten und vorne aus, bissen
nach den Treibern, oder wälzten sich im Schnee; mehrere
Wagen waren umgestürzt und lagen, der Speck darunter,
unterst zu oberst im Schnee. Wir machten schlechte Witze
und erkundigten uns nach den „Speckpreisen im Paß", und

6

der lustige Irländer lief mit zwei prächtigen Schinken davon,
von einem grimmig scheltenden Fuhrmann durch Schnee
und Salbeigestrüpp verfolgt, — ein amüsantes Intermezzo,
das uns Alle wieder in fröhliche Stimmung brachte.

Weiter gings durch den Paß, jetzt auf härterem Wege
und wieder auf einem Rumpelwagen. Neben uns rieselten
die Bäche von geschmolzenem Schneewasser noch immer nach
Osten thalab, deren Lauf ich aufmerksam beobachtete, um
die Wasserscheide des Continents zu entdecken. Endlich be=
merkte ich einen kleinen, sehr kleinen Strom, der nach Westen
lief. Dicht hinter mir lagen nun die Quellen des Platte,
der sein klares Gebirgswasser dem finsteren Missouri ent=
gegenträgt. Der Vater der Flüsse wird es, nach einem
Laufe von mehr als tausend deutschen Meilen, in seinem
gewaltigen Fluthenschoße dem blauen mexikanischen Golfe
zusenden; und hier stand ich auf dem Rückgrat des Con=
tinents, an den Quellen des unerforschten Colorado, der,
fünfhundert Stunden von uns entfernt, im sonnigen Süd=
westen seine Wellen in den Golf von Californien ergießt.

2. Die Salbei= und Alcaliwüste.

Hinter uns lag der Bridger's Paß, und in einem mit Leinewand überdachten, ringsum geschlossenen Wagen, einem sogenannten Käfig (cage), rasselten wir lustig bergab. Während unserer Fahrt über den Paß hatten wir sechs Mal Fuhrwerke gewechselt: Rumpelwagen, Schlitten, Schmutzwagen, Schlitten, Rumpelwagen und Käfig. Bei der Station „Sulphur=Springs", die nach einigen in ihrer Nähe hervorbrechenden Schwefelquellen benannt war, verließen wir den eigentlichen Paß, die Schneefelder verschwanden hinter uns und die öde Berglandschaft erweiterte sich mehr und mehr. Von Baumwuchs war nirgends eine Spur zu sehen; nichts als sonnenverbranntes Salbeigestrüpp, spärliches an Büscheln wachsendes vergilbtes Gras und Zwerg=Cactusse bedeckten den Boden. Dabei saus'ten stoßweise ein heftiger mit Staub und feinem Sand geschwängerter Wind, daß Einem die Haut davon prickelte, als würde man mit Nadeln gestochen.

An jeder Station wurden wir mit Beschreibungen von dem schrecklichen Zustande der Straßen unterhalten. Wie man uns erzählte, hätten noch vor vierzehn Tagen die Stages im günstigsten Falle volle zwei Wochen zur Reise von Salt Lake City nach Bridger's Paß gebraucht. Mehrere derselben wären bis zum Grünen Fluß, einer Strecke von nur 183 englischen Meilen, sechszehn Tage und Nächte unterwegs gewesen, wobei die Passagiere stellenweise bis an

6 *

den Leib durch die geschwollenen Berggewässer hätten waten
müssen. Froh waren wir, als wir am Nachmittage eine
leere Concord-Stage, welche den Namen „Eclipse" führte,
am Wege dastehen fanden, der wir uns sofort bemächtigten
und den Käfig an ihrer Stelle für die nächste Reisegesell=
schaft zurückließen. Leere Wagen und Stages standen an
dieser Strecke der Ueberland = Route nicht selten auf der
Landstraße unter Gottes freiem Himmel da und wurden
von den Kutschern nach Belieben ausgetauscht. Keiner be=
wachte dieselben, weil sie Niemand stehlen konnte. Ein
Wagendieb würde auf der einzigen durch diese Wildniß
führenden Landstraße bald von den Stationswächtern an=
gehalten werden, wenn er nicht auf einem Fuhrwerke süd=
wärts nach dem Lande der Montezumas oder nordwärts
nach der Baffinsbai sozusagen querfeldein fahren wollte.
Die hohläugigen Insassen der Rumpelwagen und Käfige,
denen wir ab und zu begegneten, wußten erbärmliche Jere=
miaden über die entsetzliche Reise, welche sie durchgemacht
hatten, zu erzählen.

Als wir uns gegen Abend dem berüchtigten Thale des
Bitterbachs (bitter creek) näherten, verflachte sich die Ge=
gend. Verkrüppeltes, aschgraues Salbeigestrüpp, Sandhügel,
heftige, dichte Staubwolken aufwirbelnde Windstöße, hie
und da Striche von schmutzig weißen Alcalisalzen und, außer
gelegentlich einer Sagehenne oder einem einsamen Vogel,
der seinen Weg verloren haben mußte, von lebendigen
Wesen keine Spur, — so sah es im Vorhofe jenes Thales
aus. Da es innerhalb seiner Grenzen auf einer Strecke
von achtzig englischen Meilen nur alcalihaltiges Wasser zum
Trinken gab, das unserem Gaumen wenig zusagte, so hatten
wir, ehe wir dorthin gelangten, wohlweißlich alle unsere
leeren Flaschen mit reinem Quellwasser gefüllt. Während
der Nachtfahrt wurden wir jämmerlich im Wagen hin und

her gestoßen. Oft mußten wir aussteigen, um den Mauleseln, welche den Vorspann bildeten, das Ziehen zu erleichtern, und waren gezwungen, auf langen Strecken im
Finstern durch Pfützen und Bäche zu waten. Brücken existirten
nirgends, und es nahm Wunder, daß auf dem entsetzlichen
Wege nicht Alles am Wagen kurz und klein brach. In
keinem Lande der Welt würde man es wagen, mit Postkutschen auf solchen Wegen zu fahren!

Endlich brach der Morgen an und gestattete uns, die
schreckliche Gegend genauer zu betrachten. Zu beiden Seiten
war das schmale gewundene Thal von Bergen umkränzt,
die aussahen, als ob sie mit Asche bestreut seien. Schmutzig-
weißes Alcali bedeckte meilenweit die Landstraße, und der
Boden war von der Sonnenhitze gebacken und zersprungen.
Wohin man sah, wuchs verkrüppeltes gelblich-graues Salbeigestrüpp. Bäume oder nur Büsche gab es keine; grün
wird es in dieser Gegend nie! Alle paar hundert Schritt
lagen Thiergerippe am Wege, und ekelhafte Verwesungs-
dünste setzten unsere Geruchsnerven in Aufruhr. Skelette
von Wölfen, welche Thiere von den Stationswächtern der
Bequemlichkeit halber mit Strychnin vergiftet wurden, waren
besonders zahlreich. Die Pfützen im Wege sahen bräunlich
aus, wie Blutlachen in einem Schlachthaus. In den Stationen brannte, in Ermangelung eines anderen Feuerungsmaterials, auf den Kochheerden trockenes Salbeigestrüpp,
das ein schnelles und außerordentlich heißes, dabei aber in
wenigen Minuten ausbrennendes Feuer giebt, und den
Speisen einen pikanten Saleratusduft mittheilt. Der Kaffee
hatte von dem Alcaliwasser, worin er gekocht ward, einen
eigenthümlichen Beigeschmack wie von grüner Seife. Der
sich in den Green River ergießende Bitterbach ist ein etwa
vierzig Fuß breites Gewässer, mit gegen zwanzig Fuß hohen
steilabfallenden und durch und durch von schmutzig weißen

Alcalisalzen geschwängerten Uferbänken. In kurzen Schlangen-
windungen strömte das schwarze stygische Wasser durch diese
entsetzliche Wüstenei, als ob ein Ungeheuer dort auf Raub
hinkröche.

Wir begegneten einer Bande von etwa hundertundfünfzig Schlangenindianern (Snakes) unter ihrem den Weißen
freundlich gesinnten Häuptlinge Washakie, der auf einem
elenden Klepper, dessen Rippen man unter der schlotterigen
Haut zählen konnte, an den Kutschenschlag geritten kam.
„Wonderful!‟ — rief mein Freund, der Irländer, als
Sr. Majestät, der so schmierig aussah, als wäre Sie soeben aus einem schmutzigen Fetttopf gekrochen, ihm herab-
lassend die Hand reichte und um Taback bettelte. Dieser
indianische Häuptling bildete ein frappantes Gegenstück zu
den „edlen rothen Männern‟, welche von den Dichtern oft
in anmuthigen Romanzen besungen worden sind! Washakie's
Unterthanen gehörten zu demselben Indianerstamme, welcher
im östlichen Oregon jahrelang soviel Unfug trieb. Seit
General Connor aber im Jahre 1863 an vierhundert derselben am Bärenflusse tödtete und General Crook sie im
Oregon zusammenhieb, haben sie sich, die Untugend des
Pferdestehlens abgerechnet, in dieser Gegend musterhaft betragen. Ich konnte deshalb nicht umhin, mit Fürst Washakie
Brüderschaft zu trinken. Leider war ich so unvorsichtig,
ihm die dickbauchige Whiskeyflasche mit dem köstlichen Feuerwasser darin zuerst hinzugeben, die er, wahrscheinlich in
der Absicht, um mir einen Beweis seiner tiefgefühlten Hoch-
achtung zu geben, auf einen Zug bis auf die Nagelprobe
leerte. Die Indianer brachen soeben ihr Lager ab, das an
einer Stelle gestanden, wo mächtige Sandsteinwälle wie
riesige Bastionen aus einem ansehnlichen Berge (table rock)
hervortraten. Die Squaws, welche ihre Kinder in Korb-
geflechten auf dem Rücken trugen, waren alle fleißig bei

der Arbeit und leisteten willig Handlangerdienste. Die in
Lumpen gehüllten Männer der Wildniß sahen gleichgültig
der Arbeit zu, während ihre Ehehälften schwere Bündel
fortschleppten und die langen Zeltstangen, den Proviant
und die als Zeltdächer dienenden getrockneten Büffelhäute
auf den Rücken der Ponies befestigten. Auf der Wanderung schleifen die mit einem Ende am Sattelknopfe befestigten
sechszehn bis achtzehn Fuß langen Zeltstangen mit dem anderen Ende am Boden hinter den Ponies her. Washakie
war Generallieutenant (lighting chief) der Bande. Ein
älterer Häuptling schlichtete die häuslichen Zwistigkeiten
und handhabte die Gesetze mit eiserner Strenge. Die
Stage-Compagnie hatte aus Respect gegen den großen Häuptling Washakie eine ihrer Stationen, die zweite westlich von
Bridger's Paß, nach ihm benannt. *

Das Bitterbach-Thal schien gar kein Ende nehmen zu
wollen. Wie es Leute geben konnte, die freiwillig in einer
solchen Gegend wohnten, war ein psychologisches Räthsel.
Aber die Stationswächter sahen Alle gesund und zufrieden
aus, und das Seifenklima mußte ihnen wohl zuträglich
sein. Da der Boden dieses Thales ganz von Alcalisalzen
geschwängert und selbst das als Feuerholz benutzte Salbeigestrüpp und das Trink- und Kochwasser voll davon waren,
so kamen die Bewohner dieses Seifensiederparadieses eigentlich nie aus dem Seifengeschmack heraus. In einer Wegstation wohnte eine Mormonenfamilie. Die Hausfrau, eine
vierschrötige Schwedin, erzählte uns, daß ihr Gemahl mit
seiner ersten Ehehälfte, einer Dänin, nach Salt Lake City
gereist sei. Hier war ein practischer Beweis von der Aus-

---

* Von der Unionpacific-Eisenbahn ist diese Station als Halte-
platz beibehalten worden, so daß Washakie's stolzer Name der Zukunft nicht verloren gehen wird.

führbarkeit einer skandinavischen Union, obgleich Dänemark wie gewöhnlich das Commando führen wollte. Die Schwedin, welche die Kinder der Dänin mit ihren eigenen zu Hause behalten hatte und hätschelte, schien mit ihrer Familienstellung als zweite Ehehälfte ganz zufrieden zu sein und wurde von uns mit Verwunderung betrachtet.

Für die nach dem Westen ziehenden Emigranten ist das Bitterbachthal oft ein wahres Todtenthal geworden, denn Hunderte von Stück Vieh kommen daselbst jährlich durch Futtermangel und Entbehrungen um. Von den Maulesseln und Ochsen werden im Nothfall die Salbeiblätter gefressen, aber die Pferde sind für ein derartiges Futter zu civilisirt; diese hungern lieber oder knabbern an den spärlich wachsenden mit Alcalisalzen gewürzten vergilbten Grasbüscheln, als sich an den Salbeibüschen zu vergreifen. Bricht etwas an den Fuhrwerken, was auf den rauhen Wegen nicht selten vorkömmt, so ist bei alsdann unvermeidlichem Aufenthalte der Tod eines Theiles der Zugthiere die unvermeidliche Folge. In den Sommermonaten soll der mit Alcali geschwängerte Staub bei der hier herrschenden Backofenhitze kaum zu ertragen sein. Die Stationsgebäude und die erbärmlichen Wickiups (Zelthütten) der Indianer abgerechnet, sieht man gegenwärtig auf der ganzen vierhundert englische Meilen langen Strecke von der Laramie Ebene bis zum Salzsee kaum eine einzige Menschenwohnung. Im Bitterbachthale gipfelt die trostlose Oede dieser Salbeiwildniß. Es muß Wunder nehmen, wie Ochsenfuhren, welche nur zehn bis zwölf englische Meilen im Tage zurücklegen, es möglich machen, jene endlos scheinende Einöde zu durchkreuzen. Aber sie thun es, Jahr ein, Jahr aus. Wenn erst das eiserne Roß seine Stelle einnehmen wird, und die Reisenden aus den Fenstern dahinfliegender Palastwaggons diese ungastliche Wildniß betrachten werden, mögen sich Jene der armen Emi-

granten erinnern, welche vor ihnen mit heißen und wunden
Fußsohlen, entzündeten Augen und ausgetrocknetem Gaumen
Schritt vor Schritt durch diese gleichsam von Gott ver=
fluchte Gegend ziehen mußten, ehe sie die fruchtbaren Thäler
am fernen Stillen Meere erreichen konnten.

Endlich hatten wir das Bitter=Creek=Thal hinter uns
und wir fuhren am hohen Nachmittage auf hartem Wege
über eine baumleere Hochebene. Rechter Hand hatten wir
eine schöne Aussicht auf die schneegekrönten Windfluß=Berge
(wind river mountains), welche sich mit ihren zahlreichen
glänzenden Gipfeln, worunter der Fremont's Peak, herrlich
ausnahmen. Im Frühjahr 1868 wurden in jener Berg=
kette Goldadern entdeckt; zwischen ihr und dem Süd=Paß
in den Felsengebirgen liegen, nicht weit von den Quellen
des Grünen Flusses, die „Sweet Water=Goldminen". Das
Land zeigte sich jetzt wieder sehr zerrissen, die Berge waren
mit losem gebrannten Gestein bedeckt. Mit Ausnahme von
grauem Salbeigesträpp, verkrüppeltem Wachholder und
spärlich wachsenden vergilbten Grasbüscheln gab es auch
hier keine Vegetation. Unter den Steinen waren rothe und
bunte Carneole, welche geschnitten zu Ringen verarbeitet
werden, und Achate zahlreich. Der hier besonders häufig
vorkommende Moosachat, ein von feinen Moosblättchen
gleichsam durchwirkter Feuerstein, wird geschliffen vielfach
zu Brustnadeln, Siegelringen, Uhrgehängen und dergleichen
Zierrathen benutzt.

Bei Sonnenuntergang erreichten wir den hier die
Grenze zwischen den Territorien Wyoming und Utah bil=
denden Green River, einen Nebenfluß des Colorado. Die
Berge an den Ufern jenes Stromes waren nackt und
phantastisch geformt. Gewaltige Felspyramiden wuchsen gleich=
sam hie und da aus den jähen Abhängen hervor. Auf
halsbrechendem Wege fuhren wir im schlanken Trab hin=

unter in das felsige Thal, überschritten den etwa achtzig
Ellen breiten Strom vermittelst einer Fähre und gelangten
bei einbrechender Nacht nach der 403 englischen Meilen von
Denver entfernten Station „Green River". * Zu unserer
Freude erfuhren wir todtmüden Reisenden hier, daß wir
vor dem nächsten Morgen nicht weiterfahren sollten. Nach
genossenem frugalen Abendbrot streckten wir uns im geselligen Nebeneinander auf dem nackten Fußboden des Fremden=
zimmers und fielen bald in tiefen Schlaf, trotzdem sieben
Grünfluß=Dilettanten eine ohrzerreißende musikalische Soiree
mit vier kratzenden Geigen, einer verstimmten Guitarre, einem
Banjo und einer Ziehharmonika in unserer Stube aufführten.

Die neue Sonne fand uns, gestärkt von erquickendem
Schlummer wieder auf der Reise, in der bequemen „Eclipse"
immer noch westwärts kutschirend. Das Wetter war wunderschön und ein wolkenloser tiefblauer Himmel wölbte sich
über uns. Einen eigenthümlichen Gegensatz zu der uns
umgebenden einförmigen Landschaft, mit ihren öden Sand=
hügeln und dem mit verkrüppeltem Salbeigestrüpp spärlich
bewachsenen harten Lehmboden, bildeten rechts in der Ferne
die Windfluß=Berge und linker Hand, im Südwesten, das
schöne Uïnta=Gebirge in Utah. Beide, zu dieser Jahreszeit

---

* Als der nach dem Westen fortschreitende Bau der Union=
pacific=Eisenbahn den Green River erreichte, sprang hier eine von
den wüstesten Städten, welche Amerika je gesehen hat, gleichsam aus
dem Boden hervor, die beim Weiterbau der Eisenbahn aber eben so
schnell wieder verschwand. Das zu damaliger Zeit sich in „Green
River City" breit machende ungezügelte Leben der daselbst aus aller
Herren Länder zusammengeströmten Abenteurer spottet aller Beschreibung. Jetzt ist dort auf das Lärmen und wüste Treiben jener
Strolche, auf den Glanz der Spielhöllen, Trinkbuden ꝛc. ꝛc. die
öde Stille der Wildniß gefolgt, und nur das bei einer bescheidenen
Station zeitweilig anhaltende Dampfroß macht die Felshänge von
seinem wilden Geheul widerhallen.

schneebedeckte, Bergketten blinkten mit ihren gezackten Gipfeln herrlich in dem hellen Sonnenlichte. Ab und zu kamen wir an einigen elenden indianischen Wickiups vorbei, deren zerlumpt bekleidete Bewohner, die dem Stamme der Shoshones angehörten, uns mit verdummten Gesichtern nichtssagend anstierten. Als Lewis und Clark im Jahre 1805 ihre erste Reise über den nordamerikanischen Continent machten, waren die Shoshones ein mächtiger, kriegerischer Stamm; jetzt sind sie geistig und körperlich ganz verkommen und gehen mit schnellen Schritten ihrem Untergange entgegen.

Der Boden wird nun steiniger, und hie und da traten seltsame isolirt dastehende Hügel (Buttes) aus der baum= leeren öden Ebene hervor. Der Grund war mit bunten Kieseln, Granitstückchen, weißen, gelben und marmorirten Quarzsplittern und pechartig aussehendem Obsidian (schwar= zem natürlichen Glase) gleichsam übersäet, welche Steine augenscheinlich alle in der Urzeit von einer über dieses Plateau hinbrausenden gewaltigen Fluth abgerundet worden waren. Die in dieser Gegend häufig vorkommenden Moos= achate nahmen unsere Aufmerksamkeit ganz besonders in Anspruch: schnell sprangen wir vom Wagen, wenn wir ein hübsches Stück davon am Wege gewahr wurden, um uns gegenseitig den Fund abzujagen. Dreißig Meilen westlich vom Green River wurden wir zur Veränderung wieder einmal auf einen Rumpelwagen versetzt, ein ganz unnöthiger Umzug, da die Postkutsche just so gut wie ein offener Bauernwagen auf diesem glatten Wege hätte fahren können. Doch hatten wir dabei das Angenehme, auf den Postsack= Kissen eine freie Rundschau genießen zu können.

Wir näherten uns jetzt dem sogenannten Kirchen= felsen (church butte), einem der interessantesten Natur= wunder auf der Ueberland=Route. Bereits aus bedeutender Ferne sahen wir seine unförmliche Felsmasse linker Hand

dicht an der Landstraße über die öde Ebene emporragen.
Ich fühlte mich zuerst sehr getäuscht, denn ich vermochte
in dem Felsen durchaus keine Aehnlichkeit mit einer Kirchen=
ruine zu entdecken. Als wir jedoch demselben näher kamen,
nahm die Sandsteinmasse allmählich eine wunderbare Ge=
stalt an, und als wir langsam erst vor seiner langen Façade
und dann ganz um den Berg herumfuhren, erstaunten wir
über diesen einer ungeheuren Tempelruine in der That auf=
fallend ähnlichen Naturbau.

Der Berg, denn als einen Felsen konnte man die
vor uns liegende gewaltige Sandsteinmasse nicht wohl be=
zeichnen, war von jeglicher Vegetation entblößt. Seine
lange Façade zeigte eine wunderbare Aehnlichkeit mit einer
in Trümmer sinkenden uralten riesigen Tempelmauer. Ver=
witterte Säulen und hohe, und halb zerfallene Spitzbögen
ragten empor, die sich bald wie Fensternischen, bald wie
von Schutt ausgefüllte Portale ausnahmen. Gigantische
Bilder waren gleichsam aus den Felsen hervorgehauen, hatten
aber im Laufe der Jahrtausende ihre Schönheit eingebüßt.
Mit theilweise abgebrochenen Gliedern, hier kopflos, dort
wieder mit weit aufgerissenen Augen Einen seltsam an=
stierend, saßen sie in faltenreichen Gewändern an der Berg=
wand da. Es bedurfte nur ein wenig Einbildungskraft,
um diese seltsamen Sandsteingebilde in Götzen der Urzeit
umzuwandeln. Mächtige Strebepfeiler, wie man sie an
gothischen Kirchen sieht, traten in gleichmäßigen Zwischen=
räumen aus der Masse des Berges hervor, als ob die zu=
sammensinkenden Mauern damit gestützt werden sollten. Als
wir um den „Church Butte“ herumfuhren, der eine halbe
Meile im Umfang war, vermehrte sich unser Erstaunen
über die sonderbaren Felsgebilde, womit die schaffende Natur
diesen Wunderbau ausgestattet hatte. Wir meinten an den
Mauern seltsame Thiergestalten zu erkennen, und an einer

Stelle drängten sich die zwölf Apostel, mit abgebrochenen
Beinen und Nasen, in einer Nische zusammen. Weiterhin
war ein Dach eingestürzt, und die Kapitäler zerbrochener
Säulen bedeckten den Boden; daneben lag ein Arm und die
Riesennase eines Mönchs, der, in zerrissener Kutte, unter
eine Säule gefallen war. Von einer zertrümmerten Orgel
standen noch eine Anzahl Pfeifen da, und eine Kanzel schien
ziemlich gut erhalten zu sein. Das Hauptschiff war ganz
zusammengestürzt, nur hie und da stand noch eine offene
Fensternische, durch welche man den blauen Himmel sehen
konnte. War nun der „Church Butte", bei Tage gesehen,
schon ein Wunder in der Wüste, welchen Eindruck mußte
er da in heller Mondnacht mit seinen geisterhaften Ruinen
und Märchengestalten auf den Besucher machen!

Der Kirchenfels.

Ein wüster Tempel ragt empor
Im West, an Wundern reich,
Wo sich Dakota's Oede bleich
Ausdehnt zum Echothor. *

Durch's Bitterthal dein Weg dich führt,
Wo die Gebirge schau'n
Wie aschenfarb'nes Todesgrau'n,
Von Wölfen Nachts durchspürt.

Uinta blinkt im hellen Blau
Im Süd von Utah her,
Und um und um ein endlos Meer
Von Haide, dürr und grau.

* Der östliche Zugang von Echo Cañon.

War'n thätig fleiß'ge Geisterhänd'
Beim Bau des Tempels dort?
Fürwahr, ein seltner Schauerort
Für solch ein Monument!

Vor hunderttausend Jahren stand
Allhier ein Riesendom,
Davor die Peterskirch' in Rom
Wie eitler Spielwerkstand.

Der Ew'ge hat aus Chaos Leer'
Im Anfang ihn gebaut;
Doch wie sein Tempel einst geschaut,
Weiß Niemand heute mehr.

Nur Trümmer, riesenhaft zertheilt,
Zernagt vom Zahn der Zeit,
Sieht der bestaubte Wand'rer heut',
Der durch die Wüste eilt.

Zerbroch'ne Säulen, gelblich-braun,
Und Mauern, morsch und bloß,
Aus deren trümmervollem Schoß
Gigant'sche Bilder schaun;

Wie betende Figuren bald,
Wie Ungeheuer hier,
Halb Menschen gleich, halb wildem Thier
In fremder Urgestalt.

Die Kanzel an den Fels sich schmiegt:
Der stolze Hochaltar
Mit alter Heil'genbilder Schar
In tausend Trümmern liegt.

Die Kuppel ragt im Sonnengold
Wie ein Gebirg' empor,
Die mächt'ge Orgel, Rohr an Rohr,
Als ob sie donnern sollt'!

Ein Chor, durchbrochen einst im Kranz
Von wunderbarem Fries, —
Der Moosachate selt'ner Kies
Beweist den alten Glanz! —

Wenn voll der Mond mit Silberschein
Umspielt die Trümmer sacht,
Soll's um die stille Mitternacht
Hier nicht geheuer sein.

Man hat gesehn, wie Bild auf Bild
Vom Felsen kam herab,
Und wanderte um's Tempelgrab,
In Trauer tief gehüllt.

Und dröhnte dann der Orgel Baß,
Als ob Niagara
Den Bau durchtobte, — wer ihm nah',
Entfloh, vor Schrecken blaß!

*　　*　　*

An den von allen Seiten aus dem „Church Butte"
so zu sagen herausfließenden Strömen von pulverisirtem
Sandstein kann der Beschauer leicht erkennen, wie jenes
seltsame Naturspiel entstanden ist. Regen, Sturm, Frost
und Hitze, und namentlich die in dieser Gegend stetig wehen=
den, feine Sandtheile mit sich fortführenden, heftigen Winde
haben die weicheren Bestandtheile des Felsens allmählig

fortgenagt, ihn gleichsam ausgemeißelt. Noch ein paar
Jahrhunderte, vielleicht nur Jahrzehnte, und jener Wunder=
felsen wird von der Erdoberfläche verschwunden sein. Ein
öder Sandberg wird die Stätte andeuten, wo einst der ge=
waltige „Kirchenfels" stand und die Reisenden in Erstaunen
gesetzt hat. * Aehnliche, wenn auch nicht in demselben Grade
wie der „Church Butte" merkwürdige Felsgebilde zeigen sich,
wie oft erwähnt worden, westwärts vom Missouri bis nach
den Grenzen Californiens in erstaunlicher Menge und Ab=
wechselung. So einförmig die endlos scheinenden Steppen
und Salbeiwüsten sonst sind, jene seltsamen Felsauswüchse
geben ihnen einen immer neuen Reiz. Die meilenlangen
Felsenmauern, welche, oft eine über der andern, an den
Hügelkronen hinlaufen, bald wie künstlich aufgeworfene
Dämme, mit Durchbrüchen in regelmäßigen Zwischenräumen,
bald wie Festungsmauern, mit Bastionen, Cavalieren und
detachirten Forts sich ausnehmend; jene natürlichen Säulen,
Pyramiden und Obelisken und die tausend mehr Rende=

---

* Die Pacific = Eisenbahn nimmt ihren Weg sieben englische
Meilen nördlich vom Church Butte. Wenn Robert von Schlag=
intweit (dem ich bei dieser Gelegenheit meinen Dank für die freund=
liche Aufmerksamkeit sage, womit derselbe meinen Namen in seinen
Werken öfters genannt hat) in seinem interessanten Buche „Die
Pacific=Eisenbahn in Nordamerika" (bei Eduard Heinrich Mayer,
Cöln und Leipzig 1871) bemerkt: — „daß man von der Eisenbahn=
Station Church Buttes die Umrisse einer riesigen Cathedrale 2c.
hoch oben am Gebirge sehe" — so ist dies ein doppelter Irr=
thum. Der „Kirchenfels" liegt unter einer Reihe von niedrigen,
aus Sandstein und Conglomerat gebildeten Hügeln auf einer flachen
Hochebene, und ist von der Eisenbahn gar nicht bemerkbar. Wie
der gegenwärtig in der Eisenbahnstation Church Buttes angestellte
Agent, Herr J. Leach, mir gütigst mitgetheilt, zerfällt der „Kirchen=
fels" in letzten Jahren sehr schnell und hat jetzt fast gar keine Aehn=
lichkeit mehr mit einer Tempelruine.   Der Verf.

scripta, welche wie Runenringe und Monumente auf den Hügeln thronen, oder wie halbzertrümmerte Riesenwerke der Urzeit auf den Ebenen und am Gebirge dastehen, muß man gesehen haben, um sich eine richtige Vorstellung von ihnen machen zu können.

Doch die Zeit drängt zur Weiterreise! — Noch ein paar hübsche Stücke Moosachat, zur Erinnerung an den „Church Butte", lesen wir auf, und dann haut der Kutscher auf die Gäule ein, der Rumpelwagen tanzt flott dahin, und wir vergessen die Poesie des in Staub zerfallenden Wüstentempels bei den unsanften Berührungen mit den Kupfernägeln und eckigen Staatsdocumenten von Onkel Sams Postsackkissen.

Die Sonne brannte heißer herab und bräunte uns mehr und mehr. Die dichten Staubwolken, welche das offene Gefährt umgaben, Augen, Nase und Ohren mit seinen Sandtheilen anfüllten und das Gesicht grau überzogen, gaben uns das Ansehen von vergilbten, in diesem verzauberten Lande wieder zum Leben erstandenen Mumien. Wenn wir nach dem schneebedeckten Uinta-Gebirge hinüberblickten, welches uns in einer Entfernung von etwa fünfunddreißig englischen Meilen zur linken Hand das Geleite gab, so konnten wir nicht umhin, uns nach seinen Schneefeldern und schattigen Thälern zu sehnen und den Wunsch zu hegen, unsere brennenden, bestaubten Glieder in einem kühlen Waldbache baden und den trockenen Gaumen mit frischem Quellwasser netzen zu dürfen. Der Gegensatz zwischen der öden, sonnverbrannten Gegend, durch welche die Landstraße führte, und jener prächtigen Bergkette ließ die Salbeiwüste doppelt traurig erscheinen

Als wir uns gegen Abend Fort Bridger näherten, gewann die Gegend ein freundlicheres Aussehen. Am Ufer eines murmelnden Baches, der sich wie ein lustiger Wanderer

durch die Salbeiwüste einen Weg suchte, erfreuten saftige
grüne Grasflächen das Auge. Auch einige canabische Pap=
peln bemerkte ich, die ersten Bäume, welche ich sah, seit
wir Bridger's Paß verlassen hatten. Gegen Sonnenuntergang
zeigten sich endlich die ersehnten Wohnhäuser und Garnisons=
gebäude von Fort Bridger, und bald darauf galoppirte
unser Viergespann über den großen Rasenplatz des „Forts"
nach dem Stations=Wirthshaus, wo wir ein angenehmes
Quartier fanden. Auf den besonderen Wunsch sämmtlicher
Passagiere telegraphirte der Agent der Stage=Compagnie
in Fort Bridger in unserem Namen sofort nach der Station
Weber und ersuchte den dort ansässigen Divisionsagenten,
uns zu erlauben, hier bis zum nächsten Morgen rasten zu
dürfen. In zwei und einer halben Minute brachte der
dienende Blitz, welcher mittlerweile hundert englische Meilen
durcheilt hatte, die frohe Erwiderung: „permitted with
pleasure!" — In Fort Bridger war es idyllisch, daß
man uns den Wunsch, daselbst ein wenig zu verweilen,
nicht verargen konnte. Der ansehnliche Militairposten, wo,
außer den dort garnisonirenden Truppen, mehrere dem Civil=
stande angehörige Familien in schmucken Privathäusern
wohnten, lag in einer fruchtbaren Niederung, die von vier
Armen des Black Fork=Flusses durchströmt ward. Grüne
Wiesen, rauschende Baumwipfel, Blumengärten, mur=
melnde Bäche und die silbernen Alpenwipfel von Uinta
in der Ferne: — es war wie ein Zauberparadies in der
endlosen Salbeiwildniß, das wir, nach langer Entbehrung
aller jener Herrlichkeiten, wie eine Oase in der Wüste be=
grüßten!

3. Die Cañons * in Utah.

Der sechste Morgen des Maimonds war angebrochen, der achte Tag unserer Stagefahrt von Denver, und wir rüsteten uns zur Weiterreise. Nur ungern sagte ich dem freundlichen Fort Bridger Lebewohl, wo wir, seit wir La Porte am Fuße der Schwarzen Hügel verlassen hatten, zum ersten Male wieder ein angenehmes Quartier und gute Verpflegung fanden. Sogar Austern und eingemachte Früchte erschienen hier auf der Wirthstafel, als sollte damit der Beweis geliefert werden, daß solche Gerichte auch wirklich auf der Ueberland=Route existirten. Als Regel werden dieselben jedoch nur in Amerika berühmten Journalisten und Reisenden aufgetischt, bei denen die Stage=Compagnie vor= aussetzt, daß sie die noble Behandlung, welche ihnen wäh= rend der Fahrt über den Continent zu Theil ward, in den Landeszeitungen gebührend rühmen werden. Was die allen Passagieren vor dem Antritt der Ueberland=Reise versprochene schnelle Beförderung in eleganten Concord=Kutschen anbe= trifft, so ist dabei im Allgemeinen dieselbe Regel wie bei der Naturalverpflegung stichhaltend, wie der Leser es von den Rumpelwagen, Schmutzwagen, Schlitten und Käsichen wohl schon gemerkt hat. Doch hört es sich recht hübsch an, wenn man z. B. erfährt, wie der Millionär Ben Holladay

---

* Sprich: Kénnyon = enges Thal — ein dem Spanischen entlehntes Wort.

7*

in sechs und einem halben Tage von Salt Lake City nach
Atchison am Missouri fuhr und nur zwölf Tage und zwei
Stunden, ohne das eiserne Roß zu benutzen, von San
Francisco dorthin unterwegs war*.

Die Stagekutscher, welche gern von solchen schnellen
Reisen berichten, erzählen den Passagieren oft und mit
Stolz von der wilden Fahrt, womit einer von ihrer Gilde,
der berühmte Sechsgespannlenker Hank Monk weiland
den weltbekannten Horace Greeley über die Sierra Nevada beförderte. Diesem ging die Reise über den Continent (es war im Jahre 1859) immer noch zu langsam,
obschon man überall auf der Linie für frischen Vorspann
und die besten Renner gesorgt hatte. Er befand sich gerade in dem damaligen Territorium Nevada und bemerkte
zu dem Kutscher, daß man ihn zu einer bestimmten Stunde
in einer kleinen californischen Stadt jenseits der Sierra
erwarte, in der er eine Rede halten solle; er würde
aber sicherlich die dort angesagte Vorlesung versäumen, falls
die Reise in einem solchen Schlendrian weiter ginge. Hank,
der den mürrischen Philosophen dazumal in Obhut hatte,
spannte bei der nächsten Station sechs wilde Mustangs vor
und rief Herrn Greeley zu, als er die Zügel ergriff und
auf die Renner einhieb: „Keep your seat, Mr. Greeley,
we'll get you there on time!" (bleiben Sie nur ruhig
sitzen, Herr Greeley, wir werden Sie schon zur rechten Zeit
hinbringen). -- Die Straße war hier eine der felsigsten
und gefährlichsten auf der ganzen Ueberland-Route; aber
darum kümmerte sich Hank Monk gar nicht. In sausender
Carrierre jagte er bergauf und bergab, in kurzen Wendungen
um vorspringende Felswände herum und am Rande tiefer

---

* Gegenwärtig legt man dieselbe Strecke auf der Pacificbahn
in regelmäßig vier Mal vierundzwanzig Stunden zurück.

Abgründe entlang, ohne auf die großen Steine im Wege
zu achten, gegen welche die Kutsche jede Minute mit den
Rädern anrannte, so daß dieselbe wie ein Schiff in hohler
See wankte und schwankte und jeden Augenblick entsetzliche
Sätze machte.

Greeley, welcher ganz allein in der Stage saß, machte
die verzweifeltsten Anstrengungen, seinen Sitz zu behaupten.
Vergebliche Mühe! Von einer Ecke des Wagens in die andere
ward er geschleudert und stieß bei jedem Sprung, den die
Kutsche machte, mit dem Kopfe gegen die Wagendecke. An
einer etwas weniger rauhen Stelle auf der Landstraße
rief Horaz dem Kutscher ängstlich aus dem Wagenfenster
zu, daß er nicht so große Eile habe, worauf dieser ganz
sarcastisch erwiederte: „Bleiben Sie nur ruhig sitzen, Herr
Greeley, wir werden Sie schon zur rechten Zeit hinbringen!"
— und weiter ging's in noch rasenderer Eile, und Hank
peitschte auf die Mustangs los und stimmte dabei ein indianisches Schlachtgeheul an, daß es dem friedlichen Welt-
weisen bei dem wilden Gejauchze und den unaufhörlichen
Knuffen und Stößen in der Stage förmlich grün und gelb
vor Augen wurde. Als Hank auf die Minute in dem
Städtchen anlangte, wo Herr Greeley seine Rede halten
wollte, soll der dazumal halb geräderte Horaz mit seinem
ganz demolirten weißen Cylinderhut eine gottsjämmerliche
Figur gespielt haben. Doch war er klug genug, die wilde
Stagefahrt als einen guten Scherz hinzunehmen. Als Hank
Monk später einmal mehrere Passagiere auf ähnliche Weise
über dieselbe gefährliche Gebirgsstraße beförderte, schenkten
ihm diese eine silberne Uhr mit dem darauf gravirten Spruch:
„keep your seat etc." —, und das von Greeley erlebte
Abenteuer ist auf der Ueberland-Stageroute historisch berühmt geworden, — wir reis'ten jedoch nicht auf eine solche
barbarische Weise, sondern mehr nach dem Motto: „Nur

immer langsam voran!" Doch hatten wir den Vortheil da=
von, Land und Leute gründlich kennen zu lernen. Eine
Geschwindreise in eleganten Concord=Kutschen, wie sie Ben
Holladay, Colfax, Greeley und andere über den Continent
gemacht haben, wobei unterwegs in Saus und Braus ge=
lebt wird und nur die Lichtseiten des Landes durch ge=
schliffene Champagnergläser gesehen werden, hat gewiß ihre
sehr angenehmen Seiten; aber eine richtige Vorstellung von
den Culturzuständen im fernen Westen können berühmte
Männer in Amerika auf ihren Ausflügen unmöglich erlangen,
außer sie besehen sich das Land incognito und reisen wie
andere gewöhnliche Sterbliche. —

Hinter uns lag die Oase von Fort Bridger und wir
steuerten wieder hinaus in eine öde Gegend, welche je=
doch nicht mehr passend als eine Wüste bezeichnet werden
konnte. Grüne Grasflächen wechselten mit den Schnee=
feldern ab, und ab und zu passirten wir kleine Hölzungen
von niedrigen Cedern. Die Hügel waren theilweise be=
waldet, selbst die Salbeibüsche wuchsen üppiger und nahmen
eine mehr grünliche Farbe an. Linker Hand begleitete uns
noch immer das schöne Uïnta=Gebirge, während die Wind=
fluß=Berge wie weiße Wolken weit hinter uns am Horizonte
lagen. Das Wetter war wunderschön und in dieser hoch=
gelegenen Gegend, trotzdem die Sonne aus wolkenlosem
Himmel ihre Strahlen herabsandte, angenehm kühl. Wir
befanden uns hier noch immer 6000 bis 7000 Fuß über
dem Meeresspiegel und näherten uns, über zerrissene Pla=
teaus fahrend, den Ausläufern der Wasatch Berge, der öst=
lichen Wasserscheide des großen Salzsee=Beckens. Unter den
oft seltsam geformten „Buttes" führte einer den Namen
„Die Rennbahn" (race course), ein runder ringsum steil=
abfallender Felsberg, dessen ganz glatter Gipfel an seinem
äußeren Rande genau eine englische Meile im Umfang hat,

— ein natürlicher, regelrecht angelegter Hippodrom. Zu beiden Seiten der Landstraße lief eine doppelte Reihe von Telegraphenpfählen hin, die eine die Denver= und die andere die Fort Laramie=Linie. Dicht neben uns fand fortwährend unsichtbar der Gedankenaustausch zwischen dem Osten und Westen dieses ungeheuren Continents statt, und obgleich wir seit Wochen nur gelegentlich und in weiten Zwischenräumen eine einsame Station passirt hatten, befanden wir uns doch hier, mitten in der Wildniß, stets in unmittelbarer Nähe des geistigen Verkehrs der Menschheit; fürwahr! ein Gedanke, der zum etwas Stolzsein auf die Zeit, in welcher wir leben, wohl seine Berechtigung hatte.

Wir kamen nun in ein entsetzlich felsiges Land, das voll von isolirten Bergrücken, engen Schluchten und tiefen Thälern war. Viele Hügel hatten ein röthliches Aussehen und manche von ihnen waren stellenweise mit weißer Thonerde bedeckt, als ob Schnee auf ihnen läge. Fichten und Zitter=Espen (quaking asp) bildeten den Hauptbaumwuchs in dieser Gegend. Das dunkelgrüne Laubwerk jener Bäume und die rothen und weißen Felsen, untermischt mit Schneefeldern und gelblich grünem Salbeigestrüpp, gaben äußerst bizarre Farbenschattirungen. Wilde Berggewässer rauschten in kurzen Zwischenräumen über die Landstraße, und der Weg wurde furchtbar rauh und steinig. Nicht selten waren wir Passagiere gezwungen, neben dem Rumpelwagen zu marschiren, namentlich an den mit wüstem Felsgeröll bedeckten Bergabhängen, welche der Wagen langsam und schwankend, den Hemmschuh an den Rädern, mehr gleitend als rollend hinabfuhr. Oefters mußten wir auf meilenlangen Strecken eine bessere Straße suchen und fuhren über halbzerschmolzenen Schnee, wobei die Räder das, einen pikanten Salbeiduft verbreitende Sagegestrüpp zerquetschten. Im Wagen verschoben sich auf den rauhen Wegen, nament=

lich beim Bergabfahren, das Gepäck und die Postsack-Sitze fast fortwährend. Es war zum Verzweifeln, auf dem Rumpelwagen so durcheinander geschleudert zu werden, wenn nicht gar, wie mehrere Male geschah, der Wagen umwarf und wir nebst Gepäck und Postsäcken in interessanter Gruppirung zwischen Felsblöcken, Schnee und Sage-Gesträpp ein plötzliches Unterkommen fanden.

Gegen Mittag erreichten wir den Bärenfluß, welcher sich in den großen Salzsee ergießt. Am Fuße einer steilen Felsterrasse floß zwischen Weiden und canadischen Pappeln der gegen vierhundert Fuß breite Strom durch ein enges Thal, die Terrassen waren mit grünem Graswuchs bedeckt, und darüber erhoben sich bastionenartig die rothen Felsen: ein außerordentlich romantisches Bild! Wir hatten jetzt die Kette des Wasatch-Gebirges erreicht und befanden uns bereits in seinen östlichen Ausläufern. An verschiedenen Stellen wird jener Bergzug von langen und tiefen Querthälern, Cañons genannt, durchschnitten, den natürlichen Zugängen zum Becken des großen Salzsees. Rechter Hand erhob sich eine Kette von Schneebergen, vor uns öffneten sich die Cañons, in denen der Schnee noch tief gehäuft lag. Goldige, blaue und weiße Sternblümlein, hellrothe Verbenen und große glänzend gelbe Sonnenblumen wuchsen hart an den Schneefeldern, und manche bunte Blume schaute aus der kühlen weißen Decke zum blauen Himmel empor. Hier standen, in geringer Entfernung vom Wege, die gewaltigen „Nadelfelsen" (needle rocks), mächtig aufgebautes Conglomeratgestein, das sich in der That seltsam ausnahm. Unter den scharfen Felszacken, welche in langer Reihe schräge übereinander lagerten, oder umgestürzt am Berghange dalagen, zeigten sich halbzerstörte Figuren, wie Nachbildungen von riesigen Thiergestalten, Katafalken, offenen Särgen, mit leblosen Mönchen darin, und anderen der Wirklichkeit täuschend ähnlichen Wunderdingen, welche Wind und Wetter aus dem langsam zerbröckelnden Gestein geschaffen hatten.

Jetzt fuhren wir auf abschüssigem Wege hinunter zum Gelben Bach (yellow creek). Schneebänke, rauschende Gebirgswasser und dicht emporwirbelnde Staubwolken, — Alles war hier dicht beieinander! Während der Wagen den jenseits des Thales liegenden steilen Berg mühsam hinanwankte, eilten wir männlichen Passagiere demselben zu Fuß voran und erreichten den Gipfel, als gerade die Sonne unterging. Noch nie hat mich eine Rundschau mehr überrascht, als auf jener Höhe, denn wir waren nur deshalb den Berg hinangestiegen, um den Pferden das Ziehen des Wagens zu erleichtern, und hatten keine Ahnung davon, dort oben eine besonders schöne Aussicht zu treffen. In ungeheurem Bogen umspannten den ganzen Gesichtskreis scharfgezackte, mit Schnee gekrönte Gebirgskämme, die von einander abgesondert liegenden Ketten und Ausläufer der Wasatch-Berge; und alle Schneegipfel blinkten im Lichte der untergehenden Sonne, wie vergoldet. Die tausend von einander getrennten Schneefelder, welche durch dunkle Wälder und schwarze Landstriche scharf geschieden waren, ließen die tiefer liegende Gegend schwarz und weiß gewürfelt erscheinen, — ein ungeheures Schachbrett, das einen ganz seltsamen Anblick bot. Nirgends war von Cultur die geringste Spur zu entdecken, die ganze Gegend sah so urwild wie nur irgend denkbar aus. In weiter Ferne zeigte sich vor uns die lange hellrothe Linie der Felsen von Echo Cañon. Die Sonne war bereits untergegangen, als wir beim Zwielicht des aufgehenden Mondes um neun Uhr Abends den Eingang jener herrlichen Thalschlucht erreichten. Unmerklich hatte sich das Terrain während unserer letzten zwei Tagereisen gesenkt, und hier, 5535 Fuß über dem Meeresspiegel, war die Luft milde und lau wie in einer

Sommernacht. Im Mondschein fuhren wir auf offenem
Wagen langsam durch dieses romantischste Felsthal in der
neuen Welt, das nicht mit Burgen und Schlössern ge=
schmückt ist, sondern, wie die Natur es geschaffen hat, den
Wanderer entzückt.

Echo Cañon, welches mit seinen Fortsetzungen, dem
Silberbach= und Parley's Cañon, von Osten den Haupt=
verbindungsweg nach dem Bassin des großen Salzsees bildet,
ist ein gegen dreißig englische Meilen langes gewundenes
und enges Felsthal, daß sich in nordwestlicher Richtung
nach dem Weberflusse erstreckt. An seiner Nordseite ragen
die meistens senkrecht abfallenden Felsen dreihundert bis
fünfhundert Fuß hoch empor. Dort haben die in dieser
Gegend vorherrschenden heftigen Südwinde dem Gestein ein
verwittertes Aussehen gegeben, mit nur spärlich darauf
wachsender Vegetation, wogegen an der Südseite die vor
Wind und Wetter mehr geschützten Berge gewölbt und mit
Gras und Strauchwerk bedeckt sind. Durch das Thal fließt,
in oft zwanzig Fuß tief eingeschnittenem Bette, ein Ge=
birgsbach, der seinen Lauf bald auf der einen, bald auf der
andern Seite desselben nimmt. Weiden und Büsche ver=
decken nicht selten seine klare Fluth. Die rothen Felsen
an der Nordseite sind von zahlreichen Querschluchten durch=
brochen und folgen einander wandartig, indem das weichere
Gestein zwischen dem härteren allmählig zerbröckelt und von
Regengüssen fortgeschwemmt wurde. Die stehen gebliebenen
Felsen sind meistens Conglomerat. Mitunter spielen die=
selben in's Weißliche und Hellgelbe, in der Regel aber sind
sie ocherroth und bilden dabei die seltsamsten Figuren: na=
türliche Festungswerke, Pyramiden, Obelisken, Minarets,
Pagoden, Thürme, Säulen, Porticos 2c. An jedem vor=
springenden Winkel wird das Auge durch eine neue impo=
sante Scenerie überrascht.

Langsam fuhren wir durch das romantische Felsthal, welches im unbestimmten Mondlichte einen wunderbaren Anblick gewährte. Auf den gewölbten Höhen an der Südseite lag der Schnee noch streifenweise auf dem dunklen Grunde, aus dessen oft seltsam verschnörkelten Figuren wir allerlei Urweltungeheuer erdichteten, während die blutrothen Felsabhänge an der anderen Seite des Thales unheimlich herabschauten. In der Tiefe braus'ten frisch geschmolzene Schneewasser und erfüllten die Schlucht, wo sich dieselbe verengte, mit dumpfem Getöse. Wir stimmten laute Gesänge an und riefen zahllose Hurrahs, um der plauderhaften Schönen, nach welcher das Cañon seinen Namen genommen hat, ein Lebenszeichen zu entlocken. Vergebliche Mühe! Obgleich wir, mit einander abwechselnd, uns die ganze Nacht hindurch die Kehlen heiser schrien, erzielten wir doch nicht den geringsten Erfolg. Bei einem alten Biberdamme, an welchem die Fluthen des Bachs aufgestaut waren, stiegen wir männlichen Passagiere aus, um den Wagen zu erleichtern, kletterten an der südlichen Thalseite etwa hundert Fuß hoch durch Buschwerk und über Felsgeröll eine halbe Meile weit an der überschwemmten Stelle vorbei und sprangen schließlich mit kräftigem Zulauf über den geschwollenen Bach auf den Fahrweg zurück, — im Halbdunkel der Nacht eine keineswegs angenehme Passage!

Jenseits der Halbwegstation „Echo", die wir nach Mitternacht passirten, verengte sich das Thal, die Felswände ragten höher und immer phantastischer empor, und eine dichte Vegetation von Schilf, Gräsern und Strauchwerk überwucherten den Bach. An dieser Stelle hatten die Mormonen im Jahre 1857 Befestigungswerke gegen die Armee der Vereinigten Staaten errichtet, welche die widerspenstigen „Heiligen" zur Raison bringen sollte. Die Fortificationen bestanden aus oben am Berge angelegten Brust-

wehren, aus Dämmen quer über das Thal, welche das
Wasser des hindurchströmenden Baches stauen sollten, und
aus Haufen von losen Steinen an den Abhängen, womit
man die freundliche Absicht hatte, Onkel Sam's Myrmidonen
die Hirnschädel einzuwerfen. Ein paar hundert Scharf=
schützen hätten jedoch diese „Thermopylen der Heiligen"
leicht von den jenseitigen Höhen unhaltbar machen oder um=
gehen können. Während des Mormonenkrieges fand
ein interessantes Intermezzo in Echo Cañon statt, als der
vom Präsidenten der Vereinigten Staaten zum Gouverneur
von Utah ernannte Herr Cummings bei Nacht durch diesen
Paß nach Salt Lake City reis'te, um dort mit Brigham
Young Unterhandlungen anzuknüpfen. Die Mormonen
setzten jenen friedliebenden Beamten durch die bedeutende
Heeresmacht in Schrecken, welche sie in Echo Cañon ent=
falteten. Jede halbe Meile kam er bei einer neuen Ab=
theilung von Mormonen=Grenadieren vorbei, die von ihren
Officieren mit verschiedenen Regimentsnummern bezeichnet
wurden, deren Stärke sich der „Governor" insgeheim notirte.
Feuer brannten auf den Felshöhen, aufsteigende Raketen,
Signalschüsse und Werdarufen wollten kein Ende nehmen,
und Herr Cummings ward von Posten und Feldwachen, die
ihn nicht passiren lassen wollten, halbstundenlang examinirt.
In Folge dessen brachte er eine hohe Meinung von der Macht
der Mormonen mit sich nach Salt Lake City, was sich diese
bei den bald darauf folgenden Friedensunterhandlungen
nach Kräften zu Nutze machten. Die große Kriegsmacht
der Mormonen in Echo Cañon bestand aber aus nicht mehr
und nicht weniger denn einhundertfünfzig Mann, welche die
Generäle der „Heiligen" bei jedem Aufenthalte des Herrn
Cummings schnell auf Wagen das Thal hinunter beför=
derten, um als neue Heerschaar und unter einem neuen
Namen dem „Governor" wieder zu imponiren.

Bei Tagesanbruch paſſirten wir die romantiſchſten Fels=
abhänge in Echo Cañon, die ſich in rothen Maſſen ge=
waltig emporthürmten und oft faſt über unſern Köpfen
hingen. Zahlreiche Elſtern und Raben hatten ſich in dieſem
Theile der Thalſchlucht an den Felswänden eingeniſtet und
antworteten uns krächzend und ſchreiend, als wir ſie mit
lautem Hurrah vom Morgenſchlummer aufſtörten. Aber
Fräulein Echo blieb ſchweigſam. Beim Weberfluſſe
öffnete ſich das Thal. Uns zur Rechten thürmten ſich dort
die letzten Felsmauern von Echo Cañon empor, unter denen
der „Kanzelfels" (pulpit rock) mit ſeiner rieſigen röthlichen
Steinbrüſtung beſonders prächtig hervortrat.

Echo Cañon.

Ein Engpaß liegt im Utahland,
In wilder Einſamkeit;
Die rothen Felſen meilenweit
Steh'n thurmhoch, Wand an Wand.

Wie war es doch ſo anders hier
Vor fünfzig Jahren noch,
Als Echo fröhlich rufend zog
Durch's rothe Felsrevier!

Kein Lärmen, Schießen und Halloh
Wie jetzt, Tag aus, Tag ein;
Kein Roſſeſtampfen, wildes Schrei'n
Von Kutſchern, wüſt und roh!

Zu jener Zeit kam oft in's Thal
Ein Häuptling, ſtolz und kühn;
Nicht ſchreckten in der Wildniß ihn
Gefahren ohne Zahl.

Vom Felsgebirge kam er her,
Wo blinkt der ewge Schnee,
Und zog zum blauen salz'gen See,
Zum landumschloss'nen Meer.

Sein Weg lag durch den rothen Grund,
Wo sie, der Mädchen Pracht,
Wie Minnehaha silbern lacht
Mit losem Schelmenmund.

Drum hatt' er prächtig sich geschmückt,
Als wollt' zur Schlacht er ziehn,
Mit Farben, gelb und roth und grün,
In Linien, kunstgeschickt.

Auf steiler Felswand saß allein
Das holde Kind. — „O komm'!" —
So rief der Krieger laut — „O komm'!"
Ruft's bald, wie Glöcklein fein.

Doch kam er näher, schnell entflieht
Des Mädchens Lichtgestalt.
Sein Ruf am leeren Fels verhallt;
Die Maid er nimmer sieht.

Und was er sagte Wort für Wort,
Sie spricht's ihm nach, vielmal,
Und folgt ihm ungesehn durch's Thal
Zum letzten Felsen dort.

Und ging er weiter, sah zurück,
Da saß im rothen Kleid
Auf hohem Kanzelfels die Maid
Mit schelmisch frohem Blick.

Und rief er dann ein laut: „Lebwohl!
Du liebe Maid, lebwohl!
So rief sie leis' ihm nach: „Lebwohl! —
Lebwohl! — Lebwohl! — Lebwohl!"

Der weißen Männer Lärmen trieb
Hinweg das frohe Kind;
Die Felsen stumm geworden sind
Und nur der Name blieb.

Wohl stehn sie wie im Morgenroth
Noch immer herrlich dort;
Jedoch die Poesie ist fort
Und jeder Fels ist todt.

Und noch der Bach im kühlen Grund
Schwatzt gern von alter Zeit;
Mir hat von jener Echomaid
Erzählt sein Silbermund.

*   *   *

Die Stagestation „Weber" hatte eine idyllisch=roman=
tische Lage. An der einen Seite war der westliche Zugang
von Echo Cañon mit seinen gewaltigen rothen Felsmauern;
die andere Seite umkränzten Gartenanlagen, grüne Wiesen
und eingehegte Felder. Dicht hinter den Gebäuden strömte
der reißende Weber (sprich: Wieber), nach dem Bear River
der größte sich in den Salzsee ergießende Fluß, und lie=
ferte den Stationsleuten einen unerschöpflichen Vorrath
von köstlichen Forellen. Meinem Freunde Wonderful ge=
fiel es hier so gut, daß er mit dem Wirthe in allem Ernste
den Kaufpreis der Stationsanlagen besprach. Auf dem
„Kanzelfels" wollte er ein Bierhaus erbauen und Echo

Cañon reizend verschönern ꝛc. — Es bedurfte aller Logik
des Mister Eisack, dem es um den Verkauf seiner Goldminen in Montana bange ward, um seinem excentrischen
Reisegenossen diese unpractischen Pläne wieder auszureden.*

Bei herrlichem Wetter fuhren wir weiter, zunächst im
Thale des Weber. Linker Hand lagen grüne gewölbte
Berge, deren Gipfel theilweise noch mit Schnee bedeckt
waren, rechts floß der wilde Weber zwischen Wiesen und
wohlbestellten Feldern. Wir kamen jetzt durch eine Reihe
von blühenden Mormonenniederlassungen, worunter das
Städtchen Coalville, das seinen Namen nach einigen in seiner
Nähe liegenden Kohlengruben führt.** Wiesenlerchen zwitscherten ihren frohen Morgengesang und die Menschen
grüßten uns alle herzlich und freundlich. Zahlreiche Berggewässer strömten quer über die sonst wohlgehaltene Land-

---

* Die Pacific-Eisenbahn folgt, nachdem sie Echo Cañon verlassen hat, dem Laufe des Weberflusses bis zum Bassin des großen
Salzsees und tritt durch das wild-romantische „Teufelsthor" aus
dem Wasatch-Gebirge in die Niederung, wo sie bald darauf die
Stadt Ogden erreicht. Salt Lake City, welches mit Ogden durch
ein Nebengeleise verbunden ist, 40 Meilen hinter sich lassend, läuft
die Eisenbahn (von hier an die Centralpacific genannt) nordwärts
und im großen Bogen nach Nordwest um den großen Salzsee,
bis sie sich an seinem nördlichen Ende wieder direct nach Westen
wendet. Die alte Stageroute führte von Echo Cañon erst eine
Strecke durch das Thal des Weber, dann in südlicher Richtung
durch das Silberbach- und Parley's Cañon nach Salt Lake City.

** Die Wichtigkeit jener Kohlenablagerungen, welche eine Mäch-
tigkeit von 26 Fuß haben, ist, namentlich in Folge der in neuerer Zeit
entdeckten reichen Silberminen im Territorium Utah, von großer
Tragweite geworden, da der Kostenpunkt des Bearbeitens der Erze
durch die Nähe eines billigen Feuerungsmaterials bedeutend ver-
ringert wird. In der Nähe von Salt Lake City sind Schmelz- und
Reductionswerke entstanden, welche die aus jenen Gruben geförderten
Kohlen vortheilhaft verwenden.

ſtraße nach dem Weber hinüber. Einen Bach überſchritten
wir auf einer Strecke von acht engliſchen Meilen dreizehn
Mal. Aus einem Thor von hellrother Thonerde brach er
links vom Wege brauſend aus dem Gebirge hervor.

Wir gelangten jetzt in das „Silberbach Cañon"
(silver creek cañon), eine enge gewundene Thalſchlucht,
in deren Mitte ein brauſender Bach, der mehrere Säge=
mühlen trieb, zwiſchen Weiden hinſtrömte. Jedes zum An=
bau geeignete Fleckchen Erde hatten die fleißigen Mormonen
hier, oft durch Anwendung koſtſpieliger Irrigation, unter
Cultur gebracht. Die dicht auf einander folgenden Cañons
wurden von nun an immer enger und felſiger, und der
Weg verſchlechterte ſich zuſehends. Derſelbe war aus der
Böſchung des Berges herausgeſchnitten und ſo ſchmal, daß
das äußere Rad unſeres Rumpelwagens oft beinahe den
Rand des Abhanges berührte. An einer ſolchen Stelle be=
gegneten wir einem mit zehn Joch Stieren beſpannten Fracht=
wagen und waren gezwungen, unſer Fuhrwerk eine viertel
Meile weit zurückzuziehen, um jenem an einem breiteren
Platze Gelegenheit zu geben, an uns vorüber zu fahren.
Da der im Thalgrund fließende Bach mitunter hoch an=
ſchwillt und den Weg überfluthet, ſo war für ſolche Fälle
eine zweite Landſtraße, etwa hundert Fuß höher und pa=
rallel mit der unteren, am Berge entlang gebaut, die wegen
ihrer gefährlichen Lage aber nur bei Hochwaſſer benutzt
wird. Bergrutſche ſind in dieſem Engpaß häufig und rich=
ten oft großen Schaden an. Das Geröll aus Sandſtein
und Kreide, welches die oberen Gebirgsſchichten bildete,
hatte ſich feſt verkittet und trat öfters in ſeltſamen Figuren
zu Tage.

Endlich öffnete ſich die Thalſchlucht und wir traten
hinaus auf ein baumloſes, rings von Schneebergen um=
kränztes Plateau, den Parley's Park. Die Gegend ſah

hier ganz winterlich aus und es gehörte nicht viel Phan=
tasie dazu, sich plötzlich in den Januarmond versetzt zu
wähnen. Der Weg durch diesen „Park", dem zum Parke
weiter nichts als die Bäume fehlte, durch Schnee, Morast
und Salbeigestrüpp, war beinahe bodenlos. Da die Pferde
den Wagen nicht weiter zu ziehen vermochten, so mußten
wir Passagiere, mit Ausnahme der Mormonenfrau und
ihres Knaben, aussteigen und wieder einmal eine kleine aber
gesunde Spaziertour von etwa zwei englischen Meilen über
die im Schmelzen begriffenen Schneefelder machen. Um
uns vor dem hellen Sonnenscheine zu schützen, der, von dem
weißen Schnee reflectirend, uns fast blind machte, schwärzten
wir uns auf den Rath meines Freundes Wonderful gegen=
seitig die Augenlider, und zwar mit Patent=Stiefelwichse,
welche Mister Eisak, der gern den Eleganten spielte, stets
in der Westentasche bei sich führte. Der schwarze Farbe=
stoff, welcher die blendenden Sonnenstrahlen zum Theil ab=
sorbirte, gab unseren Sehnerven sofort Erleichterung; aber
wir sahen eher einer Bande von Straßenräubern, als einer
lebensmüden Gesellschaft von Ueberland=Reisenden ähnlich.
Gegen Mittag hatten wir endlich die Schneefelder auf dem
baumlosen Park überschritten und erreichten mit frohem
Herzen das stattliche Wohnhaus des Mormonenpascha's
Wilhelm (Bill) Kimball, wo wir mit unseren Banditen=
gesichtern zuerst unter dem Frauenvolk einen nicht geringen
Schrecken erregten. Mit Hülfe von etwas Seife und war=
mem Wasser verschwand jedoch die Patent=Stiefelwichse bald
wieder von unseren Augenlidern, so daß wir bei dem uns
aufgetischten superben Mahle wie ehrliche Menschenkinder
unser Erscheinen machen konnten.

Wilhelm Kimball, kurzweg Bill genannt, ein Sohn
des Mormonenältesten Hebert C. Kimball, war in dem
Staate Newyork gebürtig und wohnte hier auf seiner Farm

in einem großen Steingebäude, welches er sich im ver=
gangenen Jahre mit einem Kostenaufwande von zwölftausend
Dollars gebaut hatte. Er war ein vierschrötiger aber gut=
müthig aussehender Bursche, mit einem wahren Stiernacken:
ein entschiedener Verehrer sowohl von Gott Bacchus als
von der Venus Amathusia. Als Whiskytrinker hatte er in
Salt Lake City einen bedeutenden Namen. Von seinen
fünf Gemahlinnen lebten zwei bei ihm auf der Farm zu
Hause, die dritte und vierte hatte er der Bequemlichkeit
halber in zwei anderen Ortschaften des Territoriums Utah,
die fünfte in Salt Lake City untergebracht, wo er sie auf
seinen Reisen gelegentlich besuchte. Die Tochter einer der
beiden auf der Farm wohnenden Frauen, ein schmuckes vier=
zehnjähriges Mädchen, wiegte in der Gaststube das Kind
ihrer in Salt Lake City ansässigen Rivalin. Ein kleiner
„Bill" erzählte mir im Pferdestall, wo ich durch die Pfeffer=
nüsse in meinem Proviantkasten bald mit ihm vertraut ge=
worden war, daß er zehn Brüder und acht Schwestern
habe. Durch die mit uns reisende Mormonendame er=
fuhren wir, daß die eine der beiden Hausfrauen Arbeits=
drohne sei, während ihre Genossin im ehelichen Bande sich
die Zeit im Schaukelstuhle mit Romanlesen vertreibe und
sehr glücklich wäre. Uns Passagieren gelang es nicht, die
beiden Madams Kimball von Angesicht zu Angesicht zu
schauen. Dem Herrn Wonderful, der mit Gewalt in's
Parlor bringen wollte, um Madame Nr. 1 (der im Schaukel=
stuhle) seine Aufwartung zu machen, schlug der alte Bill
die Stubenthüre grober Weise vor der Nase zu.

Wilhelm lebte recht comfortabel und hatte alle Ur=
sache mit seinem Loos als Mormone zufrieden zu sein.
Auf der Farm sah es wie in einem wohlhabenden kleinen
Dorfe aus, dessen Herrensitz Bill's Wohnhaus vorstellte.
Es war eine Freude, die prächtigen von Getreide und

Heu strotzenden Scheunen zu betrachten! — Da die Stage,
welche uns weiter bringen sollte, noch nicht von Salt Lake
City angelangt war, so benutzten wir die Zwischenzeit zu
einem Mittagsschläschen auf duftendem Heuboden, nach den
vielen schlaflosen Nächten für uns ein wahrer Hochgenuß!
— Um vier Uhr Nachmittags weckte man uns. Der
Rumpelwagen war da, dessen hohläugige Insassen haarsträubende Schilderungen über den entsetzlichen Zustand der
Landstraße zwischen hier und Salt Lake City machten.
Sieben Mal seien sie während der letzten vier Stunden
umgeworfen! Von Bill Abschied nehmend, nahmen wir mit
schwerem Herzen unsere Sitze auf den Postsäcken wieder
ein und kutschirten der großen Salzseestadt entgegen.

Der Weg über die Wasatchberge war in der That
ein entsetzlicher, und dieser Abschnitt unserer Ueberland-
Reise schlimmer als alle vorherigen. Der Schnee war im
schnellen Schmelzen begriffen, und brausende Gewässer flossen
in allen denkbaren Richtungen querfeldein und über die
Landstraße, durch welche sie an vielen Stellen förmliche
Abgründe gewühlt hatten. Jede zehn Minuten blieb der
Wagen stecken und warf halb um, und alle paar hundert
Schritt mußten wir denselben aus dem tiefen Schnee los-
schaufeln. Halbstundenlang wateten wir, oft bis an den
Leib durch weiche Schneebänke, oder liefen verzweifelt über
halbzerschmolzene Eiskrusten, die fast bei jedem Schritt, den
wir thaten, unter uns einbrachen. Die acht Meilen von
„Bill's" bis zum „Summit" (der Paßhöhe über das
Wasatch-Gebirge) spotteten jeglicher Beschreibung. Die wilde
Gebirgslandschaft, mit den chaotisch darin zerstreuten riesigen
Felsblöcken, den jähen Abhängen und herrlichen Pechtannen
(spruce trees), hätte mich in anderen Verhältnissen des
Lebens entzückt, aber bei diesen Spaziergängen durch drei
bis fünf Fuß tiefen Schnee sank in meinen Augen alle

Natur-Romantik bis tief unter den Gefrierpunkt der Begeisterung. Oft mußten alle Passagiere auf den Zuruf des
Kutschers auf diese oder jene Kante des Wagenbetts springen,
um das schwankende Gefährt über eine gefährliche Schlucht
hinüber zu balanciren, oder wir griffen mit vereinter Macht
in die Speichen, um den Pferden beim Ziehen zu helfen.
Aber, trotz aller Vorsicht, warfen wir dreimal kläglich um,
ehe wir den Sattel des Passes erreicht hatten. Die Mormonenfrau und ihr sanfter blauäugiger Knabe, der vor
Angst und Kälte bitterlich weinte, thaten uns Allen außerordentlich leid; eine Verbesserung ihrer Lage war jedoch
unter den Verhältnissen unmöglich. Mister Eisak gewann
mehr und mehr das Aussehen eines Seekranken, der just
so lieb sterben, als einen Finger zur Selbstrettung rühren
möchte, und der Irländer vergaß sogar seine „Wonderfuls".
An die Gewässer, welche sich in kurzen Abständen brausend
über die Landstraße ergossen, hatten wir uns so gewöhnt,
daß wir ohne weiteres mitunter knietief hindurch wateten.
Todtes halb verwestes Zugvieh, das öfters am Wege dalag
und einen pestilentialischen Geruch verbreitete, machte diese
Stagefahrt doppelt entsetzlich.

Endlich hatten wir den Gebirgspaß überstiegen und
fuhren nun in so rasender Eile wieder bergab, daß es uns
in der Nähe der Abhänge, an deren Rande wir hinjagten,
grün und gelb vor Augen ward. Bei eintretender Dunkelheit erreichten wir Parley's Cañon, ein sieben englische
Meilen langes enges Felsthal, das letzte in der Reihe der
Cañons, welche den östlichen Zugang zum Becken des
großen Salzsees bilden. Die ganze Breite dieser Thalschlucht, deren Seitenwände höher, aber weniger pittoresk
als die in Echo Cañon sind, war von einem brausenden
Gebirgswasser, dem geschwollenen Parley's Creek, überschwemmt. In dunkler wolkenschwangerer Nacht fuhren

wir langsam und vorsichtig durch das finstere Felsthal, wo=
bei die Fluthen mehrere Male in das Wagenbett traten,
bis die Berge endlich hinter uns lagen und wir die Ebene
erreicht hatten. Hier wurden wir in eine mit sechs präch=
tigen Rennern bespannte Concord=Kutsche versetzt, denn auf
allen Stagelinien in Amerika gilt die Regel, immer mit
den besten Kutschen und den schönsten Gespannen in größere
Städte einzurücken. Mancher, der solch eine prächtige Post=
kutsche mit dem blank gestriegelten Sechsgespann im gestreckten
Galopp in eine Stadt jagen oder sie in gleichem Aufzuge
verlassen sieht, denkt: Welch ein köstliches Pläsir muß doch
so eine wilde Stagefahrt sein! — Versuche es nur, Freund!
nichts bereichert das Wissen mehr, als praktische Erfahrung.
Die Erlebnisse in den Rumpelwagen, Käfigen, Schmutzwagen
und halb zerbrochenen Schlitten, die quecksilberigen Postsack=
Sitze, die lucullischen Mahlzeiten und andere Ueberraschungen
auf der Ueberland=Stageroute gönne ich auch Dir, mein
Bester, — denn das Elend hat gerne Gesellschaft!

Bald war ich in einer bequemen Ecke der Stage ent=
schlummert und erwachte nicht eher, als bis das Rasseln der
Räder in den Straßen der ersehnten Mormonenstadt wieder=
hallte. Um die Mitternachtsstunde vom 7. auf den 8. Mai
hielten wir endlich, nach einer Stagefahrt von sechszehn
Tagen und Nächten, seit wir bei Salina auf die große
Steppe hinausfuhren, vor dem „Revere House" in Salt
Lake City. Wie ein seltsames Traumbild lagen die Aben=
teuer und Erlebnisse auf der tausend Meilen langen Stage=
fahrt durch die Steppen=, Gebirgs= und Salbeiwildnisse des
Continents hinter uns, und wir priesen unser Geschick, das
uns wohlbehalten in diesen gastlichen Hafen der „Heiligen
vom jüngsten Tage" einlaufen ließ.

C.

Im Lande der Mormonen.

---

1. Great Salt Lake City, das neue Jerusalem.

Die Morgensonne des 8. Mai 1867 schien klar und golden durch die Fenster meines Schlafgemachs in der Stadt der „Heiligen" und weckte mich nach kurzem aber erfrischendem Schlummer. Toilette hatte ich bald gemacht, und nachdem ich ein vorzügliches Frühstück genossen, nahm ich meinen Gemsenstock (den von mir unzertrennlichen Reisebegleiter aus der Schweiz) zur Hand und wanderte hinaus in die sonnenhellen Gassen des neuen Jerusalem.

Wahrlich, einen reizenden Platz bewohnten die Heiligen vom jüngsten Tage (latter day saints) hier am Ufer des großen Salzsees; in Wahrheit eine Oase in der endlosen Salbeiwüste! Schon mein erster Spaziergang durch die breiten und sauberen Straßen machte mich zu einem Bewunderer dieser Stadt. Grüne Baumreihen von Akazien und canadischen Pappeln wuchsen in abwechselnder Laubschattirung an den 20 Fuß breiten Gehwegen, rauschende Wasser flossen neben denselben hin, und die freundlichen Privatwohnungen waren von Blumen- und Obstgärten umgeben. Wohin das Auge sah, verbreiteten unzählige in

voller Blüthe stehende Pfirsichbäume einen röthlichen Glanz,
der von dem weißen und bunten Blüthenschmuck der vielen
Kirschen=, Aepfel=, Birn= und anderen Obstbäume ange=
nehm gemildert wurde. Ueber der Blumenstadt wölbte sich
ein azurblauer Himmel, der von den leuchtenden Schnee=
gipfeln der schöngeformten Wasatchkette gleichsam getragen
ward. Nach unserer entsetzlichen Steppen= und Wüsten=
reise schien mir diese idyllische Stadt ein Zauberparadies zu
sein! — Die meistens aus Adobes (in der Sonne ge=
trockneten Ziegeln) erbauten Häuser in der Stadt waren
fast ohne Ausnahme mit hellen Farben angemalt, die Gärten
mit hohen Steinwällen aus cementirten Feldsteinen umhegt,
über welche die in voller Blüthe stehenden Obstbäume empor=
ragten. An der 132 Fuß breiten Ost=Tempelstraße, der
Hauptstraße des Ortes, hatten die Gebäude ein städtisch
elegantes Aussehen.

Am nördlichen Ende der Ost=Tempelstraße gewahrte
ich linker Hand eine hohe Feldsteinmauer, worüber sich ein
gewaltiges dem Rücken einer riesigen Schildkröte ähnliches
Dach emporhob. Es war dies das weltberühmte Mormonen=
Tabernakel. Durch einen offenen Thorweg trat ich unge=
hindert auf den Bauplatz, um das fremdartige Gebäude
näher in Augenschein zu nehmen. Einer von den Arbeitern
am Tempel, ein Norweger, den ich im Expeditionshäuschen
am Thorweg traf, erbot sich, mein Cicerone zu sein, welches
freundliche Anerbieten ich mit Dank annahm.

Im Vordergrunde des weiten Hofraumes befand sich
das Fundament für den zukünftigen großen Mormonen=
tempel. Die mächtigen behauenen Granitblöcke, welche dort
in Menge am Boden lagen, gaben deutlichen Beweis, daß
es den Mormonen Ernst sei, hier das prächtige Gottes=
haus zu erbauen, von welchem ich im Expeditionsstübchen
den Plan eingesehen hatte. Nach diesem sollte der Tempel

(mit sechs Thürmen, jeder von 225 Fuß Höhe) ganz aus Granit aufgeführt werden und eine Länge von 186½ bei einer Breite von 99 Fuß erhalten. Der Stil war ein Gemisch von alter und neuer Bauart, worin der aus Königin Elisabeth's Zeit vorherrschte. Ob die Mormonen im Stande sein würden, ein solches Riesenwerk zu vollenden, schien mir jedoch sehr problematisch.* Hinter dem Embryo-Tempel lag das neue Tabernakel, welches bis auf die noch offene Vorderseite und die innere Ausschmückung fertig war. Dasselbe ist, mit Ausnahme von 46 aus rothem Sandstein erbauten quadratischen Pfeilern, welche, jeder von ihnen 16 Fuß hoch und 4 Fuß dick, das tief herabreichende und verandaartig vorspringende Dach tragen, ganz aus Holz aufgeführt. Das Tabernakel ist 250 Fuß lang, 150 Fuß breit und 80 Fuß hoch, mit zwei dasselbe 65 Fuß überragenden Fahnenstangen. Schön war das Gebäude, in welchem 12,000 Menschen Platz finden, entschieden nicht, und das seltsame Dach, dessen Prototyp meines Wissens noch kein Baustil in der Welt aufweist, hatte eine nichts weniger als classische Form. Indeß ist vermöge dieser Construction die Akustik im Gebäude eine ausgezeichnete, selbst ganz leise auf der Tribüne gesprochene Worte sind in dem weiten Raume überall hörbar. Die colossale Orgel darin hat 70,000 Dollars gekostet. Durch Vermittelung meines Cicerone ward mir vergönnt, das heilige Schildkrötendach zu besteigen, von dessen Höhe ich eine herrliche Aussicht auf die wie in einem Blumengarten unter mir ausgebreitete Stadt genoß. Am Tempel sowie am Tabernakel werden nur Mormonen als Arbeiter angestellt, welche ihren Lohn größtentheils in Naturalien

---

* Gegenwärtig (1874) ragen die Grundmauern des Tempels erst drei Fuß über dem Boden empor.

statt in Geld zugetheilt erhalten. Brigham Young, der ein ausgezeichneter Financier ist und stets ein wachsames Auge für seinen eigenen Nutzen hat, behält das baare Geld, welches, namentlich in England, in großen Summen zum Tempelbau gesammelt wird, und liefert den Zimmerleuten, Maurern, Steinhauern 2c. als Equivalent dafür gelbe Rüben, Kartoffeln, Mehl, Speck, Ziegen und Hühner, wovon er durch die „Zehnten"=Abgaben stets einen großen Vorrath auf Lager hat.

Neben dem neuen Tabernakel lag das alte, das sich wie eine große Scheune ausnahm und den Ansprüchen der an Zahl schnell wachsenden Mormonengemeinde schon lange nicht mehr genügte. Im Sommer wird der Gottesdienst unter dem sogenannten „Laubdach" (Bowery) abgehalten, einem mit Reihen von Holzbänken versehenen Platze, der mit einem hölzernen Gitterwerk überdacht ist, worauf grüne Büsche und Zweige ausgebreitet werden, um Schutz gegen die Sonne zu geben. Die „Bowery" sowie das alte Tabernakel haben beide Raum für 3000 Zuhörer. In der Nähe liegt das „Haus der Einweihung" (endowment house), in welchem die Priesterweihe und die Verheirathungen stattfinden.

Nächst dem Tabernakel ist des „Präsidenten" (wie Brigham Young gewöhnlich von den Mormonen genannt wird) Privatwohnung, für den Fremden das Sehenswertheste in Salt Lake City. Brigham Young's Residenz, der „Prophetenblock" genannt, liegt an der Ost=Tempelstraße (East Temple Street), dem Tabernakel schräge gegenüber, und umfaßt einen Bodenraum von etwa zwanzig Ackern, der mit einer zwölf Fuß hohen festungsartigen Mauer umgeben ist. Der Haupteingang ist vom Süden durch das „Adlerthor", das seinen Namen nach einem großen aus Stein gehauenen Adler führt, der darüber mit ausgebreiteten

Flügeln auf einem Bienenkorb (dem Wappen der Mor=
monen) steht. Der innere Raum in dem Steinwall=Viereck
ist mit Obst=, Wein= und Gemüsegärten besetzt. Ver=
schiedene Gebäude stehen am Wall und weiter zurück, z. B.
das „Zehntamt“ (tithing office) und der zweistöckige
„Deserét=Store“, in welchem sich eine Druckerei befindet.
Eine Reihe von Werkstätten für Handwerker — Schuh=
macher, Tischler, Grobschmiede ꝛc. — und andere kleine Ge=
bäude, worin des „Präsidenten“ Arbeiter wohnen, liegen
im inneren Hofraum zerstreut. Auch einige Viehhürden
befinden sich dort, wo die als Zehent von den Mormonen
gelieferten Rinder, Ziegen ꝛc. ein vorläufiges Unterkommen
finden, ehe Brigham sie „für die Kirche“ nach den Inseln
im großen Salzsee — die N. B. sein persönliches Eigen=
thum sind! — versetzt.

Eins der ansehnlichsten Gebäude im „Prophetenblock“
ist das nahe beim Adlerthor liegende Bienenstockhaus
(bee hive house), so benannt nach einer Menge von Bie=
nenstock=Modellen, die daran angebracht sind. Die Honig=
biene (nach dem Wörterbuche der Mormonen Deserét ge=
nannt) ist das Symbol der „Heiligen vom jüngsten Tage“,
und dies Gebäude wurde zu ihrer Verherrlichung errichtet.
Von den Mormonen wird Utah (sprich: Juhta) stets als
„Deserét“ (Das Land der Honigbiene) bezeichnet und der
„Staat Deserét“ ist ihr officiöses Kanaan. Bienen habe
ich im Territorium Utah jedoch kaum gesehen. Das Bie=
nenstockhaus ist ein zweistöckiges, aus Adobes aufgeführtes
und von Außen weiß cementirtes elegantes Gebäude, das
65,000 Dollars gekostet haben soll. Auf seinem Dache
befindet sich eine Sternwarte, in Form eines Bienen=
korbes. Früher wohnte Mary Ann Angell, die erste
Frau des Propheten, in jenem Gebäude. Dieselbe hat
aber später der holden Amelia Platz machen müssen,

welche jetzt als Königin im Bienenkorbe neben mehreren untergeordneten Frauen Brigham's residirt. Ferner finden im „Prophetenblock" das Schulhaus, worin die Spröß= linge des Propheten, etliche fünfzig *, erzogen werden, die Bibliothek und ein weiß angemaltes Gebäude, wie des Präsidenten Wohnung in Washington „das weiße Haus" genannt, besondere Erwähnung. In letzterem wohnt gegen= wärtig Madame Young Numero Eins, die erste recht= mäßige Frau des Propheten.

Das Wohnhaus des Propheten Brigham Young zieht unter allen Gebäuden im „Prophetenblock" die Aufmerk= samkeit des Fremden besonders auf sich. Dasselbe wird nach einem gewiß nicht von Thorwaldsen modellirten vor der Hausthüre liegenden steinernen Löwen das „Löwenhaus" genannt, ist aber besser unter dem Namen der Harem bekannt. Das „Löwenhaus" ist ein zweistöckiges, aus Holz aufgeführtes langes Gebäude, mit einem Souterrain dazu. An der Vorderseite zieht sich eine Reihe von Erkerfenstern hin, von denen die Fama behauptet, daß jedes die Wohnung einer Frau des Propheten bezeichne. Die Zahl der Frauen des Propheten vermag Niemand genau anzugeben, außer vielleicht er selber. Trotz meiner eifrigsten Erkundigungen nach den Familienverhältnissen Brigham's, konnte ich in Salt Lake City nicht Genaues über jenen interessanten statistischen Punkt erfahren. Die Angaben variirten zwischen 18 und 67 Frauen. Seit der Congreß der Vereinigten Staaten im Jahre 1862 ein Verbot gegen Vielweiberei in den Ter= ritorien erließ, halten die Mormonen die Zahl ihrer Frauen geheim. Obgleich die „große Jury" in Salt Lake City unter Eid von den in Diensten der Vereinigten Staaten stehenden Richtern aufgefordert wurde, Beweise von Viel=

---

* 1874 hatte sich die Zahl der Kinder auf angeblich 65 vermehrt.

weiberei in Utah festzustellen, ist dies bis jetzt nicht ge=
schehen. Niemand bestreitet, daß dieselbe hier in ausge=
dehntem Maße stattfindet, aber die Macht und der Einfluß
des Präsidenten Young sind in Utah derartig, daß die Be=
amten der Vereinigten Staaten dagegen fast gar nichts
auszurichten vermögen.

Das Innere des Harems blieb für mich leider terra
incognita, und ich mußte mich damit begnügen, die Wohnung
des Propheten von Außen zu betrachten und über das ele=
gante Innere derselben Muthmaßungen anzustellen. Mit=
unter bewegte sich leise eine von den weißen Gardinen an
der langen Giebelfensterreihe, wo vielleicht eine von den
vielen Madams Young den frechen „Gentile" (wie Alle
anderen Glaubens, einerlei ob Juden, Christen oder Heiden,
von den Mormonen genannt werden) durch den Faltenwurf
eines Vorhangs musterte, als er mit verdächtigen Schritten
um das Haus des Propheten schlich. Den Fremden wer=
den allerlei „Bären" über den Harem aufgebunden. Man
munkelt z. B. von geheimen Passagen, doppelten Wänden,
Schatzkammern und — dies halte ich entschieden für eine
Verläumdung! — von abgelegenen Zimmern im Gebäude,
wo widerspenstige Gemahlinnen mitunter von der Hand des
Propheten gezüchtigt würden. In enger Verbindung mit dem
Löwenhause steht Brigham Young's „Office", wo er Fremde
empfängt und die laufenden Tagesgeschäfte besorgt. Eine
Audienz ist bei ihm leicht zu erlangen, da er sich den Fremden
gegenüber durchaus nicht verschlossen zeigt. Leider lernte
ich aber den modernen Mohomet nicht persönlich kennen, da
derselbe zur Zeit meines Besuchs auf einer Rundreise im
Territorium begriffen war.

Das häusliche Leben der Familie Young ist, wie
mir aus zuverlässiger Quelle mitgetheilt wurde, durchaus
nicht der Art, wie man es in einem Harem vermuthen

möchte. Wenn Freunde des Präsidenten zu Besuch kommen,
so sind im Parlor selten andere Frauen als eine von den
drei Favoritinnen Emeline, Lucy und Clara sichtbar. Der
gesellschaftliche Ton ist ein durchaus gesitteter. Ist kein
Besuch da, so beschäftigen sich die Frauen mit allerlei häuslichen Arbeiten. Die Haushaltung ist der in einer Pen-
sionsanstalt für junge Mädchen ähnlich, mit dem Unterschiede, daß hier verheirathete Frauen die Stelle der jungen
Damen einnehmen. Jede Madame Young besitzt ihr ab-
gesondertes hübsches Zimmer oder eine Privatwohnung,
wo sie ganz ihre eigene Herrin ist. Zum Gebet oder bei
Tisch versammelt sich die ganze Familie, groß und klein.
Der Schlüsselbund und die Aufsicht über Küche und Keller
wechseln unter den Frauen von Zeit zu Zeit. Im Hause
giebt es Nähmaschinen, Spinnräder, Farbekästchen 2c. zur
beliebigen Benutzung für sämmtliche Frauen. Privatlehrer
für den Unterricht in Musik, Tanz und französischer Sprache
stehen im Dienst, und oft geht es recht lustig im Harem
zu, da Brigham nichts weniger als ein Philister ist. Ein
Liebhabertheater füllt manche müssige Stunde aus, und
diejenigen unter den Frauen, welche sich in den mimischen
Künsten besonders hervorthun, spielen mitunter Rollen im
Salt Lake City-Stadttheater. Sogar Dichterinnen giebt
es unter den Frauen im Harem, von denen sich Eliza
Snow als Verfasserin begeisterter Hymnen besonders ausgezeichnet hat. —

Die kurze Zeit, welche ich in Salt Lake City ver-
weilte, benutzte ich auf's Beste, um mich mit der Stadt
und ihren Umgebungen bekannt zu machen. Great Salt
Lake City (gewöhnlich Salt Lake City, und von den Mormonen Zion oder Neu-Jerusalem genannt) liegt zwölf englische Meilen westlich vom Wasatch-Gebirge und acht Meilen
südöstlich vom großen Salzsee, am rechten Ufer des Jordan-

flusses, welcher die Gewässer des Utah-See's, eines Süß-
wassersee's in den großen Salzsee ableitet. Im Sommer
verschwindet der Schnee, mit Ausnahme der höchsten
Gipfel, ganz von den Gebirgen; im Frühjahr dagegen
sind die blinkenden Zinnen der Wasatch- und Oquirrh-Ge-
birge, welche die Stadt jenseits einer grünen Ebene um-
gürten, von herrlicher Schönheit. Das Aeußere der Stadt
bleibt sich in allen Theilen derselben ziemlich gleich. Die
Straßen sind durchgängig breit, mit fließenden Wassern
neben den durch Reihen grüner Bäume beschatteten Gehwegen und die meisten Wohnungen sind von Obstgärten
umgeben. Die Einwohnerzahl von Salt Lake City wurde
zur Zeit meines Besuchs auf 15000 Seelen geschätzt.*
Die Zahl der in ihr lebenden Gentiles betrug, außer zwei
oder drei Compagnien Ver. St.-Militär, das in dem vier englische Meilen östlich von der Stadt liegenden Camp Douglas
garnisonirte, höchstens vierhundert Köpfe. Mormonen und
Gentiles lebten dazumal auf sehr gespanntem Fuße mit einander. Brigham hatte den Gläubigen „im Namen des
Herrn" verboten, ferner etwas von den „verb. Gentiles"
zu kaufen, und da diese meistens dem Handel oblagen, so
kam ein solches Verbot fast einer Ausweisung gleich. In
Folge dessen lagen Handel und Wandel in der Stadt der
„Heiligen" sehr danieder, und Gold, Silber und Papiergeld waren sehr knapp geworden. Unter der arbeitenden
Classe in Salt Lake City herrschte viel Armuth, wovon ein
Durchreisender kaum eine Ahnung haben konnte. Man er-

---

* Im Jahre 1870 betrug die Einwohnerzahl von Salt Lake
City nach dem Census der Vereinigten Staaten 18,337 — die des
Territoriums Utah 86,786 Seelen, welche Bevölkerungszahl jedoch
in letzter Zeit bedeutend gestiegen ist. Die Bevölkerung des Terri-
toriums Utah beträgt gegenwärtig (1874) gewiß über 100,000
Köpfe. —

zählte mir, daß bei vielen Familien wochenlang kein Fleisch auf den Tisch käme.*

Salt Lake City ist nicht nur das Handelsemporium von Utah, dessen besiedelter Theil sich, bei einer ungefähren Breite von fünfzig englischen Meilen von Ost nach West,

---

* Die Pacific-Eisenbahn sowie die Utah Centralbahn, an deren Bau sich Brigham Young als Contractor stark betheiligte, und namentlich die Entdeckung und Ausbeute zahlreicher ergiebiger Silberminen haben in den letzten Jahren eine radicale Umwälzung aller Eigenthumsverhältnisse hervorgerufen. Viele sonst arme Tagelöhner haben sich beim Bau der Eisenbahn ein kleines Vermögen erworben, und die Entdeckung der Silberminen veranlaßte eine Menge „Gentiles" einzuwandern, durch welche das Mormonenthum in seinen Grundfesten erschüttert worden ist. Aber durch die ungewissen Verhältnisse ist ein Rückschlag zum Schlechten in dem rasch emporblühenden Territorium nicht ausgeblieben. Die von Brigham Young im Mai 1867 (kurz nach meinem Besuche in Utah) in Salt Lake City gegründete „mormonische Handelsgenossenschaft" (Zion's Cooperative mercantile institution), mit Zweiggeschäften (Co-operative stores) in allen Ortschaften des Territoriums, wo alle Mormonen ihre Einkäufe machen mußten, und die direct gegen die Gentiles gerichtet waren, haben bereits eine sehr precäre Existenz. Das Centralgeschäft in Salt Lake City war im Frühjahr 1874 gezwungen, auf eine Verlängerung der Zahlungsfrist seiner Wechsel anzutragen, in Folge dessen die Genossenschaft völlig demoralisirt worden ist. Um das Maß des Unglücks voll zu machen, sind englische Capitalisten, welche durch Minenschwindel in Utah große Summen eingebüßt haben, nicht mehr dazu zu bewegen, in den sonst überaus reichen Utah-Silberminen zu investiren, was der Entwickelung des Landes großen Abbruch thut, und die Zeiten sind wieder einmal spottschlecht in Zion. Aber die Hülfsquellen Utah's haben sich, namentlich durch den Bergbau, in letzter Zeit so vortheilhaft entwickelt, daß ein Umschlag zum Bessern nur eine Frage der Zeit ist. Wäre die „Mormonenfrage" heute zufriedenstellend gelöst, so müßte Utah, welches als Agricultur- und als Minenland dem Einwanderer große Vortheile bietet, unbedingt schnell eins der blühendsten Länder in der Union werden.   D. B.

in einer Länge von siebenhundert englischen Meilen von
Idaho bis nach Arizona erstreckt, sondern auch von den
angrenzenden Districten der Minenländer Idaho, Montana,
Wyoming, Arizona und Nevada. Durch die von Brigham
Young auf großartige Weise eingerichtete künstliche Be=
wässerung ist der von den Mormonen bewohnte Landstrich,
obgleich ursprünglich nur eine traurige Salbeiwüste, die
Kornkammer aller jener Gegenden geworden. Trügt nicht
alle Berechnung, so wird Salt Lake City mit der Zeit die
bedeutendste Inlandstadt zwischen dem Missouri und der
Sierra Nevada. Als Culturland ist das Besitzthum der
Mormonen eine herrliche Oase inmitten jener großen nord=
amerikanischen Salbeiwildniß. Die vielen Gebirgszüge, von
denen der Schnee nur langsam fortschmilzt, haben den fleißigen
Mormonen treffliche Gelegenheit zum Irrigiren gegeben,
denn an fließenden Wassern fehlt es hier im ganzen Jahre
nicht. Ohne eine umfassende Bewässerung würde das Land
aber ganz werthlos sein. Wo diese nicht stattfindet, saugen
die trockenen Winde während der Sommermonate, in denen
fast nie ein Tropfen Regen fällt, alle Feuchtigkeit aus dem
lehmartigen Boden und zerstören den Pflanzenwuchs. Um
die Bergströme zum Irrigiren nutzbar zu machen, pflegt
man dieselben in ihrem oberen Laufe so zu sagen anzu=
zapfen und ihr Wasser in zahlreichen Kanälen durch die
Felder zu leiten. Da solche Unternehmungen jedoch für
den Einzelnen zu kostspielig sind, so werden sie in der Regel
von Compagnien oder von städtischen Corporationen aus=
geführt, und das Wasser wird gleichmäßig vertheilt. Salt Lake
City ist auf diese Weise mit Wasser versorgt worden, und
jeder Hausbesitzer kann seinen Garten nach Bedarf bewässern.
In der Regel genügt es, den Boden einmal in der Woche
gründlich zu befeuchten. Indem der Betreffende sein Areal
in sieben Theile eintheilt und täglich ein Stück davon be=

wässert, kann er sich die Mühe des Irrigirens bedeutend
erleichtern. — Deutsche giebt es verhältnißmäßig nur we=
nige in Zion, und eine deutsche Zeitung kam mir dort nicht
zu Gesicht. Ein Buchhändler, den ich wegen dieser in
Amerika bei einer so großen Stadt wie Salt Lake City
beispiellosen Erscheinung befragte, bemerkte, daß die hier
ansässigen Deutschen fromme Leute seien, die sich wenig mit
Zeitungslesen befaßten.

Um den ersten Tag meines Aufenthaltes im neuen
Jerusalem zu einem würdigen Abschluß zu bringen, beschloß
ich, am Abend in's Theater zu gehen, wo das Sensations=
drama „Die Braut von Lammermoor", mit Ballet und
Gesang, und ein Lustspiel zum Schlusse der Vorstellung ge=
geben werden sollte. Schon oft hatte ich von dem Mor=
monentheater Wunderbares reden hören, mit dem das neue
Berliner Opernhaus durchaus keinen Vergleich aushalten
könnte. Meine Erwartung stellte sich, wie der Amerikaner
poetisch sagen würde, „auf die Fußspitzen", als ich mich
in der Vorhalle des Theaters zwischen den Schaaren von
breitschultrigen Mormonenlords und ihren zahlreichen Ge=
mahlinnen nach der Kasse hindurch ellenbogete. Mir war
wiederholt gesagt worden, daß die Mormonen das Privile=
gium hätten, vom „Propheten", dem alleinigen Eigenthümer
des Musentempels, für Mehl, Runkelrüben und gelbe
Wurzeln als Zahlung Billette lösen zu dürfen, wohingegen
die Gentiles mit „Greenbacks" (Papiergeld) herausrücken
müßten. An der Kasse werden keine gelbe Wurzeln ange=
nommen, wie ich aus Erfahrung positiv sagen kann, da ich
besonders darauf Acht gab.

Ich hatte mir für anderthalb Greenbackdollars ein
Billet erworben und verfügte mich auf den ersten Rang.
Obgleich das Theater keinen Vergleich mit dem Berliner
Opernhause aushielt, so war es doch, ein bischen Schmutz

abgerechnet, ein ganz respectabler Musentempel. Zur Be=
leuchtung diente statt des Kronleuchters eine Reihe von Lam=
pen, die an den Balustraden ringsherum angebracht waren.
Die Ausstattung des Zuschauerraumes mit den ungepolsterten
Bänken war sehr einfach, als ob der Prophet dem repu=
blikanischen Geschmack seiner Nachfolger auch in Thalia's
Tempel hätte Rechnung tragen wollen. Das Haus war
von Besuchern angefüllt, deren gesittetes Betragen manchem
Theater=Publikum in den großen Städten des Ostens zum
Muster hätte dienen können. Das Parquet war für die
Mormonenzuschauer reservirt und die Gentiles fanden nur
auf den Rängen Zutritt. Die Privatlogen neben der Bühne
gehörten den angesehensten Mormonenpriestern und dem
Präsidenten, nebst ihren zahlreichen Familien. In einer
Loge gewahrte ich mehrere von Brigham's Frauen, deren
Gesichtszüge und Gestalt jedoch keineswegs bezaubernd waren
und mich davon überzeugten, daß der Prophet, wie ich öf=
ters gehört hatte, bei der Auswahl von Gemahlinnen für
seinen Harem wenig Geschmack gezeigt hat. Seine Neigung
schien mir mehr auf handfeste Körperformen als auf Geist
und Anmuth gerichtet zu sein. Uebrigens hatten alle Frauen,
die ich im Theater sah, stupide und ordinäre Gesichter; eine
nur halbwegs hübsche vermochte ich nicht unter ihnen zu ent=
decken. Eine von den Logen stand leer, da Brigham Young,
wie bereits erwähnt wurde, abwesend und verreist war.
Drei Bänke waren im Parquet für die kleinen Youngs
reservirt. Daneben saß im Mittelgang Mama Young
Numero Eins, die erste Frau des Präsidenten, in einem
Schaukelstuhl: eine stattliche Matrone, mit gutmüthigem
Gesicht. Männer und Frauen hatten im Parquet gesellig
neben einander Platz genommen; jedoch waren die Frauen
und Kinder, wie nicht anders zu erwarten stand, weit in
der Mehrzahl. Die Schauspieler, der Mehrzahl nach Mor=

9 *

monen, machten der mimischen Kunst Ehre, und einige der=
selben entwickelten mehr als gewöhnliches Darstellungstalent
auf den Brettern. Mein Nachbar erzählte mir, daß die
erste Liebhaberin zur „Familie des Präsidenten" gehöre.
Die Bühnendecorationen, welche von norwegischen und
schwedischen Künstlern gemalt werden, waren vorzüglich,
und die Kostüme ließen nichts zu wünschen übrig. Auf=
fallend war mir, daß ein Theil der Musici im Orchester
beim Spielen den Hut aufbehielt, eine demokratische Sitte,
die ich nicht billigen konnte. Sonst gehörte nicht viel Phan=
tasie dazu, sich von der großen Salzseestadt in ein Theater
an der Bowery in New=York oder in das alte Metropolitan=
theater in San Francisco versetzt zu wähnen. Ich ver=
brachte einen recht angenehmen Abend, und die neue Um=
gebung unter der „Elite der Heiligen" gab mir ergiebigen
Stoff zu interessanten Studien mit meinem Operngucker.

Den zweiten Tag meines Aufenthaltes im neuen Je=
rusalem benutzte ich theils zu eifrigen Erkundigungen über
den Mormonismus und das Institut der Polygamie, theils
machte ich Spaziergänge durch die Stadt und ihre idyllischen
Umgebungen. Gegen Abend besuchte ich die eine halbe
Stunde nördlich von der Stadt liegenden warmen Schwefel=
quellen, bei denen eine vortreffliche Badeanstalt eingerichtet
ist. Diese Mineralquellen haben eine Temperatur von +102
Grad Fahrenheit. Das Wasser wird, gehörig abgekühlt,
in ein überdachtes Schwimmbassin geleitet, um welches ein=
fache Badezimmer, mit Wannen darin, erbaut sind; für
die Bewohner von Salt Lake City und die bestaubten Ueber=
land=Reisenden eine köstliche Erquickung. Omnibusse fahren
den Tag über regelmäßig von der Stadt nach der Bade=
anstalt.

Nachdem ich ein erfrischendes Schwimmbad genommen,
machte ich mich daran, den Gipfel des in der Nähe liegen=

ben, sich 400 Fuß über der Stadt erhebenden „Fahnenpic's"
(ensign peak) noch vor Sonnenuntergang zu ersteigen,
um von dort die Aussicht auf Stadt und Umgebung zu
genießen. Die Rundschau von der Höhe dieses Berges
war herrlich. Wenn die Mormonen, welche von hier zum
ersten Mal den großen Salzsee und sein zu damaliger Zeit
wüstes Ufergelände sahen, den Blick so zu sagen in die
Vergangenheit zurückwerfen und das Jetzt mit dem Damals
vergleichen, wird man es begreiflich finden, daß sie sich für
das auserwählte Volk Gottes halten. Hat sich doch ihre
neue Heimath binnen weniger Jahre aus einer traurigen
Wüste in einen blühenden Garten verwandelt!

Mir zu Füßen lag Salt Lake City ausgebreitet, um=
kränzt von grünen Wiesen und Feldern. Die im hellrothen
Blüthenschmuck prangenden unzähligen Pfirsichbäume, zwischen
denen sich die weißen Häuser zu verstecken schienen, gaben
das Bild eines blühenden Rosenhains, mit Lusthäusern
darin, während die breiten Straßen, welche sich zwischen
den Bäumen in langen Linien rechtwinklig durchkreuzten,
wie saubere Kieswege aussahen. Wunderlich nahm sich das
die Stadt überragende Dach des Tabernakels aus. Mit
dem Rücken einer urweltlichen Schildkröte, wie schon gesagt,
möchte ich dasselbe vergleichen, oder mit dem unterst zu
oberst gekehrten Rumpfe eines Linienschiffs, oder, passender
noch, mit einer ungeheuren umgestülpten Fleischermulde, wie
sie vielleicht ein nordischer Schlachtergott gebraucht hat, um
darin ein Dutzend gebratene Auerochsen als Imbiß für
Thor und Freya nach Walhalla zu bringen. Rechts von
der Stadt schlängelte sich der Jordanfluß, der seine Ufer
stellenweise weit überschwemmt hatte, durch smaragdgrüne
Wiesen, im Nordwesten dehnte sich die blitzende Fläche des
großen Salzsees bis zum Horizonte aus. In seiner Fluth
spiegelten sich der 7200 Fuß hohe Pic auf der Antilopen=

insel und andere Schneeberge weit im Norden. Die Ge=
gend in Salt Lake City war eine weite Fläche. Grüne
Felder, die von einem Netzwerk schwimmender Kanäle durch=
schnitten waren, erstreckten sich links vom Gebirge bis an
den Jordan. Ein paar Meilen entfernt lagen dort die
weißen Zelte von „Camp Douglas" auf grünem Anger
und hielten Wacht über die heilige Stadt. Aber als das
Schönste im Panorama prangten die um diese Jahreszeit alle
mit Schnee bedeckten Gebirge, welche die fruchtbare Ebene
in weitem Bogen umspannten. Linker Hand waren es die
Wasatch=Berge, deren höchste Gipfel, die „Zwillingspics"
(twin peaks), 11,660 Fuß über dem Meere aufsteigen,
rechts die niedrigeren aber gleichfalls schneebedeckten Oquirrh=
Berge, deren nördliche Ausläufer sich an den schwimmenden
Spiegel des großen Salzsees lehnten. Die Wasatch=Kette,
welche sich 7000 bis 8000 Fuß über den Salzsee erhebt,
gab mit ihren gezackten Schneegipfeln, die sich in schönen
Formen mächtig in den blauen Aether emporthürmten, ein
wahrhaft schweizerisches Bild. Als der goldene Sonnenball
sich in die wie freudig erglühenden Wogen des großen Salz=
sees senkte und die Gebirge alle auf einmal wie lichterloh
brannten, däuchte es mir, die Natur wolle das Bild dieser
herrlichen Oase in der Wüste mir dem Fremdlinge, mit
brennenden Farben unauslöschlich in die Seele malen.

2. Brigham Young und die Mormonen.

Der Mormonismus ist einer von jenen Anachronismen der Civilisation der Neuzeit, welche eine auf offenbaren Betrug basirte kirchliche Macht in die Mitte eines aufgeklärten Volkes gepflanzt hat, dem die vollste Glaubensfreiheit für eins seiner heiligsten, unveräußerlichen Rechte gilt. Grundsatzlose, mit bedeutenden Talenten und großer Willensstärke ausgerüstete Männer machten eine von ihnen schlau erdachte, in ihren ersten Principien verwerfliche Religion zum Hebel einer geistlichen und weltlichen Macht über eine fanatische Menge, kleideten sich in das Gewand von Propheten und wunderthätigen Heiligen und gründeten einen Staat im Staate, dessen abnorme Institutionen gegen Recht und Sitte in einem christlichen Lande verstoßen, und über dessen ungehindertes Fortbestehen inmitten dieser thatkräftigen, freiesten Republik man erstaunen muß.

Gegen das Ende der zweiten Decade dieses Jahrhunderts trat in einem obscuren Dorfe in Ohio der Lehrer einer neuen Religionssecte mit Namen Joseph Smith auf, gewöhnlich der Prophet Joseph genannt. Nachdem derselbe während mehrerer Jahre die biederen Hinterwäldler mit allerlei sonderbaren Dogmen und Erzählungen von Engeln, die ihm erschienen seien, in Erstaunen gesetzt hatte, trat er im Jahre 1823 mit der absurden Behauptung hervor, daß er die auf Goldplatten eingeschriebenen Schriften der verloren gegangenen Stämme Israels, deren Nach-

kommen die nordamerikanischen Indianer seien, gefunden
habe. Der Engel Gabriel hätte ihm die Stelle gezeigt,
wo die Tafeln in einer steinernen uralten Kiste vergraben
gelegen, und ihm gleichzeitig ein paar Riesenbrillen zuge=
stellt, mit deren Hülfe er die Hieroglyphen darauf zu ent=
ziffern vermöchte. Von diesen Platten übersetzte er das
„Book of Mormon", die goldene Bibel der Mormonen,
welches zuerst im Jahre 1830 im Druck erschien und die
Geschichte und Gesetze der verloren gegangenen Stämme
Israels in langweiliger, von orthographischen und gramma=
tikalischen Fehlern wimmelnder Sprache enthält, und dessen
Kauderwälsch und fortwährende Widersprüche die Behauptung
einer göttlichen Inspiration geradezu lächerlich machen. Auf
dieses Schriftstück (von dem jetzt erwiesen ist, daß ein alter
ungedruckter Roman, den Joseph zufällig in die Hände be=
kam, den Hauptinhalt dazu geliefert hat) basirte Joseph Smith
die Lehre seines neuen Glaubens, oder vielmehr, wie er
sagte, des alten ursprünglichen, der im Laufe der Zeit den
Menschen verloren gegangen sei. Specielle Offenbarungen
dienten ihm zur Vervollständigung der alten Ueberlieferungen,
und so entstand nach und nach das Mormonendogma, wel=
ches an Sinnlosigkeit selbst die Lehren eines Mahomet über=
trifft. Anfangs wurden die Religionsübungen der „Heiligen
vom jüngsten Tage (latter day saints)", welchen Namen
sich die Mormonen beigelegt hatten, wenig beachtet. Als
aber der Prophet Joseph mit seinen zwölf Aposteln immer
kühner wurde und allerlei fremde, dem orthodoxen Christen=
glauben schnurstracks widersprechende Lehren öffentlich pre=
digte, wurden diese, obgleich von Vielweiberei damals bei
den Mormonen noch nicht die Rede war, den Ansiedlern
im höchsten Grade anstößig. In dem Städtchen Kirtland
in Ohio, wo das Hauptquartier der Mormonen war, rottete
sich das erbitterte Volk zusammen, theerte und federte die

„Heiligen" und jagte sie zum Lande hinaus. Dies war im Jahre 1836.

Die ausgetriebenen Mormonen suchten in Jackson County, im Staate Missouri, wo sie bereits früher eine kleine Kolonie gegründet hatten, ein Asyl, um dort, vor Verfolgungen sicher, ein neues Zion zu gründen. Der Boden jenes County's war ein außerordentlich fruchtbarer, eine unerschöpfliche Wasserkraft begünstigte die Anlage von Mühlen und Fabriken. Die Stadt Independence blühte durch die sich in Menge in ihr ansiedelnden Mormonen schnell empor und die Wildniß verwandelte sich in einen blühenden Agriculturdistrict. Einige Jahre lebten die Mormonen dort in Ruhe und ihr Wohlstand vermehrte sich rasch; aber der ihren Führern innewohnende prahlerische Geist ließ sie mit ihren Nachbarn wieder in Conflict gerathen, indem sie behaupteten, daß das ganze Land von Jehovah für sie bestimmt sei und die Ungläubigen mit Feuer und Schwert vertilgt werden müßten. Der fortwährenden Reibungen wurden die Hinterwäldler überdrüssig, und sie suchten sich ihrer unliebsamen Nachbarn auf eine summarische Weise zu entledigen. Die Apostel wurden getheert und gefedert, die Druckerei der Mormonen wurde niedergebrannt und gegen diese ein Guerillakrieg eröffnet, der mit ihrer Niederlage und Vertreibung endigte. Die Mormonen sammelten sich wieder in den angrenzenden Counties, wo bald die alte Wirthschaft von neuem losging. Zuletzt rief der Gouverneur von Missouri die Miliz unter Waffen (November 1838), confiscirte alles Eigenthum der Mormonen und befahl, sie mit Gewalt aus dem Staate zu treiben, was denn auch unter unerhörten Grausamkeiten geschah.

Die verjagten Mormonen fanden einen Zufluchtsort in Illinois, wo sie am Mississippi die Stadt Nauvoo (sprich: Nowuh) gründeten. Der Platz vergrößerte sich schnell, die Prärie verwandelte sich in blühende Aecker, und Handel und Wandel gediehen auf das Wunderbarste. Es schien, als ob Gottes Segen die Mormonen in allen ihren Unternehmungen begünstigte. Hier trat Brigham Young, der an Stelle eines abtrünnig gewordenen Apostels der alten zwölf erwählt war, zuerst vor die Oeffentlichkeit und machte sich bald durch seine eiserne Willenskraft und unermüdliche Thätigkeit bemerkbar. Er reis'te nach England und predigte dort den Mormonenglauben. In Liverpool gründete er die noch heute bestehende Zeitung „millennial star", welche die Grundsätze und Lehren des Mormonismus vertrat, und, in weiten Kreisen bekannt werdend, nicht wenig dazu beitrug, dem neuen Glauben eine Menge von Proselyten zu erwerben, die von Brigham als willkommene Verstärkungsmannschaft nach Nauvoo dirigirt wurden. Der Prophet Joseph hatte mittlerweile in Nauvoo den Bau eines Tempels begonnen, von dessen werdender Pracht die fabelhaftesten Beschreibungen in Amerika in Umlauf waren. Die waffenfähige Mannschaft der Mormonen ward unter dem Namen „Nauvoo Legion" militärisch organisirt, um auf einen voraussichtlichen Conflict mit den „Heiden" vorbereitet zu sein. Joseph Smith, dem der Kamm mit seinen Erfolgen gewaltig schwoll, hatte sogar die Frechheit, sich im Jahre 1844 als Candidat für die Präsidentenwürde in Washington anzubieten. In Nauvoo führte er im Geheimen die Vielehe unter den Mormonen ein, welche Neuerung jedoch den Gentiles nicht lange verborgen blieb. Wie zu erwarten stand, blieben ernstliche Reibungen mit der andersgläubigen Landbevölkerung nicht aus, der die Mormonen und ihre absonderlichen Religionsübungen und Lehren schon längst ein Dorn im Auge waren. Die Stadt Nauvoo wurde von Pöbelhaufen bedroht, denen Smith seine 4000 Mann starke „Legion" entgegenstellte.

Da bot der Gouverneur des Staates Illinois die Miliz auf, der Prophet Joseph ergab sich freiwillig und wurde nach dem Städtchen Carthage gebracht und dort in's Gefängniß geworfen. Eine Bande des über alle Maßen aufgeregten Volkes nahm das Gesetz in die eigene Hand, erbrach die Thüren des Kerkers und ermordete den Propheten (am 27. Juni 1844), der dadurch zum Märtyrer seines Volkes wurde.

Die Mormonen trennten sich jetzt in verschiedene Factionen. Sidney Rigdon, der erste Rathgeber des Propheten Joseph, nahm die Zügel der Regierung eigenmächtig in die Hand und erließ neue Gesetze und Verordnungen, welche den Zwiespalt nur vermehrten. Da erschien ganz unerwartet der Apostel Brigham Young, der eben von England zurückgekehrt war, unter den sich zankenden Mormonen, erklärte Rigdon für einen elenden Betrüger und seine Gesetze für Einflüsterungen des Teufels, stieß ihn mit allen seinen Anhängern aus der Kirche, verfluchte ihn und übergab ihn den Händen Satans auf tausend Jahre. Sich selbst ließ er von den Mormonen zum Präsidenten wählen.

Neuengland hat die Ehre, das Vaterland dieses zweiten Mahomet zu sein, der von seinen Nachfolgern „der Löwe des Herrn" genannt wird. Am 1. Juni 1801 erblickte Brigham Young das Licht dieser Welt in der Stadt Whitingham im Staate Vermont. In seiner Jugend war er ein eifriger Anhänger der Methodistenkirche. Er versuchte sich als Farmer, Anstreicher und Glaser; aber sein Ehrgeiz strebte nach einem höheren Wirkungskreise. Im Jahre 1832 schloß sich Brigham Young den Mormonen an, und jetzt hatte er ein passendes Feld für seine Thätigkeit gefunden. Rasch schwang er sich in der neuen Secte von Rangstufe zu Rangstufe empor, bis er bei dem allgemeinen Wirrwarr nach des Propheten Joseph Tode in

Nauvoo die Kirche der „Heiligen vom jüngsten Tage" vor gänzlicher Auflösung rettete und ihr zweiter Gründer ward. Während er seine eigene Macht befestigte und vergrößerte, sorgte er nach Kräften für seine ihm am nächsten stehenden Blutsverwandten, die er um sich versammelte und denen er die einträglichsten Ehrenposten gab. Seine Brüder waren ihm am eifrigsten ergeben, sein Vater wurde der „erste Patriarch der Kirche".

Sobald Brigham Young die Zügel der Regierung in Nauvoo ergriffen hatte, unterwarf er alle Widerspenstigen seinem eisernen Willen, schüchterte die Schwankenden ein, ermuthigte die Zaghaften und versprach seinen Getreuen das Himmelreich. Mit der nichtmormonischen Bevölkerung suchte er sich auf möglichst freundschaftlichen Fuß zu stellen und bot Alles auf, um derselben keinen neuen Anlaß zu thätiger Feindseligkeit zu geben. Bald blühte die Colonie Nauvoo auf's Neue empor. Aber der Führer der Mormonen sah ein, daß hier, berührt von dem vergiftenden Einflusse der „Ungläubigen" und inmitten der riesigen Culturentwickelung an einer großen Verkehrsader, wie der Mississippi, ein Bleiben seiner Anhänger nicht möglich sei. Schon im folgenden Jahre (1845) begannen die Verfolgungen gegen die Mormonen auf's Neue. Brigham beschloß nun, in einer entlegenen Gegend einen Mormonenstaat zu gründen, wo ein solcher, ehe die Wogen der neueren Civilisation ihn erreichten, sich zu selbstständiger Größe entfalten könnte. Sein Blick fiel auf die Gegend jenseits der Felsengebirge, welche Fremont eben erforscht und als einer hohen Cultur fähig erkannt hatte, auf ein Land, das damals nominell zur Republik Mexiko gehörte und, nur von Indianern bewohnt, so zu sagen ganz herrenlos war. Sobald dieser Entschluß unter den Nichtmormonen bekannt geworden war, gestatteten diese, froh, ihre unliebsamen Nachbarn aus dem Lande los

zu werden, denselben, alles Grundeigenthum in der Colonie
Nauvoo zu veräußern. Sofort machten sich nun auf Brigham's
Anordnung ein paar tausend Mormonen als Vorhut auf
den Weg, gingen (im Februar 1846) auf dem Eise über
den Mississippi und begaben sich nach der Mündung des
Platte in den Missouri, in welcher Gegend sie auf die
Hauptschaar ihrer Brüder warten und Vorbereitungen zur
Weiterreise treffen sollten. Die Illinoiser trauten jedoch
der Aufrichtigkeit der Mormonen nicht und fürchteten die
Zurückkunft der Weggezogenen. Als im Mai desselben
Jahres der Tempel in Nauvoo unter großen Feierlichkeiten
eingeweiht wurde, entbrannte ein neuer Verfolgungskrieg
gegen die Mormonen, der mit ihrer gänzlichen Vertreibung
aus Nauvoo (17. September 1846) endigte. Der Tempel
in Nauvoo wurde im Jahre 1848 von Brandstiftern in
Asche gelegt.

Unter Brigham Young's persönlicher Führung wanderten die Hauptschaaren der Mormonen, gegen 20,000
Köpfe stark, zunächst nach der Mündung des Platte, in die
Nähe von Council Bluffs, wo sie von den ihnen voran-
gegangenen Glaubensgenossen erwartet wurden. Als die
lange Wagencaravane mit der heimathlosen Menge von
Männern, Frauen und Kindern vorüberzog, tröstete Brigham
die Weinenden und entflammte durch farbenglühende Prophe-
zeihungen die Zaghaften zu neuer Hoffnung. Unter der
bei Council Bluffs bis zum Frühjahr verweilenden ver-
wahrlos'ten Menschenmenge waren die Leiden während des
langen strengen Winters herzzerreißend, und Viele ereilte
dort ein frühzeitiger Tod.

Der Zug vom Missouriflusse nach dem großen Salzsee fand unter unsäglichen Strapazen und Entbehrungen
statt. Hungertyphus, Cholera und tödtliche Fieber wütheten
entsetzlich unter der wandernden Menge. Aber Brigham

Young trieb sein Volk mit unermüdlicher Energie durch die
pfadlose Wildniß immer weiter nach Westen. Er selbst
eilte mit den besten Pferden, Rindern und Fuhrwerken
und einem Gefolge von 142 Mann voraus, Rationen,
Saatkorn, Haus= und Ackerbaugeräth mit sich nehmend.
Am 24. Juli 1847 erreichte er das Ufergelände am großen
Salzsee, wo er sofort einige Aecker mit Korn bestellte,
Blockhäuser zum Schutze gegen feindliche Indianer erbaute
und Vorkehrungen zum Empfange der großen Mormonen=
karavane traf. Im Herbste desselben Jahres langte etwa
die Hälfte der Zurückgebliebenen vom Missouri an, wodurch
die Zahl der Colonie auf etwa 4000 Köpfe anwuchs, denen
im nächsten Jahre der Rest folgte. Alle Uebrigen waren
den Strapazen und Krankheiten auf dem Exodus von Nauvoo
bis zum großen Salzsee erlegen. Zuerst waren die Neu=
ankömmlinge in Verzweiflung, als sie, anstatt ein Land zu
finden, wo Milch und Honig fleußt, eine trostlose Wüstenei
erblickten. Aber Brigham Young, auf dessen Schultern
der Mantel des Propheten Joseph gefallen war, benutzte
geschickt seine neue Macht. Er verkündete den Mormonen,
ihm sei ein Engel des Herrn erschienen, der ihm befohlen
habe, hier, an der Stätte des zukünftigen Königreiches
Gottes auf Erden, die Zelte aufzuschlagen. Trotzdem er
wegen Mangels an Lebensmitteln gezwungen war, die
Mormonen während drei Jahren, bis die Ernten zum
Unterhalte genügten, auf halbe Rationen zu setzen, fügte
sich doch die Mehrzahl von Jenen willig seinen weisen An=
ordnungen. Den Verzweifelnden flößte er neuen Muth ein,
drohte, strafte, prophezeite, und ging, wenn sonst nichts
mehr helfen wollte, mit Rath und That voran, — und
Salt Lake City und die blühenden Niederlassungen der
Mormonen am großen Salzsee sind das redende Zeugniß
der Erfolge von seiner rastlosen Energie.

Während des Exodus der „Heiligen" von Nauvoo
nach Utah brach der Krieg der Vereinigten Staaten gegen
Mexico aus und durchkreuzte die Pläne des ehrgeizigen
Mormonenpropheten. Aber Brigham Young verstand es,
die neuen politischen Constellationen zu seinem Nutzen aus=
zubeuten. Er rüstete ein Mormonenbataillon gegen die
Mexicaner aus und erhielt dafür bedeutende Summen von
der Regierung in Washington, wodurch es ihm möglich
wurde, sich Lebensmittel rc. für den Bedarf seiner nach Utah
wandernden Schaaren zu verschaffen. Ehe der Friede
zwischen Mexico und den Vereinigten Staaten abgeschlossen
ward, gründete Brigham Young den unabhängigen Staat
Deserét, zu dessen Gouverneur er sich selbst, und seinen
Freund Heber C. Kimball zum Vicegouverneur creirte.
Nachdem die Vereinigten Staaten die Oberhoheit über Utah
erlangt hatten, erwirkte sich Brigham Young (im 1850—51)
in Washington City den Posten eines Gouverneurs des
Territoriums Utah und den eines Superintendenten der In=
dianerangelegenheiten, führte dabei aber die Regierung von
Deserét ungenirt so nebenbei fort. Um die von Washington
nach Utah gesandten Civilbeamten kümmerte sich Brigham
blutwenig und setzte ihrer Amtsthätigkeit alle möglichen
Hindernisse entgegen. Offenbar hatte er sich den Posten
eines Gouverneurs der Vereinigten Staaten nur deswegen
verschafft, um der Centralregierung in Washington die Mög=
lichkeit zu nehmen, ihre Macht dort zu entfalten, ehe er die
seinige nach besten Kräften befestigen konnte.

Im Jahre 1853 wurden die Eigenmächtigkeiten des
Gouverneurs Brigham Young in Utah so arg, daß der
Congreß ihn allen Ernstes abzusetzen vorhatte. Als Jenem
dieses zu Ohren kam, erklärte er trotzig in einer Rede im
Tabernakel, daß er so lange Gouverneur von Utah bleiben
wollte, bis der liebe Gott sage: „Brigham, Du brauchst nicht

länger Gouverneur zu fein!" — Die Regierung in Washington konnte Niemanden finden, der der schwierigen Stellung eines Gouverneurs von Utah gewachsen war und diesen Posten annehmen wollte. Ihr blieb nichts übrig, als Brigham Young auf's Neue zum Gouverneur von Utah zu ernennen, welchen Posten er bis zum Jahre 1857 unbehindert bekleidete. Da ernannte sich zuletzt die Regierung in Washington, welche mit den von ihr nach Utah gesandten Bundesbeamten von Brigham immer verächtlicher behandelt wurde, ernannte A. Cummings zum Gouverneur von Utah und sandte eine Armee von 3000 Mann unter dem Befehl des Obersten A. S. Johnston * dorthin, um den neuen Gouverneur, nöthigenfalls mit Waffengewalt, einzusetzen und seinen Mandaten Achtung zu verschaffen.

Jetzt kam die interessante Episode des Mormonenkrieges. Pikante Actenstücke wurden von beiden streitenden Parteien erlassen. Brigham proklamirte sofort Kriegsgesetz, verspottete die Armee der Vereinigten Staaten und forderte sie großprahlerisch zum Kampfe heraus. In einer von seinen Proklamationen heißt es wörtlich: Unsere Feinde sagen, ihre Armee käme im Namen des Gesetzes. Ich, Brigham Young, verkünde hiermit der Welt, daß solch eine Behauptung so falsch ist wie die Hölle, und daß die ganze Bande schlimmer sei, als ein verrotteter Kürbiß. Kommt heran, ihr Tausende von Räubern und Halsabschneidern, ich verspreche Euch im Namen des Gottes Israel, daß Ihr wie Schnee in der Julisonne vor meinem Zorne verschwinden sollt. Die Präsidenten Polk und Zacharias Taylor braten bereits in der Hölle, und dem jetzigen Präsidenten der Vereinigten Staaten soll es nicht besser ergehen, so wahr ich Brigham Young heiße! — Die Mormonen

---

* Derselbe fiel als commandirender General der conföderirten Armee in der blutigen Schlacht bei Shiloh (Pittburg Landing) am 6. April 1862.

befestigten, wie bereits erwähnt wurde, Echo Cañon und
stießen gewaltig in die Kriegstrompete, jedoch nur in der
Absicht, um bei ihrer nicht zu vermeidenden Unterwerfung
möglichst günstige Bedingungen von den Vereinigten Staaten
zu erlangen. Die Heldenthaten der „Heiligen" beschränkten
sich auf das Stehlen von Pferden und ein gelegentliches
Plündern von unbeschützten Proviantzügen des feindlichen
Truppencommando's. Als Schluß der Kriegsfarce kam ein
Compromiß zu Stande, wonach die Militärmacht der Vereinigten Staaten nach Salt Lake City hinein und gleich
wieder heraus marschiren, Cummings aber als Gouverneur
von Utah dableiben sollte.

Die Truppen der Vereinigten Staaten bezogen ein
Lager in Camp Floyd, vierzig englische Meilen südlich
von Salt Lake City. Als auf Anordnung des Kriegs-
departements Utah wieder geräumt ward, wurden die in
Camp Floyd angehäuften Vorräthe und Transportfuhren
aller Art öffentlich versteigert und von den Mormonen zu
Spottpreisen erworben. Hierdurch legten viele von diesen
den Grund zu ihrem nachherigen Wohlstande. Wagen von
der besten Bauart, mit vollem Geschirr und mit je sechs
prächtigen Maulthieren bespannt, erhandelte Brigham, der
selbstverständlich der Hauptkäufer war, zu fünfzig Dollars
die Fuhr — complet. Speck und Schinken kaufte er zu
Tausenden von Centnern für einen Cent das Pfund, alle
anderen Vorräthe ebenso. Als die Bundesarmee von Utah
abzog, wurden ein paar Compagnien in dem schon genannten
Camp Douglas zurückgelassen, eine Corporalswache über
das neue Jerusalem, welche Brigham gänzlich ignorirte.
Sobald sich die Occupationsarmee wieder aus Utah entfernt hatte, begannen Brigham's Uebergriffe von Neuem,
und der von den Vereinigten Staaten eingesetzte Gouverneur war und blieb eine vollständige Null. Diesen betitelte

Brigham Young als „Gouverneur von den Salbeibüschen"
(governor of the sage brush), während er sich selbst
„Gouverneur von Utah" nannte.

Wer den Mandaten des Propheten widersprach, den
verfolgte dieser mit unerbittlicher Strenge. Einzelne Indi=
viduen, die sich ihm besonders verhaßt gemacht hatten, ver=
schwanden auf seltsame Weise meistens während einer „Reise
auf's Land", welche Unfälle Brigham allemal den In=
bianern zuschob. Die Daniten oder Racheengel, welche
nach dem Volksglauben die Henkersrolle bei solchen „Un=
fällen" spielten, sollen auch bei dem Blutbade von
Mountain Meadow (10. September 1857) die Hand im
Spiele gehabt haben, wobei einhundertfünfzig Emi=
granten, unter denen sich eine Anzahl von abtrünnigen
Mormonen befand, von verkleideten Indianern ermordet
wurden. In diese Zeit fällt auch der sogenannte Morri=
sitenkrieg. Ein neuer Prophet, mit Namen Joseph
Morris, trat unter den Mormonen in Utah auf und hatte
bald gegen 500 Proselyten gemacht. Brigham Young, dem
die neue Gemeinde besonders verhaßt war, benutzte ihre
Weigerung, in der Miliz zu dienen, als Vorwand zur Ver=
folgung. Eine Anzahl Morrisiten, worunter ihr Führer,
wurde getödtet oder ins Gefängniß geworfen, der Rest ver=
jagt. Ein schlimmerer Widersacher erstand Brigham in
Joseph Smith, dem Sohne des ermordeten Propheten
Joseph Smith, der in Nauvoo den ursprünglichen Glauben
wieder aufrichtete, Jenen für einen falschen Propheten
erklärte und alle Neuerungen, worunter die Polygamie,
verwarf. Die Josephiten sind bereits sehr zahlreich öst=
lich vom Mississippi, und auch in Utah hat Joseph der
jüngere, trotzdem Brigham Young ihn für einen Schwind=
ler und seine Lehren für Einflüsterungen des Teufels er=
klärt, viele Anhänger gefunden.

Brigham Young benutzte seine Stellung als weltliches und kirchliches Oberhaupt der Mormonen, um seinen Einfluß auf dieselben überall geltend zu machen. Als unumschränkter Führer einer Gemeinde von vielen Zehntausenden von arbeitsamen und genügsamen Menschen, die seinen Mandaten unbedingt gehorchten, hat er die Wildniß in Wahrheit in einen Garten umzuwandeln gewußt. Nur durch das cooperative System und eine umfassende Irrigation des sonst ganz unproductiven Landes ist dieses möglich gewesen. Die bedeutenden Mittel, welche dazu erforderlich waren, verschaffte sich Brigham hauptsächlich durch den Zehnten (tithing), die Haupteinnahme der Kirche. Jeder Mormone ist danach verpflichtet, den zehnten Theil seines Einkommens an die Kirche abzuliefern, oder den entsprechenden Werth davon durch gemeinnützige Arbeit abzuverdienen. Neuankömmlinge müssen außerdem ein Zehntel ihres Vermögens hergeben — Vieh, Fuhrwerke, Ackergeräth, Möbeln, Betten, Kochgeschirr, Kleider ꝛc. Zugleich werden sie bei ihrem Seelenheil ermahnt, mit dem zehnten Theil ihres Baarvermögens herauszurücken. Wer den Zehnten nicht prompt bezahlt, der wird aus der Kirche ausgestoßen und verliert den Segen des Propheten. Zum größten Theil wird der Zehnte in landwirthschaftlichen Producten, in Mehl, Getreide, Obst, Butter, Käse, Hornvieh, Pferden, Schafen, Hühnern, ꝛc. entrichtet, und manche arme Mormonenfamilie knappt sich das tägliche Brod vom Munde ab, um nicht des himmlischen Segens verlustig zu werden. Ganz mittellose Familien dagegen, welche nach Utah einwandern, brauchen im ersten Jahre den Zehnten nicht zu entrichten. Im ersten Winter werden sie aus der Kirchencasse unterhalten, man ist ihnen beim Bau der Farmgebäude und beim Einrichten der Wirthschaft behülflich, sie bekommen Lebensmittel, Pferde, Ochsen, Wagen, Saatkorn ꝛc. umsonst, und im Frühjahr bebauen sie ihr

Land, und können, wenn sie fleißig sind, bald zu Wohlstand gelangen. Solche Familien sind natürlich die getreuesten Anhänger der Kirche der Heiligen vom jüngsten Tage.

Brigham Young, der ein ausgezeichneter Financier ist, versteht es, alle Lieferungen des Zehnten vortheilhaft zu verwenden. Die zahlreichen Arbeiter, welche von ihm theils für Privatzwecke, theils am Tempel, Tabernakel und anderen öffentlichen Bauten angestellt sind, erhalten ihren Lohn meistens in Producten, und zwar zu hohen Preisen, ausgezahlt. Die übrig bleibenden Vorräthe werden entweder in Waarenlagern für Baar verkauft oder nach den angrenzenden Minenländern gesandt und dort an die Goldwäscher für Goldstaub verhandelt. Den Speck und die Schinken, welche Brigham in Camp Floyd für einen Cent das Pfund kaufte, berechnete er seinen Arbeitern zu einem viertel Dollar das Pfund. Für den Bau des Salt Lake City-Stadttheaters hat er auf diese Weise 200,000 Dollars ausgegeben. Seine Residenz, sein Harem und die Gebäude im „Prophetenblock" seine zahlreichen Farmen und Gebäulichkeiten aller Art, Baumwollenfabriken, Säge- und Mehlmühlen, 2c., die im Territorium zerstreut liegen, kosten ihm einen wahren Spottpreis. Von England aus bekam er 100,000 Dollars in Gold zum Bau des Tempels zugeschickt, welche Summe er einfach behielt und dafür den Arbeitern Speck und Mehl vergütete. Welche enormen Summen der speculative Prophet auf diese Weise bereits eingesäckelt hat, davon kann man sich einen Begriff machen, wenn ich sage, daß der Zehnte von der europäischen Mission allein ihm mindestens eine halbe Million Dollars eintrug. Da von jeher alle Controlle über den Zehnten gefehlt hat, so konnte Brigham damit schalten und thun, wie er Lust hatte. Im Zehntamt sind eine Menge von „Clerks" angestellt, die wenig oder gar nichts zu thun haben, mit Jahresgehalten von tausend

Dollars und mehr, und die so zu sagen des Präsidenten Leibgarde bilden. Ihre Mußezeit widmen diese interessanten Jünglinge dem Dienst der Musen, indem sie im Salt Lake City-Stadttheater spielen, was Brigham, der auf diese Weise die meisten Schauspieler umsonst hat, wieder manchen „ehrlichen Pfennig" einträgt.

Die Finanzspeculationen des Propheten beschränken sich jedoch keineswegs auf die Verwaltung des Zehnten. Mit irdischen Gütern besonders reich gesegnete Brüder schickt derselbe, oft auf mehrere Jahre, nach auswärtigen Missionen, verwaltet in ihrer Abwesenheit deren Vermögen, oder kauft ihnen ihr Hab und Gut zu niedrigem Preise ab. Wen der Prophet zu einem solchen Ehrenposten auserwählt hat, der muß sich sofort auf die Wanderung begeben, oder er wird aus der Gemeinschaft der „Heiligen" ausgestoßen. Zugleich giebt dies eine treffliche Gelegenheit, um solche Mitglieder der Gemeinde, welche einen besonders rastlosen Geist zeigen, in die Fremde zu schicken, wo sie für ihre Eitelkeit und ihren Fanatismus ein weites Feld finden und dabei Brigham daheim nicht unangenehm werden können.

Bei der Besitzergreifung von Utah vertheilte Brigham Young die einträglichsten Domänen, Wasserprivilegien, Fähren, Holzungen, Wiesengründe ꝛc. unter die Führer der „Heiligen", er selbst aber nahm den Löwenantheil. Außerdem ließ er sich von der Legislatur des „Staates Deserét" ansehnliche Landschenkungen machen, so daß so ziemlich all das beste Land in Utah ihm und seiner Familie gehört. Aus der Bundescasse in Washington City bezog er viel Baargeld zur Errichtung von Staatsgebäuden, welche er nach oben genanntem Plane für Productenlieferungen erbauen ließ. In Salt Lake City hat er sich mit den größten Handelsfirmen associirt, er ist Director einer Bank, hat das Monopol einer Branntweinbrennerei und ist Eigenthümer

des Stadttheaters. In den Landdistricten besitzt er viele
Sägemühlen, Farmen, Meiereien ꝛc. Eine Telegraphen=
leitung, die alle bedeutenderen Niederlassungen in Utah ver=
bindet, gehört ihm allein, und neuerdings machte er einen
Contract mit der Unionpacific=Eisenbahngesellschaft, wodurch
er sich verpflichtet hat, 200 englische Meilen jener Bahn zu
bauen. Mit einem Wort, wo etwas zu verdienen ist, da
ist Brigham Young dabei und spielt in jedem Falle die erste
Rolle. Sein Vermögen, wovon er in Baar große Summen
in östlichen Banken und in der Bank von England angelegt
haben soll, schätzt man auf mindestens zehn Millionen
Dollars Gold.

Wundern muß man sich, wie es möglich gewesen ist,
daß Brigham Young einen solchen Einfluß über die Mor=
monen erlangen konnte, daß sie seinen Mandaten blind=
lings Folge leisten. Aber er hat seine Heerde ausschließlich
unter den niedersten Volksklassen in Europa ausgesucht, mit
denen er, da die ganze Mormonenreligion auf Aberglauben
basirt ist, so ziemlich thun kann, was er will. Nur die
Führer der Mormonen, welche natürlich ganz im Interesse
des Propheten handeln, können einigermaßen auf Bildung
Anspruch machen, und unter ihnen findet man in der That
geriebene Leute, meistens Yankees vom reinsten Wasser,
die auch in den großen Städten des Ostens nicht zu den
verlorenen Schafen zählen möchten. Man braucht nur die
Gesichter der Mormonen anzusehen, denen man in den
Straßen von Salt Lake City begegnet, um ihre Herkunft
errathen zu können. Die Hälfte von ihnen stammen von
den britischen Inseln, wo sie augenscheinlich auf der nie=
drigsten gesellschaftlichen Stufe gestanden haben, und Schwe=
den, Dänen und Norweger sind besonders stark unter ihnen
vertreten. Deutsche giebt es gottlob nur wenige unter den
„Heiligen". Polen, Franzosen, Finnen, Isländer, Polynesier,

Oſtindier ꝛc. ſind jede Nation mit einigen Exemplaren ver=
treten. Auch die Juden haben einen Delegaten in der poly=
gamiſchen Geſellſchaft. Brigham behauptet, es gebe fünfzig
Nationalitäten unter den Mormonen in Utah.

Auf claſſiſche Bildung macht Brigham Young keinen
Anſpruch; aber ſeine Redeweiſe hat etwas Urkräftiges, das
Einen die grammatikaliſchen Ungeheuerlichkeiten, denen er
ſich öfters ſchuldig macht, vergeſſen läßt. Sein Auditorium
weiß er durch Ausfälle gegen die Gentiles und durch in=
tereſſante Anekdoten zu feſſeln. Die Wunder, welche Gott
an ihm offenbart, bezweifelt von den Gläubigen Niemand.
Im Tabernakel erzählte er einmal, daß er achthundert
Meilen weit mit nur dreizehn und einem halben Dollar
„Greenbacks“ im Koffer gereiſt ſei. Aber das Geld hätte
für alle Ausgaben genügt, denn jeden Morgen hätte die=
ſelbe Summe (genau dreizehn und einen halben Dollar
„Greenbacks“) wieder im Koffer gelegen — „from the
Lord!“ — Daß der liebe Gott ſich neuerdings mit Papier=
ſcheinen ſtatt mit grob Courant befaßt, iſt jedenfalls in=
tereſſant! — Ein anderes Mal erzählte Brigham, er habe
einer armen Frau fünf Dollars aus ſeiner linken Weſten=
taſche als Almoſen gegeben. Am nächſten Tage hätten zehn
Dollars in derſelben linken Weſtentaſche geſteckt, ſo wahr
er Brigham heiße! gleichfalls — „from the Lord!“ —
Während der Predigt inſtruirt er nicht ſelten die Gemeinde
in der Landwirthſchaft — wie man pflügen und ſäen ſolle,
auf welche Weiſe der Boden am vortheilhafteſten bewäſſert
werde, wann Bäume umgepflanzt, gepfropft und beſchnitten
werden ſollten, wie man am beſtem Hämmel ſcheere, Käſe
und Butter mache, Fleiſch einſalze, Schinken und Würſte
räuchere, Kapaunen verſchneide, Schweine mäſte, die Racen
der Pferde und des Hornviehs veredele ꝛc. Politiſche Tages=
fragen werden breit erörtert. Soll eine öffentliche Wahl

stattfinden, so spricht Brigham, nachdem er zuerst gesagt, daß Jeder frei stimmen könne, wie er wolle, im Tabernakel seine Meinung aus, für wen er stimmen werde, — welchen „Wink mit der Scheunenthüre" die gehorsame Gemeinde natürlich versteht und wie ein Mann gerade so stimmt, wie der Präsident.

Gegen Fremde ist Brigham Young zuvorkommend und gastfrei, wie es alle Mormonen sind, und Jeder, der ihn besucht, wird von ihm eingenommen. Von den Mormonen wird er förmlich vergöttert. Mit einem Wort, der Prophet ist zum Herrscher wie geboren. Die geordneten Zustände in Utah geben hierfür einen schlagenden Beweis. Es ist eine unbestreitbare Thatsache, daß die Mormonen arbeitsamer und ordentlicher sind und den Gesetzen (d. h. ihren eigenen) unbedingter gehorchen, als irgend eine andere Classe von Einwohnern auf diesem Continente. Diebstahl, Trunkenheit, unmoralischer Lebenswandel, Schlägereien und Straßenunfug gehören in Salt Lake City und in den kleineren Ortschaften zu den großen Seltenheiten. Brigham Young bestraft Ruhestörer jedweder Art mit eiserner Strenge. Als Landwirth sucht er in der Welt seines Gleichen, und seinen weisen Anordnungen allein verdankt Utah seinen gegenwärtigen Wohlstand. Ganz Utah ist so zu sagen eine große Plantage und Brigham Young ist der Pflanzer, dem Jedermann unbedingt Folge leistet. Ob das Reich der Mormonen in Utah mit Brigham's Tode zerfallen und welchen Einfluß die Pacificbahn auf den Bestand desselben haben wird, läßt sich nicht vorherbestimmen. Es hat den Anschein, daß Brigham seine Schöpfung mit starker Hand, so lange er lebt, zusammenhalten, aber nach ihm die Mormonenkirche und ihre weltliche Macht in Utah in den Wogen der Civilisation, die über sie hereinbrechen müssen, Schiffbruch leiden wird. In der Culturgeschichte der Vereinigten Staaten von Nordamerika wird Brigham

Young's Name ehrenhaft fortleben; denn durch seine rast=
lose Energie und die Pflanzung der Mormonen im großen
Salzsee=Becken wurden die Wildnisse im Innern dieses Con=
tinentes der Civilisation erschlossen und damit der Grund
zu künftigen blühenden Staaten gelegt. Ein Mann wie
Brigham Young, der, ganz auf seine eigene Kraft ange=
wiesen, inmitten einer ungeheuren Wüstenei ein blühendes
Gemeindewesen schaffen konnte, gehört gewiß zu den be=
deutendsten Erscheinungen dieses Jahrhunderts! —

Noch einige Bemerkungen über die complicirte Re=
ligion der Mormonen und ihre besondere Institution in
Utah, die Polygamie.

Nach dem Mormonenglauben existiren viele Götter von
verschiedener Vervollkommnung, und zwar beiderlei Geschlechts,
die auf den zahllosen Sternen im Weltall zerstreut wohnen.
Für uns Menschen hat aber nur ein Gott Bedeutung,
Gott der Vater, welcher die Menschen und die Erde ge=
schaffen hat. Von ihm werden unsere Seelen im Himmel
gezeugt und dann in menschliche Körper auf die Erde ver=
pflanzt. Gott der Vater hat die Gestalt eines Mannes,
mit menschlichen Leidenschaften, und ist aus geistiger Materie
gebildet, die sich von der körperlichen nur durch ihre Fein=
heit unterscheidet. Gott ist allmächtig, aber nicht persönlich
allgegenwärtig, in welcher letzten Eigenschaft er vom heili=
gen Geiste ersetzt wird. Jesus Christus war der natürliche
Sohn von Gott dem Vater und besaß den Geist Gottes
in einem menschlichen Körper. Von Gott dem Vater unter=
scheidet er sich nur dadurch, daß er der jüngere von beiden
ist. Gott der Vater führt als der ältere das Präsidium
im Weltall. Der Heilige Geist ist ein das ganze Weltall
durchdringendes electrisches Fluidum, durch ihn finden alle
Wunder und Offenbarungen statt. Durch Händeauflegen eines
dazu autorisirten Priesters kann der Heilige Geist jedem

Menschen mitgetheilt werden, der alsdann Wunder zu thun vermag, z. B. prophezeihen, in fremden Sprachen reden, Kranke heilen 2c. Der Urgott, der Stammvater aller anderen Götter, residirt auf dem Sterne Kolob, im Centrum des Weltalls. Dieser Stern dreht sich in tausend Erdjahren ein Mal um seine Achse, und eine Umdrehung des Kolob ist so viel wie ein Tag für den Allmächtigen.

Es giebt drei Himmel, einen telestischen Himmel, einen irdischen Himmel und einen himmlischen Himmel. Die zwei letztgenannten werden von den Seelen der Abgeschiedenen nach Rangclassen bewohnt, während der telestische Himmel den Göttern, Engeln 2c. zugewiesen ist. Der telestische Himmel wird durch die Sterne dargestellt, der irdische Himmel durch den Mond, der himmlische Himmel durch die Sonne. Der himmlische Himmel ist gegenwärtig für die verstorbenen Mormonen reservirt, wird aber nach der Wiederkunft Christi auf die durch ihn verfeinerte und verklärte Erde verlegt werden. Christus wird Jerusalem wieder aufrichten, und Zion wird in Jackson County in Missouri gebaut werden. Die Hölle ist nur für solche bestimmt, welche gegen den Heiligen Geist gesündigt haben, d. h. die von der wahren Kirche, der sie beigetreten waren, wieder abgefallen sind, sowie für einige Erzsünder, worunter sich mehrere Präsidenten der Vereinigten Staaten, welche die Mormonen verfolgt haben, befinden. Gott der Vater hat den alten wahren Glauben, der verloren gegangen war, dem Propheten Joseph Smith wieder offenbart. Alle, die Joseph als Propheten anerkennen und von Jemanden getauft worden sind, den er oder seine Nachfolger dazu autorisirt haben, sind die Heiligen vom jüngsten Tage und werden mit Christus tausend Jahre lang auf Erden regieren.

Die inneren Angelegenheiten der Kirche werden durch den Präsidenten, dem zwei Rathgeber zur Seite stehen, durch die Collegien der zwölf Apostel, der Siebziger, der Hohenpriester, der Patriarchen und der Aeltesten, einen Hohen Rath und die Aaronische Priesterschaft verwaltet * Der Gottesdienst der Mormonen besteht aus Gebet, worin sich Bitte um Segen für ihren Präsidenten und Verwünschungen gegen ihre Feinde vereinigen, aus dem Singen von weinerlichen Hymnen, die ein Abklatsch aus methodistischen Gesangbüchern sind, sowie aus Vorträgen über politische und nationalöconomische Fragen.

Mit der Lehre von der Polygamie, welche der Prophet Joseph bereits in Nauvoo insgeheim einführte, trat Brigham Young am 29. August 1852 in Salt Lake City zum ersten Male öffentlich hervor. Niemand, der bereits im Besitz einer Frau ist, darf nach jener Lehre eine zweite nehmen, ohne erst den Präsidenten der Kirche deshalb um Erlaubniß gefragt zu haben, der seinerseits mit Gott dem Vater über das Annehmbare des Vorschlags Rücksprache halten wird. Auch muß der Applicant die Zustimmung der Eltern seiner Braut, der seiner ersten Frau und der Auserwählten selbst haben. Verweigert die erste Frau ihre Zustimmung, so kann der polygamische Candidat an den Präsidenten appelliren, und ist jene nicht im Stande, triftige Gründe anzugeben, weshalb ihrem Gemahl der Trost einer

---

* Wer sich für das Mormonenthum und die Geschichte der Heiligen vom jüngsten Tage besonders interessirt, dem kann ich Robert von Schlagintweit's neuestes Buch (Die Mormonen oder die Heiligen vom jüngsten Tage, von ihrer Entstehung bis auf die Gegenwart. Cöln und Leipzig, 1874, bei Eduard Heinrich Mayer) besonders empfehlen. Der gelehrte Verfasser hat in jenem Werke eine ausführliche Schilderung der Mormonen, ihrer Geschichte ihres Glaubens 2c., nach den neuesten Quellen gegeben, eine Arbeit, die sich durch populäre Schreibart und objective Darstellung gleichmäßig auszeichnet.   Th. Kf.

zweiten Frau verfagt werden folle, fo wird ihm dennoch geftattet, diefe heimzuführen. Frauen werden entweder für das Zeitliche oder für die Ewigfeit oder für beide Fälle, oft verfchiedenen Männern zugleich „angefiegelt". Bei einer folchen Ehe gehört die Frau dem einen Gemahl für diefe Zeit, während fie nebft ihren Kindern einem Anderen für die Ewigfeit anheimfällt. Brigham hat vier folcher Frauen, welche nach ihrem Tode mit der Nachfommenfchaft dem Propheten Smith überliefert werden follen, während Jener fich mit zeitlicher Eheftandsfreude begnügt. Ob Smith im Himmel feine Zuftimmung zu dem Frauen= und Kinder= handel geben wird, möchte wohl zweifelhaft fein! — Brigham find eine Menge Frauen, die aber nicht im Harem aufge= nommen find, für die Ewigfeit angefiegelt, — meiftens alte Jungfern, die fich im Himmel für die gezwungene Ent= fagung auf Erden zu entfchädigen gedenfen.

Unter den Mormonen ift fogar das Heirathen von Halbgefchwiftern erlaubt, und ein befonders Frommer darf Mutter und Tochter zugleich an den Altar führen. Mancher Heiliger heirathet für Zeit und Ewigfeit gleich „die ganze Familie", damit Mutter und Töchter bis an's Ende der Tage zufammen leben fönnen. Die verfchiedenen Verwandt= fchaftsgrade, welche durch folche Ehen entftehen, find oft recht originell. Ein Mormone fann z. B. leicht fein eigener Großvater oder fein eigner Sohn werden, und die ange= nommenen Bezeichnungen von Mutter, Schwefter und Tochter find unter den Mormonenfrauen durchaus nicht ftichhaltend. Es ift oft fchwerer, bei den Heiligen einen Verwandtfchafts= grad zu beftimmen, als einen verwickelten Rebus zu löfen. Brigham hat durch feine vielen Frauen und Stellvertretungs= frauen und feine mit Frauen gefegneten Brüder und Vettern fo viele Familienbande in Salt Lafe City gefnüpft, daß er mit der halben Stadt verwandt ift. Uebrigens haben feines=

wegs alle Mormonen in Utah mehrere Frauen; nicht ein=
mal der vierte Theil von ihnen treibt, namentlich wegen
des Kostenpunktes, practisch Polygamie, und zwar sind es
nur die Führer der Kirche, welche einen förmlichen Harem
besitzen. In wohlgeordneten Mormonenfamilien, wo mehrere
Frauen einem Manne angesiegelt sind, führt allemal die
erste Frau das Präsidium im Hause, d. h. wenn die ganze
Familie beisammen wohnt. Aber dies ist durchaus nicht
immer der Fall. Ein Mormone heirathet z. B. vier
Frauen. Mit einer lebt er zu Hause; die anderen drei
führen eine Haushaltung für sich in einer besonderen Woh=
nung in der Stadt oder auf dem Lande, verdienen Geld
mit Waschen, Nähen, Handarbeit u. d. m. Gelegentlich be=
sucht der polygamische Gemahl seine weiblichen Kolonisten,
cassirt die Ersparnisse derselben ein und läßt sich von ihnen
bewirthen; ein Schlaraffenleben, welches den Neid manches
unbeweibten Gentiles erregt!

Brigham vertheidigt die Polygamie von verschiedenen
Standpuncten — biblischen, staatlichen und gesellschaftlichen.
Ueber die gleichmäßige Vertheilung der Geschlechter, als ei=
nen Hauptgrund gegen die Vielehe, kommt er leicht hinweg.
Tausende von Männern leben, wie er sagt, freiwillig im
Cölibat, während es unter einer Million Frauen kaum
eine einzige giebt, die nicht gern einen Mann nehmen würde,
könnte sie nur einen bekommen.

Seit im Congreß der Vereinigten Staaten viele Stim=
men gegen die Vielweiberei laut geworden sind und bereits
mehrere Male Gesetzvorschläge gemacht wurden, dieselbe mit
Gewalt in Utah zu unterdrücken, sind die Mormonen sehr
schweigsam über ihre „specielle Institution" geworden. Zu
wünschen wäre, daß Brigham in nicht allzuferner Zukunft
als Prophet den Heiligen vom jüngsten Tage verkündete:
der liebe Gott habe sich die Polygamie überlegt und als

nicht zeitgemäß wieder abgeschafft! — Daß dies gegen alle
Begriffe von Sittlichkeit und Heiligkeit der Ehe in einem
christlichen Lande verstoßende Institut auf die Dauer, wenn
Utah durch die Pacificbahn in enge Berührung mit den
übrigen Landestheilen der Union gekommen ist, nicht fort=
bestehen kann, muß auch ihm klar sein. Wollen sich die
Mormonen im Glauben von ihren Führern noch ferner
humbuggen lassen, so geht das im Grunde genommen Nie=
manden etwas an; aber mit den Civilgesetzen der Vereinigten
Staaten dürfen sie nicht in Conflict gerathen, und es darf
nicht dieselbe Handlung in einem Theile der Union
erlaubt sein, die in allen anderen Theilen der=
selben für ein Verbrechen gilt.*

---

* Mit der Vielweiberei in Utah steht es gegenwärtig (1874)
in Utah nicht besser als im Jahre 1867 und die Heiligen sind so
obstinat gegen die Regierung der Vereinigten Staaten wie je. Ob=
gleich Brigham Young bereits im April 1873 sein Amt als Ver=
walter der Kirche niedergelegt und sich auch von der co=operativen
Handelsgenossenschaft und von anderen Aemtern zurückgezogen hat,
ist sein Einfluß auf die innere Leitung aller das Mormonenthum
betreffenden Angelegenheiten doch derselbe geblieben. Dadurch, daß
den Frauen (seit dem 12. Februar 1870) Stimmrecht in Utah er=
theilt wurde, haben sich die Mormonen ihre Majorität den Gentiles
gegenüber zu erhalten gewußt. Allerdings fehlt es nicht an Zwistig=
keiten unter den Heiligen, aber die Kirchenpartei hat die Liberalen in den
letzten Wahlen dennoch zu schlagen gewußt. Der gegenwärtige Gou=
verneur von Utah G. L. Woods (ein alter Bekannter von mir
aus Oregon) hat seine liebe Noth mit den Heiligen, die ihm „die
Hölle heiß machen." Mit dem in Camp Douglas garnisonirenden
Militärcommando der Vereinigten Staaten sind Reibereien an der
Tagesordnung, die Polizei in der großen Salzseestadt arretirt die
dorthin kommenden Soldaten unter den nichtigsten Vorwänden. Der
in Camp Douglas commandirende Officier hat sich bereits an den
Präsidenten Grant um Hülfe gewendet, da er, nach seinen eigenen

D.

Von der Mormonenstadt am Salzsee nach dem Goldlande Idaho.

---

1. Nordwärts zum Schlangenfluß.

Der 10. Mai 1867 fand mich auf's Neue auf der Reise, diesmal direct nach Norden, dem Goldlande Idaho zukutschirend, dem Ziele meiner 1500 Meilen langen Stage=

Worten, „machtlos sei, die Gesetze zur Geltung zu bringen". Der in Utah tagende Gerichtshof der Vereinigten Staaten ist in eben so schlimmer Lage wie die Militärmacht, und der Richter, welcher es unmöglich fand, einen gegen Brigham gefällten Urtheilsspruch aus= zuführen, sagte (im Februar 1874): „ich muß das demüthigende Geständniß machen, daß ich hier vollständig machtlos bin. Jeder= mann in Utah weiß, daß Brigham Young über dem Gesetze steht ꝛc." — Daß solche Zustände in Utah auf die Dauer unmöglich sind, muß jedem Unbefangenen einleuchten. Wie sich das Mormo= nen=Problem lösen wird, ob durch Waffengewalt von Außen, ob durch inneren Zersetzungsproceß in der Kirche der Heiligen, läßt sich allerdings schwer voraussagen. Lange wird Brigham Young, der bereits 73 Jahre zählt, wohl nicht mehr leben, und es scheint fast, daß sich die Regierung der Vereinigten Staaten scheut, bei seinen Lebzeiten die Initiative zu ergreifen. Daß aber nach des Propheten Tode Utah schlimme Tage bevorstehen, dieses vorauszusagen, dazu bedarf es wahrlich keines Propheten! Der Verfasser.

fahrt. Noch 500 englische Meilen und ich sollte mein „El=
dorado" erreichen. Da ich bereits so an 600 Stunden zu=
rückgelegt, seit ich die Stadt Solomon in Kansas verlassen,
so kam mir dieses letzte Hauptdrittheil meiner Ueberland=
reise übrigens gar nicht mehr so lang vor. Die Stage=
kutsche schien mir nur ein Palankin auf Rädern zu sein,
allerdings mitunter etwas unbequem, namentlich wenn sie,
wie zwischen Denver und Salt Lake City, bald ein Schmutz=
wagen, bald ein Käfig oder ein Rumpelwagen mit Postsack=
kissen war, und die Passagiere meilenweit durch tiefen Schmutz
und halbgeschmolzenen Schnee nebenher spazieren mußten.
Aber daran gewöhnt man sich bald und ich kann nicht läugnen,
daß ich das vielseitige Fuhrwerk, Stage genannt, wirklich
lieb gewonnen. Das Wetter am heutigen Morgen war
wunderschön; eine lustige Gesellschaft von Goldgräbern aus
Montana hatte ich zu Reisegefährten, und als ich bei dem
Kutscher auf dem hohen Bock einer eleganten Concord=Stage
Platz nahm und unser muthiges Sechsgespann von herr=
lichen Braunen, blank gestriegelt als ob sie soeben aus einem
königlichen Marstall kämen, durch die idyllischen Straßen
von Salt Lake City sprengte, da ward mir wieder einmal
so recht kannibalisch reisewohl.

Die breite Ost=Tempelstraße ging es rasselnd entlang,
die um die achte Morgenstunde bereits von Fußgängern
und Fuhrwerken lebendig war; linker Hand blickte das riesige
Schildkrötendach des Tabernakels zum letzten Male auf mich
herab und rechts hinüber warf ich einen Scheidegruß nach
Brigham's idyllischem Harem. Die blühenden Pfirsichbäume
nickten im hellrothen Frühlingsschmuck über die hohen Stein=
wälle vom Prophenblock, und die Wasser sprudelten neckisch
und klar unter dem Schatten grüner Acacien und canadischer
Pappeln an den breiten Gehwegen dahin, der Himmel
schaute so blau, die Gebirge leuchteten so silbern und die

Menschen grüßten so freundlich, als ob Alles, Natur und Menschen, ihr Sonntagskleid angezogen, um mir ein fröhliches „Good bye!" von der Stadt der Heiligen nachzurufen.

Bald hatten wir die „warmen Bäder" erreicht; am Fuße des Fahnenpics rollten wir hin, von dessen Gipfel ich am letzten Abend eine so herrliche Rundschau genossen, und nicht lange währte es, so lag die heilige Stadt in dem schimmernden Blüthengarten weit hinter uns. Drei und eine halbe englische Meilen von Salt Lake City passirten wir eine zweite heiße Schwefelquelle, in der man Eier in fünf Minuten hart kochen kann. Die Quelle sprudelte aus einem Felsen hervor und bildete ein kleines Bassin, in dem das krystallhelle Wasser auf smaragdgrünem Moosgrunde sich seltsam ausnahm. Wir kamen jetzt durch ansehnliche Mormonenniederlassungen. Rechts hoben sich die Berge nahe am Wege empor, links lagen grüne Felder und Wiesen, von Hunderten von Bewässerungsgräben durchschnitten, und erstreckten sich bis zum schimmernden Spiegel des großen Salzsees. Schmucke Wohnungen und Farmgebäude lagen in Parks von Obstbäumen versteckt, die alle in voller Blüthe standen. Auf den fernen Inseln im Salzsee ragten steile Bergkuppen empor, hier und da noch mit Schnee bedeckt.

Der Kutscher, mit dem ich bald intim wurde, war ein Texaner, ein wettergebräunter, verwogen aussehender Gesell, der aus demselben Orte herkam, wo ich mehrere Jahre lang vor dem amerikanischen Bürgerkriege gewohnt. Ich hatte die Ehre, daß er sich meiner Wenigkeit wohlwollend erinnerte. Er behauptete sogar, einmal in meinem Store ein Paar Stiefeln gekauft zu haben, die aber spottschlecht und sehr theuer gewesen seien, was ich jedoch entschieden in Abrede stellte, da mein Schuhzeug in Texas stets großes Renommée gehabt. Während des Krieges hatte er in den conföderirten Heerschaaren unter General Price in Missouri und Arkansas gedient. Seinen Reden nach hielt ich ihn stark in Verdacht, daß er sich dort als „Jay= hawker" (Buschklepper) unter dem berüchtigten Guerilla Quantrell für die „verlorene Sache" nützlich gemacht. Nach dem Zusammenbruche der „Confederacy" war er nach Utah ausgewandert. Er vertraute mir an, daß er sich in eine von des „Präsidenten" Frauen mit Namen Mary sterblich verliebt hätte und nächstens eine Offenbarung vom lieben Gott erwarte, die ihm gestatten werde, Mary gewaltsam zu entführen und mit sich nach Texas zu nehmen. Freund Brigham sollte den unmoralischen Gesellen aufs Korn neh= men, der ihm den Hausfrieden stören wollte, und seine re= volutionären Ideen vom rebellischen Süden sogar bis nach den friedlichen Pfirsichhainen von Deseret zu tragen sich erkühnte.

Wir fuhren am großen Salzsee hin und kamen durch ansehnliche Städtchen, Centreville, Farmington und andere, in denen die Mormonen uns freundlich grüßten. Wo man hinsah, zeigten sich die Früchte ihres Fleißes — freundliche Wohnungen, ansehnliche Farmgebäude und Stallungen, mächtige Heu= und Kornschober, schmuckes Vieh, herrliche Obstgärten und wohlbebaute Felder, die von zahlreichen Irrigationscanälen durchschnitten waren. Je mehr ich von der Industrie der Mormonen sah, um so mehr mußte ich erstaunen über die Macht und den Willen eines Mannes, dem ein ganzes Volk freiwillig unbedingt gehorchte und, seinen weisen Anordnungen folgend, eine Salbeiwildniß in wenigen Jahren in solch ein Paradies verwandelt hatte. Die Landschaft behielt ihr malerisches Gewand. Der bläu= lich=grüne Salzsee mit den blendend weißen Ufern, woran sich hellgrüne Wiesen lehnten, in der Ferne hohe Gebirgs= züge, welche sich durch Hintereinanderschieben der Winkel

allmählich veränderten, hier in grünen gewölbten Kuppen
hoch aufsteigend, dort, die Gipfel oft schneebedeckt, jäh ab=
fallend, gaben herrliche Bilder. Die im bunten Frühlings=
schmucke prangenden Obstgärten, die freundlichen Einzel=
wohnungen und Dörfer und ein süßlicher Duft, der über
der Landschaft lag, entzückten das Auge. Unangenehm
waren nur die vielen riesigen sogenannten „Bergmuskitos"
und die Millionen von Gnats (eine Art kleiner bissiger
Mücken), welche unsere Pferde schrecklich plagten. Die
Bergmusquitos schienen mir Vettern der Musquitos im
Mississippidelta zu sein, welche bekanntlich durch einen fran=
zösischen Patentlederstiefel mit Leichtigkeit hindurchbeißen,
und die Gnats ließen es sich angelegen sein, Recognoscirun=
gen in meine Nasenlöcher zu machen.

Mit den Bewohnern der Stationen und der auf un=
serer Route liegenden Dörfer knüpften wir bei jeder passen=
den oder unpassenden Gelegenheit interessante Gespräche über
den Mormonenglauben an, und meine lustigen Reisegefährten
ließen es an pikanten Fragen und Bemerkungen nicht fehlen,
welche jedoch von den Landleuten meistens gutmüthig be=
lächelt wurden. Grüße an die verschiedenen Mormonen=
frauen, an Madame Nummer 5 oder an Madame Nummer
17 wurden den stattlichsten Mormonen angelegentlichst auf=
getragen. Nur selten sah uns ein Mormone bei unseren
inquisitorischen Fragen finster an, und jedem solchen wurde
beim Weiterfahren der bei uns stereotyp gewordene Gruß
zugerufen: „Du da, mein Freund, sollte ich Dich nicht
wiedersehen, wie geht es Dir denn, alter Junge?" — Den
Buben schenkten wir Pfeffernüsse, wovon wir einen uner=
schöpflichen Vorrath in Salt Lake City eingelegt und oft
hatten wir einen zahlreichen Trupp von der lieben Jugend
halbstundenlang hinter der Kutsche breinlaufen, die wir mit
Pfefferkuchen fütterten.

Neben der Landstraße liefen zwei Telegraphendräthe an Pfosten hin, der eine davon nach der Stadt Helena in Montana, der andere der Utah-Telegraph, das Privat= eigenthum von Brigham Young. An einer Stelle lief Brigham's Drath quer über die Landstraße und so niedrig, daß er das Kutschendach fast berührte. Rechtzeitig rief mir der Fuhrmann zu: „Bück' Dich! — schnell!" — und riß mich vom Sitz herunter. Aber der Drath, den ich bei der schnellen Fahrt nicht gesehen, hatte mir doch den Hut mit fortgenommen. Hätte mein Texaner Freund mich nicht so summarisch beim Kragen gepackt, so wäre mir das Weiterreisen durch Brigham's Drath wahrscheinlicher Weise erspart worden.

Etwas nach Mittag kamen wir, 40 englische Meilen von Salt Lake City, an den reißenden und geschwollenen Weber, einen alten Bekannten von mir von Echo Cañon her, den wir auf einer langen Holzbrücke überschritten. Jen= seits desselben, in einer reichen Umgegend lag am Fuße der Wasatch-Gebirge die gegen 3000 Einwohner zählende schmucke Stadt Ogden, wo wir eine halbe Stunde Mittagsrast hielten. Die Mahlzeiten, sowohl hier wie überall in Utah, waren ausgezeichnet. Daß wir verwahrlosten Ueberland= reisenden, die wir an solchen lucullischen Aufwand wenig gewöhnt waren, beim Anblick der sauber gedeckten Tafel, mit den köstlichen Gerichten beladen, fast vor Begeisterung außer uns geriethen, war erklärlich.

Bald waren wir mit neuem Vorspann wieder auf der Reise. Ueber den reißenden Ogdenfluß ging es und öfters passirten wir muntere Bergströme, die von den Wasatch= Gebirgen dem großen Salzsee zueilten, deren klare Fluth überall von den fleißigen Mormonen zur Irrigation benutzt wurde. Am Rande einer heißen Quelle, an der wir nahe vorbeikamen, hatte sich eine blendend weiße Salzkruste ge=

lagert. Dann fuhren wir zwischen grünem Weidelande hin,
wo zahlreiche schmucke Rinderheerden gras'ten. Die Landstraße
war und blieb vortrefflich. Nur die brückenlosen Irrigations=
canäle, welche dieselbe kreuzte, waren beim schnellen Hin=
durchfahren unangenehm, und mitunter machte die Stage=
kutsche an solchen Stellen einen Satz, der mich veranlaßte,
mich energisch am Bock festzuklammern. In der Kutsche
amüsirten sich die Montana=Goldgräber mit Kartenspiel, und
ein lustiger Rundgesang erschallte ab und zu. Der Kutscher
behauptete, wir seien die fidelste Reisegesellschaft, welche er
je die Ehre gehabt von der Stadt der Heiligen nach den
Goldminen zu befördern.

Der Abend war herrlich. Rechts thürmten sich die
Gebirge wieder näher und näher empor, und der Salzsee,
von dem wir uns eine Zeitlang entfernt hatten, lag jetzt nahe
uns zur Linken. Saubere Steinwälle, mit denen die Felder
eingehegt waren, grüne Wiesen, hellrothe Pfirsichhaine und
freundliche Wohnungen und Dörfer, der blaue Salzsee mit
den weißen Ufern und den violetten hier und da mit Schnee
gekrönten Bergkuppen auf seinen Inseln gaben reizende Land=
schaftsbilder. Als die Nacht hereinbrach, passirten wir das
Städtchen Brigham City, nach dem County, worin es
liegt, gewöhnlich „Box Elder" genannt, einen blühenden
Platz von etwa 2000 Einwohnern. Die Luft ward jetzt
plötzlich unangenehm kalt und ein fröstelnder Nachtwind ver=
leidete mir den Sitz auf dem Kutscherbock. Selbst Freundin
Luna, die das Gebirge mit ihrem schönsten Silberschleier
bedeckte und mit wallenden Nebelgestalten am Salzsee spielte,
konnte mir nichts mehr recht machen und ich war froh,
als wir eine Stunde vor Mitternacht die Station „Bear
River", 85 englische Meilen von Salt Lake City, er=
reichten, wo wir bis zum Morgen in einem guten Quartier
verweilten.

In der Station Bear River, welche ihren Namen
nach dem in der Nähe vorbeiströmenden Bärenflusse er=
halten, herrschte ein arges Speculationsfieber, in Folge eines
Gerüchtes, daß von hier aus eine Eisenbahn nach der Stadt
Helena in Montana und eine andere nach dem Columbia
nächstens gebaut würde, obgleich genannte Eisenbahncom=
pagnien noch nicht einmal auf dem Papier existirten. Die
Bewohner dünkten sich alle angehende Millionäre in der zu=
künftigen „Bärenstadt" und hofften bevor lange, fabelhafte
Summen für Grundstücke beim bevorstehenden Bau ihrer
Weltstadt in spe einzukassiren.* Die zukünftige Bärenstadt
ist der natürlichste Ausweg des reichen Cache=Thales, das
in nordöstlicher Richtung von diesem Punkte liegt. Logan,
die Hauptstadt des genannten Thales, zählt 7000 Einwohner,
und ein Dutzend mehr Städte von je 1000 bis 2000 Ein=
wohnern befinden sich in dem an 40 englische Meilen langen
Thale, worin überall Mormonen sich angesiedelt haben. Logan
liegt nur 25 englische Meilen von der Bärenflußstation.
Das Cache=Thal erhielt seinen Namen von dem Umstande,
daß Fremont bei seiner ersten Expedition über den Con=
tinent hier einen Vorrath von Lebensmitteln vergrub. Bei
der Bärenflußstation sagte ich am nächsten Morgen den Mor=
monen und ihren schmucken Niederlassungen Lebewohl. Eine
Salbei=Wildniß von über 300 englischen Meilen Breite lag
vor mir, die sich nach Norden vom großen Salzsee bis zum
Boiseflusse erstreckt. Auch von meinen lustigen Reisegefährten,
den Montana=Goldgräbern, mußte ich hier Abschied nehmen.
Diese kutschirten in nordnordöstlicher Richtung weiter nach
den an 500 englische Meilen entfernten Goldminen im

---

* Zwei Meilen westlich von der alten Stagestation „Bear River"
liegt an der Centralpacific=Eisenbahn die Stadt Corinna, welche
jetzt als zukünftiger Ausgangspunkt einer nach der Stadt Portland
am Columbiaflusse zu erbauenden Eisenbahn gilt.

Territorium Montana, während ich in einem andern Wagen in nordnordwestlicher Richtung dem Goldlande Idaho entgegeneilte. Der Telegraph, welcher mich von Denver bis hierher treu begleitet, verließ mich gleichfalls und gab dem Goldlande Montana und den bedeutenden Minenstädten Helena und Virginia den Vorzug vor Idaho, welches „Eldorado" er bis jetzt noch unverantwortlicher Weise vernachläffigt hatte. Ich befand mich als alleiniger Passagier auf der Idaho=Stage und hatte außer dem Kutscher nur einen Zahlmeifter von Wells, Fargo und Comp., einen umgänglichen und gebildeten Mann, und deffen Sohn zu Reisegefährten. Alle vier — der Kutscher mitgerechnet — waren wir wohlbewaffnet, da sich die Indianer in Idaho neuerdings wieder recht angelegentlich damit beschäftigt, Reisende zu scalpiren.

Sobald wir den Bärenfluß hinter uns hatten, steuerten wir hinaus in eine ungaftliche nur mit Sage=Gestrüpp und hier und da mit verkrüppelten Bergcedern (hier juniper genannt) bewachsene kahle und einförmige Berglandschaft. Ab und zu gewahrte ich noch die hohen Schneekuppen auf den Inseln im großen Salzsee, aber bald waren um und um nur öde Berge zu sehen. Im Sommer sollen die Musquitos hier so zahlreich sein, daß die Schimmel der Stage= Gespanne oft buchstäblich schwarz von ihnen sind. Das Trinkwasser in den Stage=Stationen hatte einen seltsam pikanten Beigeschmack; mitunter führten wir kleine Wasserfäffer in der Kutsche mit uns, um die Stationen, wo das Trinkwasser absolut ungenießbar war — brak, bitter und lauwarm —, mit dem unentbehrlichen Elemente aus reinen Quellen zu versorgen.

Außer den Stationsgebäuden sah ich den ganzen Tag über gar keine Wohnungen. Ab und zu begegneten uns Indianer, die in Gala waren, mit roth bemalten Gesichtern,

Hahnenfedern im Haar in zerlumpten Kleidern. Unsere
Nähe schien den Herren der Wildniß nichts weniger als an=
genehm zu sein. Sie vermieden uns absichtlich und ritten,
sobald sie die Stage=Kutsche gewahr wurden, auf ihren Po=
nies jedesmal in einem großen Bogen um uns herum. Ein=
zelne Sage= und Präriehühner, die schüchtern durch das Salbei=
Gestrüpp raschelten, und gelegentlich eine Möve vom Salzsee,
die weit von ihrem gewohnten Cours abgekommen sein mußte,
waren von lebenden Thieren Alles, was ich zu Gesicht be=
kam. Nachmittags kamen wir an einer Station vorbei, die
Tags zuvor nebst den darin gewesenen Pferden durch die
Unvorsichtigkeit eines der Stationswächter in Feuer aufge=
gangen war. Die halbverbrannten Gerippe von vier Pfer=
den und die schwarz verkohlten, theilweise noch rauchenden
Balken machten in der öden, menschenleeren Gegend einen
traurigen Eindruck. Von einer Höhe in der Nähe dieser
Station hatte ich den letzten Rückblick auf den blanken Spie=
gel des großen Salzsees. Gegen Abend überschritten wir,
50 englische Meilen vom Bärenflusse, die Grenze des Terri=
toriums Idaho. Rechter Hand schimmerten am Horizonte die
Schneeberge jenseits des Schlangenflusses und auf entfernten
Höhenzügen gewahrte ich hier und da dunkelgrüne Wal=
dungen, welche der Landschaft das Monotone der Bergwüste
nahmen, das sie den ganzen Tag über gezeigt.

Ohne Aufenthalt fuhren wir die Nacht über weiter, die
bitter kalt war. Mit nur drei Mann vermochten wir trotz
unserer Wollendecken uns in der Kutsche nicht warm zu hal=
ten. Um drei Uhr in der Nacht erreichten wir die Station
„City of rocks" (die Felsenstadt), wo wir bis nach dem
Frühstück verweilen sollten. Diese Station zeigte sich, ihrem
Namen wenig entsprechend, als die erbärmlichste Hütte, welche
mir je zum Nachtquartier gedient hat. Der Wind pfiff durch
die vielen fingerbreiten Spalten zwischen den Baumstämmen

hindurch, welche, lose aufeinander gelegt, die Wände des
Hotels bildeten, daß es Einem beim bloßen Zuhören schon
fror; ein paar Dutzend Backsteine in einer Ecke der Gast=
stube, mit einem Bretterverschlag davor genagelt, um das
Zusammenstürzen der Mauersteine zu verhindern, und ein Loch
durch das Schindeldach als Ausgang für den Rauch bildeten
den Kamin, in dem ein Feuer aus trockenem Sage=Gestrüpp
hoch emporloderte. Die Bretter am Kamin waren schwarz
angebrannt und theilweise verkohlt und der Kamin hatte das
Ansehen, als ob er das „Hotel zur Felsenstadt‟ jeden Augen=
blick in Brand setzen könnte. Trotz der wilden Umgebung,
zu der in der Hütte das Möblement trefflich paßte, machte
ich es möglich, in meine Wolldecke gehüllt, anderthalb Stun=
den Schlaf auf dem nackten Lehmstrich zu erhaschen. Meh=
rere Male, wenn ich erwachte, und die Flammen, höher im
Kamin auflodernd, phantastische Figuren gespensterartig an
die halbdunklen Wände der Hütte malten, mußte ich mich
besinnen, wo ich eigentlich war, und es gehörte nicht viel
Phantasie dazu, sich in die Höhle eines Banditen versetzt
zu wähnen, namentlich wenn das Auge zufällig auf die
Büchsen, Pistolen und Kugeltaschen fiel, welche am Thür=
pfosten hingen. Das Frühstück paßte sich dem Ganzen
in der Station „von der Stadt der Felsen‟ trefflich an
und war, um sich auf gut Deutsch auszudrücken, „unter
aller Kanone.‟ Die Bewohner dieser Stagestation rechneten
bestimmt darauf, daß von hier aus eine Eisenbahn als
Anschluß an die Central=Pacificbahn gebaut werden würde,
die eine Länge von 700 englischen Meilen und ihren
Ausgangspunkt in der Stadt Portland in Oregon haben
sollte. Die Felsenstadt war also ein Rivale von der
Bärenstadt; letztere, welche bereits vier Häuser zählte,
hat aber vor der Felsenstadt, in der erst ein Haus existirte,
entschieden den Vorsprung.

Ehe wir weiter fuhren, nahm ich die nicht weit von der
Station liegende Felsenstadt in Augenschein, nach welcher
jene ihren Namen erhalten. Ein Chaos von riesigen
Felsentrümmern in Gestalt von allerdings sehr verfallenen
Schlössern, Thürmen und schiefen Pyramiden lag dort in
wilder Urgestalt — nackt, schroff und vielgipflig — durch=
und übereinander. Ich möchte diese in der That seltsamen
Felsgebilde jedoch eher mit urweltlichen, theilweise abgebroche=
nen riesigen Walroßzähnen und Walfischkinnbacken als mit
den Ruinen einer untergegangenen Stadt vergleichen. Jene
Felsen waren Zeuge manches schrecklichen Blutbades, das die
Indianer dort an wehrlosen Emigranten ausübten. Die alte
Emigrantenstraße, vom Missouri über Fort Hall nach Ore=
gon, zieht sich durch die „Stadt der Felsen" hin, und die
Wilden pflegten sich dort in Hinterhalt zu legen und bei
passender Gelegenheit über vorbeiziehende Emigrantenkara=
wanen herzufallen. Einmal massacrirten die Indianer hier
einen ganzen Emigrantenzug von 400 Männern, Frauen
und Kindern, und die Felsenstadt hallte wieder von dem Angst=
geschrei der verrathenen Emigranten und dem wilden Ge=
jauchze ihrer teuflischen Feinde. Der bloße Gedanke an den
Jammer, dessen diese Felsen Zeuge gewesen, macht Einen
schon schaudern.

Die Landstraße wurde, nachdem wir die Felsenstadt
verlassen hatten, sehr schlecht. Tiefe Sumpflöcher und
große Steine mitten im Wege machten die Lokomotion der
Stage=Kutsche schrecklich unangenehm. Es war die Kette
der „Gansbach=Berge" (goose creek mountains) ehedem
das nördliche Ufer des großen Salzsees, welche wir hier
überschritten. Während der Nacht hatte sich eine dünne
Eisdecke auf stillstehende Gewässer gelagert, weißer Reif
lag auf dem Sage=Gesträpp und die Gegend sah recht
winterlich aus.

Interessant war es, wie der Zahlmeister von Wells,
Fargo und Comp., der, wie früher erwähnt, mit uns reiste,
den Stationswächtern und Fuhrleuten, die im Dienste der
Compagnie standen, ihren Lohn auszahlte. In dieser Be=
ziehung konnte ich nicht umhin zu wünschen, daß das Eß=
departement der Mammuth=Expreß= und Stage=Compagnie
sich das Finanzdepartement derselben zum Muster nehmen
möchte. Der Zahlmeister hatte recht ansehnliche Packete
von „Greenbacks" und alle Abrechnungsbücher der Com=
pagnie bei sich, die so sauber geführt wurden, als ob sie
das Comptoir eines Bankgeschäfts nie verlassen hätten. Der
Lohn wurde an allen Stationen prompt ausbezahlt. Mit=
unter begegneten wir Angestellten der Compagnie auf der
Landstraße, und sowohl mit diesen als mit den Kutschern
der uns begegnenden Stages und anderer Fuhrwerke der
Compagnie ward unter Gottes freiem Himmel liquidirt. Die
meisten Kutscher bedienten sich zur Unterschrift der Empfangs=
scheine des bereits bei unseren Urgroßvätern üblichen Kreuzes.
Das Schulwesen scheint in diesen Gegenden jedenfalls nicht
nach preußischem Muster geführt zu werden.

Jenseits der Gansbach=Berge kamen wir wieder auf
eine öde Salbei=Ebene, die sich ringsum bis zum Horizonte
ausdehnte. Nur im fernen Norden war das Monotone der
Gegend durch die jenseits des Schlangenflusses (snake river)
liegenden Gebirgszüge unterbrochen. Poröse Trachytmassen
und gebranntes Gestein lagen häufig zwischen dem Sage=
Gestrüpp und gaben den deutlichen Beweis, daß in der Urzeit
vulcanische Kräfte in dieser Gegend thätig gewesen. Ein
paar Meilen nördlich von der Landstraße, die hier fast direct
nach Westen lief, strömte der Schlangenfluß, 90 deutsche
Meilen lang, ein Nebenfluß des Columbia, nach seinem
Entdecker auch „der Lewis=Arm des Columbia" (Lewis'
fork of the Columbia) genannt, in tiefen Felsklüften durch

diese unermeßlichen Einöden und zeigte seinen Lauf durch
eine niedrige Reihe schwarzer Felsen an. Dort, wenige
Meilen rechts von uns, lagen an ihm die weltberühmten
Shoshone=Fälle, (sprich: Scho=schohne) eins der impo=
santesten Natur=Wunder des westlichen nordamerikanischen
Continents, die Rivalen des Niagara.

Wir kamen an den „Felsenbach" (rock creek), der sich
in den Schlangenfluß ergießt, dessen zerrissene Ufer nichts
als gebranntes Gestein zeigten. Er war hoch geschwollen
und hatte die primitiv gebaute Brücke, welche ihn überspannte,
halb zerstört. Hier mußten wir auf die von Norden kom=
mende Postkutsche warten, da die Brücke für Fuhrwerk nicht
zu passiren war. Sobald die Boise=City=Stage am jensei=
tigen Ufer angelangt war, wechselten wir Sitze mit den in
ihr gekommenen Passagieren, und weiter ging es durch die
Sage=Wildniß. Sechs englische Meilen von der Brücke
erreichten wir die Station Desert (die Wüste) — ein sehr
passender Name, — wo ich übernachten wollte, um am
folgenden Tage von hier aus die Shoshonefälle zu besuchen.
Nach der löblichen Regel der Stage=Compagnie verlor ich
hierdurch nicht das Recht auf einen Sitz in der nächsten
vorbeipassirenden Postkutsche, vorausgesetzt, daß ein solcher
leer war. Waren alle Plätze besetzt, so mußte ich ein paar
Tage länger, als ich gerechnet, in der „Wüste" wohnen.
Hans, ein Deutscher und der alleinige Stationswächter in
der „Wüste", den ich um Quartier bat, war hoch erfreut,
einen Landsmann als Gast unter sein bescheidenes Dach
aufzunehmen. Bald rollte die Stage=Kutsche weiter, aus
welcher der Zahlmeister mir noch zurief, mich vor den In=
dianern an den großen Fällen in Acht zu nehmen, und
ich war allein in der „Wüste" mit Hans, seiner Dogge und
seinen sechs Mauleseln.

2. Ein Besuch am Shoshone.

Meine erste Frage an Hans, nachdem ich mir's in der Wüste bequem gemacht, war nach den weitberühmten Shoshonefällen, — „wie man am besten dorthin gelange, und wie sie ihm gefallen hätten?" — Hans war dort nicht gewesen, obgleich er bereits über ein Jahr in der „Wüste" wohnte, kaum 5 englische Meilen von den Fällen, von denen er die Wasserdampfwolken jeden Morgen hoch aufsteigen sah. Weder der Zahlmeister noch irgend einer der Agenten der Stage=Compagnie, weder Stationswächter noch Kutscher an der Route, bei denen ich mich wiederholt nach den „großen Fällen" erkundigte, hatten dieselben besucht. Es scheint dem Shoshone ähnlich wie vielen Naturwundern und großartigen Bauwerken in der alten Welt zu gehen. Leute leben in einem Orte, wohin irgend eine Merkwürdigkeit jährlich Tausende von Fremden zieht, und werden alt und grau und sterben, ohne das Wunderwerk, das ihnen so zu sagen vor der Thüre steht, je näher in Augenschein genommen zu haben.

Seit zehn Monaten, erzählte mir Hans, der mich bereits dutzte, hätte seines Wissens nach nur ein Fremder die Fälle besucht. Die Indianer wären sehr „eklig" und sein Scalp sei ihm mehr werth, als der große Wasserfall. Vor nicht langer Zeit hätten sieben Indianer eine Partie Pferde von der nächsten Station gestohlen, wären aber von der Wachtmannschaft verfolgt und sämmtlich niederge=

schoffen worden, und ihre Brüder hätten geschworen, an
den ersten Weißen, die ihnen bequem in die Quere kämen,
blutige Rache zu nehmen.* Ich kann nicht sagen, daß mir diese
Neuigkeiten besonders behagten; doch ermuthigte mich Hans
mit der Versicherung, daß die Indianer in dieser Gegend
eine elende und feige Race wären. Nicht einmal Ponies
hätten sie und gingen stets zu Fuß, was bei allen India=
nern für eine große Schande gelte. Auch schössen sie sehr
schlecht und wären statt mit Feuerwaffen meistens nur mit
Pfeil und Bogen bewaffnet. Doch möchte er mir nicht
wünschen, einer Bande von ihnen im Sage=Gestrüpp oder
bei den Fällen allein zu begegnen.

Von wilden Thieren sei in dieser Gegend nichts zu
befürchten. Klapperschlangen sollte es allerdings an den
Fällen bei Tausenden geben, aber sie warnten Einen stets
durch Klappern mit den Schwanzschuppen, ehe sie zubissen,
und die Wölfe und Coyotes thäten Niemandem etwas zu
Leid. Einmal hätte er sich im Sage=Gestrüpp verirrt und
die Nacht im Freien schlafen müssen. Plötzlich habe ihn
ein seltsames Geräusch aufgeweckt. Es seien fünf der
Beester gewesen, welche ihn beschnuppert, die aber sämmt=
lich Reißaus genommen, als er aufgesprungen sei. Direct
nach den „Fällen", die nicht viel über vier englische Meilen
von der Station entfernt wären, könnte ich nicht gehen, da
der Rock Creek, welcher dicht hinter der Station in tiefem
und felsigem Bette hinbrauste, wegen hohen Wassers nicht
zu passiren sei. Ich müßte sechs Meilen bis nach der
Brücke über den Rock Creek zurückmarschiren, von wo aus
ich leicht durch das Sage=Gestrüpp die etwa sechs englische
Meilen von dort entfernten Fälle erreichen könnte.

* Am Weihnachtsabend 1867 wurde die Desertstation von
den Indianern überfallen und zerstört, die Maulesel geraubt und
ein Stage=Kutscher dabei verwundet.

Unter dergleichen interessanten und belehrenden Ge=
sprächen verging der Tag schnell. Hans kochte im Kamin
den Kaffee zum Abendbrot, an einem lodernden Feuer von
trockenem Salbei=Gesträpp und holte Brot, Erbsen und
Speck aus seiner Vorrathskammer, einer alten Käseschachtel,
hervor, und ich stellte ein Stück Schinken, eine Flasche mit
eingemachten Gurken und eine Portion Pfeffernüsse — den
Rest meines von Salt Lake City mitgenommenen Proviants
— auf den Tisch. Ein brennendes Talglicht wurde in den
Hals einer leeren Flasche gesteckt, als Kaffeetassen dienten
ein Paar Blechschalen und unsere Taschenmesser entsprachen
dem doppelten Zwecke als Gabeln und Messer, — und
Hans und meine Wenigkeit genossen unser Souper in
der „Wüste", während die Dogge draußen Wacht hielt,
um uns nöthigenfalls vor heranschleichenden Indianern zu
warnen.

Da ich voraussichtlich am folgenden Tage eine lange
und ermüdende Tour vor mir hatte, so begab ich mich bald
zur Ruhe. Mit einigen Arm voll Heu, das ich vom Stall
in die Wohnstube trug, bereitete ich mir ein köstliches Lager.
Die Stiefeln dienten als Kopfkissen. In meine Wolldecke
gehüllt und den geladenen Revolver zur Seite entschlief ich
bald in so süßen Schlummer, als ob ich wieder einmal
unter dem Schutze der hochlöblichen Polizei in einem deut=
schen Federbette läge, anstatt in den weiten Einöden am
Schlangenflusse, mit Hans allein in einsamer Hütte.

Bereits um vier Uhr Morgens weckte mich Hans. Bald
war der Kaffee gekocht und unser frugales Frühstück verzehrt.
Hans verfügte sich in den Stall, um die Maulesel zu füt=
tern, und ich machte mich marschfertig. Eine mit Proviant
wohl gefüllte Reisetasche über der Schulter und den gela=
denen Revolver im Gürtel, meinen Gemsenstock in der
Rechten und blaue Wolken aus meinem Meerschaum empor=

wirbelnd, befand ich mich bald auf der Landstraße und wanderte rüstig der Brücke über den Rock Creek zu.

Der Morgen war wunderschön. Ueber den niedrigen, schwarzen Felsen links am Schlangenflusse hing eine breite und hohe weiße Wolke, die aufsteigenden Wasserdämpfe von den großen Shoshonefällen. Genau merkte ich mir die Umrisse eines dahinter liegenden Bergzuges, welcher mir in der einförmigen und pfadlosen Salbei=Wildniß als Wegweiser dienen sollte, wenn die Wasserdämpfe vom Shoshone, wie Hans mir erzählt, verschwinden würden, sobald die Sonne höher stiege. In anderthalb Stunden hatte ich die Brücke über den Rock Creek erreicht und marschirte von dort quer durch das Salbei=Gestrüpp dem Shoshone entgegen. Ein Glück war es, daß ich den Bergrücken als Wegweiser mir gemerkt, denn die Dampfwolken vom Fall waren bereits verschwunden, und ich hätte in der pfadlosen Salbei=Wüste eben so gut eine Meile oberhalb oder unterhalb des Shoshone als am Fall selbst den Schlangenfluß erreichen können. Der Weg durch das mir oft bis an die Brust reichende dürre Salbei=Gestrüpp und über den heißen gebackenen Lehmboden, wo ich nicht selten unversehens in Fuchslöcher trat, war außerordentlich ermüdend, und die Füße schmerzten mich sehr, ehe ich noch die ersten eine halbe Stunde vom Schlangenflusse entfernt liegenden Felsen erreichte. Ueber poröses gebranntes Gestein kletternd, das wie Schlacken aussah und in chaotischer Verwirrung dalag, dann wieder mühsam durch dichtes Gestrüpp schreitend, gelangte ich endlich an die von fern niedrig aussehende meilenlange Linie von schwarzen Felsen, welche den Lauf des Schlangenflusses bezeichnete. Vom Shoshone hörte und sah ich noch immer nichts, obschon ich das Ohr oft auf den Boden legte, um das Rauschen des Wasserfalls zu vernehmen und mich danach zu orientiren. Plötzlich als ich die schwarzen Felsen fast erklettert, vernahm ich das dumpfe Rollen der stürzenden Wassermassen, wie wenn ein Sturmwind in der Ferne durch einen Wald braust.

Bald hatte ich die Uferhöhe erreicht, wo mich ein herrliches Schauspiel überraschte. Tief, tief unter mir strömte der Schlangenfluß, zu beiden Seiten von himmelanstrebenden schwarzen und nackten Felswänden eingeschlossen, — und dort, eine halbe Stunde stromaufwärts, lag der dampfende Wasserberg des Shoshone, von kleineren Fällen wie eine silberne Kuppel von Säulenblumen überragt, während ein farbenbunter Bogen auf dem schneeweißen Grunde zitterte. Dumpf hallte das wilde Felsenthal wieder von dem Getöse des gewaltigen Katarakts. Wie festgebannt stand ich da und genoß eine Zeitlang das großartige Schauspiel. Aber ein brennender Durst, der mich quälte, veranlaßte mich bald, den nächsten Weg nach dem Flusse zu suchen. Mehrere Versuche machte ich, an den Fuß des Wasserfalls zu gelangen, aber die Felswände waren entweder so zerrissen oder fielen Hunderte von Fuß dermaßen steil ab, daß ich meine Bemühungen bald einstellte und einsah, ich müßte mir Zeit lassen, wollte ich den am wenigsten halsbrechenden Pfad an den unteren Fluß finden. Einmal rutschte ich eine trichterförmige nach unten sich verengende Oeffnung in dem vulcanischen Gestein an hundert Fuß hinab, wo die Felswand plötzlich in schwindelnder Tiefe jäh abfiel. Die größte Mühe hatte ich, die obere Oeffnung des fatalen Trichters wieder zu erreichen, durch den ich bald schneller, als ich gerechnet, an den Fuß des Shoshone gelangt wäre. Bei diesen interessanten Turnübungen genoß ich an vorspringenden Winkeln oft die wundervollsten Blicke auf den silbernen Wasserberg des Shoshone, wie er, mit herrlichen Regenbogenfarben geschmückt, brüllend in den Abgrund wogte.

12

Oberhalb des großen Falls schien mir der Strom leichter zugänglich als der untere Fluß. Diesen Punkt erreichte ich auch ohne sonderliche Mühe, indem ich an den Felsen herumkletterte, mich durch ein Gebüsch von canadischen Pappeln und Weiden zwängte und über mehrere mächtige Baumstämme voltigirte, die am Ufer entwurzelt dalagen. Hier hielt ich eine Weile Siesta, trank Wasser in vollen Zügen in Ermangelung eines besseren Trinkgefäßes aus meinem Hut, und kühlte mir die brennenden Füße in den hellen schnell vorbeieilenden Fluthen, während der Shoshone fünfzig Schritt unterhalb donnernd über die Felswand rollte.

Nachdem ich noch ein gutes „Lunch" aus meiner Reisetasche auf einem umgestürzten Baumstamme aufgetischt und mich mit Speise und Trank wohl gestärkt, machte ich mich mit neuer Kraft wieder auf den Weg, um den Wasserfall von dem schönsten Punkte mit Muße zu betrachten. Diesen entdeckte ich bald in einer hart an seinem linken Ufer liegenden Bergkuppe, welche mit grünen Cedern gekrönt war. Nach erneueten Turnübungen erreichte ich endlich den ersehnten Punkt, wo ich mich vorläufig häuslich niederließ. Auf einer Baumwurzel hart am Rande eines Felsens, der den Wasserfall überragte, nahm ich Platz und genoß das wundervolle Schauspiel auf einen der größten Katarakte des Erdballs. Einen köstlichern Punkt für einen Lustpavillon oder eine Schweizervilla könnte sich kein König wünschen!

Der Schlangenstrom erweitert sich dicht oberhalb der Fälle zu einem Becken. Aus diesem fallen erst fünf kleinere von schwarzen Felseninseln getrennte etwa 30 Fuß hohe Cascaden; 50 Schritt weiter nimmt der Fluß so zu sagen einen neuen Zulauf in drei gleichfalls von schwarzen Felsen getrennten an 60 Fuß hohen Fällen, und dann vereinigt sich die ganze Wassermasse, drängt sich in einer Breite von

400 Fuß zusammen und stürzt sich mit einem gewaltigen Sprunge von über 200 Fuß in den Abgrund. Die oberen, treppenartig über einander liegenden kleineren Fälle sind gleichsam eine Verzierung vom großen Katarakte. Der Hauptfall hat die Gestalt eines mit den Hörnern etwas nach vorn gebogenen Halbmonds. Auf dem Wasserstaub, der zwischen den vorspringenden Hörnern des großen Falls wogte, lag ein cirkelrunder Regenbogen, eine seltene Natur= erscheinung, fast unter mir. Ringsum ragten pechschwarze nackte Lavawände empor, die sich an 1000 Fuß hoch über das Niveau des untern Flusses jäh emporstreckten, und die, bald wie Vorgebirge in den Strom hinaustretend, bald terrassenartig über einander gethürmt, den Fluß, den ich weit hinabsehen konnte, mit einer riesigen Doppelmauer einschlossen. Ich möchte das urwilde Felsenthal mit des Teufels Garküche vergleichen und das Bassin oberhalb des Shoshone mit einem riesigen eisernen Suppentopf, dessen Ränder theilweise ausgebrochen und der dampfend und brodelnd überquillt.

Der Hauptfall des Shoshone erreicht seine höchste Höhe im Junimond, bei besonders hohem Wasserstand bis zu 210 englische Fuß, 46 Fuß höher als der Niagara; seine nie= drigste ist 198 Fuß. In Amerika wird dieselbe nur von den Wasserfällen im Yosemite=Thale in Californien über= troffen, die aber mehr dem Staubbach und dem Gießbach in der Schweiz als einem Niagara ähnlich sehen. Von compacten Wasserfällen sind, so weit mir bekannt, nur der Niagara und die Victoria=Fälle in Central=Africa mit dem Shoshone zu vergleichen, die er jedoch wahrscheinlich beide an Wassermenge übertrifft. Aber jene zwei geben mehr ein landschaftlich heiteres Bild. Auch ist das Verhältniß der Breite zur Höhe des Falls beim Shoshone in größerer Harmonie, während jene die 30= und 20fache Breite ihrer

12 *

Höhe haben. Der Shoshone mit seinen finsteren, grandios furchtbaren Umgebungen ist der König auf diesem Erdball.* Unvergleichlich schön sind seine donnernden schneeweißen Sturmwogen mit den zitternden Regenbogenfarben darauf inmitten dieser todten unermeßlichen Einöde, versteckt im tiefen Felsenthal und umgeben von ungeheuren schwarzen Lavaabhängen, als ob der ewige Baumeister den Erdball hier aus einander gespalten, um das Schönste mit dem Schrecklichsten zu vereinen.

Ein paar Raben ausgenommen, welche über dem Wasserfall schwebten, sah ich kein lebendes Wesen in der schauerlichen Felsenwildniß. Ein Adlerhorst auf einer der Felsinseln inmitten des Katarakts schien mir unbewohnt zu sein, da mir keiner von den majestätischen Seglern der Lüfte, deren Absteigequartier dort sein mußte, zu Gesicht kam. Mehrere Male schoß ich mit meinem gezogenen Marine= revolver nach einer jenseits des großen Falls mir gerade ge= genüber liegenden Felswand, konnte aber keine Kugel einschla= gen sehen. Da eine solche Waffe eine Kugel wenigstens 150 Schritt weit trägt, so konnte ich danach das Minimum der Breite des Wasserfalls ermessen. Der prasselnde Wieder= hall der Schüsse an den näheren und ferneren Felswänden war furchtbar schön. Meine Schießübungen stellte ich aber

* Sollte es sich bestätigen, was neuerdings einige Reisende von dem großen Wasserfall am oberen Yellowstone in Montana berich= ten, so müßten sowohl der Shoshone als seine beiden Rivalen in Canada und Central=Afrika künftig alle drei als Wasserfälle zweiter Größe betrachtet werden. Der Yellowstone soll daselbst 1600 Fuß, Andere behaupten sogar mehrere tausend Fuß in der halben Breite des Missouri bei Omaha über ein Felsenriff stürzen. Man behauptet, ein Stein, den man von einem überhangenden Felsen in gleicher Höhe mit dem Katarakte fallen ließ, habe 11½ Secunden nach der Uhr gebraucht, um den untern Fluß zu erreichen, was diesem Riesenkatarakte also eine Höhe von 1887 Fuß geben würde.

bald wieder ein, um mir nicht Indianer, welche mitunter
an den Fällen fischen sollen, auf den Hals zu locken. Von
den Tausenden von Klapperschlangen, welche, wie Hans mir
erzählt, zwischen den Felsen am Shoshone wohnen sollen,
sah ich nichts; doch zeigen sich diese gefährlichen Reptilien
selten vor Ende Mai.

Die Sonne stand jetzt bereits hoch im Zenith und ich
machte mich nochmals auf den Weg, womöglich den Fuß des
Shoshone zu erreichen. Vom jenseitigen Ufer aus soll dieses
nicht möglich sein. Aber ich hatte gehört, daß bereits vor
mir Leute an dieser Seite hinabgeklettert sein und wollte
mich nicht auslachen lassen, daß ich als alter Tourist und
Bergsteiger dieses nicht so gut als Andere hätte bewerk=
stelligen können. Rock und Weste abwerfend und nur
meinen Revolver und Gemsenstock mit mir nehmend, er=
forschte ich wohl eine Stunde lang auf gefährlichen Pfaden
die mehrere Hundert Fuß steil oder in unbekletterbaren
Winkeln abfallenden Felswände, bis ich zuletzt eine minder
abschüssige Stelle fand, die mit ungeheuren Lavaplatten und
riesigen Felsblöcken belegt war, zwischen denen ich auf ähn=
liche nur auf ungleich gefährlichere Weise, wie ich es einst
an der Grimsel gethan, hinunterrutschte und zuletzt glücklich
an den Fluß gelangte. Das Gefährlichste bei dem Unter=
nehmen war, daß ich mich mutterseelenallein in der Wild=
niß befand, wo mir, im Falle, daß ich mir nur den Fuß
verrenkte, kein Mensch hätte helfen können. Daß Hans mich
aufgesucht haben würde, war wohl nur ein frommer Wunsch;
seine Maulesel hätte er meinethalben schwerlich verlassen.
Ohne besondere Mühe gelangte ich jetzt bis dicht an den
Fall; bis unter denselben, wie ich vielleicht hätte thun kön=
nen, dehnte ich meine interessante Excursion jedoch nicht aus,
um mich, allein wie ich war, nicht unnöthigen Gefahren
auszusetzen. Der ungeheure Wasserberg des Shoshone

machte, von hier aus betrachtet, einen überwältigenden Ein=
druck. Der Rheinfall von Schaffhausen, vom Fuße des
Schlosses Laufen aus gesehen, ist dagegen wahres Puppen=
spiel. Die stürzenden Wasser verursachen hier einen heftigen
Wirbelwind, der mit einer solchen Wuth um die Fels=
mauern pfiff und dabei den Wasserstaub dermaßen umher
schleuderte, daß mir fast der Athem davon ausging. Drei
englische Meilen unterhalb des Shoshone soll man ohne
sonderliche Mühe das Ufer des Schlangenflusses erreichen
und von dort aus nach dem Wasserfall gehen können.

War das Hinunterklettern schon mühsam und gefährlich
gewesen, so verwünschte ich meinen Fürwitz, den Fuß des
Shoshone besucht zu haben, tausend Mal, ehe ich die Höhe
wieder erreichte. Ich glaubte eine bessere Stelle zum Berg=
ansteigen gefunden zu haben und war mehrere Male nahe
daran, den Hals zu brechen. Auf Händen und Knien klet=
terte ich die Felsen hinan, an Abgründen hin, die nichts
weniger als gemüthlich aussahen und wo die Lavaplatten
von dem umherfliegenden Wasserstaub so glatt waren, daß
ich mehrere Male fast verzweifelte, weiter zu kommen. End=
lich war ich über die halsbrechendsten Stellen hinweg und
stieg einen theilweise mit Gras bewachsenen Abhang schnell
hinan. Hier bemerkte ich deutlich die Spuren von Moccasins
und lange Rutsche am Berge hinauf, als ob die Indianer
hier vor Kurzem Fische oder schwere Gegenstände hinauf=
gezogen hätten. Daß mir diese Entdeckungen nicht beson=
ders behagten, kann man sich vorstellen. Ich beeilte mich,
nachdem ich meine zurückgelassenen Kleider geholt, aus dem
Felsgewimmel herauszukommen und den oberen Thalabhang
wieder zu gewinnen, wo ich wenigstens eine freie Umschau
und zwischen dem Sage=Gestrüpp auf der Hochebene auch
Platz zum Davonlaufen hatte. Unter einem überhangenden
Felsstück oben auf der Höhe ruhte ich noch ein Stündchen

aus, ehe ich den Rückmarsch nach der „Wüste" antrat, rauchte meinen Meerschaum und genoß die herrliche Aussicht auf das wilde Felsenthal und den Shoshonefall. Das Getöse von letzterm war hier entferntem ununterbrochenen Donnerrollen ähnlich.

Das tiefe zerklüftete Thal des Schlangenflusses ist ganz von vulcanischen Felsmassen eingeschlossen. Ungeheure Lavablöcke, pechschwarze Felsabhänge und auf jedem Schritt und Tritt poröses Trachytgestein sind die Spuren der vulcanischen Erhebung, welche dieses Land vielleicht vor Jahrtausenden zerriß und dem Schlangenstrome sein Bett gab. Das Getöse des Wasserfalls wird von den hoch ihn auf beiden Seiten überragenden Felswänden aufgefangen, so daß er selbst in kurzer Entfernung gar nicht hörbar ist. Nur die Wasserdampfwolken am frühen Morgen konnten den ersten Wanderern in dieser Wildniß eine Ahnung von seinem Dasein geben. Aber Manche mochten die Wolken als von indianischen Lagerfeuern herrührend ansehen und die Gefahr drohende Stelle nur um so mehr meiden. Dieses ist auch der Grund, weshalb dieser herrliche Wasserfall erst in so späten Jahren bekannt wurde. Ganz zufällig wurde er von umherstreifenden Abenteurern entdeckt. Zwölf englische Meilen weiter oberhalb des Shoshone und dreißig englische Meilen unterhalb desselben und an noch mehr Stellen im Schlangenflusse befinden sich Wasserfälle von 20 bis zu 50 Fuß Höhe, die nicht selten mit dem Shoshone verwechselt werden. Die Fälle weiter unterhalb, in denen die Indianer in früheren Jahren Lachse zu fangen pflegten, heißen richtig „die großen Fischereifälle" (great fishing falls). Die Shoshone-Fälle, welche ihren Namen nach dem Stamme der Shoshone-Indianer führen, die jedoch nicht mehr in dieser Gegend wohnen, sondern nach Utah und dem Humboldtflusse ausgewandert sind, werden auch mitunter „die großen amerikanischen Fälle" (the great american falls) genannt. In früheren Jahren versammelten sich die Indianer schaarenweise im Sommer an allen genannten Fällen, um Fische zu fangen; jetzt begegnet man ihnen dort nur selten.

Mein Rückmarsch von der Höhe am Schlangenflusse nach der Rock-Creek-Brücke war äußerst beschwerlich. Ich verirrte mich in dem hohen Salbei-Gestrüpp vollständig und gelangte erst gegen Abend an den Rock Creek, aber wenigstens drei englische Meilen unterhalb der Brücke, wo die sogenannte alte „Emigrantenstraße" (old emigrant road) an seinem Ufer hinlief. Mehrere vergebliche Versuche machte ich, über den mit Binsen und Schilf dicht überwachsenen und im tiefen Felsenbette hinbrausenden Rock Creek zu gelangen, um einen nähern Weg nach der „Wüste" zu finden, bei welchen Versuchen ich nicht einmal das Wasser erreichte, um mich durch einen Trunk zu erlaben. Zuletzt folgte ich der Emigrantenstraße, welche mich unangenehm an die in dieser Gegend in früheren Jahren oft von den Indianern verübten Metzeleien erinnerte. Stets ein waches Auge auf etwa umherschleichende Rothhäute, wanderte ich so schnell als möglich auf der jetzt nur noch selten benutzten alten Straße hin und war froh, bei Sonnenuntergang die Brücke über den Rock Creek zu erreichen. Jetzt konnte ich wenigstens den Weg nach der „Wüste" nicht mehr verfehlen. Meinen Hut setzte ich hier als Wasserbecher wieder in Contribution, und besser hat mir noch ein Trunk Wasser nie gemundet. Seit ich vor mehr als sechs Stunden den Schlangenfluß verlassen, hatte ich auf der ausgedörrten Salbei-Ebene keinen Tropfen Wassers zu mir nehmen können, und der Rock Creek in seinem unzugänglichen Felsenbette hatte mir wahre Tantalusqualen bereitet. Nachdem ich an der Brücke eine halbe Stunde Rast gehalten, den Rest meiner Pfeffernüsse verzehrt und noch ein gemüthliches Pfeifchen geraucht, wanderte ich bei eintretender Finsterniß langsam nach der Station zurück.

Der Mond war aufgegangen und beleuchtete die endlose Salbei-Wildniß mit ungewissem Licht, und der Weg nach der Stage-Station schien gar kein Ende nehmen zu wollen. Einem Coyote, der keine zwanzig Schritt vor mir quer über den Weg lief und mich unverschämt über die Schulter ansah, brannte ich, ehe er sichs versah, Eins auf den Pelz. Das schändliche Geheul, welches der Bursche anstimmte und das seine Brüder rechts und links im Gestrüpp unisono beantworteten, trug auch eben nicht zur Gemüthlichkeit der Situation bei.

Um halb zehn Uhr in der Nacht sah ich endlich das niedrige Dach der Station vor mir. Die Dogge lief mir wild bellend entgegen, erkannte mich aber bald, und Hans weckte ich mit einem Pistolenschuß, begleitet von meinem besten indianischen Kriegsgeschrei. Mit einer alten Flinte in der Hand öffnete Hans vorsichtig die Thür und war froh, statt eine Gesellschaft von Rothhäuten zu sehen, meiner bescheidenen Person ansichtig zu werden. Er hatte mich nach Sonnenuntergang nicht mehr erwartet und dachte, ich hätte am Shoshone oder irgendwo im Salbei ein Bivouac bezogen. Daß ich nach einem Marsche von über dreißig englischen Meilen, zum größten Theil durch eine pfadlose Salbeiwildniß, und nach den Kletterübungen zwischen den Felsen am Schlangenflusse auf meinem Heulager in der Wüste göttlich schlief, brauche ich wohl kaum zu erwähnen.

3. Nach den Goldminen.

Als ich am Morgen des 14. Mai in der Wüste er=
wachte, war ich mutterseelenallein. Vor mir auf der Wollen=
decke lag ein Zettel, worauf Hans in classischem Deutsch=
Amerikanisch mit Bleifeder geschrieben: „daß er mit de
Muhls und Bull nach der Bruck gestartet sei, um
de Bruck zu fixen" (daß er mit den Mauleseln und Bull
— der Hund — nach der Brücke gegangen sei, um die
Brücke zu repariren). Da die Sonne bereits hoch am
Himmel stand, ehe ich mich aus dem Heu erhob, so beschloß
ich, Frühstück und Mittagsmahl in einer Mahlzeit zu ver=
einen und Hans bei seiner Heimkehr mit einem pompösen
Diner zu überraschen.

Gesagt, gethan! — Zuvörderst ging ich in das Salbei=
Gestrüpp, an dem in der Nähe der „Wüste" eben kein
Mangel war, um mir einen guten Vorrath von Feuerungs=
material zu verschaffen. Mit meinem Dolchmesser hieb ich
in die Salbei=Büsche ein, daß die Fetzen nur so davon
flogen, und schleppte einen ganzen Chimborasso von dürrem
Salbei=Holz nach der „Wüste". Als Koch habe ich mich
nie ausgezeichnet; doch legte ich diesmal dem miserablen
Feuerungsmaterial all mein Mißgeschick zur Last. Das dürre
Salbei=Gestrüpp verbrannte so schnell und mit solch einer
intensiven Hitze — bald schlug die Flamme lichterloh im
Kamin empor, bald hatte ich nur ein Häuflein Asche auf

dem Heerd —, daß ein besserer Koch als ich auch keine Pasteten
dabei hätte backen können. Das Brot sah gottsjämmerlich
aus, halb schwarz verkohlt und dabei doch nur halb aus=
gebacken; die Erbsen wollten gar nicht weich werden; der
Speck fing ein paar Mal in der Pfanne an zu brennen
und die Suppe, aus Reis, Speck, Pfeffer, Salz, Brot=
krusten, Mehlbrei und Wasser künstlich componirt, hätte ein
französischer Koch schwerlich als mustergültig angesehen.

Punkt zwölf Uhr Mittags langte Hans mit den Muhls
und Bull von der Bruck wieder an, die er gefixt hatte,
und war höchlich erstaunt, als er mich mit rosafarbenen
Wangen vor einem lichterloh aufprasselnden Salbei=Feuer,
mit meinem Dolchmesser im Suppentopf herumrührend, am
Heerde dastehend fand, wo ich eben damit beschäftigt war,
der Suppe durch neue Zuthaten von Pfeffer und Salz die
letzte Weihe zu geben. Zu meinem Aerger erklärte Hans
meine sämmtlichen Gerichte, auch die Suppe, auf deren Vor=
trefflichkeit ich mir etwas einbildete, für „no account"
(nichts nutz). Sogar Bull wandte sich verächtlich davon
ab. Ich überließ Hans wohlweislich das Departement der
Küche und übernahm es, die Muhls zu füttern und in
dem dicht hinter der Station strömenden Rock Creek zu
tränken, welches Amt ich zur vollsten Zufriedenheit meines
Wirthes verwaltete. Mittlerweile hatte Hans ein superbes
Diner aufgetischt, dem wir alle drei — Hans, Bull und
meine Wenigkeit — volle Ehre anthaten. Nach Tisch plau=
derte ich mit Hans über den Shoshone, die „Bruck" und
die „Muhls", über Bull und die „Injuns", wie er die
Indianer nannte. Ich rauchte meinen Meerschaum und
machte mir's bequem auf meinem Heulager, bis die Stage=
Kutsche anlangen würde, auf der ich ohne fernern Aufent=
halt nach den Goldminen von Idaho City weiter zu reisen
gedachte.

Ich kann nicht sagen, daß ich Hans um seinen Wüsten=
palast sehr beneidete. Seine nächsten Nachbarn wohnten
zehn und fünfzehn englische Meilen von ihm entfernt. Je=
den Tag passirte nur eine Stage=Kutsche vorbei, die etwa
zehn Minuten lang an der Station anhielt, um Pferde oder
Maulesel zu wechseln. Hierauf beschränkte sich Hansen's
Verkehr mit der Außenwelt. Nachts störte ihn, wie er
mir klagte, oft das Geheul von Wölfen und Coyotes, auf
die er eine besondere Malice zu haben schien, und denen er
bei passender Gelegenheit eins auf den Pelz brannte. Die
in letzter Zeit in dieser Gegend umherstreifenden Indianer
trugen auch eben nicht zur Gemüthlichkeit seines Stilllebens
bei. Doch hatte er seine aus Felsblöcken erbaute Wohnung
mit Schießscharten wohl versehen und konnte zum Nothfall
in der Wüste eine längere Belagerung von den Nothhäuten
aushalten.

Hans vertraute mir an, daß er bevor lang nach den
„Staaten" zurückwollte und zwar allein auf einem Mul l
über die von feindlichen Indianern umschwärmten Steppen.
Auf seine Bitten überließ ich ihm meinen Marinerevolver,
den ich von jetzt an nicht mehr nöthig hätte, da die In=
dianer noch nie eine Postkutsche auf der Landstraße von
hier nach Boise=City belästigt. Mit einem guten Revolver
bewaffnet wie der meinige, den er besonders lieb gewonnen,
fürchte er sich nicht vor allen Sioux, Arápahoes, Cheyennes
und wie die lumpigen „Injuns" alle heißen möchten.*

Um halb sechs Uhr Abends langte die ersehnte Stage=
Kutsche, welche den Namen „oro coriete" (kleiner Gold=

---

* Hans ist seinem Entschlusse treu geblieben; er trat im Sommer seinen Don=Quixote=Ritt nach den „Staaten" richtig an, wie
mir der Zahlmeister von Wells, Fargo und Comp. im Herbste 1867
in Boise City erzählte.

wagen) auf dem Kutschenschlag führte, bei der „Wüste" an, ich sagte Hans „good-bye" und bald darauf rollte ich weiter dem Goldlande entgegen. Wieder war ich der einzige Reisende in der Stage. Passagiere giebt es in den Stages vom Bärenflusse nach Boise City nur wenige. Die meisten Reisenden von Idaho nach San Francisco oder nach den „Staaten" ziehen den Weg über die Blauen Berge und den Columbia hinunter oder den über die Humboldt-Route nach Californien, der bei Salt Lake City vor.* Die Einnahmen auf dieser Stage-Linie beschränkten sich zum größten Theil auf die von den Vereinigten Staaten an Wells, Fargo und Comp. gezahlten Subsidien für den Transport der Postsäcke, welche Summen allerdings enorm waren.

Zehn englische Meilen von der Desert-Station kamen wir an den Schlangenfluß. Auf abschüssigem Wege rollten wir schnell hinunter in das felsenumgürtete tiefe Thal, das hier dieselben vulcanischen Formationen zeigte, welche mich am Shoshone so in Erstaunen gesetzt — himmelanstrebende schwarze Felswände und poröses gebranntes Gestein wohin das Auge sah. Das wilde Felsenthal hallte wieder von einem einförmigen Getön, welches von einem an der nördlichen Felswand aus bedeutender Höhe herabfallenden nicht unansehnlichen Wasserfall herrührte. Als wir die Thalsohle erreicht hatten, bemerkte ich mit Erstaunen, daß genannter Wasserfall nicht vom Rande der Felswand oder aus einer in dieselbe mündenden Schlucht herabstürzte, sondern in der Mitte der Wand aus halber Felshöhe als ein mächtiger Strom hervorbrach, denn eine Quelle konnte man den Wasserfall nicht wohl nennen. Es war dieses der sogenannte

* Seit Eröffnung der Centralpacific-Eisenbahn fahren Stage-Kutschen von Boise City im Territorium Idaho nach der Eisenbahnstation Winnemucca im Staate Nevada.

„Unbekannte Fluß" (unknown river), wahrscheinlich
die Mündung eines unterirdischen Stromes, vielleicht einer
jener vielen Flüsse, die in dem großen Lavafelde, 35 englische
Meilen nordnordöstlich von diesem Punkte gelegen, plötzlich
verschwinden, und der hier wieder zu Tage tritt. Genanntes
Lavafeld ist etwa 100 englische Meilen lang bei 90 Meilen
Breite, mit einer Menge von ausgebrannten Kratern darin.
Die vielleicht vor Jahrtausenden dort aus der Erde her=
vorgebrochene Lava muß sich wie ein flammender wogender
See nach allen Richtungen hin über die flache Gegend aus=
gebreitet haben, bis sie allmählich erkaltete und sich in festes
Gestein verwandelte. Die finstere Einöde soll ein Bild
trostloser Starrheit geben, welche den Wanderer, der daran
vorübereilt, um die „Eldorados" von Montana und des
nördlichen Idaho zu erreichen, mit Schrecken erfüllt. Alle
Flüsse, die so zu sagen in das ungeheure Lavafeld münden,
verschwinden darin, z. B. der „Holzfluß" (wood river),
der „verloren gegangene Fluß" (lost river), der „Birken=
bach" (birch breek) und viele andere.

Bei Sonnenuntergang überschritten wir den hier an
200 Ellen breiten Schlangenfluß auf einer Fähre. Als wir
in der Mitte des Stromes waren, brauste plötzlich ein
Sturmwind das Felsenthal herauf und erfüllte dasselbe mit
donnerähnlichem Getöse. Mit genauer Noth erreichten wir
das jenseitige Ufer, wo ein Stoßwind das breite Fährboot
an der Seite faßte und am Ufer hintrieb. Die Bootsleute
sprangen mit Tauen durch das Wasser ans Land und waren
so glücklich, dieselben um ein festes Felsstück zu schlingen
und so die Fähre festzulegen, während ich dem Kutscher nach
Kräften half, die wildgewordenen Pferde zu beruhigen. Froh
war ich, als die Stage glücklich vom Fährboot herunter
und am Ufer war. Diese Stoßwinde sind hier nicht selten
und machen die Ueberfahrt über den Schlangenfluß, der zum

Ueberfluß auch) noch mit gefährlichen Wasserwirbeln gesegnet
ist, mitunter sehr schwierig und an besonders windigen Ta=
gen geradezu unmöglich. Als die Nacht hereinbrach, fuhren
wir von der jenseits des Schlangenflusses liegenden Stage=
Station mit frischem Vorspann auf steilem aus den Felsen
gehauenem Wege am nördlichen Abhange hinauf. Schroff
ragten die schwarzen Felswände rechts am schmalen Wege
empor, während linker Hand der Berg unter uns nicht min=
der steil mehrere hundert Fuß bis an den Fluß abfiel. Ich
ging neben der Kutsche her und griff kräftig in die Speichen
wenn die Pferde den Wagen nicht weiter fortschleppen konn=
ten, während einer der Stationswächter, der uns bis zur
Höhe begleitete, auf den gegebenen Zuruf des Kutschers
jedesmal große Steine hinter die Räder legte, um das
Zurückrollen des Wagens zu hindern. Da außerdem ein
Rad durch den Hemmschuh festgehalten wurde, so kann
man sich denken, daß der Berg ziemlich steil war.

Glücklich hatten wir die Höhe erreicht, wo sich eine
öde Hochebene vor uns ausbreitete. Da wir nach der Aus=
sage des Kutschers während der nächsten neun Meilen einen
liefen und sandigen Weg hätten, so benutzte ich die Ge=
legenheit zu einem sanften Schläfchen in der Kutsche. Um
drei Uhr in der Nacht weckte mich ein wildes Gebrause.
Als ich aus dem Kutschenfenster schaute, passirten wir soeben
einen mit erstaunlicher Schnelligkeit in felsigem Bette dahin=
schießenden Fluß. Der Mond schien hell und beleuchtete
eine wilde Landschaft. Es war der Malabefluß, den wir
soeben passirt. Sein Bett ist in kleinerm Maßstabe wie
das des Schlangenflusses eine zerrissene Lavaspalte. Weiter
unterhalb stehen hohe Trachytsäulen inmitten seiner reißenden
Fluth und ausgedehnte Lavahöhlen liegen an seinen Ufern,
durch welche die wilden Gewässer donnernd hinbrausen.
Seiner fast beispiellos wilden Fluth, welche mich an die

Reuß erinnerte, und die in früheren Jahren, als der Strom noch nicht überbrückt war, die Passage sehr gefährlich machte, sowie seinen düsteren Umgebungen hat der Malade seinen Namen zu verdanken.

In der Malade-Station, wo wir bis nach dem Früh-stück verweilten, wurde ich sofort von Wirthsleuten nach den großen Shoshonefällen befragt. Der Zahlmeister von Wells, Fargo und Comp. oder die Kutscher der letzten Stages mußten von meiner Excursion nach den Fällen erzählt haben, denn bis nach Boise City war mir das Gerücht davon vor-angegangen, und auf jeder Station musterte man mich mit neugierigen Blicken. Die Frage: „Sind Sie der Mann, der zu Fuß ganz allein nach dem Shoshone gegangen?" — wurde mir zu meiner nicht geringen Befriedigung öfters gestellt. Es that mir gut, von diesen verwegenen Pionieren der Civilisation in den Wildnissen des fernen Westens mit Respect betrachtet zu werden.

Der 15. Mai, der sechste Tag meiner Reise, seit ich das neue Jerusalem verlassen und der mich nach Boise City, der Hauptstadt des Territoriums Idaho, bringen sollte, bot wieder manches Neue und Interessante. Die mit grünlichem Salbei bedeckten Hügel nahmen sich von fern oft recht ma-lerisch aus, und die vielen vulcanischen Formationen, welche ich an dieser Strecke sah, interessirten mich sehr. Ein silber-grauer Wolf, ein prächtiges Thier, der uns keine hundert Schritte weit vom Wege in sitzender Stellung ungestört angaffte, ließ mich meinen Handel mit Hans wegen der Pistole fast gereuen. Gar zu gern hätte ich dem naseweisen Burschen ein paar Kugeln als passenden Morgengruß zuge-schickt. Siebzehn englische Meilen vom Malade, bei den sogenannten „Kleequellen" (clover springs), lief ein Bach rauschend unter mehreren natürlichen Felsbrücken hin, über welche die Kutsche sicher hinüberfuhr. Alle diese Brücken waren aus zusammengeschobenem Gestein gebildet. Jenseits der „Kleequellen" kamen wir durch eine breite Niederung. Die verschiedenen Brückenübergänge auf den sumpfigsten Stellen waren einfach aus lose hingeworfenen Feldsteinen gemacht, in Vergleich mit denen der ärgste Knüppeldamm in Mississippi oder Arkansas mir eine treffliche Chaussee schien.

Wir begegneten jetzt öfters Goldgräbern, einzeln und in kleinen Gesellschaften, zu Fuß und zu Roß, mit Flinte, Wollendecke und Lebensmitteln beladen, und langen mit Werkzeugen zum Bergbau und mit Waaren aller Art bepackten Maulthier= und Ponykaravanen (pack trains), die von Oregon und dem Boise=Bassin in Idaho kamen und über die Malade=Brücke nach den neuentdeckten Goldminen von Lemhi (Lemhei) zogen, am obern Salmon=Flusse, 300 englische Meilen nordöstlich von hier an der Grenze der Territorien Idaho und Montana gelegen. Meine alten Bekannten von Oregon, die Kaiuhß=Ponies, erkannte ich sogleich wieder. Immer noch waren sie die störrischen und bissigen Creaturen, wie ich sie in „The Dalles" in früheren Jahren so oft bewundert. Eine besondere Malice hatten sie auf die schweren Packe, die sie herzlich gern vom Rücken herabgeworfen hätten. Mancher der giftigen Ponies rollte sich im Uebermaße der Bosheit im Salbei=Gestrüpp mit Kisten und Ballen auf dem Rücken, bis ein ergrimmter Mexikaner — zu welcher Nation hier die meisten Lastthiertreiber gehören —, den klingenden Radsporn am Stiefel und mit der bunten mit Ledertrobbeln behängten Schabracke unter dem hochgehörnten prächtigen Sattel, unter einer Fluth von „carajos" und „carambas" herangesprengt kam und die schlechtgelaunten Pferdchen mit der gewichtigen Lederpeitsche Mores lehrte.

Einmal begegnete uns eine Karavane von mehr als hundert Packthieren, Ponies und Maulesel, die sämmtlich

wild geworden und auf einer regelrechten „Stampede" be=
griffen waren. Unser Viergespann von muthigen Braunen
schloß sich der wilden Jagd sofort an und querfeldein ging's
durch das Salbei=Gestrüpp in sausendem Galopp, mit den
Mexikanern hinter uns drein, unter Halloh, Peitschenknall
und grimmigen Flüchen, und die Stage schaukelte und machte
Sätze, daß es alle meine Geschicklichkeit in Anspruch nahm,
nicht von dem hohen Bock hinunter zu fallen. Blücher,
unser muthigster Brauner, zeigte sich bei dieser Hetzjagd
ganz besonders eifrig und wollte von unserm ihn mit
Peitschenhieben erbarmungslos bearbeitenden Kutscher gar
keine Raison annehmen. Endlich athmete ich wieder auf;
die Kaiuhß=Ponies und die Maulesel waren der Stampede
müde, Blücher machte seine letzten Kraftsprünge und wir
erreichten glücklich wieder die Landstraße, nachdem unser
Kutscher die „verdammten Greaser" (Grieser — Schmutz=
pelze —, der bei den Amerikanern übliche Spottname für
Mexikaner) noch mit einer Fluth der ausgewähltesten Schimpf=
wörter gesegnet.

Wir kamen jetzt auf eine weite Hochebene. Linker
Hand gewahrte ich noch einmal den Schlangenfluß, der in
tiefen Cañons strömte, und vor uns erhob sich die lange,
weißliche Façade des „Königsbergs" (King's mountain)
hier und da von dunkleren, zerrissenen Felsen gekrönt.
Das ganze Plateau war buchstäblich lebendig von hundert=
tausend Billionen von Crickets (eine Heuschreckenart
ohne Flügel), welche sich in abgesonderten Heerschaaren
von etwa je 50,000 wie Cavalleriebrigaden mit höchst
eleganten Seitensprüngen alle nach einer Richtung hin
bewegten. Erbarmungslos fuhren wir durch ihre dichten
Schwadronen, welche die Landstraße kreuzten, und zer=
quetschten Tausende davon mit unseren Rädern. Die
Crickets sind eine große Landplage für die Gegenden im

fernen Westen von Nordamerika. Im Salbei=Gestrüpp
allerdings können sie keinen Schaden anrichten; über=
fallen sie aber, wie nicht selten geschieht, eins der ange=
bauten Thäler, so zerstören sie die Ernten in kurzer Zeit
mit Stumpf und Stil. Mitunter schützen die Farmer ihre
Felder durch einen Fuß hohe Bretterwände mit wagerecht
nach außen daran genagelten drei Zoll breiten Streifen aus
Blech, (cricket fences), über welche die Crickets nicht hin=
über voltigiren können. Ueber ein Haus klettern sie mit
Leichtigkeit hinweg. Durch nichts sind sie von ihrer einmal
angenommenen Marschroute abzubringen. Millionenweise
stürzen sie sich in die Bäche und lassen sich von der Fluth
forttreiben, und diejenigen von ihnen, welche ans andere
Ufer geschwemmt werden, setzen dort ihre Reise fort. Alles
fressen sie auf, Leder, alte Kleider, Wollendecken; Pferde=
dünger ist für sie eine besondere Delicatesse und sogar
die Leichname ihrer Brüder verzehren sie. Sind die sprin=
genden Vielfresser einmal in den Feldern, so nützt weiter
nichts als etwa die Hülfe vom lieben Gott, wie derselbe
sie auf Brigham's Wunsch durch die Möven des Salzsees,
welche die Crickets auffressen, einst den Mormonen zu
Theil werden ließ, falls sie sich nicht durch Lärminstru=
mente, wie z. B. Gongs, Trommeln, kupferne Kessel, alte
Blechgefäße ꝛc. aus den Feldern vertreiben lassen. Letzt=
genanntes Mittel hat sich schon oft als probat erwiesen,
da die Crickets ein besonders fein ausgebildetes musicali=
sches Ohr haben und einen derartigen Höllenlärm gründlich
hassen. Es wird behauptet, daß die Civilisation, theilweise
durch Zerstörung der Eier durch Pflügen und namentlich
durch die Schweine, welche die Crickets mit Wollust fressen,
der Vermehrung derselben Einhalt thut und sie nach und
nach ausrottet. Wer aber wie ich ihre Armeen hier und
auf dem Königsberge gesehen hat, dem muß ihr baldiges

Aussterben sehr problematisch scheinen. Für die Indianer sind die lustigen Springinsfelde ein „gefundenes Fressen"; sie greifen die Crickets mit der Hand und verzehren dieselben lebendig mit Haut und Haaren und erklären sie für den besten muk-a-muk (Bissen) unter der Sonne.

Langsam fuhren wir den Königsberg hinan, der weiter nichts als ein terrassenartiger Abfall eines höhern Plateaus ist. Er war mit unzähligen goldgelben Sternblumen, die ihm das Ansehen einer Frühlingswiese gaben, wie besäet. Das ganze Plateau war von zerbröckeltem gebrannten Gestein bedeckt und hatte augenscheinlich einer vulcanischen Hebung seine Entstehung zu verdanken. Vor uns am Horizonte zeigten sich schneegekrönte Bergzüge und der Rückblick auf das soeben von uns verlassene niedrigere Plateau war recht malerisch. Neuen Abtheilungen von Goldjägern und langen Zügen von schwerbeladenen Packthieren begegneten wir fast jede halbe Stunde — alle nach dem neuen „Eldorado" Lemhi unterwegs —, und die zahllosen Cricket-Heerschaaren schienen, nach ihren siegesmuthigen Sprüngen zu urtheilen, den Königsberg soeben mit Sturm eingenommen zu haben.

Die Fahrt über den Königsberg war sonst keineswegs eine angenehme. Unser Viergespann, welches im schlanken Trab dahineilte, ließ die Stage-Kutsche über das eisenharte Gestein tanzen, daß ich à la Greeley jeden Augenblick von einer Wagenecke in die andere flog. Um die Situation zu vergessen, versuchte ich, ein Buch über den Mormonenkrieg zu lesen, das ich mir in Salt Lake City gekauft. Ich brachte es kaum fertig, ein paar Sätze zu entziffern, als der Mormonenkrieg bereits unter einen der Sitze flog. Meine hochverrätherischen Gedanken über den Königsberg mit Bemerkungen über die Könige im Allgemeinen wollte ich, ergrimmt über die schlechte Behandlung, welche mir auf diesem „Ter-

rain von Gottes Gnaden" zu Theil ward, in mein Tage=
buch notiren. Die Figuren, welche ich mit der Bleifeder
schrieb, sahen eher ägyptischen Hieroglyphen als deutschen
Buchstaben ähnlich, und ich war selber nicht im Stande, das
Geschreibsel zu lesen. Eben so gut hätte ich „Agnes, ich
liebe Dich!" an die blaue Himmelsdecke, als einen leserlichen
Satz in mein Tagebuch schreiben können. Daß ich Alles
haßte — Himmel, Sonne, die ganze Welt, das elende Sal=
bei, das Wetter, die Stage, die Pferde, den Kutscher, die
Könige aller Groß= und Kleinstaaten und insbesondere den
Königsberg —, war unter den Umständen wohl zu ent=
schuldigen. Zuletzt flüchtete ich mich auf den Bock, wo es
mir noch schlimmer erging. Bei den entsetzlichen Sprüngen,
welche die Stage fast fortwährend machte, konnte ich nur
mit genauer Noth das Herabfallen von dem hohen Sitze ver=
hindern. Der Kutscher warf mir maliliöse Seitenblicke zu,
als ich mich, die Zähne fest zusammengesetzt, mit aller Macht
am Bock festklammerte, und hieb nur um so grimmiger auf
die Pferde ein. Er machte mich auf einen nahen Gebirgs=
zug aufmerksam, der voll von merkwürdigen heißen Quellen
sei. Ich wünschte (ganz im Stillen) ihn, den Kutscher, und
Pluto mit seinem gebrannten Felsgeröll, seinen merkwürdigen
heißen Quellen und dem elenden Königsberge bis weit
hinter den Planeten Kolob, in den siebenten Abgrund von
Brigham's unterster Hölle. So arg ward ich bei dieser
Fahrt über den Königsberg zusammengerüttelt, daß ich da=
bei heftig aus der Nase zu bluten anfing.

Der Weg wurde jetzt etwas weniger holperig, und
ich nahm mir Muße, die Gegend genauer zu betrachten.
Linker Hand vor uns tauchten die schneegekrönten Gebirge
von Owyhee (Oweihi) auf. In ihnen liegen reiche
Silbergänge, darunter die „Poor = Man = Mine", welche
in der großen Pariser Exposition vom Jahre 1867 die

erste Goldmedaille für das reichste Silbererz in der Welt davon trug. Wir fuhren an dem Berge hin, der nach Aussage des Kutschers voll von heißen Quellen war. Bei einer derselben kamen wir nahe vorbei, welche so heiß sein soll, daß man den Finger beim Hineinstecken verbrennt. Goldgelbe Sternblumen und hellgrüne Gräser wuchsen hart am Rande des dampfenden Bassins, das die Quelle sich gebildet.

Bei der Station „Rattelsnake" mußten wir anderthalb Stunden auf die Boise-Stage warten. Neue Heerschaaren von Millionen von Crickets und mehrere Lemhi-Touristen zogen hier an uns vorbei. Endlich langte die Boise-Stage an. Wir spannten vier elegante Maulesel ein, die sich aber entschieden weigerten, anzuziehen. Nachdem der Kutscher eine halbe Stunde mit Peitschenhieben und Schimpfreden auf die störrischen Maulesel vergeudet, steckten er und meine Wenigkeit uns alle Taschen voll mit spitzigen Steinen und fingen an, die Esel vom Bock damit zu bombardiren, bis diese sich eines Bessern besannen und sich plötzlich erst in muntern Trab und dann in Galopp setzten. Als die Esel sich einmal zur Weiterreise entschlossen hatten, thaten sie ohne Frage ihr Bestes. Schneller als unsere vier Maulesel die nächsten fünf Meilen liefen, sind vier Maulesel schwerlich jemals vor einer Stage-Kutsche gelaufen. Aber wir hatten kein Erbarmen mit den Eseln und hörten nicht eher auf sie mit Steinen zu bombardiren, bis unsere Munition erschöpft war. Der Wagen tanzte dabei auf den eisenharten Steinen, mit denen der Weg wie gepflastert war, als ob Alles daran kurz und klein brechen müßte. Gegen Abend kamen wir nach der „Cañon-Station". Die Hochebene war hier gleichsam auseinandergespalten. Die schmucken Stationsgebäude in dem hellgrünen Thalgrunde, durch den ein silberklarer an köstlichen Forellen reicher Bach sprudelte, mit

Weidenbüschen und smaragdenen Wiesengründen an seinen
Ufern, gaben ein anmuthiges Bild.

Weiter fuhren wir die Nacht durch bis nach Boise
City. Ein neuer Kutscher, der den Bock bestiegen hatte,
ein schweigsamer, finsterer Gesell, war nicht dazu zu be=
wegen, mit mir ein Gespräch anzuknüpfen. Da die Gegend,
eine öde Salbei=Ebene, durchaus nichts Anziehendes bot, so
überließ ich den unfreundlichen Kutscher sich selbst und quar=
tierte mich im Coupé der Stage ein, wo ich bald in Schlum=
mer sank. Als ich bei Tagesanbruch erwachte, kreuzten wir
eben einen nicht unansehnlichen Strom mit flachen Ufern,
den Boisefluß, auf einer Fähre. Ein schönes Thal, mit
grünen Bäumen und Feldern geschmückt, lag vor uns, die
erste einem civilisirten Lande ähnliche Gegend, welche ich sah,
seit ich die Mormonenniederlassungen verlassen. Bald hatten
wir das andere Ufer erreicht und fuhren der nahen Stadt
Boise City zu, wo wir, 473 englische Meilen von Salt
Lake City, um vier Uhr Morgens vor dem „Overland Hotel"
zu Halt kamen.

Boise (Boiße) City ist die Hauptstadt des 96,000 eng=
lische Quadratmeilen großen Territoriums Idaho (Eidaho).
Die Einwohnerzahl von Idaho beträgt etwa 30,000 und
die von Boise City 2000. Die Stadt hat ein schmuckes
Aeußeres und ist der bedeutendste Handelsplatz zwischen den
Städten Portland in Oregon und Helena in Montana.
Während der Wintermonate halten sich hier viele Miner
auf, Abenteurer, Spieler und ähnliche Subjecte, meistens
aus den reichen Bergbaudistricten von Idaho, welche diesen
Platz seines milden Klimas halber den raueren Minen=
städten zum Ueberwintern vorziehen und ihr während der
Sommermonate in den Goldminen erworbenes Kleingeld
hier anständig unter die Leute bringen. In Boise City
fällt das Thermometer im Winter selten unter 18 Grad

Réaumur Kälte, was den Goldgräbern in den Minen, wo
26 bis 30 Grad Réaumur Kälte keine Seltenheit ist, ge=
müthlich warm dünkt. Die in jeder Minenstadt an dieser
Küste üblichen Vergnügungslocale, wie Hurdy=Gurdy=Tanz=
häuser, öffentliche Spielhöllen, Arenas für Hahnen= und
Hundekämpfe 2c., sind selbstverständlich auch in Boise City
zahlreich vertreten, und Trinksalons giebt es dort wie Sand
am Meere.

Das fruchtbare Boise=Thal ist 50 bis 60 englische
Meilen lang und liegt auf beiden Ufern des Boise=
Flusses. Der angebaute Theil desselben ist jedoch nur 2
bis 3 englische Meilen breit mit einer öden und sandigen
Salbei=Ebene zu beiden Seiten bis nach den nächsten Hügel=
reihen. Gerste und Weizen gedeihen hier vorzüglich. Erstere
giebt, wenn die Crickets und Heuschrecken die Ernten nicht
zerstören, was nicht selten der Fall, einen Durchschnitts=
ertrag von 45 Scheffel pro Acker, letzterer einen von
35 Scheffel. Die Heuernte ist bedeutend und kann zu 15
bis 25 Dollars die Tonne (20 Centner) leicht verwerthet
werden. Gartenfrüchte aller Art, Butter, Hühner, Eier
und dergleichen mehr finden in den umliegenden Minen=
districten stets einen profitablen Absatz. Minen giebt es
und um Boise City keine. Sechs englische Meilen unter=
halb der Stadt liegen einige Goldwäschereien im Boise=
Fluß, die aber nicht von Belang sind. Die reichsten Gold=
minen von Bedeutung sind die im Boise=Bassin, 30 bis 40
englische Meilen von hier. Täglich rollen vier bis fünf
Stage=Kutschen in die Stadt — von Umatilla am Colum=
bia, von Californien über die Humboldt=Route, von Salt
Lake City und von den Minen von Idaho City und
Süd=Boise — und der Fremdenverkehr ist beträchtlich. Ein
ansehnlicher Vereinigte=Staaten=Militärposten in der Nähe
der Stadt (Fort Boise) sowie die vielen Territorialbeamten,

welche in Boise City mit ihren Familien wohnen, tragen nicht wenig dazu bei, Handel und Wandel hier lebhaft zu machen.*

Außer den reichen Golddistricten des Boise-Bassin sind die Silber- und Goldminen von Owyhee (Oweihi) und die von Süd-Boise für Boise-City die wichtigsten. Die Oweihi-Gebirge, welche bis in den Sommer hinein schneebedeckt sind, sieht man deutlich von Boise-City aus. Der höchste Berg in jener Kette ist der „Kriegsadlerberg" (war eagle mountain), nach barometrischer Messung von Karl v. Liebenau** 9260 Fuß über dem Meere. Die Haupt-minenstadt in Owyhee ist Silver City, 8301 Fuß über dem Meere. Owyhee führt seinen Namen nach einigen in früheren Jahren im alten Fort Boise wohnenden Sandwich-insulanern. Weihi heißt in der Kanaka-Sprache Mann und o ist Interjection.

Die Minen von Owyhee liegen 60 englische Meilen in südwestlicher Richtung von Boise City. Die Goldpro-duction (meistens im Silber enthalten) der dortigen Gruben ist ihrer Silberproduction an Werth beinahe gleich. Da aber durchaus kein fremdes Capital dorthin eingeführt wird, so ist der Ertrag dieser Minen sehr schwankend und der Bergbau beschränkt sich auf die geringen Mittel der daselbst Ansässigen, die jedoch zuweilen sehr reichlich für ihre Mühe

---

* Boise City hat sich so ziemlich auf der geschilderten commer-ciellen Rangstufe erhalten; nur findet der Hauptverkehr mit der civilisirten Außenwelt jetzt vermittelst Postkutschen direct nach der Centralpacific-Eisenbahn statt.

** Karl v. Liebenau, Berg- und Hütten-Ingenieur der Frei-berger Bergschule, dem ich die meisten der in diesen Skizzen an-geführten bergmännischen Notizen zu verdanken habe. Derselbe wohnte in den sechziger Jahren in Idaho und lebt gegenwärtig (1874) in Brasilien.

belohnt werden, und schon Hunderttausende von Dollars dem Nationalvermögen zugeführt haben. Die edlen Metalle von Owyhee werden über die Humboldt-Route direct nach San Francisco „verschifft", Boise City zieht außer durch den Productenhandel nur wenig Nutzen aus jenen Minen.

Die erzführende Gangzone im Silber-City-Minendistrict (Owyhee) ist zwei englische Meilen lang und eine Meile breit. Die darin auftretenden Gänge sind in ihrer Zusammensetzung einander sehr ähnlich. Alle führen in Quarz und lettigen Saalbändern Gold, Hornsilber, Glaserz und Rothgültigerz; oft sind die Stufen durch einen geringen Kupfergehalt grün und blau gefärbt. In der Mächtigkeit sind die Gänge sehr verschieden; von wenigen Zollen weiten sie bis zu vier Fuß aus. Während in der „Oro-Fino-Mine" stets geschossen werden muß, wird in der „Poor-Man-Mine" nur die Picke gebraucht. Beide genannten Hauptminen dieses Bergbaudistricts liegen am Kriegsadlerberge. Die in Owyhee gewonnenen Erze werden in zehn Stampfmühlen, welche theils am Sinkerbach, theils am Jordanbach liegen und 128 Stempel führen, verarbeitet und das freie Gold und Silber wird in eisernen Pfannen mittelst Amalgamation gewonnen.

Der Süd-Boise-Minendistrict, der seinen natürlichen Handelsweg nach Boise City nimmt, liegt 120 englische Meilen in südöstlicher Richtung von dieser Stadt und zeichnet sich vor den Owyhee-Minen durch Mächtigkeit der Gänge aus, die hier von 10 bis über 30 Fuß breit sind. Das Silber und Gold kommen stärker vererzt vor und widerstreben dem Amalgamationsproceß im rohen Zustande. Das Gold ist hier hauptsächlich in Schwefel- und Arsenkies vorhanden und das Silber als Rothgültig und Polybasit. Ebenso wie in Owyhee ist das Nebengestein der Gänge

Granit. Eine Mühle mit 10 Stempeln ist unfähig mehr
als 10 bis 15 Procent des Gehalts an edlen Metallen
den Erzen zu entziehen und will man deshalb einige Oefen
bauen. Ein halbes Dutzend Stampfmühlen, welche von
Newyorker Compagnien unter der Leitung von geriebenen
Jungen als Superintendenten nach Süd-Boise geschickt
wurden, liegen im Gebirge zerstreut und warten auf die
Entdeckung eines neuen Goldgewinnungsprocesses, der ihnen
Thätigkeit verschaffen soll. Rocky Bar, der Hauptort
dieses Minendistricts giebt mit seinen zerfallenen Häusern ꝛc.
ein treffendes Bild einer heruntergekommenen Minenstadt.
Doch ist der Reichthum von Süd-Boise an edlen Metallen
kaum angetastet und die Zeit wird kommen und ist vielleicht
nicht fern, wo seine Felsenthäler von dem Lärm thätiger
Pochwerke wiederhallen werden. Die Hauptmine in Süd-
Boise sind die „Atlanta-Mine“ und die „Reb-Warrior-
Mine“. In beiden findet sich reines Gold- und reines
Silbererz neben einander in denselben Gängen und jede
Erzsorte wird für sich verarbeitet.

Mein Aufenthalt in Boise City beschränkte sich auf
ein paar Stunden. Wenig dachte ich damals, daß dieser
Ort mir als Heimath für die kommenden Herbst- und
Wintermonate dienen sollte, und noch weniger ahnte ich,
daß ich in seinen Mauern diese Skizzen schreiben würde.
Freunde habe ich dort gefunden, die mir lieb und theuer
geworden, und von denen ich doch so bald wieder scheiden
sollte. Aber so ist das Leben eines quecksilberigen Kosmo-
politen, und hat Apoll ihn noch obendrein mit seinem Zau-
berstabe, wenn auch nur flüchtig, berührt, so ist er doppelt
zu beklagen. Wer hieß mich auch wie ein fahrender Ritter mit
Gänsekiel und Kaufmannselle über den halben Erdball wandern! Mercurius hat den Gott mit der goldenen Leier von
jeher gehaßt, und daß es auch in meinem Geiste zwischen

ten zwei antagonistischen Göttern, die ich beide auf einmal
zu Besuch geladen, recht oft zu Raufereien kommen mußte,
hätte ich voraus wissen sollen.

Freundlich schien die Morgensonne des 16. Mai, als
ich Boise City Lebewohl sagte und, am letzten Tage meiner
Stage=Fahrt über den Continent, der Minenstadt Idaho
City entgegeneilte. Vorbei ging es an den schmucken Gar=
nisonsgebäuden von Fort Boise und bald lag das grüne
Boise=Thal hinter uns und wir fuhren hinaus in die Berge
auf sandiger Landstraße. Mit Ausnahme einiger felsigen
Pässe bot die Gegend wenig Interessantes. Die Berge
waren meistens kahl oder nur mit Salbei bewachsen, und
nur selten zeigte sich spärlicher Fichtenwuchs auf den Höhen.
Eine Schande war es, wie rücksichtslos die Bewohner die=
ser Gegend mit den Bäumen umgingen und alle vereinzelt
dastehende Fichten umhieben. Die jetzige Generation in
diesen Ländern nimmt offenbar nur auf ihren eigenen Vor=
theil Bedacht, ihre Nachkommen mögen selber zusehen, wo
sie Holz herbekommen. Es ist der Fluch aller Minenländer
in Amerika, daß Niemand, der dorthin wandert, dieselben
als seine zweite Heimath betrachtet. Jeder will in so
kurzer Zeit als möglich ein seinen Begriffen von Reich=
thum entsprechendes Capital zusammenscharren, um mit dem
Erworbenen nach den östlichen Unionsstaaten oder nach Eu=
ropa zurückzukehren. Ich glaube nicht, daß unter hundert
Einwohnern Einer ist, der länger als fünf, in der Regel
nur zwei oder drei Jahre in diesen Ländern zu wohnen be=
absichtigt. Bleibt er länger hier, so ist es ihm sicherlich
in Geldangelegenheiten nicht nach Wunsch gegangen. Sollte
das Glück ihm nur halbwegs hold sein, so wird er sein
„Eldorado" schon weit früher verlassen. Wer nur nach
drei Jahren an einen früheren Wohnort in den Minen=
ländern zurückkehrt, der wird sehr wenige alte Freunde dort

antreffen. So ist es an fast allen Plätzen an dieser Küste, mit alleiniger Ausnahme von San Francisco und Portland und einigen größeren Inlandstädten.

Die ersten 15 englischen Meilen unserer Stage-Fahrt behielt das Land seinen einförmigen und öden Character. Dann hatte das Tausendmeilenreich des Salbei-Gestrüpps gottlob ein Ende. Schneegekrönte Berggipfel, rauschende Fichtenwälder, murmelnde Bäche und grüne Seitenthäler begrüßten uns, und die Fernsichten auf eine wilde Gebirgs= landschaft waren mitunter herrlich. Wir fuhren am „Moore's Bach" (Moore's creek) hin, der allen Minenwassern des ausgedehnten und glorreichen „Boise-Bassin" (Boise-Thal= kessel) zum Abfluß dient. Rauschend brauste er links am Wege zwischen zerrissenen Felsabhängen hin. Die Land= straße wurde jetzt außerordentlich felsig und rauh und war dabei so enge, daß die zahlreichen uns begegnenden mit acht und zehn Joch Stieren bespannten Frachtwagen uns oft halbstundenlang aufhielten. Einmal mußten wir Passagiere die Stage-Kutsche mit Stangen und Hebeln an einem Ab= hange stützen, um eine mit zehn Maulthieren bespannte Fuhre vorbeizulassen. Zuguterletzt begegneten wir an der engsten und gefährlichsten Stelle an der Landstraße der Idaho=City=Stage und zehn riesigen Frachtwagen auf ein= mal. Eine Stunde lang setzte ich mich auf einen Felsblock am Rande des mit gelblichen Wogen wild hinbrausenden Moore's Baches und betrachtete in aller Gemüthsruhe das nicht uninteressante Schauspiel. Düstere Fichtenwaldungen hoben sich auf den felsigen Bergabhängen nahe am Fahr= wege hoch empor und blickten ernst herab auf das wirre Getümmel von Menschen, Pferden, Maulthieren, Stieren und Wagen, die sich in scheinbar unauflöslichem Knäuel auf dem engen Bergpfade zusammenpreßten. Flüche, Halloh und Peitschengeknall machten die Thalschlucht laut wieder=

hallen, und nicht viel fehlte daran, so wäre es zwischen den erbosten Fuhrleuten, von denen Keiner dem Andern weichen wollte, zum Handgemenge gekommen. Eine Gesell= schaft von Lemhi=Minern, die von Idaho kamen und Ruhe stiften wollten, vermehrten nur den allgemeinen Aufruhr.

Endlich hatte sich unsere Stage aus dem Wirrwar her= ausgearbeitet, ich nahm meinen Sitz beim Kutscher auf dem Bocke wieder ein und fort ging's im gestreckten Galopp, um die verlorene Zeit wieder einzuholen. Mitunter kamen wir an Ranches (Farmen und Viehhürden) vorbei, wo die Bewohner die Waldungen etwas gelichtet und Gärten und Kartoffelfelder angelegt hatten. Bergauf ging es und bergab; bald waren die grasreichen Abhänge mit Millionen von Sternblumen geschmückt, bald mit herrlichen Fichtenwaldungen, dann wieder traten nackte Felsen auf ihnen zu Tage. Hier las ich an einer Wegstation den poetischen Namen Minne= haha (lachendes Wasser), deren Inhaber das schöne Gedicht „Hiawatha" von dem amerikanischen Dichter Longfellow ge= lesen haben mußte und seiner Wohnung den Namen der Schönsten der indianischen Schönen gegeben hatte. Mit Benennung der Berge waren die Bewohner dieser Gegend wenig glücklich gewesen. Die höchste Bergkuppe an der Landstraße z. B. führte den interessanten Namen „Schweins= rücken" (hog's back).

Weiter fuhren wir an Seitenthälern vorbei, aus denen rauschende Gebirgsbäche hervorstürzten, alle reich an Gold. Endlich öffneten sich die Berge und ein weiter von bewal= deten Höhenzügen eingeschlossener Thalkessel lag vor uns, ein Theil des berühmten Boise=Bassin, aus dessen Schluch= ten, Thälern und Bächen bereits viele Millionen von blan= kem Mammon gewonnen wurden und dessen jährliches Gold= product noch immer $2\frac{1}{2}$ Millionen Dollars beträgt. Den Moore's=Bach, der hier seicht und breit in sandigem Bette

hinfloß, überschritten wir auf einer primitiv gebauten Holz=
brücke. Lustig ging es auf dem andern Ufer weiter. Wasser=
leitungen zogen sich zu beiden Seiten der Straße hin, bald
in Gräben eine über der andern an den Bergabhängen
herum=, bald auf hohen Holzblöcken in Rinnen hinlaufend.
Wasserräder rauschten in den Gräben und hoben die Fluthen,
welche bereits zum Auswaschen goldhaltiger Erde gedient,
auf ein höheres Niveau, um dieselbe Arbeit nochmals zu
verrichten. Wo ich hinsah, waren Miner fleißig bei der
Arbeit, denn dieses war zum Goldwaschen die günstigste
Jahreszeit, da das unentbehrliche Wasser in Hülle und Fülle
vorhanden war. Hier standen die Goldwäscher mit Hacke
und Spaten in langen Gummistiefeln im rauschenden Wasser
oder an den Gräben und schaufelten Erde in die Goldwasch=
rinnen, dort warfen andere mit dichtgezahnten Eisengabeln
die Steine aus den Rinnen heraus. Schaaren von lang=
gezopften Chinesen karrten Erde aus dem Moore's=Bach,
dessen Wasser sie mit Dämmen abgeleitet, um den gold=
haltigen Grund nach einander in Strichen bloßzulegen.

Hier waren wir bei den „Warmen Quellen" (warm
springs), dem Pyrmont der Bewohner von Idaho City.
Eine schmucke Badeanstalt mit Wannenbädern und großem
Schwimmbassin, ein Gasthaus und freundliche Garten=
anlagen lagen am Fuße eines mit herrlichen Fichten
bewachsenen Berges, aus dem die heißen Mineralquellen
mit einem Wärmegrade von 102 Grad Fahrenheit her=
vorsprudeln. Omnibusse fahren von den Bädern den Tag
über bis spät in die Nacht nach der nur zwei englische
Meilen entfernten Goldstadt. Breit im seichten Bette floß
rechter Hand der Moore's=Bach, voll von Schutthaufen
von Sandbänken.

Nach kurzem Aufenthalte bei den „warm springs"
jagten wir weiter, dem ersehnten Goldhafen entgegen.

Unter triefenden Wasserleitungen fuhren wir hin; rechter Hand war das ganze Ufer des Moore's-Baches buchstäblich unterst zu oberst gekehrt, — ein Chaos von tiefen Canälen und Gräben, Steinhaufen, Bergen von Erde und Schutt, hausgroßen Löchern, Wasserleitungen, Goldwaschrinnen 2c. Wo man hinsah, waren die Miner bei der Arbeit. Die goldhaltige Buena Vista Bar war es, welche sich uns hier präsentirte. Rauschende Wasser brausten quer über die Landstraße und nach allen Richtungen hin, in Gräben, Rinnen und Wasserleitungen, über und nebeneinander. Dann kutschirten wir durch eine lange Straße zwischen Holzgebäuden hin — Minerhütten, Trinksalons, Kaufmannshäuser 2c. —, wie der Grund, worauf sie stand, „Buena Vista Bar" genannt. Ein breites Querthal lag vor uns, das des Elk-Bachs (elk creek), der sich hier in den Moore's-Bach ergießt. Jenseits des Elk-Bachs lagen die Häuser von Idaho City. In schneller Fahrt ging's durch die hier über eine viertel englische Meile breite Niederung des Elk-Bachs, neben uns eine hohe triefende Wasserleitung, — und jetzt endlich hatte ich das Ziel meiner Reise erreicht, die Goldstadt Idaho City.

Durch eine unsaubere Gasse fuhren wir zunächst; sie war voll von auf hohen Kahnpantoffeln umherschlürfenden Chinesen, wo die angemalten Gesichter der Dirnen des himmlischen Reichs uns aus niedrigen Fenstern frech angafften. Bald hatten wir die lange Hauptstraße von Idaho City erreicht, die von Minern und Herumlungerern lebendig war. Reiche Kaufläden, Trinksalons und Geschäftshäuser aller Art, meistens aus Holz gebaut und alle mit riesigen bunten Schildern und Anzeigetafeln geziert, drängten sich an derselben, Musik und fröhliches Zechgelage schallten aus den offenen Thüren, Lärm und Getümmel aller Arten. Große Höhlungen befanden sich inmitten der Straße, in denen

rauschende Wasser hinflossen und wo tief unten Miner mit
Picke, Spaten und Eisengabeln fleißig bei der Arbeit waren.
Schutthaufen, Berge von losen Brettern lagen hier und
da mitten in der Straße; hoch aufprasselnde Feuer brann=
ten in derselben, an welchen die zahlreichen Müßiggänger
sich den Rücken wärmten. Langsam fuhren wir durch das
Getümmel; und hier hielten wir endlich vor dem Stage=
Bureau und waren von einer lärmenden Menschenmenge
umgeben. Freudiges Händeschütteln und frohe Grüße von
alten Bekannten, — das war mein Empfang in der wüsten
Goldstadt des fernen Idaho nach einer fünfundzwanzig Tage
dauernden Stagefahrt von fünfzehnhundertundsechs Meilen,
seit wir bei Salina in Kansas auf die große Steppe hin=
ausfuhren, und einer ununterbrochenen Reise von über fünf=
tausend englischen Meilen, seit ich vor zweiundsiebzig Tagen
das nördliche Texas verlassen hatte.

Eine Fahrt

mit dem

„Hotelzuge" der Pacificbahn.

———

14 *

Als Gegenstück zu meiner im vorigen Abschnitte ge=
schilderten 1500 Meilen langen Stagefahrt, lasse ich hier
die Beschreibung einer Reise auf der Pacificbahn folgen,
welche ich das erste Mal im Jahre 1870 in einem soge=
nannten „Hotelzuge" unternahm.

Im „Hotelzuge" der Pacific-Eisenbahn.*

März 1870.

Wir spannten den eisernen Rappen vor,
Auf Flügeln des Dampfes zu jagen
Zweitausend Meilen vom goldenen Thor
Zum Missouri, im glänzenden Wagen;
Hoch unter den Wolken im donnernden Zug,
Durch endlose Wüsten, im sausenden Flug, —
In vier gemessenen Tagen.

Ade, du herrlich grünende Flur,
Ade, ihr Frühlingsgefilde!
Dich, Goldland, schmückte die Mutter Natur
Im paradiesischen Bilde!
Der Himmel so tief, mit klarstem Blau,
Die Lüfte, im Winter sommerlau,
Wie im Tropenlande so milde.

* Adelpha, 2. Band, S. 224 ff.

Hinan die Sierra in donnernder Fahrt!
Nun schnaube, du muthiger Renner!
Ihr, die ihr in fremden Ländern war't,
Am Mont Cenis und am Brenner,
Ihr dachtet, dort gäb' es in Wolkenhöhn
Im Dampfzug Wunderdinge zu sehn: —
Jetzt staunet, wackere Männer!

Wir kreisen hinan, wie der Adler fliegt,
An schwindelnden Bergeshängen;
Unser Pfad über Brücken, thurmhoch, liegt,
Durch endlose Felsenengen;
Wir spotten der mächt'gen Lawinen Gekrach, —
Unterm festen Vierzigmeilen-Dach
Kann kein Schnee die Straße bedrängen.

Wir tafeln im fliegenden Speisepalast,
Wie kein König jemals geträumet.
Es eilen die Meilen; die Gläser gefaßt
Und den seltenen Wunsch nicht versäumet;
Aus goldenem Füllhorn schöpfte uns dies
Das californische Paradies, —
„Ihm ein Hoch, da der Becher schäumet!"

In kreisende Weite schweift der Blick
Beim Festmahl auf Dampfesflügeln.
Die Wälder, die Gipfel bleiben zurück
Und werden zu Büschen und Hügeln.
Dort unten der Faden silberhell,
Es ist ein Strom mit breiter Well',
Drin riesige Wälder sich spiegeln.

Und kommt die Nacht, so kehren wir ein
In kosige Schlafgemächer.
Was kümmert der Sturm uns! er brause darein
Und hagle an Scheiben und Dächer!
Wir hören auf donnernder Fahrt ihn kaum,
Auf der Windsbraut Flügeln; beim süßen Traum
Verhallt er schwächer und schwächer.

So sausen wir über Sierra's Höhn;
Dann durch traurige Wüstenflächen
Und endlose Wildniß. Wie ist's schön,
Im Waggon von der Wüste zu sprechen,
Von den Emigranten der alten Zeit,
Von Indianern und blutigem Streit, —
Im „Hotelzug", beim Schmausen und Zechen!

Frischauf, du Rappe und spute dich schnell!
Zu des Salzsees reichem Gelände,
Des landumschlossenen Meeres Well',
Zu Webers Schluchten dich wende.
Zweitausend Meilen, — du kennst den Weg
Durch Echo Cañon's Felsensteg,
Und die thurmhoch rothen Wände!

Hinan der Felsengebirge Grat, —
Achttausend Fuß über dem Meere!
Hinunter auf tiefbeschneitem Pfad, —
Durch der Ebenen endlose Leere!
Wir tragen ja des Jahrhunderts Geist,
Der auf Dampfesflügeln die Welt umkreist,
Mit uns vom Meere zum Meere!

*   *   *

Es war am Morgen des 16. März 1870, als ich bei der Stadt Oakland, am nördlichen Ufer der großen San Francisco=Bai, in den Hôtel= und Expreßzug der Central= und Union=Pacific=Eisenbahn stieg, und sieben Tage später befand ich mich an Bord eines schwimmenden Dampfpalastes auf dem unteren Mississippi, mehr als dreitausend Meilen vom Goldenen Thore entfernt. Eine solche Reise, nach Meilenzahl und Tagen betrachtet, hat selbst im neunzehnten Jahrhunderte, wo der Dampf die alten Begriffe von Zeit und Entfernung vernichtet hat, etwas Märchenhaftes. Mancher möchte vermuthen, daß ich nach einer Eisenbahnfahrt von zweitausenddreihundertsechsundachtzig Meilen, als ich in St. Louis an Bord des stolzen Mississippidampfers trat, halb gerädert war. Nichts von dem! ich hätte sogar meine Eisenbahnreise auf beinahe viertausend Meilen bis nach New=Orleans ausdehnen können, ohne mich dabei im Mindesten zu strapaziren.

Als ich in St. Louis nach einer ununterbrochenen Eisenbahnfahrt von fünfundeinhalb Tagen und fünf Nächten anlangte, war ich so wenig ermüdet, als ob ich meine comfortable Wohnung in dem fernen San Francisco nie verlassen hätte. Jede Nacht habe ich auf meiner drittehalbtausend Meilen langen Eisenbahnreise in einem bequemen Bette geschlafen; während der eiserne Rappe oft in Wolkenhöhe durch die endlose Breite dieses Continentes eilte, habe ich in einem prachtvollen Hôtelwaggon dejeunirt, dinirt und soupirt, und habe unterwegs gerade so gelebt und mich ebenso prächtig amüsirt wie in einem Hôtel und dabei die Welt im Fluge betrachtet.

Auf dem „El Capitan", einer der prächtigen Dampffähren, welche die Verbindung zwischen San Francisco und Oakland herstellen, hatte ich um sieben Uhr Morgens die Hafenfront der großen Handelsmetropole Californiens ver=

laſſen. Das Wetter war herrlich, wie es unter dieſem Breitengrade im März wohl kaum in einem andern Lande der Welt ſo ſchön als in Californien zu finden iſt. Die eleganten Salons des Dampfers waren gedrängt voll von Paſſagieren, darunter Viele, welche mit der Pacificbahn die Reiſe über den Continent unternehmen wollten, — ein buntes Gemiſch zahlreicher Nationalitäten kaukaſiſcher Abſtammung. Ein halbes Dutzend Chineſen, in eleganter Nationaltracht und augenſcheinlich der reichern Claſſe ihrer Landsleute angehörend, hatten auf einem der ſammetnen Canapees Platz genommen und muſterten die im Saale auf und ab promenirende Menge ſtumm und mit ernſter Miene, ohne von irgend Jemandem der Anweſenden kaum eines Blickes gewürdigt zu werden. John (Univerſalname aller Chineſen) fühlte ſich ohne Zweifel in einer einſamen Lage und ſtellte im Geiſte wahrſcheinlich Vergleiche zwiſchen den rohen Barbaren des Weſtens und ſeinen höflichen Landsleuten im fernen Blumenreiche der Mitte an. Goldgräber und Minenarbeiter aus Californien und den angrenzenden Gold und Silberländern, behäbige californiſche Farmer mit Weib und Kind, Kaufleute und Speculanten, und Andere, deren ſociale Stellung ſchwierig zu beſtimmen war, drängten ſich in den Salons und auf den offenen Galerien des Dampfers.

Weiter hinaus eilten wir in die Bai. Linker Hand zeigt ſich die befeſtigte Inſel Alcátraz, wo das Sternenbanner hoch über den rothen Steinmauern flattert, — ein ſchmuckes Plätzchen inmitten der weiten Fluthen. Mit den caſemattirten Batterien von „Fort Point" beherrſcht die Inſel den Eingang in das „Goldene Thor". In weitem Bogen, an den Seiten anſehnlicher Hügel hingebaut und die Kronen derſelben mit ihren Häuſern bedeckend, liegt hinter uns die große Goldſtadt; links, in der Ferne „Hunter's Point", woſelbſt ſich eine bedeutende Docke zum Ausbeſſern von See

schiffen befindet; rechter Hand der „Telegraphenhügel", mit
dem jetzt vereinsamten Holzthurme auf seinem Gipfel, von
wo aus in alter Zeit, als der electromagnetische Telegraph
in Californien noch nicht eingeführt war, den Bewohnern
des jungen San Francisco Signale über die in das Goldene
Thor einlaufenden Panamá=Dampfer gegeben wurden, welche
nebst der „Ueberland=Pony=Expreß" dazumal die einzige
regelmäßige Verbindung mit der civilisirten Welt bildeten.

Welch ein Wechsel der Dinge, — zwanzig Jahre zu=
rück und jetzt! — Wie gern reden die Californier noch im=
mer von alter Zeit (early times)! Wie manche Herzen da
klopften, wenn das Signal vom Telegraphenhügel flatterte
und die frohe Nachricht durch die Stadt von Mund zu
Mund flog: „Der Dampfer ist in Sicht!" und wer nur
konnte nach dem Hafen eilte, um den willkommenen Boten
zu begrüßen. Nachrichten von der Heimath brachte er, es
kamen vielleicht Freunde und Bekannte. Und wie wurden
die Glücklichen beneidet, die einen Brief erhascht hatten,
oder gar einen Freund am Arm vom Dampfer zurück in
die wilde Goldstadt zogen, wie beneidet von Solchen, denen
der Dampfer nichts, gar nichts gebracht hatte! Immer noch
laufen die stolzen Dampfer von Panamá regelmäßig wie
einst in San Franciscos herrliche Bai, aber ohne bewill=
kommt zu werden, und namentlich seit der Vollendung der
Pacificbahn achtet fast Niemand mehr auf sie; höchstens ein
Kaufmann, der Waarengüter vom Osten erwartet, horcht
auf, wenn ein Salutschuß donnert. Der Telegraphenhügel
liegt da einsam und verlassen, sein hohes Holzgerüst ein
Denkmal der „alten Zeit".*

* Auch dieses Denkmal der alten Zeit ist jetzt verschwunden.
Ein gewaltiger Sturm stürzte das Holzgerüst schon im nächsten Jahre
von seinem Fundamente herunter und ist dasselbe nicht wieder auf=
gebaut worden.

Der Rückblick auf San Francisco war nicht so anziehend, als Mancher, dessen Phantasie die Ferne gern mit schönen Bildern bereichert, es sich denken mag. Im Innern der Stadt freilich sind die Hauptstraßen in modernem Stil angelegt, und prächtige Gebäude, die jeder Hauptstadt der Welt zur Zierde gereichen würden, giebt es dort in Menge. Aber die widrige Lage von San Francisco auf Sandbergen und felsigen Hügeln, die theilweise planirt oder durchstochen wurden, um auch hier, allen Bodenverhältnissen zum Trotze, die in Amerika beliebten schnurgraden Straßen anzulegen, tritt, von der Bai aus gesehen, besonders ins Auge. Halb abgetragene Sandberge und nur zum Theil fortgesprengte Gesteinmassen, mit unansehnlichen Holzhäusern bestanden, bildeten das Amphitheater des Hintergrundes von dem Panorama, dessen Vorgrund die unsauberen und nichts weniger als elegant gebauten Hafenstraßen waren. Aber der Rahmen dieses Gemäldes — die stolzen Segel- und Dampfschiffe, welche hier in langer Reihe das Ufer umkränzten, dort vereinzelt im freien Gewässer ankerten, die weite Bai und darüber der tiefblaue Himmel Californiens, war herrlich.

Bald lag die Stadt uns weit im Rücken und wir näherten uns rasch der hohen „Ziegeninsel" (Goat Island), welche inmitten der Bai und halbwegs zwischen San Francisco und Oakland liegt. Die Breite der Bai beträgt an dieser Stelle etwa sieben, die Entfernung von San Francisco nach Goat Island drei englische Meilen. Die geographische Lage von Goat Island ist eine wichtige. Einerseits eignet sich dieselbe besonders für die Anlage von Befestigungswerken zur Hafenvertheidigung; andererseits hat die Central-Pacific-Eisenbahngesellschaft ihr Auge auf die Insel geworfen, als den passendsten westlichen Terminus der großen Ueberlandbahn. San Francisco, welches auf einer Halbinsel zwischen dem Meere und der großen Bai

liegt, ist in directer Linie vom Osten her per Eisenbahn auf
dem Festlande nicht zu erreichen. Durch den Bau einer in
dem hier nicht sehr tiefen Gewässer der Bai leicht anzule=
genden Pfeilerbrücke von Oakland nach Goat Island würde
aber der Bahnhof bis dicht vor San Francisco gerückt,
und selbst der Arm der Bai zwischen San Francisco und
Goat Island könnte durch eine Kettenbrücke überspannt
werden, so daß die Bahnwagen direct bei San Francisco
anhielten. Von Oakland aus reicht eine Pfeilerbrücke zum
Anlanden der Dampfer bereits zwei englische Meilen weit
in die Bai hinaus, die leicht nach der Insel verlängert
werden könnte. Gegenwärtig liegt ein Militärposten der
Vereinigten Staaten auf der Insel.

Goat Island dicht zur Linken lassend, durchfurchte
unser stattlicher Dampfer schnell die breite Bai, und vor
uns breitete sich am jenseitigen Ufer die ansehnliche Stadt
Oakland aus, die ihren Namen nach der Menge von immer=
grünen Lebenseichen führt, welche in der Stadt und um die=
selbe zerstreut stehen. Das frische Grün jener Bäume bietet
dem Auge, das sonst ringsum nur nackte Hügel erblickt,
einen angenehmen Ruhepunct. Wegen seiner vor den rauhen
Seewinden geschützten Lage ist Oakland als Ziel für Ver=
gnügungspartien beliebt, und viele von den reicheren Be=
wohnern San Franciscos haben sich Landsitze dort erbaut.
Oft verläßt man San Francisco, wo die Witterung nament=
lich im Sommer sehr veränderlich ist, in einem nichts
weniger als angenehmen Wetter, wenn feuchte Nebel die
Stadt einhüllen oder ein heftiger Wind dichte Staubwolken
durch die Straßen treibt, und tritt binnen einer halben
Stunde bei Oakland in ein wahres Frühlingsparadies.

Nach einer Fahrt von kaum dreiviertel Stunden lan=
dete der „El Capitan" am Fuße der sich weit in die Bai
hinauserstreckenden Pfeilerbrücke, auf welcher bereits eine

lange Reihe prächtiger Waggons vom Expreßzuge der Pa=
cific=Eisenbahn zur Abfahrt bereit hielt, der nach kurzem
Getümmel seine lebendige Fracht vom Dampfer an Bord
nahm und schnell dem Festlande entgegenrollte. Ich hatte
meinen Platz in dem „Pullman's Palast=Salon= und Schlaf=
waggon Winona" genommen. Der „Winona" (alle diese
Hôtelwagen haben Namen) ist der letzte in der stolzen Reihe
von Prachtwaggons, die unseren Zug bilden. Außer dem
„Winona" befinden sich die Pullman's Palast=Salon= und
Schlafwaggons „Woodstock" und „Northwestern" im Zuge;
dann der Pullman's Palast=Speisewaggon „Cosmopolitan";
ferner, außer zwei gewöhnlichen Passagier= und einem Ge=
päck=, noch vier Silberpalast=Schlafwaggons der Central=
Pacific=Eisenbahn. Hochklingende Namen für nichts als
Eisenbahnwagen! wird Mancher denken. Einverstanden!
Dennoch erregen diese die Bewunderung eines Jeden, der
sie zum ersten Male besteigt.

Herr Pullman ist der Erfinder und Besitzer jener
Prachtwaggons, welche seinen Namen führen, und dieser
Beglücker der Reisenden hat auch die Hôtelzüge auf der
Pacificbahn eingeführt. Die Einrichtung der amerikanischen
Schlaf= und Reisewaggons darf ich wohl als bekannt vor=
aussetzen; die Pullman'schen sind aber das Nonplusultra
von Eleganz und Bequemlichkeit und verhalten sich zu den
anderen amerikanischen Schlafwaggons wie ungefähr die
erste Kajüte eines Oceandampfers zu dessen zweiter Kajüte.

Mit der Pacificbahn hat Herr Pullman einen Con=
tract abgeschlossen, welcher ihm das Recht giebt, seine Pa=
lastwaggons jedem ihrer Züge einzuhängen. Seine Conduc=
teure, Köche und Aufwärter muß er selbst besolden. Seine
Einnahme besteht in dem Schlafgeld für Betten, achtzehn
Dollars von San Francisco nach Omaha von jedem Passa=
gier für ein doppeltes Lager, wozu das Geld für Mahl=

zeiten und Getränke im Speisewaggon kommt, ein Dollar für Frühstück und Zwischenmahlzeiten und anderthalb Dollar für Mittagsessen, und Getränke extra. Die Eisenbahngesellschaft berechnet jedem Passagier auf den Hôtelzügen zehn Dollars extra von San Francisco nach Omaha und einen Cent pro englische Meile mehr als den gewöhnlichen Fahrsatz für kürzere Distancen, welches jenen das Recht giebt im Speisewaggon (natürlich für Bezahlung) zu tafeln. Wer die Extragebühr nicht zahlt, der hat keinen Zutritt in den Speise- und die anderen Pullman's-Waggons, und muß in einem gewöhnlichen Wagen reisen und auf den Stationen oder aus seinem Brodkorb essen. Für die von jedem Passagier der Hôtelzüge gezahlten zehn Dollars oder einen Cent pro Meile mehr hält die Pacific-Eisenbahngesellschaft die Pullman's-Waggons in gutem Stand. Alle Interessenten stehen sich bei diesem Contracte vortrefflich. Herr Pullman bezieht hundertfünfzig bis hundertfünfundsiebzig Dollars pro Nacht für jeden Schlafwaggon, dazu das Geld für Mahlzeiten und Getränke; der Pacificbahn werden diese prachtvollen Wagen umsonst gestellt, und die Passagiere haben für eine geringe Zulage zu dem gewöhnlichen Ansatz der Reisekosten unterwegs die Bequemlichkeiten eines Hôtels erster Classe.*

Die Namen der Reisenden, welche die Ueberlandzüge benutzen, werden bei der Abfahrt, von San Francisco sowohl als von Omaha, nach Ost und West über den Continent telegraphirt; sowohl in San Francisco als in New-

---

* Die Centralpacificbahn hat diesen Contract gekündigt und es laufen jetzt keine Pullman's Palast- und Speisewaggons mehr zwischen Ogden und San Francisco. Die kaum minder prächtigen Silberpalast-Waggons haben hier deren Stelle eingenommen, ohne jedoch mit Speisewaggons verbunden zu sein.

York und anderen Großstädten der Union liest man sie in den täglichen Zeitungen.

Die Herstellung der Pullman's-Waggons kostet im Durchschnitt zweiundzwanzigtausendfünfhundert Dollars für jeden Wagen; die der Silberpalast-Schlafwaggons der Central-Pacific-Eisenbahn zwanzigtausend Dollars. Der feinste von den Pullman's-Waggons „Orleans" hat zweiunddreißigtausend Dollars gekostet. In einigen derselben befinden sich Melodeons und Pianos, damit die musikalischen amerikanischen Ladies unterwegs darauf klimpern können. Gottlob war kein Clavier auf unserem Zuge, und blieben mir diese Ohrenschmäuse erspart. Unser Fortepianowaggon war nämlich auf der letzten Reise mit vier anderen Wagen in einen Graben gestürzt. Im Sommer werden den Hôtelzügen offene sogenannte „Observationswaggons" angehängt, welche den Passagieren eine freie Umschau bieten.

Die Palast-Salon- und Schlafwaggons laufen auf zwölf Rädern; die Speisewaggons laufen jeder auf sechzehn Rädern. Die Palast-Speisewaggons werden immer eleganter hergestellt und jeder neue übertrifft an Pracht die alten. Der demnächst zu erbauende soll, wie der deutsche Oberkoch im Cosmopolitan-Waggon mir mittheilte, etwas Pompöses werden. Früher war auch eine Bar (Trinkstand) in den Speisewaggons; dieselbe wurde aber neuerdings wieder entfernt, weil die Bremser, Zugführer, Conducteure und andere Bahnbeamte sie zu sehr patronisirten und man mit Recht befürchtete, die Liste der „Zufälle" im Verhältniß zu der Zahl der genossenen Liqueure zu vermehren. Zur Zeit meiner Reise wurden Wein, Bier und sonstige Getränke dort den Passagieren nur flaschenweise verkauft.

Die Pullman's-Waggons werden im Winter durch Röhren geheizt, welche unter den Sitzen hinlaufen und die Temperatur ununterbrochen gleichmäßig warm halten. Die

Röhren sind mit Salzwasser gefüllt und stehen mit einem mit Kohlen geheizten Ofen in Verbindung, der das Salz=wasser gleichmäßig erhitzt, — eine außerordentlich praktische Vorrichtung. Diese Waggons sind im Winter bei eisiger Kälte im Hochgebirge so angenehm warm wie ein fürstliches Boudoir. Beim Betrachten derselben muß man über den praktischen Sinn der Amerikaner erstaunen. Jede Stelle, jeder Winkel ist benutzt worden. Die Wandspiegel z. B. kann man in die Höhe schieben; dahinter befinden sich in den Schlaf=waggons Nachtlampen, im Speisewaggon Weingläser. In den mit solidem Wallnußholz überaus prächtig getäfelten Wagen kann man ordentlich auf Entdeckungsreisen ausgehen. Zwischen jedem mit Sammet gepolsterten Doppelsitze bringt ein stets diensteifriger Aufwärter auf Verlangen niedliche Klapptische an, woran man schreiben, lesen, spielen, essen kann. An jedem Ende des Waggons befinden sich schmucke Toilettenzimmer. Ein Vergnügen ist es, des Abends die Kammerdiener beim Aufmachen der Betten zu beobachten, die hinter dem getäfelten Gesims und hinter den Sitzen verborgen sind, und gleichsam aus Nichts hervorquellen und den prächtigen Salonwaggon schnell in kosige Schlafgemächer umwandeln. Die Hälfte jedes derselben ist in allerliebste Cabinete zum Gebrauch für Familien abgetheilt. Alle diese Waggons haben feine Fußteppiche. Daß auch in jedem für Closets gesorgt worden ist, versteht sich bei den amerikani=schen Eisenbahnen von selbst.

In einer Viertelstunde, während welcher Zeit die Fluthen der Bai unter uns plätscherten und der Dampf=zug eine schreckliche Flucht unter den bei Tausenden dort umherschwimmenden wilden Enten verursachte, war das Fest=land erreicht, und wir fuhren mitten durch die idyllischen Straßen von Oakland. Schmucke Wohnungen, umgeben von Gärten und grünen Eichen, erfreuten das Auge, und

die gleichsam in einem Eichenhaine liegende, zerstreut ge=
baute Stadt hatte ein außerordentlich behagliches Aussehen.
Einen schönern Platz für Villen, und in einem wahrhaft
italienischen Klima, hätten sich die Reichen der großen
Goldstadt nicht wünschen können. Als ich unter einem
blauen Himmel im sommerlichen Wetter diese reizende Stadt
durcheilte, war es schwer zu glauben, daß heute Anfang
März sei.

Nahe zur Rechten lag das anmuthige Alameda, wo
unsere deutschen Mitbürger San Franciscos einen stattlichen
Schützenpark inmitten einer herrlichen Eichenwaldung er=
richtet haben, die Büchsen lustig knallen lassen, und sich
mit Weib und Kind nach vaterländischer Sitte im Freien
mit Tanz, Musik und edlem Gerstensaft zu erfreuen pflegen.
Soeben lief eine der großen Dampffähren von San Fran=
cisco, voll von Vergnügungszüglern, mit klingendem Spiele
und fliegenden Fahnen ein in die Bucht von Alameda. Der
eiserne Rappe mit dem langen Zuge prächtiger Waggons
jagte jetzt durch ein reiches Farmland. Wieder ein schmuckes
Städtchen, San Leandro, das wir mit schrillem Dampf=
signal begrüßen.

Weiter eilen wir, dahin zwischen fruchtbaren Lände=
reien, an der Wegseite zahlreiche Obstgärten, und schmucke
Farmhäuser, und der tiefblaue californische Himmel über
uns. Ab und zu passiren wir eine starke Schaar von
Chinesenarbeitern, welche beim Ausbessern des Bahnbettes
beschäftigt sind. „Wir waren es, die jenem Eisenrosse den
Pfad über den Continent gebahnt haben!" — solche Ge=
danken mochten sich den gelben Männern in der fremdarti=
gen Tracht wohl aufdrängen, als sie, auf ihre Schaufeln
gelehnt, die menschenbeschwerten, in wilder Eile vorbeisausen=
den Waggons betrachteten. Jetzt geht es vorbei bei San
Lorenzo, dem letzten der freundlichen Städtchen in der Nähe

15

der großen Bai. Allmählich verlassen wir diese und eilen, nachdem wir, dreißig englische Meilen von San Francisco, die sich dort abzweigende San Jose (San Ho=sé)=Bahn passirt haben, der großen San Joaquin (San Oaquihn)= Ebene entgegen.

Die schwarzen Diener im Salonwaggon „Winona" melden unterthänigst, daß das Frühstück im Palast=Speise= waggon „Cosmopolitan" servirt wird. Im Fahren gehen wir durch die nächsten Salonwaggons, welche durch mit Kautschukteppichen bedeckte Brücken verbunden sind, so daß die Passage von dem einen der dahinfliegenden Waggons in den andern über den offenen Bremserplatz ohne besondere Gefahr bewerkstelligt werden kann, und erreichen bald den Speisewaggon. Die vordere Hälfte desselben ist im Re= staurationsstil, mit Tischen zu beiden Seiten, an denen je vier Personen Platz nehmen können, eingerichtet; die andere Hälfte ist Küche und Vorrathskammer, woselbst unser ge= ehrter Landsmann Wilhelm Eberle als General=Oberkoch und Küchenmeister das unumschränkte Commando führt. Ein riesiger Kochofen, die angehäuften Vorräthe für den „inneren Mann", der geschäftsmäßige Eifer der Ober= und Unterköche und die Aromadüfte, welche den Raum erfüllen, geben die Versicherung, daß wir auf unserer Zweitausend= Meilen=Reise nicht darben werden.

In Gesellschaft von mehreren Deutschen — denn Lands= leute finden sich schnell auf einer solchen Reise zusammen — nehme ich Platz an einem der sauber gedeckten Tische, die auch mit frischen Blumen geschmückt sind. Hier giebt es köstliche Auswahl von Gerichten, wie sie ein Reisender, der mit gutem Appetit gesegnet ist, sich nur wünschen mag; alle Sorten von Fleisch und Geflügel, Austern und Pasteten rc., californisches Gemüse, z. B. Blumenkohl, Spargel, junge Kartoffeln, Radieschen, Erbsen rc, ich bitte zu erinnern, am

16. März! Die Speisen sind nach guter deutscher Küche zubereitet, der californische Wein ist vortrefflich, der Kaffee, die frischen californischen Wallnüsse und Orangen, das feine Backwerk schmecken ausgezeichnet. Die Aufwärter sind auch Deutsche, so daß wir uns ganz heimisch fühlen. Nur die eleganten Speisekarten sehen ausländisch aus. Der amerikanische Pullman's=Oberconducteur hat dieselben mit englisch=französischen Hieroglyphen ausgefüllt, die zu entziffern selbst einem deutschen Doctor Mühe kosten möchte. Die eine Hälfte jeder Speisekarte ist mit Annoncen bedruckt, da der praktische Amerikaner gern das Nützliche mit dem Angenehmen verbindet.

Ein seltsames Mahl! Während desselben blicke ich ab und zu aus dem mir nächsten Fenster des dahinfliegenden Speisegemachs. Eben haben wir einen gebirgigen Landstrich verlassen und es eröffnet sich das reiche Livermorethal. Breite Aecker, wo Farmer fleißig beim Pflügen beschäftigt sind, allerliebste idyllische Wohnungen, halb zwischen Bäumen versteckt, reizende Aussichten ins Hügelland kommen und gehen, kreisen vorüber in immer wechselndem Bilde. Jetzt erweitert sich das Panorama und der Blick schweift hinaus in die bläuliche Ferne; es ist zur Linken die San Joaquin=Ebene, jenseits derselben die blinkenden Schneezinnen der Sierra. Etwas unangenehmes ist bei der Mahlzeit das Schaukeln des Speisewaggons. Damen soll mitunter der Appetit davon vergehen. Bei Curven namentlich schaukelt der Waggon heftig, und ich muß mich vorsehen, den Wein nicht zu verschütten. Am confortabelsten ißt man, wo die Bahn auf einer längeren Strecke geradeaus läuft. Der Aufwärter empfahl mir für das nächste Frühstück die San Joaquin=Ebene.

Wir haben das schmucke Städtchen Pleasanton passirt und das reiche Livermorethal durchkreuzt, und die lange

Waggonreihe biegt soeben ein in den Livermorepaß, eine
Reihe von verschlungenen Schluchten und engen Thälern,
welche das Livermorethal von der großen Ebene des San
Joaquin trennen, als ich den Palast = Speisewaggon wieder
verlasse, um in den meinigen zurückzukehren.

Eben bin ich glücklich über den letzten Bremserplatz
wieder in meinen Waggon gelangt und habe dort Platz ge=
nommen, als der Zug in einem langen Tunnel, dem Liver=
moretunnel, verschwindet. Während wir anderthalb Minuten
lang in der Finsterniß dahindonnern, kann ich nicht umhin
froh zu sein, daß der Tunnel mich nicht auf einem Bremser=
platze überraschte.

Bald darauf treten wir ein in die weite San Joaquin=
Ebene (Don Joaquin Plains), die seitwärts in bläulicher
Ferne verläuft und vor uns am Horizonte von der gezack=
ten Schneelinie der Sierra Nevada begrenzt ist, links glänzt
hier und da in der Ebene einer der vielen Arme des San
Joaquinflusses. Die Ebene hat eine Ausdehnung von zwei=
hundertundfünfzig englischen Meilen von Nord nach Süd
und von sechszig bis achtzig englischen Meilen vom Sierra=
Gebirge nach Westen, ein außerordentlich fruchtbarer Land=
strich, einer der productivsten des gesegneten Californien,
dessen Bodenertrag aber leider nicht selten durch Dürre im
Sommer beeinträchtigt wird. Die am San Joaquinflusse
liegenden Landtheile sind Ueberschwemmungen ausgesetzt
und Baumwuchs ist überall spärlich.

Ein Zeltlager, nahe an der Bahn, lebendig von Chi=
nesen, bringt eine Ueberraschung. Freilich sind die Asiaten
an der Pacificbahn nichts Neues; aber hier sehen wir sie
nicht wie sonst bei der Arbeit, sondern im gemüthlichen
häuslichen Beieinander.

Wir überschreiten den San Joaquinfluß auf einer
Holzbrücke und wenden uns nun mit verändertem Cours

direct nach Norden und erreichen, neunzig englische Meilen von San Francisco, die Stadt Stockton, eine der blühend= sten in Californien. Der Ort zählt gegen 1200 Ein= wohner und vergrößert sich rasch. Von hier aus werden die meisten Producte der großen San Joaquin=Ebene ver= schifft, theils zu Wasser auf dem Joaquin, theils auf der Pacificbahn.

Weiter die Fahrt. Die blinkenden Zinnen der Sierra haben sich nach rechts gewendet; linker Hand ragt die Doppelkuppe des Monte Diablo in den blauen Aether. Die Bahn durchschneidet die Ebene in schnurgerader Linie; nirgends ist jene eingefriedigt, und Rinder und Pferde laufen frei herüber und hinüber. Mancher von den Passa= gieren sieht ängstlich aus dem Waggonfenster, wenn die Locomotive mitunter kurz und schnell aufeinander folgende Pfiffe ausstößt, um einen dummen Ochsen, eine Anzahl Pferde oder ein paar Hämmel vom Geleise zu verjagen; aber schon rennen diese vom Bahnbett herunter und quer= feldein, und Keiner denkt mehr daran, daß ein störrischer Bulle soeben so und so viele Menschenleben hätte vernichten und den Insassen der Palastwaggons unsägliches Elend hätte bereiten können.

Wir treten ein in die Niederungen am Sacramento= flusse, die nördliche Fortsetzung der San Joaquin=Ebene, welche ganz denselben Character zeigen wie diese. Durch seine häufigen verheerenden Ueberschwemmungen, welche in früheren Zeiten auch die Stadt Sacramento mehrere Male betroffen haben, steht dieser Fluß in Californien in schlechtem Ruf, obgleich die von ihm durchströmten Niede= rungen außerordentlich fruchtbar sind.

Auf einem Ausbiegegeleise braust der Expreßzug vom Osten vorbei. Glückauf, Du eiserner Renner mit Deiner lebendigen Fracht! Möge dasselbe gute Glück, das Dich auf

Tausenden von Meilen vom Gestade der Atlanta, durch Thäler und Fluren, zahllos, bis nach Californien begleitet hat, Dir treu bleiben bis an das nicht mehr ferne große Stille Meer!

Brighton, die letzte Station vor der Stadt Sacramento, ist passirt. Vor uns ragt die Kuppel des prachtvoll gebauten californischen Staatshauses auf, ein Gebäude, dessen Herstellung zwei Millionen Dollars gekostet hat. Und hier sind wir in Sacramento, der Hauptstadt von Californien, und rollen mit Schellengeklingel der Locomotive, damit sich Jedermann vor dem Dampfzuge in Acht nehme, entlang am unteren Stadttheil, nahe dem Ufer des breiten Sacramentoflusses. Viele Dampfer liegen auf dem Strome, und am Ufer ziehen sich die Bahngebäude der Central-Pacific-Eisenbahn hin. Rechts laufen die Hauptstraßen der Stadt, besetzt mit Baumreihen, rechtwinklig zum Fluß herunter. Wir fahren vorbei bei der M. Straße, der L. Straße, der K. Straße (die Hauptstraßen Sacramentos sind nach Buchstaben benannt, die Querstraßen nach Zahlen: 1., 2., 3., 4., 2c.) und rollen am Fuße der J. Straße, der Hauptgeschäftsstraße von Sacramento, in den Bahnhof der Central-Pacific-Eisenbahn. Einhundertundachtunddreißig englische Meilen haben wir in gerade sechs Stunden zurückgelegt.

Nach kurzem Aufenthalte verlassen wir den Bahnhof in Sacramento und eilen den bewaldeten Höhen der Sierra Nevada entgegen, während im „Cosmopolitan" ein splendides Diner servirt wird. In einer Höhe von 2000 Fuß über dem Meere nehmen wir doppelten Vorspann und das Schnauben der gewaltigen Eisenrosse zeigt an, daß die Bodenhebung schnell zunimmt. Jenseits der Station Colfax (2448 Fuß über dem Meere und 54 englische Meilen östlich von Sacramento) eröffnet sich das Hochgebirge in seiner

ganzen Pracht. Das romantische Cap Horn liegt vor uns,
der Stolz Californiens. Wir donnern über eine fünfund=
siebenzig Fuß hohe lange Trestlebrücke, und mit zwei Loco=
motiven als Vorspann braust die lange Reihe der prächtigen
Waggons im großen Bogen herum an der waldbedeckten
Höhe. Ueber uns ragen die Felsen schroff empor; zur
Rechten, zweitausendfünfhundert Fuß unter uns, schlängelt
sich der Americanfluß durch das Waldthal. Eine schwarze
Linie kreuzt seinen Silberfaden; es ist die breite Brücke
einer chaussirten Landstraße. Der Bergabhang ist so steil,
daß es einen dünkt, man könne vom Wagen direct in den
Fluß hinunterspringen. Das Bahnbett ist aus der Berg=
wand herausgeschnitten, und die lange Wagenreihe fliegt
gleichsam am waldigen Abhang herum — ein unvergeßliches
Bild für Jeden, der es geschaut hat! Jenseits Cap Horn
liegen zwei Farmen, wohl dreitausend Fuß in der Tiefe,
so zu sagen direct unter dem oben an den Felsen entlang
eilenden Bahnzug. Seht! eine Frau, die vom Waggon=
fenster aus betrachtet zwerghaft klein aussieht, tritt dort
unten vor die Thüre ihrer Wohnung, und winkt herauf
mit weißflatterndem Tuche. Weiterhin in der Tiefe liegt
ein altes Minenlager, mit hydraulischen Leitungen, Gräben
und einer Anzahl von Minerhütten.

Wunderbar großartig ist die Scenerie, welche uns auf
der Eisenbahnfahrt über die Sierra Nevada begleitet. Ganz
abgesehen von der Kühnheit des Eisenbahnbaues wird das
Auge fortwährend durch die herrlichsten Panoramas entzückt.
Bald sind es idyllische grüne Thäler, die in duftiger Ferne
träumerisch am Fuße der Gebirge daliegen, dann bewaldete
Bergkuppen, umkränzt von schneegekrönten Gipfeln, die sich
hoch in den blauen Aether emporthürmen; jetzt verfolgt das
Auge wild herabbrausende Waldbäche, die thalwärts stürzen,
dann einen Fluß, der sich, einem Silberbande gleich, Tau=

senbe von Fuß tief unten hinschlängelt, während ein Meer
von grünen Tannenwipfeln zwischen der Bahn und dem
tiefen Thalgrund den ganzen Abhang in breiter, welliger
Fläche bedecken.

Wieder und wieder jagten die Eisenrosse über haus=
hohe, leicht aus Holz aufgebaute Trestlebrücken, und unwill=
führlich schließt der Reisende die Augen, wenn die Waggons
schaukelnd über dem Abgrund schweben. Wo oft die Bahn
hart am Rande eines Abhanges hinläuft und das Auge
vom Waggonfenster direct in die schwindelnde Tiefe blickt,
sehen unten die höchsten Fichten wie ganz kleine Tannen=
reiser aus; käme der Zug hier aus dem Geleise, so würde
er einen Salto mortale von vollen 2000 Fuß machen, ehe
er dort unten anlangte. Aber es ist keine Gefahr vor=
handen; leicht gegen den Berg geneigt, rollen die Waggons
sicher auf dem Eisenpfade dahin an den schwindelnden Ab=
hängen.

Bei der Station Gold Run, 3248 Fuß über dem
Meere, liegt ein berühmtes altes Minenlager, und das
wüste Durcheinander von Schutthaufen, umgewühltem
Boden, tiefen Schluchten, Gräben, Goldwaschrinnen und
schiefen Minerhütten zeigt sich hier in nächster Nähe. Es
ist, als ob ein böser Geist dort seine Fußstapfen in Gottes
schöner Natur zurückgelassen hätte! Eine Wasserleitung,
auf hohen Holzblöcken ruhend, läuft etwa 75 Fuß über
dem Boden, quer über die Bahn. Drei englische Meilen
weiter und 67 Meilen von Sacramento passirt der Zug
die Station Dutsch Flat, 3425 Fuß über dem Meere,
wo sich ein noch bedeutendes Minenlager befindet. Einen
interessanten Anblick gewährt das in der wilden Umgebung
im waldigen Thalkessel eingenistete Städtchen gleichen
Namens, bei dem wir in nicht weiter Entfernung im
Fluge vorübereilen. Die in seiner Nähe liegenden von

waldigen Höhen umkränzten riesigen Schutthaufen und
unterst zu oberst gewühlten, mit entwurzelten Stämmen
bestreuten gelben Sandberge sehen aus, als ob sie das
Schlachtfeld von Titanen gewesen wären. Zahlreiche
Dampfsägemühlen schnarren und lärmen seitwärts im Walde,
und frischgeschnittene Balken, Dielen und Bretter liegen
bergeweis in den Lichtungen.

Allmählich breiten sich die Schatten der Nacht über
das Hochgebirge. Höher und höher hinan die Sierra ar=
beiten die schnaubenden Locomotiven; oft donnert der Zug
über thurmhohe Trestlebrücken und durch riesige Durchstiche.
Wir erreichen Alta dreitausendsechshundertfünfundzwanzig
Fuß, Blue Cañon viertausendsiebenhundert Fuß, Emigrant
Gap fünftausenddreihundert Fuß; eins immer prächtiger,
immer wildromantischer als das andere; bei einbrechender
Nacht zeigten sich die ersten Schneefelder, wir donnern hin
durch riesige Tunnels und unter scheinbar endlosen Schnee=
dächern. Vierzig Meilen weit erstrecken sich dieselben, um
den Zügen Schutz gegen die Lawinen zu geben; das längste
Schneedach, ein geschlossenes Gebäude, ist fünfzehn englische
Meilen lang, — wie eine riesige Anaconda windet es sich
um das Gebirge. Mitunter bildet ein Schneedach nur die
Fortsetzung eines steilen Abhanges; der Schnee rollt darüber
weg in das tiefe Thal und ungefährdet eilt der Dampfzug
darunter hin.

Ich habe mein Nachtlager aufgesucht; die Lampen im
Schlafwaggon flimmern matt, die Reisegefährten schlummern.
Eine Nachtfahrt im Dampfzug auf der Sierra Nevada! ich
konnte die Augen nicht schließen. Den Schieber des Fen=
sters an meiner warmen Lagerstätte öffnete ich und blickte
hinaus in die winterliche, gespenstisch vorbeihuschende Gegend.
Wie ein silberner Schleier lag das Licht des Vollmondes
auf dem Gebirge. Gigantische Fichten huschten vorbei und

streckten mir ihre schneeigen Arme entgegen; die Finsterniß
der Tunnels und der Schneedächer wechselte ab mit mond-
beleuchteten Schluchten, Schneefeldern, Thälern, Felsen,
Schneegipfeln und riesigen Tannenwäldern. Wir waren
siebentausend Fuß über dem Meere! Es rasselt dicht über
mir auf dem Dache des Waggons; der Hagel eines Schnee-
sturmes, der über das Gebirge hinsaust und dem es doch
nicht gelingt, den Schlaf von meinem bequemen Lager weg-
zuscheuchen.

Eine der schönsten Partien in der Sierra Nevada, die
am herrlichen Donnersee, welchen der Bahnzug an einer
waldigen Höhe unter Schneedächern umbraust, passirten wir
leider im Dunkel der Nacht. Den westwärts über die
Sierra fahrenden Reisenden giebt der Anblick jenes wildromantischen Bergsee's in früher Morgenstunde eine fast
märchenhafte Ueberraschung, wenn das Auge, wo sich kurze
Oeffnungen zwischen den Schneedächern befinden, das Bild
jenes im Schooße prächtig bewaldeter Berge tief unter ihm
schlummernden Gewässers im Fluge erhascht. Der See
führt seinen Namen nach einer deutschen Familie Donner,
welche zur Zeit des ersten californischen Goldfiebers mit
einer Ochsenfuhr die lange Ueberlandreise unternahm und
an seinem Gestade, von einem wüthenden Schneesturm überrascht elendiglich umkam.

Die goldene Morgensonne schien durch das Fenster
und weckte mich auf zu früher Stunde. Welch ein Wechsel
des Landschaftsgemäldes! Weit hinter uns lagen die Schneezinnen der Sierra, um uns eine traurige Wüste mit spärlichem, verkrüppeltem Salbeigestrüpp. Ich erhebe mich von
meinem Lager und kleide mich an, finde die Stiefel geputzt
am Bett stehen und mache Toilette im Toilettezimmer; der
Schlafwaggon verwandelt sich wieder in einen Salonwaggon;
im „Cosmopolitan" wird gespeist wie gestern.

Die Gegend, welche wir an diesem Tage durcheilen, bietet wenig Interessantes; es ist eine traurige Salbei- und Alcaliwüste, welche der sich im Sande verlaufende Humboldt- fluß träge durchströmt. Die Städtchen Reno, Winnemucca, Pallisades und Elko, die Depots der reichen Silberminen- districte von Washoe, Owyhee, Eureka und White Pine, sind die einzigen Ortschaften von Bedeutung, welche wir auf dieser Strecke passiren. Dieselben sind aber nichts weniger als malerisch gebaut und bestehen zum größten Theil nur aus Reihen von nahe an der Bahn angelegten Holz- häusern und Barakken, in denen sich eine Bevölkerung von Minern, Schenkwirthen, Kaufleuten, Spielern und schlechten Subjecten aller Art herumtreibt, welche für ihre Existenz auf den Verkehr mit den reichen Minendistricten angewiesen sind, denen jene Ortschaften ihre Entstehung zu verdanken haben. Der Staat Nevada, welchen wir heute durchfliegen, führt mit Recht den Namen der „Silberstaat". Für die Cen- tral-Pacificbahn sind die zahlreichen Silberminen, welche in seinen öden Bergen zerstreut liegen, von vorwiegender Be- deutung, da der Hauptverkehr und die größten Waarentrans- porte über ihren Schienenweg von und nach jenen Dorados gehen. Betrug doch der Ertrag der Silberminen an der weltberühmten Comstock-Ader allein seit dem Jahre 1861 voll 200 Millionen Dollars an edlen Metallen! alle Ma- schinerien, alles Bauholz ꝛc. zum Bearbeiten der Gruben, die ganzen Bedürfnisse der Minenstädte und das edle Me- tall selbst, müssen über die Centralpacificbahn transportirt werden.

Für den Fremden bilden während der Fahrt durch den berühmten Silberstaat nebst den allerorten sich zeigenden bezopften Chinesen, die zu dem Stamme der Piutes ge- hörenden Indianer, ein interessantes Studium. Diese edlen Rothhäute sind eher Zigeunern als cooperschen Heldengestalten ähnlich). Fast ohne Ausnahme sind sie in Lumpen gehüllt und dabei bunt bemalt und mit Hahnenfedern geputzt, die Weiber tragen ihre auf Bretter geschnallten Kindlein (Papuhs) wie ein Bündel Stroh auf dem Rücken, und Alle glotzen den Reisenden mit nichtssagenden Blicken an, oder betteln wie das ärgste Vagabondenvolk. Mitunter steigt eine Gesellschaft dieser Kinder der Wildniß, welche auf allen Eisenbahnen hier zu Lande das Privilegium der freien Fahrt genießen, in einen Waggon, um von dieser nach jener Station zu fahren, was manchesmal zu einer interessanten Unterhaltung in possirlicher Zeichensprache, untermischt mit barbarischem Englisch und indianischen Gurgellauten, Anlaß giebt.

Unsere Reisegesellschaft machte schnell Bekanntschaft untereinander und war bald eine große Familie. Bunt genug war dieselbe. Da waren unter Anderen ein Midshipman der Vereinigten-Staaten-Flotte, der vor Kurzem von den Fidschi-Inseln in San Francisco angelangt war und eine fliegende Visite nach New-Jersey machte; eine junge amerikanische Dame, die ganz allein zu Besuch nach Newyork reiste; ein Amerikaner, der in Heidelberg studirt hatte und sehr gut Deutsch sprach; ein deutscher Kornhändler und Millionär aus San Francisco, sieben Fuß hoch, eine von den Damen besonders geschätzte Persönlichkeit; eine Familie von Michigan mit zwei allerliebsten Kindern, die im Waggon spielten und sich herumjagten, daß Jeder seine Freude daran hatte. Hier und da wurden die kleinen Klapptische zwischen den sammtgepolsterten Doppelsitzen in Requisition gebracht, und wir spielten Karten, Dame 2c. Zwischen den Mahlzeiten versammelten sich die meisten Herren im „Cosmopolitan"-Waggon, rauchten und spielten und lasen und discutirten die Gegend.

Die nächste Nachtfahrt brachte uns nach dem geschicht=
lichen Promontory am Nordende des großen Salzsees,
achthundertundzwanzig englische Meilen von San Fran=
cisco. Nichts bezeichnet dort die Stelle, wo am 10. Mai
des vorigen Jahres die letzte Schwelle der verbundenen
Weltbahn niedergelegt wurde, wo die Locomotiven „Jupiter"
von der Central und „Nr. 116" von der Union Pacific
sich zum ersten Mal begrüßten, wo der weltberühmte gol=
dene Nagel eingeschlagen wurde, und von wo der Telegraph
die Kunde der großen That gleichzeitig nach allen Enden
der civilisirten Welt brachte. In Amerika ist das Ereigniß
so gut wie vergessen; Niemand auf unserem Zuge sprach
davon.

Die Stadt Promontory ist bald nach dem goldenen
Nagel und der Lorbeerholzschwelle, die nach San Francisco
wanderten, vom Erdboden so gut wie verschwunden. Sechs=
unddreißig englische Meilen weiter entstand an der Eisen=
bahn eine blühende Stadt Corinne, die einzige „Heiden=
Stadt" im Mormonenlande. Um die Frühstücksstunde er=
reichten wir die ansehnliche Mormonenstadt Ogden, wo sich
die Union Pacific an die Central Pacific anschließt. Eine
Zweigbahn läuft von Ogden nach Great Salt Lake City,
der Residenz des Mormonenpascha Brigham Young.

Die Gegend am großen Salzsee mit den schmucken
Mormonenniederlassungen, welche mich vor drei Jahren
im Monat Mai, auf der Reise von Texas nach Idaho, so
entzückt hatte, sah jetzt ganz winterlich aus. Ich konnte
nicht umhin, an jene Postfahrt über jene Steppe und die
Felsengebirge recht oft zurückzudenken, als ich jetzt in dem
glänzenden Hôtelzuge dahinsauste. Zweiundvierzig Tage
dauerte damals meine Reise von St. Louis nach Idaho City
und wochenlang saß ich während derselben in der Post=
kutsche. Gefechte in der Kutsche mit Indianern, meilen=

und meilenweit durch Schneefelder zu waten, Umwerfen der
Postkutschen, Schneeschaufeln, durchnäßt, halberfroren, halb-
verhungert, auf Rumpelwagen und im Schlitten über die
Felsengebirge, zu Fuß über die schneebedeckten Wasatch-
gebirge, — das war damals mein wenig beneidenswerthes
Loos. Im Hôtelzuge ging die Reise diesmal etwas ange-
nehmer von Statten! Damals war ich während Wochen
von der civilisirten Welt ganz abgeschnitten; jetzt las ich
jeden Morgen die neuesten Telegramme von Ostindien bis
nach San Francisco, heute in dieser, morgen in jener Zeitung, und in Städten gedruckt, die vor drei Jahren noch
gar nicht existirten.

Unter der Aegide der Union Pacific setzten wir unsere
Reise von Ogden fort. Beim Teufelsthore traten wir mit
doppeltem Vorspanne des Dampfes ein in die Cañons, die
natürliche Straße von Osten in das Utah-Bassin. Quer
durch die Wasatchgebirge führen diese Felsenstraßen, Weber
Cañon und Echo Cañon, — die Via Mala der neuen Welt.
Die thurmhohen Felsenwände hallten wieder vom Brausen
des Dampfzuges, als wir uns vierzig Meilen weit durch
diese hochromantischen Gebirgspässe hinwanden. Unangenehm überraschten mich nur die an die Felsen gemalten
Annoncen. In Echo Cañon paradirten an den schönsten
rothen Felsmauern die Worte: „Drake's Plantation
Bitters!" die ein Yankee mit ellenlangen weißen Buchstaben dorthin gemalt hatte. Es kam mir wie eine Ent-
heiligung vor. — „1000 Mile Tree!" (der Tausend-
Meilen-Baum) liest man an einem einsamen Baume in
Weber Cañon. Nur tausend Meilen nach Omaha? Ueber-
morgen sind wir dort!

Am nächsten Tage bejeunirten wir siebentausend Fuß
über dem Meere, auf der ganz eingeschneiten großen Laramie-
Ebene, Bergforellen, Antilopensteaks, californische Spargel,

Blumenkohl 2c. In der winterlichen Oede unserer letzten Tagereisen nahm der Comfort des Hôtelzuges so zu sagen einen poetischen Charakter an. Was kümmerten uns Schnee und Eis und Hagel und Sturm, ob Hochgebirge auf unserem Pfade, ob endlose Wüsten, ob wir fünftausend oder sechstausend oder achttausend Fuß hoch über dem Meere dahinsausten! Wir trugen ja die Civilisation des neunzehnten Jahrhunderts mit uns durch die Wolken, — auf Flügeln des Dampfes!

Laramie City, 7123 Fuß über dem Meere, war so zu sagen der erste civilisirte Ort, den wir sahen, seit wir den großen Salzsee und die Mormonenniederlassungen verlassen hatten. Während der letzten zwei Tagereisen und namentlich in den Schwarzen Hügeln, wo die Union Pacific bei Sherman, 8242 Fuß über dem Meere, den höchsten Punkt ersteigt, waren die Schneefänge mir etwas ganz Neues. Dieselben sind schräge, über Kreuz aufgestellte Latteneinfriedigungen, die meistens parallel mit der Bahn laufen; mitunter sieht man mehrere in Zwischenräumen von etwa hundert Schritt hinter einander angebracht. Massen von Schnee lagen noch an den Schneefängen, die sonst sicherlich auf die Bahn geweht wären. Fast alle Schneefänge sind an der südlichen Seite der Bahn, weil die meisten Schneestürme aus jener Himmelsrichtung von den Felsengebirgen herwehen.

Von Sherman, wo ein heftiger Schneesturm wüthete, ging's wieder bergab, aber so allmählig, daß man es gar nicht gewahr wird. Unsere letzte Nacht im Hôtelzuge verbrachten wir auf den Ebenen; die letzte Nacht brachte uns in das Thal des Platte, in eine angebaute Gegend und nach Omaha. Die Ebenen waren eine endlose, ganz mit Schnee bedeckte Fläche. Nur die Stationsgebäude an der Eisenbahn unterbrachen mitunter die menschenleere Oede. Um ein Uhr und vierzig Minuten nach San Francisco Zeit langten wir in Omaha an, wo es bereits nach drei Uhr war. Pünktlich, auf die Minute der vorgeschriebenen Zeit, hatte der Hôtel=zug die Fahrt von neunzehnhundertzwölf englischen Meilen zurückgelegt.

Bilder aus dem Goldland.

1. In den Goldminen von Idaho.

Der Mai war in's Land gekommen und bereits sechs=
zehn Sonnen alt, als ich das erste Mal in meinem Leben
meinen Wanderstab in die Mauern der Goldstadt Idaho
City (sprich: Eidaho) setzte. Kalt war es, wie im rauhen
Herbste, und noch lagerte der Schnee zwischen den grünen
Fichten auf den nahen Bergen. Große Feuer, um welche
frierende Goldjäger sich drängten, hatte man angezündet in=
mitten der Straße, durch welche ich in einer vierspännigen
Postkutsche meinen Einzug in jene Hauptminenstadt des nord=
amerikanischen Territoriums Idaho gehalten hatte, meine
selbstgewählte Heimath für den Sommer des Jahres 1867.
Ein erhabener Gedanke, so auf goldenem Boden wohnen zu
dürfen! Tag aus, Tag ein sollte ich das Rauschen leben=
diger Wasser hören, welche sich aus luftigen Aquäbucten
von den nahen Gebirgen zu Thal stürzten, durch die tief=
ausgehöhlten Straßen brausten und, wohin das Auge sah,
auf verschiedenartigem Wege dem Menschen dienstbar ge=
macht wurden, um das blanke Gold der Mutter Erde zu
entreißen. Sogar unter meinem Schlafzimmer waren emsige
Goldgräber bei Tage und bei Nacht beschäftigt, denn die
ganze Stadt stand auf goldhaltigem Boden, und keine Grund=
rechte der Hauseigenthümer hinderten den Miner, nach
Herzenslust in den Straßen und sogar unter den Häusern
nach dem Mammon zu suchen.

16 *

Nachdem ich alten Freunden die Hand geschüttelt und
brennende Neuigkeiten ausgetauscht, mich von dem asch=
grauen Alcalistaube meiner (im ersten Abschnitt geschilderten)
fünfzehnhundert Meilen=Stagereise ein wenig gereinigt und
mit Speise und Trank erquickt hatte, begab ich mich in
die Stadt, um noch am Tage meiner Ankunft meine neue
Heimath etwas genauer in Augenschein zu nehmen.

Auf und ab wanderte ich die Hauptstraße des Ortes,
kletterte hier über Schutthaufen, übersprang dort weite Oeff=
nungen im Wege, durch welche brausende Wasser sich Bahn
brachen, ging unter einer luftigen auf Pfählen ruhenden
Wasserleitung hin, die in leckigen Holzrinnen haushoch über
mir lag, und schaute neugierig dem fremdartigen Treiben
um mich her zu. In der Straße befanden sich lange und
tiefe Höhlungen, dem ausgewaschenen Bette eines Berg=
stromes ähnlich, in denen Schutt und lose Steinmassen auf=
gehäuft lagen. Eifrig war man dort in der Tiefe mit
Goldwaschen beschäftigt. Die obere bis zu fünfzehn Fuß
mächtige Erde wurde fortgeschwemmt, um den Grundfelsen
zu erreichen, auf dem sich unter dem Kies das meiste körnige
Gold anzusammeln pflegt. Wilde Wasser brausten in langen
hölzernen Rinnen am Grunde der Schlucht; Arbeiter in
Gummistiefeln standen im Wasser und hackten und schaufelten
im Boden, der sich, wenn unterhöhlt, mitunter massenweise
von den Wänden der Schlucht lostrennte; mit Eisengabeln
holten Jene die losen Steine aus dem Wasser, warfen Erde
und Kies in die Rinnen und rührten das schnell durch die=
selben hinfließende Wasser auf, um die hineingeschaufelte
Erde aufzulösen und fortzuschwemmen, damit das schwere
Gold zu Boden sinke, während Hunderte von Müssiggängern
am Ufer der Kluft standen, sich am großen Holzfeuer wärmten
und der Arbeit zusahen.

Hier wusch Einer goldhaltige Erde in einem „Rocker" aus, einem hölzernen wiegenähnlichen Kasten mit einem Sieb darin, worunter ein Wollentuch gespannt war, auf dem sich das Gold festsetzte, während die hineingeschüttete Erde vom Wasser fortgespült wurde und die Steine im Siebe liegen blieben. Mit einer Hand schaukelte der Wiegenmann den Kasten hin und her, während er mit der anderen in einer Kelle Wasser schöpfte und auf die im Siebe liegende Erde goß. Diese einförmige Arbeit lieferte einen Gewinn von fünfzehn bis fünfundzwanzig Cents in Goldstaub aus etwa einem Eimer voll Erde. Ein Anderer kratzte Erde von der Straße in eine flache Eisenblechschale und wusch sie nachher darin aus, um das darin enthaltene Gold durch Hinausschlemmen der Erde zu gewinnen; ein diminutives Quantum von dem edlen Metall, das ich kaum im Bodensatz der Schale zu erkennen vermochte. Doch gewinnen diese Leute täglich für drei bis fünf Dollars Goldstaub. Was an Gold in der Erde enthalten war, die sie auswuschen, war weiter nichts als solches, das mit dem Kehricht aus den Häusern herausgefegt oder aus den Goldstaubbörsen der Bewohner von Idaho City verloren gegangen war.

Läden, kleine und große, den verschiedenartigsten Inhalt zur Schau tragend und ihre Fronten alle mit farbenreichen Anzeigetafeln geschmückt, lagen in langer Reihe zu beiden Seiten der Straße, hier und da mit Schlachterbuden, Restaurationen und Vergnügungslocalen abwechselnd. Schenkstuben, mit Hazardspieltischen darin, an denen es lustig zuging, waren besonders zahlreich. Die Thüren der fast sämmtlich aus Holz erbauten Häuser standen allenthalben weit offen; Niemand genirte sich, sein Privatleben aller Welt Blicken zu zeigen, und Jeder that offenbar, was ihm beliebte, ohne sich um die Meinung Anderer zu bekümmern. Im Chinesenquartier traten chinesische Aushängeschilder mit

ihren sonderbaren Schriftzeichen an die Stelle der eleganten
Anzeigetafeln in der Hauptstraße des Ortes. Langzöpfige
Johns (wie jeder Chinese hier zu Lande genannt wird)
begegneten mir dort in großer Menge, die bald in heimi-
scher Blousentracht und bauschigen Beinkleidern auf hohen
Filzschuhen einherschlürften, bald in Kleidung und Haltung
mehr oder weniger amerikanisirt waren.

Doch es ist Zeit zur Rückkehr, denn meine Freunde
werden mich mit Ungeduld erwarten und mir zürnen, wenn
ich ungebührlich lange am ersten Tage des Wiedersehens
ausbleibe. Hier bin ich wohlbehalten wieder bei unserem
„Store" angelangt. Mein langjähriger Associé hat die
Nachbarn als Gäste geladen, zur Feier meiner glücklichen
Ankunft vom fernen Texasland in den goldenen Bergen von
Idaho. Im ächten Junggesellenstil lebt er hier und hat
bald ein superbes Abendbrot, in Gestalt von rohem Schinken,
sauren Gurken und hartgesottenen Eiern, im hinteren Raume
unseres Ladens aufgetischt. Ein lustiges Feuer knistert im
Kochofen, von wo aromatische Kaffeedüfte sich verbreiten.
Neugierige Bekannte haben sich zahlreich eingefunden, die
Alle auf einmal sprechen und fragen und erzählen. Auf
einer leeren Kleiderkiste wird der Kaffee servirt. Die geladenen Gäste, Goldgräber und Kaufleute, die meisten von
ihnen in Hemdsärmeln und mit geladenen Revolvern im
Gürtel, essen aus der Hand im Stehen, den Schinken auf
der Gabel, die heißen Eier verwünschend, und die Gurken
mühsam mit den Taschenmessern aus der tiefen Flasche heraus-
holend. Der Kaffee verliert leider an Geschmack durch die
in Idaho übliche Weise, ihn aus Blechnäpfen oder Bier-
gläsern zu trinken, worin Jeder den Zucker mit einem Eßlöffel umrührt, der mit Silber nur die Farbe gemein hat.
Doch muß ich gestehen, daß mir dies mein erstes Abendbrot im Goldlande vortrefflich mundete.

Ein windiger Morgen begrüßte mich in Idaho City
am Tage nach meiner Ankunft in jener berühmten Goldstadt
des fernen Westens. Wirbelnd flogen die Staubwolken
durch die Straßen, vermischt mit Hobelspänen, Stroh, Pa-
pierschnitzeln und losem Kehricht aller Art, der durch die
Stadt zerstreut lag. Manchem von den Müssiggängern,
welche in Reihen am Rande einer gewaltigen Oeffnung
standen, wodurch die Passage der Hauptstraße dicht vor unserer Hausthür für Menschen und Fuhrwerk unsicher gemacht wurde, flog bei einem Windstoß der Hut vom Kopfe;
fiel der Hut, wie mitunter vorkam, hinab in eine der Goldwaschrinnen, so schleuderten die Minenarbeiter ihn, triefend
von schlammigem Wasser, unter dem Gelächter der Zuschauer und zum Aerger seines Eigenthümers, mit Eisengabeln auf die Steinhaufen.

Bald verließ ich die windige Straße, wo ich den Gold-
wäschern bei der Arbeit zugesehen, und begab mich in den dicht
hinter unserem Store gelegenen sogenannten „feuerfesten
Keller". Dort lag ich der Beschäftigung ob, mit Hülfe
einiger Geschäftsfreunde Waarenballen zum Transport auf
Packthieren nach den etwa 400 englische Meilen von Idaho
City entfernt liegenden neuentdeckten Lemhi-Goldminen zu-
recht zu machen. Das Verpacken und die Beförderung von
Waaren nach solchen entlegenen Goldregionen, zum Bedarfe
dort wohnender Krösusse in spe, durch die Kaufleute der
älteren Minenplätze, ist mit nicht geringen Schwierigkeiten
verknüpft; sowohl Erfahrung als Sorgfalt wird erfordert,
um die Waaren so zu verpacken, daß sie bei dem oft
Monate lang dauernden Transport durch die Wildniß wohlbehalten an ihren Bestimmungsort gelangen. Jeder Packen
muß fest zusammengenäht, geschnürt und gewogen werden.
Die Lastthiere, Maulesel und Pferde, auf denen die Waaren
über die Gebirge, wo Landstraßen nicht existiren, trans-

portirt werden sollen, beladet man jedes mit zwei Ballen oder mit zwei Kisten aus leichtem Holz, die je von 150 bis 200 Pfund wiegen und über den Packsattel an die Seiten des Thiers in möglichst genauem Gleichgewicht gehängt werden. Alles überflüssige Gewicht muß sorgfältig vermieden werden, da der Frachtsatz nach solchen fernen Goldregionen enorm ist. Waaren von Jdaho City nach Lemhi zu schicken kostete z. B. fünfzehn Cent in Gold pro Pfund.

Ich stellte eben mit meinen Geschäftsfreunden Berechnungen an, wie viele tausend Dollars wir wohl mit unserer Waarensendung nach Lemhi verdienen könnten, als plötzlich nahe auf der Straße der Schreckruf: Feuer! — Feuer! — erscholl und alle unsere goldenen Zukunftspläne in Nichts zerstieben ließ. Wenn schon in alten Städten mit soliden Steinbauten und gut eingerichteten Löschanstalten eine Feuersbrunst die Bewohner in Angst und Schrecken versetzt, so ist die Verwirrung, welche ein solches Ereigniß in einem Minenplatze hervorruft, geradezu eine ungeheure zu nennen.

Man denke sich eine Stadt, die fast ganz aus Holzhäusern besteht. Die aus Fichtenholz erbauten gedrängt dastehenden Wohnungen sind mit Schindeln gedeckt, die Straßen eng und die Verkehrswege mehr oder weniger durch Bretterhaufen, tiefe Löcher, Berge von Schutt und Steinen ꝛc. versperrt. In den zahlreichen Trink-, Tanz- und Spiellocalen sind die Stubendecken meistens aus dünnem Baumwollenzeug gemacht, worunter eine Menge von Kohlenöllampen hängen, damit die Nacht den Vergnügungssuchenden zum hellen Tage werde; Tapeten bekleiden die dünnen ausgetrockneten Bretterwände; Ofenröhre stecken in Holzverschlägen oder durch die Schindeldächer; die Kaufläden sind voll von leicht brennbaren Stoffen; Feuerspritzen giebt es nicht. Man schien jegliche Löschanstalten zum Bekämpfen des feindlichen Elements bei der Bauart der Stadt für nutzlos zu

halten und verließ sich ganz und gar auf eine gütige Vor=
sehung, — eine zweifelhafte Hülfe, da die meisten Minen=
städte am Stillen Meere während ihres kurzen Bestehens
mehrere Male total niederbrannten. Auch Idaho City hatte
bereits einmal (am 18. Mai 1865) ein solches Schicksal
ereilt, ohne daß die Bewohner der Goldstadt deshalb ihre
Häuser minder feuergefährlich wieder aufgebaut hätten.

Die Kaufleute von Idaho City verließen sich auf ihre
feuerfest sein sollenden Kellergewölbe, in welche sie ihre Waaren
bei einem ausbrechenden Brande in Sicherheit zu bringen
hofften. Diejenigen unter ihnen, welche keine solche Zu=
fluchtsstätten hatten, befanden sich bei einer in jeder Minute
möglichen Feuersbrunst ohne alle Mittel, ihr Hab und Gut
den sich mit unglaublicher Schnelligkeit ausbreitenden Flam=
men zu entreißen. Die „feuerfesten Keller" waren weiter
nichts als hölzerne über dem Boden erbaute und mit Erde
überschüttete Gewölbe, die durch Eisenblechthüren geschlossen
wurden. Das Beiwort „feuerfest" war in diesem Falle
etwas problematisch, denn mancher Kaufmann sah seine
während eines Brandes in ein solches Gewölbe geretteten
Waaren dort nachträglich in Asche verwandelt. Wir waren,
wie alle Kaufleute in jeder Minenstadt, in unserem Geschäfts=
locale jederzeit gegen eine Feuersbrunst gerüstet. Die fer=
tigen Beinkleider lagen, immer an zwei Dutzend Paar mit
einem Lederriemen zusammengeschnallt, in langer Reihe auf
dem Ladentisch. Verkaufte man ein Paar davon, so wur=
den die andern, die in demselben Haufen gelegen, sofort
wieder zusammengeschnallt. Die Röcke waren glatt ausein=
ander gelegt, so daß schnell ein Dutzend oder mehr auf
einmal gefaßt werden konnten; Stiefel lagen in Kisten, an=
dere Kleidungsstücke zusammengebunden und in Packeten, —
mit einem Wort, Alles war auf ein möglichst schnelles Aus=
räumen, das zu jeder Minute nöthig sein konnte, berechnet.

Guten Freunden hat schon der weise Salomon ein Loblied gesungen; bei einer Feuersbrunst in einer Minen= stadt sind dieselben nicht mit Gold aufzuwiegen. Ein Paar Goldgräber, brave Leute und handfeste Männer, die das Herz auf dem rechten Flecke hatten, die als Hausfreunde galten, beim Kochen halfen und Nachts im Laden schliefen, waren, ehe noch der erste Schreckruf „Feuer!" verhallt war, so zu sagen im Handumdrehen da und stellten sich uns zur Verfügung. Die Hülfe kam keinen Augenblick zu spät. In der Straße, welche sich im Nu mit Menschen gefüllt hatte, herrschte ein dämonischer Wirrwarr. Das Feuer war im zweiten Nebenhause von dem unserigen ausgebrochen und breitete sich bei dem an diesem Unglückstage besonders heftig wehenden Winde mit rasender Schnelligkeit aus.

Zunächst verschlossen und verrammelten wir die Haus= thüren, um unberufenen Helfern, nöthigenfalls mit dem Revolver in der Hand, den Eintritt zu wehren, und dann ging's mit aller Macht an das Ausräumen des bis an die baumwollene Stubendecke mit Waaren aller Art gefüllten Ladens. Fünf Rettungsengel zählten wir. Im Keller nahm Einer die Sachen in Empfang und stapelte sie auf, wäh= rend wir anderen vier schleppten, als ob jeder Arm voll den Werth einer Million hätte. Ohne Worte zu verlieren, ergriff Jeder, was ihm von Sachen eben in die Hand kam, indeß von draußen schon die hellen Flammen durch die Glasthüren des Ladens leuchteten und laut prasselten, und der Wind heulte und Bretterwände krachend einstürzten, und Jedermann in Idaho City auf einmal zu schreien, zu fluchen und Befehle zu ertheilen schien, denen natürlich Niemand gehorchte.

Rasch verflossen die Minuten. Ein flüchtiger Blick nach Außen zeigte uns schon die rothen Flammen über das nächste Schindeldach herüberzüngeln. Um nicht bei längerem

Verzug Gefahr zu laufen, von unserem Keller, ehe wir denselben zu schließen vermöchten, durch das Feuer vertrieben
zu werden, verließen wir jetzt den Laden. Nachdem wir
die Eisenblechthür des Kellers geschlossen hatten, schaufelten
wir noch schnell Erde vor den Eingang, während unsere
muthigen Freunde, die Goldgräber, die letzten Bretter von
der Verkleidung des Gewölbes herunterrissen; und dann
nahmen wir sämmtlich vor den Flammen Reißaus.

In einem Bogen eilte ich nach der Hauptstraße des
Ortes, um den Fortschritt des Feuers zu beobachten, als
die Flammenwirbel bereits über das Dach unserer Wohnung schlugen und die Rückkehr dorthin unmöglich machten.

In der Stadt hatte alle Ordnung aufgehört. Nur
einige schwache Versuche wurden gemacht, das feindliche Element zu bekämpfen, die sich aber als gänzlich nutzlos her-
ausstellten. Bald dachte Jeder nur noch daran, von seinem
Eigenthum zu retten, was er in der Geschwindigkeit mit
den Händen ergreifen konnte, und ließ das Feuer brennen,
wie es wollte. Chinesen, mit fliegenden Zöpfen, flüchteten
über die Schutthaufen, ihre sämmtlichen Habseligkeiten, eine
sonderbare Raritätensammlung, mit sich schleppend; brave
Goldgräber halfen Fremden, deren Habseligkeiten zu retten,
mit einer Selbstaufopferung, die über alles Lob erhaben
war. Binnen zwanzig Minuten standen an zweihundert
Gebäude in Flammen. Die vom Winde angefachte Gluth
war so intensiv, daß sich ihr Keiner auf weniger als fünfzig Schritt nähern konnte. Die hölzernen Rinnen in den
Höhlungen der Straßen brannten lichterloh, und zischend floß
das Wasser durch dieselben hin; über den Häusern flammte
die große quer über die Stadt laufende hölzerne Wasserleitung hoch empor in die von dem schwarzen Qualm des
brennenden Fichtenholzes erfüllte Luft, während aus den zer-
platzten Bretterwänden der Rinne das Wasser kaskaden-

ähnlich in die unten prasselnden Flammen hinabstürzte; ver=
einzelt dastehende Steingebäude, die als feuerfest gegolten,
fingen mit ihrem reichen Waareninhalte Feuer wie Zunder
und brachen zusammen wie Kartenhäuser; überall flossen
die entfesselten Wasser wie brausende Mühlbäche durch und
über die Straßen.

In etwas über einer halben Stunde hatten die Flam=
men das Werk der Zerstörung vollendet. Vierhundert=
vierzig Gebäude, worunter zweihundertsechsunddreißig Ge=
schäftshäuser lagen in Asche: über eine Million Dollars
an Eigenthum war binnen jener kurzen Spanne Zeit buch=
stäblich vernichtet worden.

Noch brannten die letzten Häuser am Ufer des Moore's
Creek, dem einen Ende der Goldstadt, als wir bereits über die
heiße Asche zwischen qualmenden Schutthaufen und brennen=
den Brettern einen Weg nach unserem Kellergewölbe such=
ten, um Gewißheit zu erlangen, ob dasselbe in dem Flam=
mensturme auch unversehrt geblieben sei. Wie ein schwarzer
Berg lag es zwischen Rauch, Asche und Trümmern vor
uns, als Luftlöchern von seinen drei Eisenblech=Schorn=
steinen überragt, aus denen jedoch zu unserer Freude kein
ominöses Gewölk emporstieg. Treu hatte es uns seinen
für uns so kostbaren Inhalt bewahrt. Als wir die Eisen=
blechthüre öffneten, sprang uns unsere prächtige Neufund=
länderin „Madame Lulu", welche ihre dort im Nest lie=
genden Jungen bei der Flucht vor dem Feuer nicht hatte
verlassen wollen, freudig bellend entgegen und wurde mit
allseitigem Jubel begrüßt. Das kluge Thier schien sich seiner
edlen Handlung wohl bewußt zu sein und hob stolz den
Kopf höher, als wir über seine aufopfernde Mutterliebe uns
unterhielten.

Die Brandstätte gewährte einen seltsamen Anblick.
Viele Menschen eilten und sprangen auf der heißen Asche

zwischen brennenden Trümmern und qualmenden Schutt=
haufen hin und her, um die Sicherheit der Kellergewölbe,
von denen sich leider manche nicht als feuerfest bewiesen
hatten, zu untersuchen. Bereits eine halbe Stunde nach
dem Brande wurden Bretter zum Bau neuer Wohnungen
herbeigefahren, und die Sonne war noch nicht untergegan=
gen, als man bereits in Buden und leicht gezimmerten
Holzhütten Getränke und Eßwaaren zwischen den rauchenden
Trümmern verkaufte. Bei einbrechender Nacht loberten
große Feuer, um welche laut redende und singende Männer
lagerten, zwischen den Ruinen empor, und auf schnell im=
provisirtem Bretterboden drehten sich leichtfertige „Hurdy=
Gurdys" (deutsche Tanzmädchen) mit jauchzenden Minern
im Reigen, zu rauschender Musik auf der qualmenden Brand=
stätte. Ich suchte mir ein Nachtlager in der Nähe unserer
zerstörten Wohnung. In meine Wollendecke gehüllt ent=
schlummerte ich, bei den Klängen von Hörnern, Zithern und
Geigen und dem Jubel der tanzenden Miner, auf dem Dache
unseres Kellergewölbes, inmitten der rauchenden Ruinen von
Jdaho City.

————

Während der ersten Tage nach dem großen Brande,
welcher Jdaho City in Asche gelegt, wohnte ich in dem der
allgemeinen Zerstörung entgangenen, zur Zeit nicht benutzten
„Jenny Lind=Theater", und lebte mit meinen Freunden
unter dem Dache der Musen, wo wir unsere eigenen Kammer=
diener und Koch spielten, in traulicher Abgeschiedenheit. Bald
aber vertrieb uns eine Hurdy=Gurdy=Tanzgesellschaft, die
den vereinsamten Kunsttempel als Tanzboden und Schenke
gemiethet hatte, auf summarischem Wege aus unserem
Asyl. Da wir keine andere Wohnung in der Stadt finden
konnten, so beschlossen wir, uns selber eine zu bauen. Nichts
ist leichter als dies, in einem Lande, wo Jeder, der einen

Nagel einzuschlagen verstand, ein Baumeister war! Zimmer=
leute forderten nach der Feuersbrunst sechszehn Dollars
Gold Arbeitslohn pro Tag, was wir füglich selber verdienen
konnten.

Mir ward das Amt eines Architekten anvertraut. Den
Plan für eine Wohnung hatte ich bald entworfen. Der
Keller, schlug ich vor, soll Prunkgemach sein. Tabackskisten,
Champagnerkörbe und Ballen mit Herrengarderobe können
dort mit Leichtigkeit und Eleganz als Möbeln aufgestellt
werden. Vor dem Kellergewölbe wird eine Veranda erbaut,
einfach und luftig, vorne offen, wegen der romantischen Aus=
sicht auf die Ruinen, oben und an den Seiten nicht zu
dicht, damit Sonne, Mond und Sterne hineinschauen können;
darin wird gekocht und getafelt. Gäste und Kunden werden
im Keller empfangen. Als Schlafstelle dient, je nach Be=
lieben, der Keller oder die Veranda. Lulu wird den Ehren=
posten als Wache bei Nacht vor dem offenen Waarenlager
gewiß zur Zufriedenheit ausfüllen. Die Kosten zum Bau
sind unbedeutend. Nägel können genug in der Asche auf=
gesammelt werden, und ein Handbeil borgt man. Zwei
Dutzend Bretter und vier Pfähle sind das nöthige Bau=
material. Auf das Dach wird ein rothes Hemd gehängt,
um anzudeuten, daß hier ein Geschäftshaus sei. Die Woh=
nung heißt „Bellevue".

Mein Bauplan wurde einstimmig angenommen, und
binnen einer Stunde stand die Wohnung zum Einzug fertig da.

Die häusliche Einrichtung bot geringe Schwierigkeiten.
Einen alten Kochofen hatten wir billig erstanden; doch fehlte
daran leider das Ofenrohr. Da der Versuch, ohne Rohr Feuer
im Ofen anzumachen, sich als unpraktisch erwies, weil es in
der Nähe desselben vor Rauch nicht auszuhalten war, so
suchten wir eins unter den Ruinen und fanden auch bald,
was wir wünschten. Das Rohr war allerdings vom Feuer

etwas mitgenommen, leistete aber vortreffliche Dienste. Ein
windschiefer Ellbogen ragte wie eine Wetterfahne seitwärts
über die Bretterwand der Veranda hinaus, und gab dem
Ofen ein originelles Aussehen. Die Kappe darauf sah aus,
wie der Hut eines Schusters, der blauen Montag feiert.
Jeder, der den Ofen sah, lachte. Einen herrenlosen Tisch
oktroyirten wir im Jenny Lind-Theater, und Tabackskisten
gaben solide Stühle. Unser Tischgeschirr dagegen war minder praktisch gestaltet. Für fünf Kostgänger, außer Freunden, welche sich täglich um die Mittagszeit zu Besuch ein-
fanden, besaßen wir eine blecherne Waschschüssel, die als
Suppenterrine diente, zwei zinnerne Teller, drei Blechschalen,
zwei Gabeln, zwei Eßlöffel und drei Messer — N. B. die
Taschenmesser nicht mitgerechnet. Auch das Kochgeschirr
ließ Manches zu wünschen übrig. Dasselbe bestand aus
zwei altersschwachen Bratpfannen, einem Kaffeetopf und
zwei kleinen Blechhafen.

Unangenehm war der Zugang zu unserer Wohnung.
Um hin zu gelangen, mußte man zuerst mehrere tiefe Minen-
löcher überspringen, dann über einen Berg von Schutt und
Asche klettern (unser ehemaliges glänzendes Geschäftshaus!),
der ganz mit verbranntem Blechgeschirr und zerbrochenen
Töpfen übersäet war, und schließlich unter einem im Werden begriffenen Schneiderladen hindurchkriechen, den unser
Nachbar der Hofschneider Lewy („Liwei" genannt) im
Pfahlbaustil aufführen ließ. Für Kunden, welche das
rothe Hemd auf dem Dache der Veranda flattern sahen
und Einkäufe machen wollten, war dieser Vorhof zu unserm
Bazar besonders unangenehm. Oft mußten wir ermun-
ternden Zuruf erschallen lassen, wenn so ein Goldvogel
zwischen den Kesseln und Töpfen herumstolperte, oder unter
Liewei's Pfahlbauten in der Asche stecken blieb, ehe er Bellevue
erreichte.

Unser Leben war im Allgemeinen recht romantisch.

Früher Morgen ist es. Ich sehe die Gestirne über mir erbleichen, als ich den Kopf vorsichtig unter der warmen Wolldecke auf der Veranda, wo ich geschlafen, hervorstrecke und durch die fingerbreiten Spalten des Daches aufwärts schaue. Die Luft ist eisig kalt, obgleich es heute einer der letzten Tage des Wonnemonds ist, so daß ich, keineswegs ein Freund von allzufrühem Aufstehen, mein Haupt schnell unter die mit silbernem Reife belegte Decke zurückziehe. In halbwachem Traume lausche ich noch ein Stündchen dem monotonen Rauschen des Wassers in den Goldwaschrinnen drüben in der Straße, und horche auf das emsige Schaufeln und Hacken der Goldgräber, welche die ganze Nacht fleißig bei der Arbeit gewesen sind; da zieht mich einer unserer Hausfreunde, ein an frühe Stunden gewöhnter Schotte, unsanft am Bein unter der warmen Wolldecke hervor, mit dem Bemerken, es sei Zeit aufzustehen, um Frühstück für die Familie zu kochen.

Besagte „Familie‟, worunter mein Associé und andere zwei Hausfreunde zu verstehen, schläft unterdeß im Keller ruhig weiter den Schlaf des Gerechten und wartet auf den Kaffee. Mit einer kräftigen Bemerkung auf das Goldland Idaho, die schlecht zum Morgengebete passen möchte, mache ich meinem Aerger ob des unsanften Aufweckens Luft und erhebe mich. Morgentoilette ist bald gemacht, und ich begebe mich auf den Weg, um Einkäufe für das Frühstück zu besorgen, während mein Genosse eine alte Kiste entzwei schlägt, und damit Feuer im Ofen anmacht. Der bekannte Weg unter Liewei's Pfahlbauten und durch die wüste Straße, über Löcher, Gräben und Schutthaufen, ist für mich in Morgenschuhen doppelt schwierig. Mit etlichen Pfund Hammelsrippen nebst Brot, Butter und Zwiebeln beladen, lange ich wieder in Bellevue an, wo der Rauch bereits lustig aus dem schiefen Ofenrohr in die blaue Morgenluft steigt. Mein schottischer Freund brät die Hammelsrippen mit Butter in der einen Pfanne, während ich in der anderen die mit dem Taschenmesser schnell entzwei geschnittenen Zwiebeln „à la français" schmore. Der Kaffee, den wir gemahlen in Packeten vorräthig haben, ist leicht gekocht. Der Tisch wird gedeckt, selbstverständlich ohne Tischtuch oder gar im Goldland verpönte Servietten, wir ziehen im Keller die Wolldecken von der Familie herunter, und bald sitzen wir Alle auf Tabackskisten um den Tisch und langen zu.

Nie hat mir eine Mahlzeit besser gemundet als eine solche im freien Goldland, wo alles Conventionelle wegfällt und die frische Bergluft den Appetit würzt. Meinen Kameraden schmeckt das Essen gleichfalls ausgezeichnet, und das mangelhafte Tischgeschirr stört keineswegs unseren guten Humor. Einer ißt mit Eßlöffel und Gabel, ein Anderer mit zwei Taschenmessern, der dritte mit Adams fünfzehnten Gabeln, und ein vierter gebraucht gar zwei Stäbchen, nach chinesischem Stil, u. s. f. —. Beim Kaffee, den wir aus Blechschalen trinken, können wir aber nicht umhin, uns über den spitzbübischen Yankee-Fabrikanten bitter zu beklagen, der ihn mit grobgemahlenen Bohnen, die wie Klöse oben auf schwimmen, vermischt hat. — Im Allgemeinen fand wenig Abwechselung in unseren Mahlzeiten statt, die sich sämmtlich durch patriarchalische Einfachheit auszeichneten. Mittags und Abends wurden dieselben Gerichte wie beim Frühstück aufgetischt mit dem Unterschiede, daß delicater Nierenbraten oder sogenanntes Kalbfleisch, welches in Idaho, wie unser Schlachtermeister mir anvertraute, aus den Nackentheilen fetter Ochsen herausgeschnitten wird, mitunter an Stelle der Hammelsrippen traten. Auch pflegten wir uns Mittags bisweilen mit dem Luxus eines Topfes Kartoffeln, die in Idaho zehn Cents das Pfund kosteten, zu regaliren, oder

einige Fruchttorten als Nachtisch zu verconsumiren, bei deren
Zubereitung ich mich unter der Aufsicht eines Goldwäschers
als Bäckerlehrling übte.

Im Keller hatten wir täglich Besuch von Bekannten,
die es mit Förmlichkeiten nicht zu genau nahmen. Deutsche,
welche fast den dritten Theil der Bewohner von Idaho
City bildeten, fanden sich besonders zahlreich bei uns ein.
Oft ging es in Bellevue recht heimisch zu und die Main-
linie ward hitzig bestritten. Der alte Zank zwischen Süd
und Nord fand auch in den Gebirgen des goldenen Idaho
einen Nachhall, und mancher Schwab machte bei einem
Schoppen „Bairisch", den wir uns aus einer der drei
Brauereien in Idaho City herbeiholten, seinem Aerger über
die „verflixten" Preußen und den „verwetterten" Bismarck
in keineswegs schmeichelhaften Worten Luft. Das Deutsch,
welches von unsern Besuchern geredet ward, möchte jedoch
Manchem aus der alten Heimath ohne Dolmetscher zum
Theil unverständlich sein. Außer den mehr üblichen deutsch-
amerikanischen Redensarten in elegantem Yankeedeutsch hat
sich die deutsche Sprache in Idaho noch durch euphonische
Minenausdrücke bereichert, z. B. sluhßen (sluicing = goldhaltigen Boden in Rinnen auswaschen); ausklienen (to
clean up = das Gold aus den Rinnen herausnehmen);
prospekten (to prospect = nach goldhaltigem Boden suchen)
ꝛc. Dieselben werden auch conjugirt, z. B. ich habe ge-
sluhßt; er hat ausgeklient; sie haben geprospectet
— u. s. f.

Unsere Unterhaltung drehte sich, wie es in allen Minenlagern geschieht, fast ausschließlich um Minenneuigkeiten, und
wann man wohl nach Hause gehen könnte, womit Europa oder die älteren Unionsstaaten gemeint waren; letztere
wurden auch kurzweg „Amerika" genannt, als ob Idaho
gar nicht zu den Vereinigten Staaten gehöre. Niemand

sieht ein Minenland als seine Heimath an. Die Gegen=
wart ist dort im besten Falle erträglich, während die
Hoffnung, als reicher Mann heimkehren zu können, die Zu=
kunft allemal mit rosigen Bildern schmückt. Wer wohl=
habend ist, hofft reich zu werden, wie irgend ein Bekannter
von ihm, ein Glückskind, das so zu sagen auf der Straße
über einen Goldklumpen stolperte; er hofft und hofft so
lange, bis ein unvorhergesehenes Etwas ihm plötzlich wieder
Alles raubt. Der Eine Glückliche, der mit vollem Säckel
heimkehrte, ist in Jedermann's Munde, wogegen von den
Tausenden, die schon jahrelang nach Schätzen jagen und heute
ebenso arm sind, wie vor Decennien, kein Mensch redet.
Wer lange in den Minenländern verweilt, verliert, mag er
zu Zeiten noch so glücklich in seinen Unternehmungen sein,
in neunundneunzig unter hundert Fällen über kurz oder
lang wieder Alles, was er mühsam erworben hat. Er muß
den Kampf mit der Welt von Neuem beginnen, und erliegt
er in demselben mit gebrochener Kraft so findet er eine Ruhe=
stätte im fremden Lande, die bald vergessen ist. Es ist eine
Kunst, ein solches Land zur rechten Zeit zu verlassen. Die
Hoffnung auf mehr Erwerb ist der Ruin von Tausenden.
„Noch 5000, noch 10,000 Dollars," — so heißt es —
„und ich gehe heim!" — Aber man könnte eben so gut
darauf speculiren, das große Loos in einer Lotterie zu
ziehen, als jene fehlenden Dollars zu erhaschen, die nur in
höchst seltenen Fällen gewonnen und noch seltener behalten
werden.

Bei der stets regen Hoffnung nach Gewinn, welche im
Goldlande die Quintessenz jedes Gedankens ist, heiligt zu=
letzt bei Vielen der Zweck das Mittel. Nach jahrelangen
Täuschungen nehmen es Manche mit der Ehrlichkeit nicht
mehr so genau; und nirgends ist die Versuchung, sich über
Gewissensscrupel hinwegzusetzen, so groß, als in den Minen=

ländern, wo das Gesetz meistens nur ein leeres Wort ist.
Mehr unzufriedene Menschen, als in den Minenlagern,
giebt es in keinem Lande der Welt. Namentlich in Bezug
auf die Goldminen findet dies seine Geltung. Etwas scheint
immer dabei verkehrt zu sein. Zum Goldwaschen ist ent=
weder zu viel oder zu wenig Wasser vorhanden, oder man
wird von Jemandem betrogen, oder es ist zu wenig Gold
im Boden, oder — was das schlimmste ist! — es ist gar
kein Gold mehr zu finden.

Sonntags ging es in Bellevue besonders lebhaft zu,
und die Goldwage, worauf der Goldstaub, das in Idaho
allein übliche Zahlungsmittel, abgewogen ward, hatte vom
frühen Morgen bis spät in die Nacht wenig Ruhe. Die
Goldgräber, welche die Woche über hart gearbeitet hatten,
kamen am Sonntag aus der Umgegend schaarenweise nach
der Stadt, um sich zu amüsiren und Kleider, Lebensmittel
und Minengeräthschaften einzukaufen. In den „Stores"
ward am Tage des Herrn mehr als in allen Wochentagen
zusammen genommen verkauft, und die Trink= und Hurdy=
Gurdy=Salons, die Spielhöllen ꝛc. machten goldene Ge=
schäfte. Alles, was zum Lebensunterhalte gehörte, hatte
fabelhaft hohe Preise. Ein kleines Glas Bier, ein Trunk
Whisky oder eine Zigarre kosteten je einen viertel Dollar;
ein mäßig großes Laib Brot einen halben Dollar; Eier
zweieinhalb Dollars das Dutzend, Hühner drei Dollars das
Stück. Chinesische Waschleute berechneten für das Waschen
eines Hemdes einen halben Dollar, für Unterbeinkleider,
Strümpfe, Taschentücher u. d. m. einen viertel Dollar das
Stück. Sich ein Paar Stiefel anmessen zu lassen, erfor=
derte eine Auslage von fünfundzwanzig Dollars, und fer=
tige Kleidungsstücke in einem Laden waren denselben Preisen
entsprechend. Ein Paar wollene Strümpfe z. B. kosteten
einen Dollar. Im Allgemeinen galt unter den Kaufleuten

in Idaho die Regel, daß der Verkaufspreis das Doppelte vom Einkaufspreise war. Was einen Dollar kostete verkaufte man für zwei — 1 pro Cent pflegten wir zu sagen!

Während ich so ein interessantes Leben in der eben erst durch Feuer zerstörten, aber wieder rasch aus den Ruinen erstehenden Goldstadt führte, ermangelte ich nicht, gelegentlich die Umgegend meiner neuen Heimath in Augenschein zu nehmen und mich mit den verschiedenen Processen des Goldgewinnens genauer bekannt zu machen. Ein schöner Sommermittag lud mich hinaus in die Berge, zu einem längeren Spaziergange nach Buena Vista Bar.

Bald befinde ich mich auf einer dreihundert Schritt langen niedrigen Holzbrücke, welche den Elk Creek (Elkbach) überspannt und Idaho City von Buena Vista trennt. Das schlammige Bett des Elk Creek sieht einer soeben von der Fluth entblößten Flußmündung ähnlich. Hunderte von trüben Strömungen durchkreuzen die Sandbänke nach verschiedenen Richtungen, die Ergüsse hydraulischer Minenwasser aus den umliegenden Bergen und Schluchten. Eine an dreißig Fuß hohe Wasserleitung läuft von der jenseitigen Höhe quer über das seichte Gewässer und hoch hin über Idaho City, über Straßen und Häuser, zum gegenüber liegenden Bergrand, — eine über eine halbe englische Meile lange hölzerne Rinne, die auf hohen Holzblöcken ruht. Das Skelett eines urweltlichen ungeheuren Hunderttausendfüßlers müßte einen ähnlichen Anblick geben.

Der Grund jenes unpoetisch ausschauenden Gewässers ist mehr oder minder goldhaltig; die weiter oberhalb in seinen Thalgrund einmündenden Schluchten sind durch die aus ihnen zu Tage geförderten Reichthümer berühmt geworden. Linker Hand liegt der breite Moore's Creek, in

ben sich der Elkbach ergießt, und durch den alle Minen=
gewässer des Boise Basin (sprich: Boiße, — der Minen=
district, von dem Idaho City der Centralort ist) ihren Ab=
fluß finden. Sein seichtes von dem Schlamme zahlreicher
ausgewaschenen Minen angefülltes Bett ist dem des Elk
Creek ähnlich und wie dieses reich an Gold. Jenseits des
Moore's Creek erheben sich waldige um diese Jahreszeit theil=
weise schneegekrönte Bergzüge, an deren Abhängen zahlreiche
kahle Baumstämme lagen. Die Zweige benutzt man zu
Böschungen an Gräben, in denen das Wasser an den Bergen
herumgeleitet wird. Hohe Wasserleitungen, sogenannte „Te=
legraphen", auf langbeinigen Holzblöcken ruhend, traten an
verschiedenen Stellen aus dem Berge hervor. Glänzende
Cascaden fielen aus den gegen das Thal gewendeten höheren
offenen Enden der „Telegraphen" herab. Hydraulische
Schläuche sind oben an den Holzrinnen befestigt, um den
Grund des Berges durch gewaltigen Wasserdruck, der ähn=
lich wie eine Feuerspritze, nur mit zwanzigfacher Kraft ar=
beitet, bloßzulegen und die goldhaltigen Tiefen zu erreichen.

Um in Flußbetten an den Grundfelsen zu gelangen,
auf dem sich in der Regel die reichsten Goldablagerungen
befinden, wird der Fluß theilweise abgedämmt und darauf
die Erde vermittelst Strömungen, die durch Holzrinnen ge=
leitet werden, fortgeschwemmt. Wo der Fall des Wassers
zu gering ist, um einen solchen Proceß mit Erfolg aus=
führen zu können, muß die Erde in Schubkarren entfernt
werden, eine ebenso mühsame als kostspielige Arbeit. So=
bald das Gold aus dem abgedämmten Flußgrund gewonnen
ist, läßt man das Wasser wieder einströmen und dämmt
einen neuen Theil des Flußbetts ab u. s. f. — Ein An=
recht auf goldhaltigen Boden wird ein „Claim" genannt.
Nimmt Jemand ein solches in Besitz, dessen Länge auf
zweihundert Fuß beschränkt ist und das sich quer über ein

Flußbett, eine Thalmulde ꝛc. ausbreitet, so schreibt er seinen
Namen nebst einer kurzen Localbeschreibung seiner Gold=
kammer in spe auf ein Stück Papier und nagelt dies an
den nächsten Baum oder an einen in die Erde gepflanzten
Pfahl, was ihm sein Eigenthumsrecht sichert, bis besagtes
Document in der nächsten Gerichtsstube zu Protocoll ge=
nommen ist. Die in solchen Handschriften von den biederen
Goldgräbern entwickelte Kalligraphie und Orthographie ist
in der Regel nicht minder bemerkenswerth als ihre Stilistik.

Ich bin über die Brücke gegangen und betrete das
goldene Buena Vista, die Uferbänke des Moore's Creek.
Ein entsetzlich wüstes Bild bieten die halb ausgewaschenen
zahlreichen Goldfelder, als sei das ganze Land so zu sagen
unterst zu oberst gekehrt. Millionen von Hamstern und
Maulwürfen, auf einen Acker zusammengedrängt, würden
keinen solchen Unfug anrichten, als Wasser, Picke und Schaufel
hier gethan hatten.

Langsam wanderte ich durch das Goldparadies. Schutt
und Steinhaufen liegen in chaotischem Wirrwarr auf den
durchwühlten Uferbänken, rauschende Wasser fließen nach
allen Richtungen, bald in Holzrinnen und Gräben über=
einander an den Bergabhängen herum, bald durch tief aus=
gewaschene Schluchten oder auf luftigen Holzböcken in Rinnen
einander kreuzend hoch daher. Alle paar Schritt gewahre
ich Miner, die in langen Gummistiefeln im fließenden Wasser
stehen; Erde und Kies in die Rinnen schaufeln und die
losen Steine mit Eisengabeln aus dem schnell hinströmenden
schlammigen Wasser herauswerfen.

Auf wackeligen Brettern schreite ich jetzt über breite
Löcher, verlasse die Uferbank und steige rechter Hand einen
Berg hinan, dem Brausen gewaltiger Wasser entgegen=
gehend, das immer lauter herübertönt. Die nackten Stämme
entwurzelter Eichen liegen, zersplittert und halb zersägt,

zwischen Haufen von Brettern zerstreut am Boden da, und
verfallene Minerhütten verstecken sich in den Bergschluchten.
Fließenden Wassern begegne ich bei jedem Schritt.

Das Wasser ist die lebendige Kraft, der Alles in einem
Minenlande unterthan ist. Die Eigenthümer der künstlichen
Wasserläufe sind die eigentlichen Herren jener Länder und
die Goldwäscher müssen ihnen schweren Tribut entrichten.
Oft sind die Minengräben zwanzig und mehr englische
Meilen lang. In der Regel wird das Wasser von Bächen
und Flüssen in ihrem oberen Laufe abgedämmt und in
Gräben an den Bergabhängen herum nach seinem Be-
stimmungsorte geleitet; nicht selten laufen mehrere Gräben,
einer über dem andern, an demselben Bergabhange alle
demselben Ziele zu. Das Wasser wird den Minern beim
Zoll verkauft, worunter ein laufender Cubikzoll, der durch
hydraulischen Druck regulirt wird, zu verstehen ist. Der
Preis des Wassers variirt zwischen fünfzehn und fünfzig
Cents den Zoll für einen zwölfstündigen Gebrauch bei Tage
und die Hälfte davon bei Nacht. Das Wasservolumen,
welches jene Gräben halten, ist sehr verschieden und beträgt
von fünfundzwanzig bis zu tausend Zoll und darüber. Die
Goldwaschrinnen in den Straßen von Idaho City ver-
brauchten in vierundzwanzig Stunden etwa vierzig Zoll
Wasser; ein mittelstarker hydraulischer Preßstrom dagegen
etwa hundertfünfzig Zoll, was, da die mächtigsten Ströme
allemal die theuersten sind, eine Wassertaxe von fünfundzwanzig Dollars pro Tag ausmachen würde. Da nun ein
Graben mehrere Rinnen und hydraulische Schläuche, bis zu
seiner vollen Kapazität, mit Wasser versorgt, so leuchtet es
ein, daß ein solcher, der etwa tausend Zoll hält, so gut ist
und besser, als manche Goldmine.

Auf dem nächsten breiten Bergabhange erblicke ich sechs
„Telegraphen", von denen jeder mehrere hundert Schritt

lang ist, neben einander herlaufen, die so zu sagen aus dem Berge herausgebaut sind. Rauschend strömt das Wasser in den langen Holzrinnen auf den skelettartigen Böcken vom Berge her und fällt aus den offenen höchsten Enden schäumend in die Tiefe. Unter ihnen durchkreuzen in Gräben schnell fließende Gewässer die geneigte Ebene aus verschiedenen Richtungen, alle dem Abhange zubrausend. Am Ende eines der „Telegraphen" machte ich Halt, von dem ein über hundert Fuß langer, gegen zehn Zoll dicker Schlauch tief herabhängt, eine riesige Anaconda, die in allen Ringeln zuckt, wie ein lebendiges Ungeheuer. Aus dem metallenen Rohr am unteren Ende des Schlauches schießt ein fast armdicker Wasserstrahl mit gewaltiger Macht hervor, wühlt tiefe Löcher in den Berg, schleudert Steine wie Spielbälle umher, zermalmt und zerpeitscht Lehm, Erde und Sand, löst sie im Wasser auf und treibt sie nebst kleinerem Steingeröll in finsterer Fluth mit Macht in eine enge Schlucht.

Es ist ein hydraulischer Preßstrom, der unter dem Druck einer hundert Fuß hohen Wassersäule den Berg fortspült und dabei den goldhaltigen Boden auswäscht. Die Arbeit von zweihundert fleißigen Menschenhänden verrichtet er, mit nie ermüdender Kraft. Unausgesetzt, bei Tag und bei Nacht, wühlt das riesige Ungeheuer in den Berg und zerreißt seine Grundfesten, gehorsam der schwachen Kraft eines einzelnen Menschen. Von Kopf bis zu Fuß in einen Gummianzug gekleidet, steht dieser in den strömenden Fluthen, im umherspritzenden Goldstaub und leitet die Rohrmündung gegen die Bergwand. Oben am Abhange wurden Pfähle in die Erde geschlagen, wo sich Risse in ihr zeigen, um mit Hebekraft den sich ablösenden Massen nachzuhelfen. Gewaltige Schichten der vom Wasser unterwühlten Erde stürzen ab und zu mit Getöse in die Tiefe. Arbeiter sind beschäftigt, die größeren Steine an die Seite zu bringen, um dem

Wasserstrome mit der losgespülten und sich darin auflösen-
den mehr oder weniger goldhaltigen Erde freien Abfluß zu
verschaffen.

Im Thalgrund fließt der schlammige Strom mit reißender Schnelligkeit durch die Goldwaschrinnen (sluice boxes),
in denen das Gold aufgefangen wird. Die Rinnen sind
mit runden Blöcken oder mit Latten ausgesetzt, zwischen
welche Quecksilber geschüttet wird. Das schwere Gold sinkt
aus der durch die Rinnen geschwemmten goldhaltigen und
zu einem Brei aufgelösten Erde zu Boden, wo es sich mit
dem Quecksilber amalgamirt. Die leichtere Erde treibt
weiter, und die Steine, welche in reißender Fluth über die
Oeffnungen zwischen den Blöcken und Latten hinrollen, werden mit einer dichtgezahnten Eisengabel gefaßt und aus den
Rinnen herausgeworfen, damit sie dieselben nicht verstopfen.
Jede Woche oder zwei wird mit der Arbeit eingehalten.
Die Blöcke oder Latten werden aus den Rinnen herausge-
nommen, das Amalgam wird herausgebürstet und das darin
enthaltene Quecksilber in Retorten verdampft, bis das reine
Gold erscheint. Sind die Rinnen lang genug, so geht nur wenig
Gold bei diesem auf den ersten Anschein sehr oberflächlichen
Proceß verloren. Bei zu kurzen Rinnen dagegen wird ein
Theil des Goldes mit fortgespült, ehe es sinken und sich
mit dem Quecksilber verbinden kann. Dieser sogenannte
Abfall (tailings) wird von Neuankömmlingen, meistens Chinesen, oft mit reichem Erfolge wieder vorgenommen, nach-
dem die ersten Besitzer ihren Minengrund verlassen haben.
In den Boise=Minen, wo meistens feiner Goldstaub ge-
funden wird, benutzt man das Quecksilber allgemein zum
Gewinnen des Goldes. In Minendistricten dagegen, wo
das Gold grobkörnig ist, kommt nur wenig Quecksilber zur
Anwendung, und das Gold wird, wie die Natur es geschaffen hat, in den Rinnen aufgefangen. Der Goldgewinn

hängt natürlich sowohl von dem Reichthum der Mine als von den Kräften ab, die zum Auswaschen des goldhaltigen Bodens angewandt werden können. Von 1000 bis zu 5000 Dollars ist ein guter Durchschnittsertrag für zwei Wochen hydraulischer Arbeit. Je höher die Wassersäule, welche den Druck ausübt, um so bedeutender ist in gutem Minengrund in der Regel der Ertrag. Aus der Mine der Gebrüder White wurde in neun Tagen 13,000 Dollars Goldstaub und einmal in demselben Zeitraum das Doppelte gewonnen; im Granitbach, sechs englische Meilen von Idaho City 25,552 Dollars in zwei Wochen. Doch sind dies Ausnahmefälle.

An siebzig Fuß hoch ist die Bergwand, auf der ich stehe und das Schauspiel der hydraulischen Minenarbeit betrachte. Ein halbes Dutzend Wasserschläuche peitschen ihre gewaltigen Wasserströme gegen den Berg und wilde Gewässer stürzen vom Abhang, die mit dem aus den Schläuchen kommenden Wasser den künstlichen Strom bilden, der die losgewaschene Erde unten durch die Rinnen treibt. Unter mir öffnet sich ein weiter, wüst aussehender Thalkessel, ehemals die Grundfeste eines Berges, der bereits fortgeschwemmt wurde. Große Steinhaufen, Schutt und Baumwurzeln liegen in ihm zerstreut, tiefe Schluchten, durch welche brausende Gewässer einen Ausweg suchen, durchfurchen ihn nach allen Richtungen. Es ist ein urwildes, lebendiges Bild, das man nicht müde wird, anzuschauen.

Mühsam und gefahrvoll ist das Leben der Männer, welche sich das wilde Element dienstbar gemacht haben. Nicht selten stürzen Felsen mit zermalmendem Gewicht in die Tiefe und zerschmettern den Arbeiter, oder es löst sich unversehens eine breite Erdwand los und begräbt den leider oft zu unvorsichtigen Miner, wenn nicht gar der hydraulische Wasserstrahl zufällig Einen trifft und ihn tödtet, als sei er von einer Kugel getroffen worden. Tag und Nacht wird die Arbeit mit den Preßströmen fortgesetzt, Nachts beim Auflodern riesiger Kienholzfeuer, welche die wüste Gebirgslandschaft unheimlich beleuchten, so lange als hinreichender Wasservorrath vorhanden ist, oder bis der erstarrende Winter die Bäche in Eis verwandelt — und wie Grabesstille tritt es plötzlich an die Stelle des wilden Aufruhrs.

Grabesruhe — auch jetzt ist sie bei mir, hier, wo das Leben aus tausend Frühlingsbächen mich umbraust. Ganz nahe blinken die weißen Steine des Friedhofs. Fürwahr, einen seltsamen Platz hat sich die Goldstadt erwählt als Ruhestätte für ihre Todten! Auch mir liegt ein Freund dort begraben. Des Goldlants tückischer Schimmer lockte ihn her in ungastliche Bergwüste vom fernen, friedlichen, grünenden Neckarstrand, um hier sein junges Leben zu beschließen. Mögest du sanft schlummern, mein Freund, im fremden Land, der du mit reichem Seitenspiel mir oft in oregonischer Wildniß den goldgelockten Apoll zu Gast geladen hast!* — Ach! bald wird die Habgier der Menschen jene Ruhestätte in einen Ort des Schreckens umwandeln. Näher und näher rückt die Thalwand hinüber zum Friedhof, immer weiter zurückgedrängt von der Titanenkraft des gefesselten Elements. Särge werden zerschmetternd hinabstürzen zwischen rasenden Fluthen und wüstem, goldgeschwängertem Felsgeröll, ihre bleichen Gebeine zerstreut von den brausenden Wogen. Doch wozu euch heraufbeschwören, verzerrte Bilder der Zukunft! Ist dieses Land doch der Gegenwart Land, wo aus goldenen Pocalen die Lust überschäumt und die Jugend sich tummelt im fröhlichen Uebermuth, Ernst und Sorgen verspottend! —

* J. L. Geer, studirte in Heidelberg und spielte die Zither meisterhaft. Er starb in Folge übermäßiger Strapazen auf einer Reise von Walla Walla nach Boise im Jahre 1864 in Idaho City.

Die länger werdenden Schatten mahnen mich zur Heim=
kehr, und schon senkt sich die Sonne hinter die westlichen
Berggipfel. Ein Blick noch von der Höhe, ehe ich scheide!
— Jenseits des Elkbachs liegen im Thalgrund die neuen
Häuser von Idaho City zwischen schwarzen Ruinen; wie
Silberbänder blinken rings an den Abhängen des weiten
Bergkessels die langen Ströme der „Telegraphen" und
schweben hin und her, lichte Funken aussprühend; die breiten
Strombetten des Elk= und des Moore's=Creek schillern wie
Flittergold; scharf gezeichnet ragen schlanke Fichten empor
von den malerischen Bergkuppen in die blaue Luft, und die
Schneefelder auf den Höhen überfliegt ein Goldhauch, des
Tages Scheidegruß. Rauschende Wasser füllen die stille
Abendluft mit momentanem Geräusch und wiegen den Geist
in sinnende Träumereien. Ein donnernder Erdfall von der
Bergwand unter mir, die das Schlangenungeheuer unter=
wühlt hat, schreckt mich auf, und ich trete den Rückweg zur
Stadt an, ehe die Dunkelheit mich überrasche.

Bei eintretender Nacht überschreite ich auf's Neue die
lange Holzbrücke, welche den Elkbach überspannt. Die
Brücke ist voll von Chinesen, die vom Tagewerk heimkehren,
Jeder von ihnen eine Schaufel oder ein langes Bambus=
rohr, an deren beiden Enden Gummistiefel, schwere Bündel
und Minengeräthschaften hängen, auf den Schultern balan=
cirend. Im Gänsemarsche kommen die fremdartigen Ge=
stalten mit kurzen elastischen Schritten daher und geben in
ihrer tartarischen Tracht ein originelles Bild. In der
Hauptstraße von Idaho City erschallt aus neuen hellerleuch=
teten Häusern fröhliches Trinkgelag, und nebenan sinken
halbverkohlte Bretterwände in den Aschenstaub. Große
Feuer von Menschen umgeben, lodern inmitten der Straße
empor. In den Höhlungen daneben flammen Fackeln, bei
deren flackerndem Lichte fleißige Goldwäscher, finsteren

Gnomen ähnlich, im rauschenden Wasser stehen, und emsig
schaufeln und die Steine hoch empor schleudern aus der
dunklen Fluth. Musik und Jubel und fröhliches Tanz=
gestampf schallen aus schimmernden Sälen, wo leichtfertige
Hurdy=Gurdys mit ausgelassenen, revolverumgürteten Gold=
gräbern den Reigen schwingen und ungezügelte Lust sich
tummelt. Hier und dort schlägt der Ton von fallenden
Goldmünzen an das Ohr, wo in einer von Lampen strah=
lenden Halle, bei den Klängen von Banjos und Geigen,
ein Schwarm von Minern, von Spiel und Getränken er=
hitzt, sich beim Pharao oder Monte um die grüne gold=
beladene Tafel drängt.

„Wie die Lieben in der Heimath erstaunen möchten,
machten sie so einen nächtlichen Spaziergang durch die wüsten
Gassen dieser leichtsinnigen, eben erst aus der Asche wieder
erstandenen Goldstadt!" — solche Gedanken kamen mir in
den Sinn, als ich langsam über die Schutthaufen und durch
die hellerleuchtete Straße nach unserer Wohnung zurück=
kehrte, und dem Jubel horchte, der die Luft erfüllte mit
bacchantischem Lärm.

2. Ein Besuch in Willow=Creek in Oregon.

Seit Entdeckung der Goldminen von Californien hat jedes Jahr in den Minenländern am nördlichen Stillen Ocean wenigstens ein epidemisches Goldfieber aufzuweisen. Aus allen Richtungen der Windrose strömen, sobald die Fama oder die Landeszeitungen die Localität des neuent= deckten Goldlands ausposaunt, Goldjäger bei Hunderten und bei Tausenden dorthin, um ihr Glück zu suchen; Abenteurer aller Art und Kaufleute schließen sich ihnen an; lange Züge von Packthieren, mit der ganzen Einrichtung einer nagel= neuen Stadt, mit Lebensmitteln und mit Werkzeugen zum Bearbeiten der Minen beladen, sieht man, dicht aufeinander folgend, auf bis dahin nur von Indianern betretenen Pfaden durch die Urwildnisse ziehen; in sonst stillen, einsamen Thälern und Gebirgsgegenden erschallt das Geschelte der Maulthiertreiber, und das Knallen von Büchsen und Re= volvern scheucht Wölfe, Bären und Antilopen aus ihren Schlupfwinkeln auf, und nicht selten mischt sich das Hurrah der Goldjäger mit dem hundegebellähnlichen Kriegsgeschrei ergrimmter Rothhäute, welche den Bleichgesichtern den un= berufenen Eintritt in ihre Wildnißheimath streitig machen.

An einer günstigen Localität in dem neuentdeckten Minendistricte projectirt irgend ein schlauer Yankee eine Stadt mit pompösem Namen und bietet Grundstücke zum Verkauf aus; bald steht eine Bretterhütte da, worin Je= mand Schnaps verkauft, ein Restaurant schließt sich dem

Tempel des Bacchus an, und ein stämmiger Sohn des Vulcan fabricirt daneben in einer Grobschmiede Piken für die Gold= gräber und beschlägt die störrischen Maulesel, — und ehe zwei Monden vergangen, steht ein schmuckes Städtchen in der Wildniß da, mit eleganten Trinksalons, Kaufmanns= häusern, Hôtels, Restaurationen, Hurdy=Gurdy=Tanzhäusern, Spielhöllen, Billardzimmern u. s. w. In den umliegenden Schluchten und Thälern, an Flußläufen und Bächen bauen Goldgräber ihre Hütten und schaufeln goldhaltige Erde in schnell zusammengezimmerte Goldwaschrinnen und sogenannte Wiegen, um den Mammon auszuwaschen. Meilenlange Gräben werden an den Bergabhängen herumgeleitet, um das Wasser irgend eines näher oder entfernter liegenden Flusses, den man an seinem oberen Laufe abzapft, nach den nöthigen Punkten zu leiten, wo man es zum Auswaschen goldhaltiger Erde vortheilhaft verwenden kann, während Hunderte von Goldjägern, mit Schaufel, Pike und Gold= waschschalen versehen mit Büchse und Revolver zum Kampfe gegen die Indianer ausgerüstet, täglich die Berge durch= streifen, tiefe Löcher bis zum Grundfelsen graben und die ausgeworfene Erde an dem nächsten bequemen Wasserlaufe oder in einer Pfütze in kleinen Quantitäten in Eisenschalen auswaschen, um auszufinden, ob der Boden Gold in ge= nügender Menge enthalte, — sogenannte „Prospectors", welche meistens am Abend in die Stadt zurückkehren und entweder wie Rohrsperlinge auf das Land schimpfen, wenn sie nicht einmal die Farbe (nämlich des Goldes) in der Schaale gefunden, oder die fabelhaftesten Gerüchte von dem Reichthum eines neuentdeckten Claim circuliren und von Hunderttausenden und Millionen reden, obgleich sie nicht einmal im Besitze eines zweiten Hemdes sind. Im Falle in dem neuentdeckten Goldminendistrict wie nicht selten vor= kommt, alles, nur nicht Gold, zu finden ist, und das Gold=

fieber weiter nichts, als eine Geschäftsunternehmung eines
geriebenen Yankee und ein Schwindel reinsten Wassers
war, verschwindet die neugebackene Stadt ebenso schnell
wieder vom Boden, wie sie entstand, die Rothhäute sind
wiederum die unumschränkten Herren der Wildniß und die
enttäuschten Goldjäger schwärmen unter Verwünschungen
auf den Humbug, der sie oft Hunderte von Stunden weit
nach dem vorgespiegelten „Eldorado" gelockt, durch das
Land, um anderswo ihr Glück zu suchen.

Das Frühjahr des Jahres 1868 hatte der wander-
süchtigen Bevölkerung dieser Länder zwei epidemische Gold=
fieber gebracht, das eine das von den Sweet Water=
Minen, im nordöstlichen Winkel des Territoriums Utah,
zwischen der Kette der Windflußberge und dem Südpaß in
den Felsengebirgen gelegen, das andere das von den Willow
Creek=Minen (Minen am Weidenbach), östlich von den
Blauen Bergen im Staate Oregon.

Als die Frühlingssonne den Schnee von den Bergen
bei Boise City zu schmelzen begann, in welcher Haupt=
stadt des berühmten Goldlands Idaho ich im vergangenen
Winter meinen Wohnsitz aufgeschlagen, schien es, als ob
die gesammte Bevölkerung dieses Ultima Thule vom Gold=
fieber angesteckt sei, und „Sweet Water" und „Willow
Creek" waren in Jedermanns Munde. Auch ich ward von
dem dazumal dort arg grassirenden Goldtyphus angesteckt
und beschloß einen kleinen Abstecher nach dem nur 120
englische Meilen von Boise City entfernten Willow Creek=
Minen zu machen und der dort eben entstehenden nagel=
neuen Goldstadt Eldorado City, von der die Fama
das Wunderbarste ausposaunte, einen Besuch abzustatten.

Am 10. März, zwei Uhr Nachts, sagte ich Boise City
Lebewohl. Unsere erste Tagereise, welche uns bis nach
„Farewell Bend" an den Schlangenfluß (snake river)

brachte, 85 englische Meilen von Boise City, bot nicht viel
Interessantes. Die Berge waren überall noch mit Schnee
bedeckt und selbst die fruchtbaren Thäler des Boise, Payette
und Weser, Nebenflüsse des Snake, welche wir durchkreuzten,
gaben ein einförmiges Bild, da die Jahreszeit zum Be=
bauen der Felder noch zu früh war. Den an 200 Ellen
breiten Schlangenfluß überschritten wir am Ende unserer
Tagereise auf einer fliegenden Kettenfähre und nahmen am
jenseitigen Ufer in Old's Fährhause Quartier, als sich die
Schatten der Nacht eben auf die wilde Gebirgslandschaft
legten.

Am nächsten Morgen bestieg ich mit noch einem Reise=
gefährten, einem Goldgräber aus Californien, auf's Neue
unser Gefährt, das uns von Old's Fähre direct nach Eldo=
rado bringen sollte. Da dies die erste Postkutsche war,
welche den Weg durch die Berge nach Willow Creek unter=
nahm, so hatten wir uns mit Stricken, Beilen, Schaufeln
und ähnlichen Werkzeugen wohl versehen, um unvorherzu=
sehenden Schwierigkeiten zu begegnen und den Wagen sicher
durch die Wildniß zu lootsen.

Wir verließen jetzt die Hauptlandstraße, welche von
Boise City über die Blauen Berge nach der Stadt Uma=
tilla an den Columbia führt und steuerten hinaus in eine
öde Gebirgslandschaft. Von Baumwuchs war nirgends die
Spur, und das verkrüppelte Salbeigestrüpp, welches die
Berge bedeckte, und die damit abwechselnden Schneefelder
gaben der Landschaft ein trostloses Aussehen. Aber wir
fuhren ohne besondere Schwierigkeiten in den aufeinander=
folgenden Thalmulden hin. Nur dreimal blieben wir in
Sumpflöchern stecken und waren gezwungen, den Wagen los=
zuschaufeln und auf höheres, festes Terrain zu ziehen. Gegen
Mittag sahen wir von einem Bergrücken die breite Niede=
rung des Willow Creek, an dessen oberem Laufe die neu=

entdeckten Goldminen liegen, vor uns und langten bald darauf bei dem sogenannten „Felsenhaus (rock house)" an.

Das Felsenhaus war die Wohnung von sechs Junggesellen, welche sich besonders mit dem Einsammeln von Heu beschäftigten, das in den Niederungen am Willow Creek in Hülle und Fülle wuchs. Das Heu verkauften sie für die Kleinigkeit von hundert Dollars für die Tonne (20 Centner), und von den tagtäglich in Menge vorbeipassirenden Fuhrleuten und Goldjägern nahmen sie für Logis und Mahlzeiten manchen „ehrlichen Pfennig" ein. Bereits vor vier Jahren hatten sie sich hier angesiedelt, ganz allein inmitten feindlich gesinnter Indianer, mit denen sie manches interessante Scharmützel zu bestehen gehabt. Die Schießscharten in den dicken Wänden des Felsenhauses und die dort befindlichen zahlreichen Hinterladungswaffen neuesten Musters, Patronen, Pulverflaschen u. s. w. sprachen deutlich genug, daß dieses nicht eine Stätte des Friedens sei.

Nachdem wir hier einem rasch beschafften Diner alle Ehre angethan und unseren Wirthsleuten als üblichen Preis dafür einen Dollar in Goldstaub ausgewogen, sagten wir dem Felsenhause Lebewohl.

Gegen Abend kamen wir bei gutem Wetter an den Willow Creek; aber als wir weiter fuhren, fing es heftig an zu schneien, und bei einbrechender Nacht strich ein eisiger, scharfer Wind über die öden Berge und trieb den feinen, halbgefrorenen Schnee uns ins Gesicht. Aengstlich spähten wir deshalb nach den Gaslichtern von Eldorado City. Endlich gewahrten wir linker Hand ein Licht, das abwechselnd aufflackerte und erlosch. Der Kutscher vermuthete, daß das Licht in Eldorado City sei und erbot sich, auf Recognoscirung hinzugehen, wenn wir beiden Passagiere den Wagen bis zu seiner Rückkehr bewachen wollten, worin wir einwilligten.

Fast eine Stunde lang blieben wir in dem Schnee=
sturm mit dem Wagen allein. Endlich kam der Fuhrmann
zurück und brachte die frohe Nachricht, daß wir nur eine
Viertelstunde von Eldorado City entfernt seien; er hätte sich
erst noch ein Bischen mit einem heißen Whiskypunsch er=
wärmt und hoffte, daß uns das Warten nicht zu lange
gedauert.

Wacker hieb er nun auf das Viergespann ein und rasch
fuhren wir quer durch den Schnee, den Berg hinunter
und dem ersehnten Goldhafen entgegen. Plötzlich ver=
schwanden die beiden Vorderpferde in der Erde. Wir
wähnten im ersten Schrecken, daß die Gäule über einen
Felsabhang gestürzt, und sprangen kopfüber vom Wagen in
den Schnee, da wir fürchteten, daß die Deichselpferde mit
der Stange den Vorderpferden im nächsten Augenblick in
die unbekannte Tiefe folgen würden. Im Nu hatten wir
die Stränge abgeschnitten und rissen die Deichselpferde am
Rande eines schwarz aufgähnenden Minenschachts herum, in
welchen die Vorderpferde hinabgestürzt. Die lebendig be=
grabenen Thiere nothgedrungen vorläufig ihrem Schicksal
überlassend, fuhren wir vorsichtig um den Schacht herum
und erreichten endlich glücklich die ersehnte Goldstadt.

Mehr als ein Dutzend Häuser konnte ich bei dem Schnee=
gestöber in Eldorado nicht entdecken und war froh, als wir
das Nevada Hôtel erreichten, ein elendes Bretterhaus,
das aussah, als ob der Wind es jeden Augenblick um=
werfen könnte. Das räucherige Gastzimmer war gedrängt
voll von einer Gesellschaft lärmender Goldgräber, von denen
die meisten sofort hinauseilten, sobald sie von dem Mißge=
schick vernahmen, das uns betroffen, um die Pferde womöglich
aus dem 28 Fuß tiefen Minenschacht zu retten. Diese Mühe
war jedoch vergeblich, da beide Pferde den Hals gebrochen
hatten.

Nach eingenommenem Abendessen verfügte ich mich treppauf, um mir ein passendes Nachtlogis zu suchen. Von Betten war im Nevada Hôtel keine Rede, und hatte ich solche in Eldorado auch nicht erwartet. Jeder Reisende in diesen Ländern führt seine Wollendecke bei sich, und ich hatte mich, ehe ich die Reise antrat, noch mit einer extra wasserdichten Gummidecke und mit einem Kopfkissen versehen, so daß ich in Bezug auf Bettzeug mich in besseren Umständen befand, als die meisten Goldtouristen.

Bald fand ich neben der warmen Ofenröhre, die vom unteren Gastzimmer quer durch den Dachstuhl lief, ein zutrauliches Plätzchen, das ich sofort in Beschlag nahm. An der anderen Seite der Ofenröhre hatten sich eine spanische Donna und ein Greaser (Schmutzpelz, d. h. Mexikaner) einquartirt, die sich in einer Fülle von „Carachos" und „Carambas" ergingen, wenn der Wind ihnen den Schnee durch das löcherige Dach ins Gesicht trieb.

„Búenos dias, Señor!" — rief eine heisere Baßstimme mir von der anderen Seite der Ofenröhre zu, als ich am Morgen des 12. März anno Domini 1868 auf dem Dachboden des Nevada Hôtels in Eldorado City erwachte. Die heisere Baßstimme gehörte der spanischen Donna an, deren flüchtige Bekanntschaft ich Abends zuvor gemacht. Besagte Donna lag in Eldorado der edlen Kunst des Wahrsagens ob und lüftete den biederen Goldgräbern für die Kleinigkeit von fünf bis zehn Dollars in schnödem Goldstaub vermittelst Kartenschlagens die Schleier der Zukunft.

Den freundlichen Morgengruß der reizenden Donna hastig erwidernd, erhob auch ich mich von meinem Lager, schüttelte den Schnee ab und verfügte mich schleunigst herunter in das räucherige Gastzimmer des Hôtels.

Meine nächste Sorge war, mir ein besseres Quartier zu verschaffen als das Nevada Hôtel, wo die Küche ein getreues Seitenbild von dem Schlafstellendepartement bildete. Ein solches fand ich auch bald bei einem Geschäftsfreunde, der in einer Bretterbude von zwölf Fuß im Geviert die biederen Goldgräber für Goldstaub mit Werkzeugen zum Minenbau, mit Kleidungsstücken, Erbsen, Speck, Mehl, Whisky, Taback und sonstigen Lebensbedürfnissen versorgte und gleichzeitig den Koch für sich und seine zahlreichen Gäste spielte.

Unter der Leitung meines freundlichen Wirthes nahm ich Eldorado City und seine Umgebung zunächst etwas näher in Augenschein. Ich zählte dreizehn Häuser in der Goldstadt, eine Zahl, welche die Fama in Boise City bereits auf 300 vermehrt hatte. Die bis jetzt noch namenlosen Straßen waren von Koth und halbgeschmolzenem Schnee fast grundlos, und die umliegenden nackten Hügel gaben im winterlichen Kleide ein nichts weniger als idyllisches Bild. Die banditenähnlich aussehende Bevölkerung dieses berühmten Goldhafens hatte sich meistens in den Whiskykneipen concentrirt, wo die lärmende Unterhaltung sich um den fabelhaften Werth von unerforschten Claims drehte und man von Zehntausenden sprach, als ob jeder nach Belieben Schätze aus den umliegenden Hügeln und Schluchten herausschaufeln könnte. Binnen einer Viertelstunde wurden mir mindestens zwei Dutzend Claims zum Verkauf angeboten und zwar zu den bescheidenen Preisen von je 2000 bis 20,000 Dollars — und darüber. Ich lehnte diese freundlichen Anerbietungen jedoch freundlich ab und entschuldigte mich damit, daß ich mich erst etwas mehr in Eldorado umsehen müsse, ehe ich, wie ich beabsichtigte, ein paar tausend Dollars in Claims anlegen könnte. Diese bescheiden gemachte Erklärung und mein im Vergleich zu der Bevölkerung von Eldorado aristokratisches Aeußere stempelten mich sofort zu einem Krösus und öffneten mir die Herzen aller anwesenden Claimspeculanten und Whiskytrinker.

Die Unterhaltung mit meinen neuen Freunden drehte sich zunächst um die in der Nähe der Stadt liegende goldhaltige „Klapperschlangenschlucht". Dieselbe hatte ihren Namen von den zahllosen dort hausenden Klapperschlangen erhalten, welche den Jagdlustigen in Eldorado für den kommenden Sommer viel Vergnügen in Aussicht stellten. Andere fabelhaft reich sein sollende Bäche und Schluchten, die alle in den Willow Creek münden oder mit demselben verzweigt sind, waren Shasta- und Rich-Creek, Quarz-Gulch, Jones- und Williams-Flat und eine ganze Legion von Gulches (Thalmulden), die alle wohlhabende Käufer suchten. Kleine Quantitäten von allerliebstem Goldstaub (Dust), die ich sah, gaben den augenscheinlichen Beweis, daß der kostbare Mammon in den Hügeln, Bächen und Schluchten um Eldorado keine Mythe sei; aber ich erfuhr bald, daß es an Wasser fehlte, um die Minen auszubeuten.

Für die Willow Creek-Minen war der Burntfluß, ein Nebenfluß des Snake, die nächste nie versiegende Wasserquelle in spe zum unentbehrlichen Wasserbedarf. Der große Graben daselbst, von dem die Zeitungen so viel Redens gemacht, konnte aber, wie ich hörte, schwerlich in diesem Jahre fertig werden. Obgleich der Burntfluß in gerader Richtung nur sechs englische Meilen von Eldorado entfernt ist, wird genannter Graben doch eine Länge von einigen achtzig englischen Meilen haben, um das Wasser jenes Stromes an den zwischen ihm und Eldorado liegenden Bergzügen herum und an seinen Bestimmungsort zu leiten. Die Kosten zum Bau dieses Mammuthgrabens werden auf 100,000 Dollars veranschlagt.*

* Der „große Graben" wurde im Jahre 1873 fertig und hat 120,000 Dollars gekostet.

Während meines fast vierwöchentlichen Aufenthaltes in Eldorado fand ich volle Gelegenheit, das Leben in diesem berühmten Goldhafen recht gründlich kennen zu lernen. Fast täglich langten kleinere und größere Gesellschaften von Goldjägern an, welche die Fama oft aus Hunderten von Stunden weiter Entfernung hergelockt hatte. Die meisten dieser Herren vom Revolver, von der Picke und Schaufel verließen Eldorado fast eben so schnell wieder, als sie hergekommen, nachdem sie sich überzeugt, daß bei dem Mangel an Wasser in diesem Jahre kein Glück zu finden sei.

Die bitter enttäuschten Goldjäger waren fleißige Besucher der Whiskykneipen, wo sie ihre Sorgen todt tranken, und Abends namentlich ging es in den größeren Trinksalons flott her. Eine Einnahme von 200 Dollars an einem Abend war in diesen Tempeln des Bacchus nichts Seltenes.

Im Hintergrunde des größten der Eldoradotrinksalons klapperten Silber- und Goldstücke auf den Spieltischen, an denen sich die Goldgräber beim Monte oder Pharao amüsirten. In einer Ecke des Zimmers saßen vor einer langen Reihe von Whiskytonnen ein Banjo- und ein Geigenspieler und kratzten ohrzerreißende Melodieen von den Saiten herunter, während nicht weit davon ein Haar- und Barbierkünstler solche der Gäste verschönerte, die mehr auf elegantes Aeußere als auf einen Dollar schnöden Willow Creek-Goldstaubes hielten. Der entsetzlich schlechte Whisky an der Bar versetzte manchen der Salongäste in die wildeste Aufregung, und mitunter ertönten Revolverschüsse, welche besonders Lustige im Uebermaß der Freude zum Spaß gegen die baumwollene Stubendecke abfeuerten. Nach Mitternacht verwandelte sich der Trinksalon in ein Bivouac; die Goldtouristen streckten sich, jeder in seine Wollendecke gehüllt, im romantischen Durcheinander auf den Fußboden hin ober machten sich's auf Tischen und Stühlen bequem, jeder mit einem geladenen Revolver oder mit einer Henry=Büchse* unterm Kopfkissen oder an der Seite, und viele modulirten bereits sonore Baßlieder in Dur und Moll und träumten von ganzen Bergen von Gold, während andere erst zu trinken anfingen.

Gemüthlicher und gesitteter ging es Abends in der Wohnung meines Geschäftsfreundes zu, bei dem ich Quar= tier genommen, und wo sich nach des Tages Last und Mühen ein Häuflein Auserwählter versammelte, um der geselligen Freude zu pflegen. Da Stühle in unserem Store unbe= kannte Größen waren, so machte es sich die Gesellschaft den Umständen nach auf Wollendecken, Ballen, Fässern, Kisten und Kasten bequem, Abenteuer wurden der Reihe nach vorgetragen, und wenn ein Gläschen Kirschbrandy oder Eierpunsch die Zungen einiger anwesenden alten californi= schen Goldjäger gelöst, so wurden diese Vorträge öfters höchst interessant.

Bei diesen geselligen Zusammenkünften bildeten die „Goldminen vom blauen Eimer", welche ein glänzendes, unerfaßbares Traumbild, die goldene Fata Morgana jedes Goldjägers in Oregon sind, ein Unterhaltungsthema von stets neuem Reiz. Was war Willow=Creek, was Boise in Vergleich mit jenen Minen, wo die alten Emigranten das gediegene Gold eimerweise aufgelesen hatten! Eine wahre Schande, hier in Eldorado bei Tage ein paar lumpige Unzen Gold auszuwaschen und Abends schlechten Whisky zu trinken, indeß man vielleicht jene berühmten „Diggings" wieder entdecken und dort das Gold wie Kieselsteine auf=

---

* Henry rifle, eine in den Goldländern beliebte Waffe, welche mit 18 Schuß, die man schnell nach einander abfeuern kann, auf einmal geladen wird.

sammeln könnte!* — Wenn die Gesellschaft sich entfern
hatte, so pflegte unser engerer Familienkreis, bestehen
aus sechs Junggesellen, sich im Store für die Nacht z
verschanzen. Um es unberufenen Eindringlingen im Dunkel
unmöglich zu machen, unser im Hintergrunde des Laden
auf dem Estrich gemachtes Lager geräuschlos zu erreiche
und unter unseren Wolldecken und Mantelsack-Kopfkisse
Rekognoscirungen nach Goldstaubbörsen zu unternehmen
wurde der ganze Vordertheil des Store's so zu sagen mi
spanischen Reitern ausgesetzt. Dieselben bestanden aus eine

* Ein paar Worte über die „Goldminen vom blauen Eimer
(blue bucket diggings), auch die Emigranten-Diggings genannt, wer
den dem Leser von Interesse sein. Dieselben sind, wie gesagt, ein
verloren gegangene Entdeckung, womit es sich folgendermaßen verhält

„Im Jahre 1845 zog eine Karavane von etwa tausend Emi
granten mit zahlreichen Fuhrwerken, Pferden, Vieh ꝛc. vom Missouri
fluß überland nach dem Willamettethal im westlichen Oregon
Zwischen dem Schlangenfluß und den Blauen Bergen in Orego
kamen sie an einer Stelle vorbei, wo ein ihnen unbekanntes gelbe
Metall in kleinen Stücken auf dem Boden zerstreut balag. Da
Metall war weich und ließ sich auf den eisernen Radreifen de
Fuhrwerke leicht mit Steinen breitschlagen. Einige Emigrante
sammelten davon einen blau angemalten Wassereimer voll zusammen
warfen das unnütze Zeug, als zu schwer zum Transport, aber bal
wieder fort." —

Als in Folge der im Jahre 1848 erfolgten Goldentdeckunge
in Californien sich Schwärme von Abenteurern über die Küstenlände
am nördlichen Stillen Ocean verbreiteten, um nach Gold zu suchen
hörten einige derselben von diesem Funde der Emigranten. Mi
Blitzesschnelle verbreitete sich die Nachricht davon unter den Gold
jägern. Das unbekannte weiche gelbe Metall, das man mit Steine
auf den Radreifen aushämmern konnte, mußte natürlich Gold ge
wesen sein, denn, — was hätte es sonst sein können? Daß di
Emigranten dasselbe nicht für Gold ansahen, war leicht erklärlich
im Jahre 1845 hatte noch Niemand etwas von Goldentdeckunge
an dieser Küste gehört, und die Emigranten untersuchten ihren Fun
nicht genauer. Aber Gold mußte es gewesen sein, das war klar wi

Unmasse von Blechgeschirr, nebst Gläsern, Flaschen, Koch=
öfen, Töpfen, Kaffeekannen, Schaufeln, Bratpfannen, Wasch=
schüsseln, Eimern ꝛc., zwischen welchen hindurch selbst der
ausgebildetste Spitzbube nicht seinen Weg im Dunkeln, ohne
Lärm zu machen, gefunden hätte. Da jeder von uns
Schlafenden eine geladene Büchse oder Doppelflinte neben
sich liegen hatte und nach einem im Finstern zwischen den
spanischen Reitern Umherstolpernden sofort geschossen hätte,
so wurde unser Nachtquartier, dessen unangreifbare Lage allen
Eldoradoern bekannt war, begreiflicherweise nie beunruhigt.

bie Sonne! Das verloren gegangene Dorado erhielt nach dem ersten
Eimer voll Gold, welchen die Emigranten dort aufgesammelt haben
sollten, den poetischen Namen „Goldminen vom blauen Eimer".

Seit einem Vierteljahrhundert durchstreifen nun in jedem Som=
mer kleinere und größere Gesellschaften von „Prospectors" die Wild=
nisse des östlichen Oregon, um die Goldminen vom blauen Eimer
wieder zu finden. Man suchte sowohl von Osten als von Westen
her die Spuren der großen Emigrantenkaravane; ihre Marschroute
ließ sich an altem Eisen, Ueberbleibseln von Bivouacs, Radgeleisen ꝛc.
von Osten her bis an den Malheur= (ein Nebenfluß des Snake),
von Westen her bis an den Crooked=Fluß (ein Nebenfluß des John
Day, welcher oberhalb der Dallesfälle in den Columbia mündet)
mit ziemlicher Deutlichkeit erkennen. An beiden genannten Flüssen
hörten aber die Spuren von der Emigrantenkaravane ganz auf, ohne
daß man bis dorthin das Gold, welches wie Kieselsteine offen da=
liegen sollte, gefunden hatte. Die „Goldminen vom blauen Eimer"
mußten nothwendigerweise auf der Strecke zwischen dem Malheur=
und dem Crooked=Fluß liegen.

Dieses Land war eine pfadlose Wüste, und befindet sich noch
heute zum größten Theil im Urzustande; außerdem liegen dort die
Jagdgründe der blutdürstigen Schlangen=Indianer, welche den gold=
suchenden Bleichgesichtern jeden Fußbreit Boden in ihrer Heimath
streitig machten und erst im Herbst 1868 mit den Weißen Frieden
schlossen. Hierzu kam die große Ausdehnung des Landstrichs in
welchem die Goldminen vom blauen Eimer verborgen liegen sollten,
ein Land, das sich etwa 180 englische Meilen von Ost nach West
und gegen 200 englische Meilen von Süden nach Norden erstreckt.

Ueber die Willow Creek=Goldminen wurden mir, wäh=
rend meines Aufenthaltes in Eldorado, selbstverständlich die
genauesten Erörterungen gegeben. Ich erfuhr, daß man
das erste Gold im Schaftabach bereits vor vier Jahren
entdeckte, daß die Miner aber wiederholt durch Indianer
von ihrer Arbeit verjagt worden wären. Noch im ver=
gangenen Herbste hatten kleine Abtheilungen von Gold=
gräbern im Bach goldhaltige Erde ausgewaschen, während
ihre Kameraden oben auf dem Berge die Indianer mit
Henrybüchsen in respecktvoller Entfernung hielten.

Trotz aller einer gründlichen Erforschung sich entgegenstellenden
Schwierigkeiten wurde dieses Land Jahr aus Jahr ein von Aben=
teurern durchstreift, welche den tausendfachen Gefahren der Wildniß
trotzten und sich mit den Indianern herumschlugen, in der Hoffnung
die Goldminen vom blauen Eimer dort zu entdecken. Keine von
ihren Hoffnungen hat sich aber bis jetzt erfüllt; nicht einmal die
Spur von der großen Emigrantenkaravane hat man dort wieder=
finden können.

Es ist ein schwieriges Unternehmen, die Spur einer solchen
Karavane nach langen Jahren zu entdecken. Nicht nur hat die Zeit
dieselbe verwischt und haben sowohl Elemente als Indianer etwaige
Ueberbleibsel und Zeichen von Bivouacs zerstört oder weggeführt,
auch ihre Marschroute durch die Wildniß war eine sehr unbestimmte.

Die ersten Emigrantenkaravanen, welche dieses damals noch nie
von einem Weißen betretene Land durchzogen, folgten in der Regel
den indianischen Fußwegen (Indian trails). Diese sind auf dem
Kamm von Höhenzügen, welche nicht selten dichtbewaldet sind, an=
gelegt. Die Rothhäute vermeiden mit ihren Fußwegen stets die
Thäler so viel als möglich, weil ihnen besonders an einer freien
Umschau gelegen ist, um sich vor Ueberfällen sicher zu stellen. Ein
indianischer Fußweg folgt dem Kamme eines Höhenzuges so lange
sich dieser einigermaßen nach der gewünschten Himmelsgegend hin=
zieht; führt die Bergkette nach einer gar zu falschen Richtung, so
wird der indianische Fußweg einen geraden Uebergang quer durch
das nächste beliebige Thal nach einem anderen günstiger gelegenen
Höhenzuge einschlagen, dem er dann, immer oben auf dem Berg=
rücken hinlaufend, wieder treu bleibt. Um das Verfolgen einer

Den Erzählungen meiner Eldoradofreunde nach zu schließen, ist das ganze östliche Oregon, von den Blauen Bergen bis zum Schlangenflusse, Eine Goldmine und würde, könnte man nur das unumgänglich nothwendige Wasser herbeischaffen, bald selbst Californien zur Zeit seines Glanzes in den Schatten stellen. Auf einem Umkreise von Hunderten von Meilen kann man fast nirgends eine Schale voll Erde auswaschen, ohne die Farbe zu finden, worunter ein oder ein paar diminutive Goldflitterchen zu verstehen sind. Ein im Goldwaschen Uneingeweihter möchte erstaunen, wie gering

alten Spur von einer Emigrantenkaravane zu erschweren, kommt noch der Umstand, daß diese nicht immer die Richtung der indianischen Fußwege einhält, sondern mitunter der Bequemlichkeit halber sich in den Thälern hinzieht, und so oft wie sinnlos nach allen Richtungen der Windrose herumläuft.

Nach Jahrzehnten die nur einmal gemachte Marschroute einer solchen Karavane in der Wildniß zu finden, grenzt an die Unmöglichkeit. Doch haben die Goldjäger noch keineswegs die Hoffnung dazu aufgegeben, um dadurch die Goldminen vom blauen Eimer wieder zu finden. Im Sommer 1868 glaubte man unter der Führung eines alten Emigranten, am Stein's-Gebirge, etwa 115 englische Meilen südlich von Canyon City, endlich auf der rechten Spur zu sein; wiederum aber lief alles auf eine Täuschung hinaus.

Die Ausdauer eines solchen Suchers der Goldminen vom blauen Eimer ist geradezu unverwüstlich, nicht weniger als seine Hoffnung, das goldene Ziel zu finden; zufällige Fünde in der Wildniß — ein altes Stück Eisen, ein mit der Art gefällter Baum, irgend ein Stück gedrechseltes Holz, ein Ochsenhorn, ein Pferdeknochen, oder besser noch eine Gegend, wo der Boden mehr oder weniger goldhaltig ist — geben ihr stets neue Nahrung. Auch liegen reiche Golddistricte in jener Wildniß wie Oasen zerstreut, so daß die Goldminen vom blauen Eimer dort durchaus nicht zu den Unmöglichkeiten gehören, z. B. die von Canyon Creek, Marysville, am John Day, am Olive Creek, bei Auburn, am Pulverfluß, im Mormon-Basin und Nye Valley, am Willow Creek, Burntfluß 2c. aber keine von allen diesen kann nach der Beschreibung der Emigranten das verloren gegangene Goldparadies „vom blauen Eimer" sein.

selbst bei reichen Minen die Quantität des in der Erde
vertheilten Goldes ist. Ein bis zwei Cents Goldstaub zur
Goldwaschschale — etwa ein Eimer voll —, was in ge=
nanntem Landstrich auf Tausenden von Plätzen zu finden
ist, zahlt mit genügendem Wasservorrath in Goldwasch=
rinnen von acht bis zu zehn Dollars jedem Arbeiter pro
Tag. Eine Schale voll Erde mit drei Cents Gold darin
zahlt in einer Wiege, worin ein Mann etwa hundert Eimer
oder Schalen voll Erde pro Tag auswaschen kann, drei
Dollars pro Tag. Da aber der Tagelohn hier zu Lande
sechs Dollars ist, so wird ein Claim, das weniger als vier
bis sechs Dollars pro Tag einbringt, nicht bearbeitet und
bleibt unbenutzt liegen, bis vielleicht in späteren Jahren die
mit geringerem Gewinn zufriedenen Chinesen, denen gegen=
wärtig das Bearbeiten von Minen hier nicht gestattet ist,
an Stelle der Weißen treten werden, oder der Tagelohn
geringer wird, um auch den Weißen das Bearbeiten eines
so armen Bodens zahlend zu machen.

Der goldhaltige Boden liegt in den Willow Creek=
Minen meistens sehr tief, von vier bis zu sechzig Fuß tief
auf den Grundfelsen, und die obere Erde muß fortgeschafft
werden, um den sogenannten Zahlgrund zu erreichen,
was bei dem allgemeinen Mangel an Wasser die Bearbei=
tung dieser Minen außerordentlich schwierig macht. Trotzdem
hörte ich fast jeden Abend von neuen Goldentdeckungen.
Ein Prospector hatte z. B. einen Bit (12½ Cents) in einer
Goldwaschschale gefunden, ein anderer vielleicht vier Bit
(ein halber Dollar), und ein dritter, der sich für den Glück=
lichsten aller Sterblichen hielt, einen Dollar, wogegen an=
dere die Diggings verwünschten, da sie trotz aller Be=
mühungen nie mehr als die Farbe hatten finden können.
Drei größere Goldstücke, die einen Werth von respective
16—29 und 49 Dollars hatten, welche man während der

Zeit meines Aufenthaltes in Eldorado an demselben Tage in verschiedenen Schluchten fand, veranlaßten in der Stadt eine wilde Aufregung, und auch in unserer Wohnung ward das wichtige Ereigniß mit einer Extraauflage von Eierpunschen gebührend gefeiert. Willow Creek erfreute sich an jenem unvergeßlichen Abende des einstimmigen Lobes aller Anwesenden, und die Claims stiegen sofort drei bis vierhundert pro Cent im Werth.

Das Leben in Eldorado war im allgemeinen eben nicht das friedfertigste, wie man es in einer neu entstehenden Minenstadt, deren Bewohner der überwiegenden Mehrzahl nach Abenteurer und schlechte Subjecte sind, kaum anders erwarten konnte.

Eines schönen Morgens ward die Stadt durch mehrere schnell aufeinanderfolgende Pistolenschüsse alarmirt. Zwei Goldgräber, die über das Prioritätsrecht eines Claims in eine Meinungsdifferenz gerathen waren, suchten ihre Controverse durch einen Kampf mit sechsschüssigen Marinerevolvern zu schlichten. Die Combattanten, welche einander auf offener Straße angriffen, wo wenigstens ein halbes Hundert der Einwohner von Eldorado spazieren gingen, thaten es sich in schlechtem Zielen gegenseitig zuvor, und die Zeugen des heroischen Kampfspiels waren weit mehr in Gefahr, von den planlos umherfliegenden Kugeln getroffen zu werden, als die streitenden Parteien selber. Mehrere der Kugeln flogen durch die Bretterwände und nicht viel fehlte daran, so hätte eine umherirrende Spitzkugel ihr Ziel in der Person des Verfassers gefunden, sie ward aber glücklicherweise durch das Brett eines Ladentisches aufgehalten, hinter dem er stand. Nachdem beide Kämpfer ihre Revolver leer gefeuert, ohne einander getroffen zu haben, warfen sie ihre Waffen fort und wurden zum Gaudium der Eldorader handgemein; bald aber trennte die Streiter, zum nicht geringen Aerger der Zuschauer, der Friedensrichter in Persona.

Der Friedensrichter setzte sofort eine Extragerichtssitzung an, die in Ermangelung eines passenden Locals in einem Trinksalon gehalten wurde. Eine Jury ward eingeschworen und man schaffte einen guten Vorrath von Aktenpapier und ein paar alte Gesetzbücher herbei; zwei Spieler erboten sich als Advokaten der beiden Angeklagten aufzutreten, und ein dritter ward Staatsanwalt und trat als Kläger für den Staat Oregon gegen die beiden Kampfhähne auf.

Der am Nachmittage desselben Tages in dem Trink=salon verhandelte Proceß steht in seiner Art wohl einzig in der Criminalgeschichte da. Die zahlreich versammelten Zu=schauer machten schlechte Witze, tranken auf die Gesundheit des hochweisen Gerichts, rauchten, lärmten und ergingen sich in zahllosen Thorheiten. Der Friedensrichter hatte die Miene eines Solon angenommen und explicirte der Jury das Gesetz:

„Wer von den beiden Angeklagten zuerst seinen Revolver gezogen, der sei die angreifende Partei gewesen und folglich der Schuldige; der andere hätte nur aus Nothwehr gehandelt und das Recht gehabt, jenen todtzuschießen.“

Nachdem die Jury eingeschworen, wurden vom Richter Whisky=Cocktails bestellt, und Sr. Ehrwürden nebst Jury, Advokaten und die beiden Delinquenten auf der armen Sünderbank gossen, ehe die Untersuchung begann, im fried=lichen Beieinander erst eins hinter die Binde.

Jetzt begann ein interessantes Zeugenverhör, wobei die verschiedenen Zeugen sich schnurstracks widersprachen. Ein Zeuge sagte aus, daß Delinquent Nummer Eins, zuerst den Revolver gezogen und abgefeuert, und ein anderer Zeuge schwor, daß er genau gesehen, wie Delinquent Nummer Zwei zweimal geschossen, ehe Delinquent Nummer Eins seinen Revolver hinterm Rockschoß hätte hervorholen können.

Die Advocaten versuchten sich in glänzenden Perioden, und der eine von ihnen blieb in seiner glänzendsten Periode glänzend stecken. Der Staatsanwalt, welcher es als Ehren= punkt anzusehen schien, beide Delinquenten zu verdonnern und der sich in bilderreichen Redensarten über die Heiligkeit des Gesetzes, Ruhe und Ordnung, über schlechte Subjecte, die dem Staate Schande brächten 2c. erging, wurde von einem der Herren Advocaten milde daran erinnert, daß sich eine solche Moralpredigt wenig für ihn paßte, da doch Jeder= mann in Eldorado wüßte, daß er, der ehrenwerthe Staats= anwalt, im vergangenen Winter in Idaho City falschen Goldstaub aus Kupferspänen fabricirt und in Circulation gesetzt hätte, und daß er nur nach Eldorado gekommen sei, um nicht in Idaho die Bekanntschaft einer allzuengen hänfenen Cravatte zu machen.

„Mein Herr!" — rief der Staatsanwalt mit sonorer Stimme seinem persönlich werdenden Widersacher zu — „mein Herr, wenn Sie mich beleidigen, so beleidigen Sie den Staat Oregon!"

Unter wieherndem Gelächter jubelten die Zuschauer ihm Beifall zu und ließen „den Staat Oregon" hochleben, wo= gegen der Advocat bemerkte; „daß der Staat Oregon verb. small potatoes — d. h. von winziger Bedeutung — sei!"

Das Ende vom Proceß war, nachdem Richter, Advo= caten, Jury und „der Staat Oregon" (nämlich der Staats= anwalt) eine unendliche Menge von Whisky Cocktails ver= tilgt, daß die Jury auf den Antrag des Richters entschied:

„Jeder der beiden Angeklagten hätte seinen Revolver zu= letzt gezogen, und beide hätten nur das allen freigeborenen Amerikanern heilige Recht der Selbstvertheidigung ausgeübt; beide Angeklagte seien folglich schuldlos und sofort zu entlassen. In Berücksichtigung der Milde des Urtheilsspruches hätten die beiden Angeklagten jedoch die Whiskyrechnung zu bezahlen."

Hiermit war der Proceß beendigt, Jedermann goß noch einen Schluck auf Rechnung der beiden Freigesprochenen hinunter, und die hohe Versammlung löste sich mit allgemeinem Wohlgefallen auf.

Daß der Rechtsspruch des weisen Eldorado-Solon die Moralität der jungen Goldstadt eben nicht verbesserte, läßt sich denken. Schlägereien und Schießaffairen wurden jetzt etwas Alltägliches. An einem Sonntage gab es in Eldorado nicht weniger als sechszehn Straßenprügeleien, und bei einer derselben wurden dem „Staate Oregon“ zwei Zähne ausgeschlagen.

Die Indianer machten den Bewohnern der jungen Goldstadt nicht weniger Sorgen, als die einheimischen Zwistigkeiten es thaten.

Eines Sonntags, als Eldorado von Müssiggängern schwärmte, kamen sechs Reiter auf schaumbedeckten Rossen ohne Sättel in die Stadt gesprengt und brachten die unwillkommene Nachricht, daß eine starke Bande von Piutes-Indianern drei mit Waarengütern schwer beladene Wagen im Cañon — nur zwölf englische Meilen von der Stadt — überfallen hätten.

Die Aufregung in Eldorado war beim Eintreffen dieser Nachricht eine ungeheure. Während eine dichte Schaar von Neugierigen die Ankömmlinge umdrängte und sich dieselbe Geschichte zwanzig Mal wiederholen ließ, forderten Andere Freiwillige auf, um die Indianer zu verfolgen und ihnen den Raub wieder abzujagen. Binnen einer Stunde galoppirten auch schon sechs bis an die Zähne bewaffnete „Indianer-Jäger (Indian hunters)“ davon und schworen, daß jeder wenigstens zwei Scalpe mitbringen würde und daß sie hundert verdammte Rothhäute nicht fürchteten und blutige Revanche an den frechen Schafessern, d. h. den Piutes, nehmen wollten. Am nächsten Tage kehrte die Jagdgesellschaft aber unverrichteter Sache wieder zurück, nachdem sie über hundert englische Meilen geritten waren, da man die Spur der Indianer im Gebirge verloren hatte.

Seit diesem ersten diesjährigen Erscheinen der Indianer auf dem Kriegspfade verging fast kein Tag, an dem die Rothhäute sich nicht in der Nähe von Eldorado blicken ließen.

Das Wetter in Eldorado war während der Zeit meines Aufenthaltes daselbst außerordentlich rauh und veränderlich. Fast jede halbe Stunde fand ein Witterungswechsel statt. Bald war es frühlingswarm, bald sibirisch kalt, und Schneestürme hatten wir fast jeden Tag. Bei Sonnenuntergang begann regelmäßig ein heftiger Wind, der bis Sonnenaufgang in erbärmlichen Accorden um die Bretterhäuser heulte und den Gedanken wach werden ließ, daß das Haus jeden Augenblick fortwehen könnte. In einer besonders windigen Nacht ward auch wirklich ein zweistöckiges Haus von seinem Fundamente heruntergeweht, und eine Goldwaschrinne, die etwa 300 Pfund schwer sein mochte und in der Straße stand, an hundert Ellen weit die Straße entlang geschleudert. Bei Tage kamen die kalten Luftwellen mehr stoßweise und waren, wenn eben vorher das Wetter milde gewesen, doppelt unangenehm. In meiner Behausung fand der Wind freien Eintritt durch die fingerbreiten Spalten im Fußboden und in den Wänden, und mitunter war ein solcher Zugwind in der Bretterwohnung, daß ich vor die Thür ging, um aus dem Wind herauszukommen. Nachts brachten uns heftige Stoßwinde zuweilen eisigkalte Regenschauer. Der Regen, welcher in seinen Strömen an vielen Stellen durch das Schindeldach rieselte, weckte einen mitunter unangenehm auf, wenn er unerwartet die Nase traf; oft veränderten wir ein Dutzend Mal während einer Nacht unsere Lagerstätten, um ein trockenes Plätzchen im Hause zu finden.

Was den Fortbau der Stadt sehr verzögerte, war der
Mangel an Bauholz, das von zwei acht englische Meilen
westlich im Gebirge liegenden Sägemühlen hergeschafft wer=
den mußte. Der Preis desselben betrug an den Mühlen
75 Dollars für tausend Fuß; die Wege waren so grundlos,
daß Wagen, zu dreißig Dollars die Fuhr, nur mit halber
Ladung den Weg in einem Tage zurücklegen konnten.
Zimmerleute forderten blos acht Dollars pro Tag Arbeits=
lohn. Das Häuserbauen war unter so bewandten Um=
ständen ein recht kostspieliges Vergnügen. Die Herstellung
eines Bäckerladens, acht Fuß Fronte bei neun Fuß Tiefe,
den man in Deutschland für weniger als zehn Thaler bauen
könnte, kostete die enorme Summe von einhundertfünfzig
Dollars; die monatliche Miethe für ein Geschäftshaus,
welches man richtiger einen schlechten Stall nennen sollte,
betrug hundert Dollars in Gold. Andere zum Leben
nothwendige Dinge waren nicht weniger kostspielig. Heu
zu Betten und als Futter für das Vieh kostete z. B.
zehn Cents das Pfund, Hafer acht Cents und Kartoffeln
dasselbe, während Feuerholz nicht unter siebenzehn Dollars
die Klafter — ohne das Kleinschneiden zu rechnen — zu
haben war.

Der Leser wird mit Recht über die Größe dieser be=
rühmten Goldstadt erstaunen. Die Bedeutung einer Minen=
stadt wird aber nicht durch die Zahl ihrer Häuser repräsen=
tirt. Die Goldgräber, welche Claims besitzen, wohnen
meistens in Bretterhütten oder Zelten in der Nähe ihrer
Mine und kommen nur gelegentlich in die Stadt, um Ein=
käufe zu besorgen oder um sich zu amüsiren. Sonntags ver=
sammelte sich eine bedeutende Menschenmenge, oft aus einer
Umgebung von zehn bis zwanzig Meilen, in einer concentrisch
gelegenen Minenstadt, welche alsdann so lebendig ist wie
eine Handelsstadt von zwanzigfacher Größe.

Als die Jahreszeit vorrückte und der Schnee von den niedrigeren Hügeln und aus den Thalschluchten verschwand, besuchte ich öfters die Goldgräber bei ihrer Arbeit, wo sie fleißig beschäftigt waren, Goldwaschrinnen zu legen und mit Picke und Schaufel den Grund zum Auswaschen goldhaltigen Bodens handgerecht zu machen, um keine Zeit zu verlieren, wenn das Wasser kommen würde. Leider mußte nach Ansicht aller Wohlunterrichteten der Wasservorrath zum Bearbeiten der Minen in diesem Jahre ein sehr geringer sein. Zwei Minengräben, die man aus einer Entfernung von 15 und 20 englischen Meilen vom Gebirge her bis in die Nähe der Stadt geleitet hatte, waren und blieben bis zur Stunde meiner Abreise trocken, obgleich man jeden Tag sagte, daß das Wasser morgen oder übermorgen kommen würde. Man munkelte sogar, daß der eine Graben in der Richtung, welche das Wasser nehmen sollte, bergauf gegraben sei, was der Herr Grabenbesitzer entrüstet für schändliche Verläumbung erklärte.

Mittlerweile vergrößerte sich die Stadt langsam. Neue Trinksalons, Hôtels und Stores entstanden; eine Gesellschaft von Negro=Minstrels (Neger=Minnesänger) machte ihr Debut in Eldorado und man erwartete nächstens vier deutsche Hurdy=Gurdy=Tanzmädchen.

Als ich nach einem Aufenthalte von vier Wochen der jungen Goldstadt ein Lebewohl sagte, zählte sie bereits acht und zwanzig Häuser.

———

Der Morgen des 15. April 1868, an dem ich Eldorado City wieder verließ, um über die östlichen Ausläufer der Blauen Gebirge zunächst die nordwärts liegende Hauptlandstraße, welche von Idaho nach dem Columbia führt, zu erreichen, versprach einen ausnahmsweise schönen Tag. Die schneegekrönten Gebirge, welche Eldorado umkränzen,

lagen so heiter da im goldenen Sonnenschein, daß ich bald
den grundlosen Schmutz und das naßkalte Wetter, Regen,
Sturm und Schneegestöber, und wieder Regen und Hagel,
Frost, Glatteis, Wirbelwinde, Stoßwinde und alle Sorten
von pöbelhaften Sturmwinden vergaß, welche mir das Leben
in jenem wüsten Goldhafen so verbittert hatten. Freundlich
warf ich der Bretterbude, worin ich in der berühmten Gold=
stadt gewohnt, und allen anderen Bretterhäusern in Eldo=
rado City einen Abschiedsgruß zu und setzte mich in einen
„Käfig“, eine Art von sehr primitiver Postkutsche, welche
mich nach dem Burntflusse bringen sollte.

Dreißig englische Meilen vor uns erhob sich der schnee=
gekrönte eisengepanzerte Berg (Ironside Butte), der höchste
Berg in der Umgegend, welcher wegen der außerordentlich
klaren Luft aber kaum ein paar Stunden entfernt zu sein schien.

Die Quellen des Willow Creek und des Malheur
(ein Nebenfluß des Snake, des südlichen Hauptarmes des
Columbia) liegen an seinen waldigen mit Eisengestein
bedeckten Abhängen. Die niedrigeren Hügel, über welche
die Straße hinführte, waren mit aschfarbigem Salbei=
Gestrüpp bedeckt; zwischen demselben zerstreut stand junges
in Büscheln wachsendes Gras (bunch grass), welches für
das Vieh ein außerordentlich nahrhaftes Futter giebt, weß=
halb diese auf den ersten Anblick so trostlos scheinende Ge=
gend als Weidegrund sehr geschätzt wird.

Mein Sitz im „Käfig“ war höchst unbequem. Der
vielfach zerrissene Grund war hart gefroren, und ich, als
einziger Passagier in dem federlosen Wagen, der sich fast
fortwährend in lebhaften Sprüngen bewegte, ward in ihm
hin= und hergeworfen, daß mir beinahe Hören und Sehen
verging.

Wir fuhren zunächst am goldhaltigen Shastabach hin
und kehrten dem „eisengepanzerten Berge“ bald den Rücken

zu. Ab und zu kamen wir an Minerhütten vorbei, wo die
Goldwäscher eben ihre Morgentoilette vollendeten. Mancher
derselben warnte uns vor Indianern, welche die Gegend
unsicher machten, und die sich erst in der vergangenen
Nacht in der Nähe gezeigt hätten. Diese unwillkommene
Nachricht veranlaßte mich bei der ersten Haltestation, wo
ein zweiter Passagier einstieg, diesem das Coupé freund=
schaftlich zu überlassen, und mit meiner Hinterladungs=
büchse bei dem Kutscher auf dem Bock Platz zu nehmen,
wo ich eine freie Umschau hatte und, im Fall eines Ren=
contre's mit den „edlen Rothhäuten" (noble red men, wie
man in Amerika die Indianer gerne nennt), meine Waffe
mit mehr Präcision als im „Käfig" anwenden konnte.
Auch stieß der Wagen hier wenigstens erträglich.

Unsere nächste Station war Amelia City, auch die
„neuen Diggings" genannt, eine Minenstadt von sieben
Häusern, die zwölf englische Meilen von Eldorado entfernt
liegt. Nach kurzem Aufenthalte sagten wir der auf eine
glänzende Zukunft pochenden Goldstadt Amelia Lebewohl,
und fuhren durch eine wilde Gebirgslandschaft zunächst
dem nur vier englische Meilen entfernten älteren Minen=
lager Mormon Basin zu. Es war ein nagelneuer und
außerordentlich rauher Weg auf dem wir hinfuhren, und
unser Postwagen das erste Fuhrwerk irgend welcher Art in
dem Reisende auf dieser Straße von Eldorado City nach
dem Burntflusse befördert wurden.

Als wir höher ins Gebirge hinaufstiegen, kamen wir
durch stattliche Fichten= und Kiefernwaldungen, und der fast
überall noch tief liegende Schnee gab der Landschaft ein
recht winterliches Ansehen. Am wildbrausenden Mormon=
bach, dessen Lauf wir entgegenfuhren, trafen wir hier und
da Goldwäscher, die mit Picke und Schaufel fleißig bei der
Arbeit waren. Hohe Wasserleitungen und lange Gold=

waschrinnen und die zwischen losen Felsblöcken und um=
gestürzten Nadelhölzern in Gräben und Holzrinnen wild
daher rauschenden Minenwasser, der unterst zu oberst ge=
wühlte Boden, die wüsten Sand= und Schutthaufen und
die Berge von losen reingewaschenen Steinen gaben un=
verkennbare Zeichen, daß der blanke Mammon in diesen
Thalschluchten verborgen lag.

Die aus etwa zwanzig Bretterhäusern bestehende alte
Minenstadt „Mormon Basin City", welche sich uns durch
den Tannenwald flüchtig zeigte, eine halbe englische Meile
zur Linken lassend, durchkreuzten wir, über Schneefelder
und im Schatten stattlicher Nadelhölzer hinfahrend, den
romantischen Thalkessel gleichen Namens, welcher durch seinen
Goldreichthum berühmt geworden ist.

Die Goldlager von Mormon Basin wurden im Jahre
1864 entdeckt, und haben unter den Goldjägern im öst=
lichen Oregon noch immer einen guten Ruf. Das dortige
Gold ist meistens grobkörnig und hat einen Werth von
$16\frac{1}{2}$ Dollars die Unze. Man hat Stücke Gold dort ge=
funden, die einen Werth von 400 bis zu 600 Dollars
hatten; kleinere Stücke von 5 bis zu 10 Dollars an Werth
sind etwas sehr Gewöhnliches. Einzelne sogenannte „Nester"
(pockets) haben ihre glücklichen Besitzer schnell reich ge=
macht. Leider finden die Goldwäscher in Mormon Basin
(es sind etwa hundert dort) nur auf zwei Monate im
Frühjahr Beschäftigung, da der zum Goldauswaschen
nöthige Wasservorrath sich auf das Schneewasser beschränkt,
und der Thalkessel zu hoch liegt, um einen Wasserlauf, wie
den Burntfluß, vermittelst Gräben herleiten zu können.
Einzelne Minenbesitzer im Mormon Basin reisen jedes Jahr,
sobald das Wasser versiegt, nach San Francisco und sogar
nach den östlichen Staaten Amerika's, und kehren im Frühjahr
nach Oregon zurück, um hier ihre Finanzen aufzubessern.

Sobald wir Mormon Basin verließen, kamen wir wieder in eine öde, von allem Baumwuchs entblößte Gebirgsgegend, der jeglicher landschaftlicher Reiz fehlte, bis wir das zehn englische Meilen von Amelia City liegende Rye Valley (Roggenthal) erreichten. Dasselbe führt seinen Namen nach dem hier in Menge wild wachsenden sogenannten „Roggengras" (Lolium perenne), eine für das Vieh besonders nahrhafte Grasart mit roggenähnlichen Halmen. Roggen oder sonstiges Getreide wird dort nicht gebaut.

In Rye Valley liegt eine nicht unansehnliche Minenstadt gleichen Namens, die sehr zerstreut gebaut ist, eine Schwesterstadt von der in Mormon Basin. Die Häuser sahen aus, als ob sie hintereinander herliefen, um möglichst schnell aus dem golbenen Roggenthale herauszukommen, wobei einige von ihnen offenbar das Gleichgewicht verloren hatten.

Die Minen in Rye Valley sind meistens „Hill Diggings", d. h. das Gold wird aus dem Innern der Berge gewonnen, die voll sind von Tunnels und Schachten. Helle Schutthaufen lagen vor den schwarzen Oeffnungen der Goldminen an den Bergen, und meilenlange Gräben, in denen das zum Auswaschen der goldhaltigen Erde nöthige Wasser nach den Minen geleitet wird, zogen sich wie dunkle Linien über einander an den Abhängen hin. Viele der Rye Valley-Goldminen werden mit hydraulischen Preßströmen bearbeitet, von denen es zweiundvierzig in diesem Minendistricte giebt. Das in Rye Valley gefundene Gold steht an Feine, in Folge einer Beimischung von Silber dem von Mormon Basin bedeutend nach, und hat einen Werth von nur 14 Dollars die Unze.

Wir verließen Rye Valley in einem heftigen Schneegestöber, und fuhren mühsam die jenseits desselben liegende steile Höhe hinan, die Wasserscheide zwischen den Gewässern des Willow Creek und des Burntflusses.

Auf der Höhe überraschte uns ein prächtiges Gebirgs=
panorama. Die Sonne kam wieder hell zum Vorschein,
und beleuchtete herrlich das uns jetzt im Rücken und tief
unter uns liegende Nye Valley. Vor uns im Norden
hoben sich die schneegekrönten Gipfel der goldreichen Hoch=
gebirge am Adlerbach (eagle creek mountains), über vier=
zig englische Meilen entfernt, jenseits des Burntflusses in
den wolkenschwangeren Aether; zwischen uns und ihnen lag
eine wilde Gebirgslandschaft von wimmelnden, über ein=
ander gethürmten Bergkuppen, hier und da mit schwarzen
Waldungen an den Abhängen und mit schneegekrönten
Scheiteln. Ein Schneesturm, der unter wechselnder Be=
leuchtung über die urwilde Gebirgslandschaft zog, belebte
gleichsam das großartig romantische Gemälde.

Schnell fuhren wir jetzt bergab und entgegen dem Burnt=
flusse, durch lange und eng gewundene Cañons, welche dicht auf
einander folgten. Eine dieser Bergschluchten, wo die nackten
Felsen rechts nahe am Wege mehrere hundert Fuß hoch
emporragten, schien für einen Hinterhalt wie gemacht, und
wir hatten an dieser Stelle ein besonders wachsames Auge
auf unsere Todfeinde, die Indianer, welche die Gegend nicht
selten durchstreifen.

Bei den meisten Indianerüberfällen können die Rei=
senden von Glück sagen, wenn sie mit dem Leben davon
kommen. In der Regel schießen die „edlen Rothhäute‟,
wo man es am allerwenigsten erwartet, aus unangenehmer
Nähe hinter einem Felsen hervor auf die unbesorgt vor=
beiziehenden Goldtouristen. Eine Vertheidigung ist in sol=
chem Falle selten möglich. Wen eine Büchsenkugel oder ein
leicht geflügelter Pfeil trifft und hinstreckt, der ist ver=
loren. Seine glücklicheren Kameraden können sich um seine
Rettung nicht bekümmern; sie werden sich auf das erste
beste Pferd werfen, das sie aus dem Geschirr loszuschnei=

den vermögen, und sofort das Weite suchen. Viele der Packthier-Karavanen, welche von und nach den Minen ziehen, reisen bei Nacht, da alsdann von den Indianern weniger zu befürchten ist. Die gefährlichste Stunde ist für den Reisenden in diesen Gegenden allemal die beim ersten Morgengrauen, und neun Zehntheile aller Indianerüber= fälle finden statt, wenn die Goldtouristen eben ihre Morgen= toilette beginnen.

Kurz zuvor, ehe ich diese Reise unternahm, langte die Kunde in Eldorado City an, daß eine Bande von Schlangen= Indianern 25 Pferde am Payettefluß gestohlen und sich in der Richtung nach dem Burntflusse mit ihrer Beute aus dem Staube gemacht hätte. Da die Möglichkeit nahe lag, daß uns diese Bande in die Quere kommen könnte, so waren wir doppelt wachsam und gerüstet, jeden Augenblick das Hasenpanier zu ergreifen. Mit nur zwei Pferden und drei Mann im Wagen, fühlte ich mich beim Kutscher auf dem Bock ungleich sicherer als im Coupé des „Käfigs", dessen Inhaber bei einem Ueberfall der Indianer wohl zu Fuß hätte retiriren müssen, da der Kutscher und meine Wenigkeit für einen solchen Casus die beiden Gäule bereits für uns appropriirt hatten.

Die Gegend behielt bis zum Burntfluß ihren wilden Anstrich. Ein paarmal lag der Fahrweg auf längeren Strecken der Cañons inmitten eines rauschenden Wald= bachs, in dessen Bette wir uns einen Weg suchen mußten, da am Ufer nicht Raum genug für eine Straße war. Oefters begegneten wir langen Zügen von Schlachtvieh und Pack= thieren und von Goldjägern zu Fuß und zu Roß, jeder mit einer Wollendecke und Büchse auf der Schulter, die alle nach den Goldminen von Willow Creek unterwegs waren. Die felsigen Cañons hallten wieder von Peitschen= knallen, Singen, Hurrah und Flüchen, wozu das Gebrüll

der bunten Rinder die Begleitung gab; nur ein Angriff
der Rothhäute und ihr dem Hundegebell ähnliches Kriegs=
geschrei fehlte in dem betäubenden Wirrwarr thierischer und
menschlicher Laute, um die Situation eminent interessant
gemacht zu haben.

Endlich lagen die fatalen Cañons hinter uns und wir
hatten den Burntfluß erreicht, der hier in einer breiten
Niederung unter Weidengebüsch hinfloß. Dreißig englische
Meilen weiter oberhalb liegen an ihm reiche Goldminen,
wo bereits dreißig Dollars werth Goldstaub aus einer Gold=
waschschale gewonnen wurde. Jenseits des Burntflusses
lagen ein paar Ranchos (Gehöfte), sonst war die Gegend
öde und von allem Baumwuchs oder Anzeichen von Cultur
entblößt.

Nach einer lustigen Fahrt von etwa drei englischen
Meilen, immer im gestreckten Galopp am Ufer des Burnt=
flusses herjagend, wobei sich der „Käfig" auf dem steinigen
Wege dermaßen in halsbrechenden Sätzen und Seiten=
schwenkungen erging, daß ich mich nur mit größter Mühe
am Kutscherbock festzuklammern vermochte, überschritten wir
den nicht unansehnlichen schnell strömenden Burntfluß auf
einer wackeligen Holzbrücke, und langten gegen Mittag, 35
englische Meilen von Eldorado City, bei der sogenannten
Expreß Ranch an, einem Wirthshause, das an der großen
Poststraße liegt, welche von Idaho nach der Stadt Umatilla
am Columbia führt.

Mein Ausflug nach Willow Creek fand hier seinen Ab=
schluß, da ich zunächst über die Blauen Gebirge nach meiner
alten oregonischen Heimath The Dalles am Columbia
reisen wollte. Möge es den Eldoradoern recht nach Wunsch
ergangen und Jeder von ihnen mindestens ein Billionär
geworden sein!

3. Ein Capitel über die Hurdy-Gurdys

(ein Vermächtniß deutscher Kleinstaaterei).

In den vorherstehenden Skizzen ist öfters der Name „Hurdy-Gurdys" vorgekommen, der wohl einer etwas näheren Auseinandersetzung bedarf. Als der Verfasser um die Mitte der sechsziger Jahre sein Domicil in den Minenlagern von Idaho und Oregon aufgeschlagen, kam ihm eine in der „Gartenlaube" veröffentlichte Erklärung der nassauischen Polizeibehörde über die Hurdy-Gurdys zu Gesicht, welche ihn veranlaßte, einen längeren Artikel für jenes Blatt zu schreiben, worin das schmachvolle Treiben dieser den deutschen Namen auf das Aergste compromittirenden deutschen Tanzmädchen öffentlich an den Pranger gestellt wurde. Ich lasse jenen in Nr. 20 des Jahrgangs 1865 der Gartenlaube veröffentlichten Aufsatz unverändert wieder zum Abdruck kommen, da derselbe ein klares Bild über die Hurdy-Gurdys vor Augen stellt und zugleich einen Rückblick in die Zeit der deutschen nationalen Zerrissenheit giebt, welche der Hauptgrund zu einem schmählichen Menschenhandel war, den alle Beschönigungen deutscher kleinstaatlicher Polizeidirectionen nicht wegzuläugnen vermochten.

„In Nr. 48 des Jahrgangs 1864 der Gartenlaube steht eine Erklärung der herzoglich nassauischen Polizeidirection, als Antwort auf einen in früheren Nummern der Gartenlaube unter dem Titel: „Deutscher Menschenhandel der Neuzeit" abgedruckten Artikel.

Ohne auf den Inhalt dieser polizeilichen Erklärung näher einzugehen, erlaubt sich Unterzeichneter, der Redaction der auch in diesem entlegenen Erdenwinkel vielfach gelesenen Gartenlaube ebenfalls eine Erklärung über bestehende sociale Verhältnisse, und zwar aus dem nordamerikanischen Unions=staate Oregon, zur Benutzung zuzusenden. Die darin an=geführten unwiderleglichen Thatsachen werden der Polizei=direction des Herzogthums Nassau den Standpunkt eines Theils ihrer Landeskinder im Auslande hoffentlich sonnen=klar machen — nicht nur, wie er „in einer seit Decennien hinter uns liegenden Vergangenheit gewesen", sondern noch heutzutage, anno Domini 1865, factisch ist.

Um nun zunächst diese Facta etwas näher zu beleuch=ten, so muß ich wohl vor Allem erklären, was der Name Hurdy=Gurdys eigentlich bedeutet. Jahr aus Jahr ein möchte ich dies Wort über den halben Erdball hinüberrufen, damit Deutschland zur vollen Erkenntniß dieses argen Brand=mals am deutschen Namen gelange und die Stimme des Volkes wach werde, um die Missethäter, wer sie auch im=mer sein mögen, zur Verantwortung zu zwingen; denn nur so kann diesem Schandfleck am deutschen Namen gründlich abgeholfen werden. Ich will es Euch, deutsche Mütter, Euch, Töchter des großen, gebildeten Deutschlands, ganz leise in's Ohr raunen — wenn auch die Scham ob der Entehrung des deutschen Namens Euch beim Anhören des ungern Gesagten die Wangen blutroth färbt — ganz leise, damit die hochlöbliche Polizei es ja nicht höre und mir stracks verbiete, den Mund weiter zu öffnen und mehr da=von zu reden: Hurdy=Gurdys ist der verächtliche Name für deutsche Tanzmädchen in den zahlreichen Minenstädten von Californien, Nevada, Oregon, Idaho, Washington und Britisch Columbia, die wie Waare von grundsatzlosen Menschen=händlern an den Meistbietenden verdingt werden, um den

„biederen Goldgräbern" das Herz und den Geldbeutel
leichter zu machen; die jegliches Schamgefühl verlernt zu
haben scheinen und doch mit der Tugend kokettiren und die
Hauptursache der in besagten Minenstädten fast tagtäglich
vorfallenden blutigen Schlägereien, Stech- und Schießaffairen
sind, welche nicht selten Mord und Todtschlag im Gefolge
haben, — deutsche Tanzmädchen „aus Nassau from the
Rhine", wie ich's mit eigenen Augen, ohne Brille, in den
hiesigen Hôtelregistern in eleganter Originalhandschrift mehrfach gelesen habe. Was sagen die Herren von der Nassauer
Polizei dazu? Ist auch das unwahr?

Wenn nun allerdings das Herzogthum Nassau auch
den Löwenantheil an der Ausfuhr von Hurdy-Gurdys besitzt,
so muß ich zur Beruhigung der dortigen Polizeibehörde doch
noch erwähnen und der Wahrheit die Ehre geben, daß Darm-
stadt namentlich in letzten Jahren gleichfalls manche schmucke
Hurdys geliefert hat — daß eine Darmstädter Hurdy-Gurdy-
Gesellschaft z. B. gegenwärtig in Dalles in Oregon Gastrollen giebt — und der ganze an den Mittelrhein grenzende
deutsche Kleinstaatencomplex mehr oder weniger Hurdy-
Gurdy-Delegaten nach Amerika sendet. Weder der Ober-
noch Unterrhein, weder Süd- noch Norddeutschland liefern
Hurdy-Gurdys, alle kommen diese vom Mittelrhein dem
gesegnetsten Theile, dem Paradiese Deutschlands.

Das Hauptquartier und Centraldepot sämmtlicher Hurdy-
Gurdys ist in San Francisco, wohin gelegentlich durch ge-
wissenlose Menschenhändler neue Recruten, direct „from the
Rhine", importirt werden. Den jungen, lebenslustigen Dirnen am alten Vater Rhein werden von diesen Seelenverkäufern
höchst verführerische Bilder von dem freien und ungebundenen
Leben und den leicht zu erwerbenden Schätzen in den herrlichen
Goldlanden am stillen Meer vorgespiegelt, um sie zum Aus-
wandern zu bewegen, und das Resultat der Unterhandlung ist,

daß besagte Menschenhändler es übernehmen, die verführten Mädchen frei bis nach San Francisco zu befördern, wogegen diese sich contractlich verpflichten, das ihnen vorgeschossene Reisegeld nach Ankunft an den goldenen Gestaden zurückzuzahlen, d. h. abzutanzen. Diese Contracte haben nun allerdings weder in Deutschland noch in Amerika gesetzliche Gültigkeit, werden aber trotzdem ohne Ausnahme von den in der Fremde ganz verlassen dastehenden Mädchen erfüllt.

Vom Hauptquartier in San Francisco aus werden die Mädchen, welche je nach ihrer Schönheit verschiedene Preise haben, an die Hurdy-Gurdys-Salonbesitzer vermiethet und bleiben so lange an das Centraldepot gebunden, bis sie die ihnen vorgeschossenen Summen, welche sich durch Bekleidung, Beköstigung ꝛc. fortwährend vermehren, abverdient, d. h. abgetanzt haben. Wenn sie endlich auf freien Füßen tanzen können, so reisen sie auch wohl in kleinen Tanzgeschwadern von je drei bis sechs tanzenden Mitgliedern unter dem Commando einer im Handwerk ergrauten älteren Hurdy — von den Goldgräbern mit dem Namen bell mare bezeichnet, d. h. Glockenstute, die einen Zug Pferde anführt — auf eigene Speculation durch's Land. Zu dieser Classe gehören meistens die in Oregon und Idaho Gastrollen gebenden Hurdy-Gurdys, welche sich vom Centraldepot in San Francisco emancipirt haben.

Ich habe blutjunge Hurdys gesehen, die kaum zwölf Sommer zählten, und andere in der Blüthe der Jungfrauenjahre, welche die Rosenzeit ihres Lebens buchstäblich vertanzen und späterhin, wenn die Blüthen verwelken und abfallen, auf den Stufen des Lasters schnell hinuntersteigen in ein Land, von wo keine Rückkehr in ehrliche Gesellschaft mehr ist, falls es ihnen nicht gelingt, durch Extraknisse so einen halbblinden Goldvogel noch bei Zeiten im Ehenetze einzufangen.

Die Bellmares und Salonbesitzer holen ab und zu frische Zufuhr von San Francisco, wenn den Goldgräbern die veraltete Waare nicht mehr gefällt, wogegen das Hauptdepot in San Francisco sich wieder von Deutschland aus ergänzt, und so pflanzt sich dieser schmachvolle Menschenhandel ungestört fort. In San Francisco ist es den dort ansässigen zahlreichen Deutschen gelungen, ein Verbot gegen die Hurdy=Gurdy=Salons in der Stadt — nicht im Staate Californien — zu bewirken. Gleichzeitig wurde das Spielen mit Tambourins auf den Straßen, welches früher von den Mädchen bei Tage als Nebengeschäft betrieben ward, strenge untersagt und ein Verbot gegen die öffentlichen Spielhöllen im Staate Californien durchgesetzt. Die Folge davon ist gewesen, daß sich die Hurdys in San Francisco in sogenannte „Pretty Waiter Girls" — hübsche Kellnermädchen, wie sie sich öffentlich annonciren — verwandelt haben, was fast so schlimm ist als ihr früherer Beruf, oder daß die vom Gesetze grausam verfolgten Hurdys nach den angrenzenden Staaten ausgewandert sind, wo öffentliche Spielhöllen und Hurdy = Gurdy = Salons gesetzlich nicht untersagt sind.

Hier in Oregon bemüht man sich jetzt, dem Beispiele San Francisco's zu folgen, namentlich um den Goldgräbern die Gelegenheit zu nehmen, ihr schwer erworbenes Gold gleichsam zum Fenster hinauszuwerfen. Ein directes Verbot gegen die Hurdy=Gurdy=Salons ist jedoch bis jetzt noch nicht erlassen worden, was auch nach hiesigen Gesetzen, die gänzliche Gewerbefreiheit garantiren, nicht gut möglich ist.

Daß das Hurdy=Geschäft ein sehr einträgliches sein muß, ist schon aus der enormen Steuer ersichtlich, welche die Salonbesitzer, die sich natürlich durch die Mädchen wieder schadlos halten, ohne besondere Mühe zu zahlen im

Stande sind. Wer jedoch die Extravaganz der hiesigen
Minenbevölkerung kennt, den wird es sicherlich nicht wundern, daß das Hurdy-Geschäft eine Steuer von hundert
Dollars und auch wohl die dreifache Summe im Monat
so leicht aufzutreiben vermag, ohne Bankerott machen zu
müssen.

Tausende von Bergleuten arbeiten jahraus, jahrein
jede Woche sechs Tage lang vom frühen Morgen bis zum
Abend in den Minen, um allnächtlich und namentlich am
Sonntag ihr schwer erworbenes Gold in den Hurdy-Gurdy-
Häusern wieder fortzuschleudern. Die Folge davon ist,
daß, obwohl die meisten dieser Minenarbeiter verhältnißmäßig reich sein sollten, es doch zu einer großen Seltenheit gehört, einen unter ihnen zu finden, der sich eine nur
einigermaßen ansehnliche Summe erübrigt; eben weil sie
ihr Geld in den Hurdy-Gurdy-Salons so schnell verjubeln,
wie sie es verdient haben.

In enger Verbindung mit den Hurdy-Gurdy-Salons
sind Trinkstände, an denen die Tänzer ihre Schönen nach
jedem Tanze mit einer Herzstärkung tractiren, zu einem
viertel oder halben Dollar den Schluck, wovon das Mädchen die Hälfte und der Salonbesitzer die andere Hälfte
bekommt. Von den Mädchen erhält also jede einen viertel
oder halben Dollar für den Tanz, und außerdem machen sie
es sich zur Regel, den in Glückseligkeit schwimmenden Goldgräbern Ringe, Schmucksachen und, wo's geht, baares
Geld abzulosen, so daß sich das Geschäft im Allgemeinen
recht gut lohnt.

Dann sind öffentliche Spiellocale in nächster Nähe,
wo mit falschen Würfeln und sonstigen scharfsinnigen Schwin-
deleien den vom Tanz und schlechten Getränken erhitzten
Miners der Rest ihres Klein- und Großgeldes in der Geschwindigkeit abgenommen wird.

Das Merkwürdigſte bei dieſer Hurdy-Gurdy-Wirth-
ſchaft iſt, daß ſämmtliche Hurdys „from the Rhine" ſind,
und daß die leichtfertigen Schönen anderer Nationalitäten
den Naſſauerinnen und Heſſinnen bei dieſem profitablen Ge-
ſchäftchen nicht in's Handwerk greifen. Aber ſo iſt es in
der That; und die Töchter von Frankreich, von Irland,
England, Spanien, Amerika und Mexico und andern Ländern treten beſcheiden zur Seite und bedanken ſich ganz ge-
horſam für dieſen Ehrenpoſten.

Man trete einmal hinein in ſolch einen Hurdy-Gurdy-
Salon und man wird zugeben, daß es dem Nationalſtolze
anderer Völker zur Ehre gereicht, den Deutſchen in dieſem
Geſchäfte den Rang nicht ſtreitig zu machen! Halbange-
trunkene, rohe Goldgräber, theilweiſe in Hembärmeln und
mit dem Hute auf dem Kopfe, mit geladenen Revolvern
und langen Meſſern im Gürtel und die Hoſen meiſt in die
Stiefelſchäfte geſteckt, zerren die Mädchen im Tanze umher
und ſtoßen ſich dieſelben mitunter gegenſeitig zu, trinken
mit ihnen vergiftete Getränke, führen ſchmutzige Reden und
erlauben ſich alle möglichen handgreiflichen Freiheiten und
Frechheiten, wofür ſie ja zahlen — zahlen, mit blankem
Golde! Goldene Schätze rollen ſo den Hurdys in den
Schooß — ſelbſtverſtändlich zum größten Theil zum Nutzen
der Seelenverkäufer und Salonbeſitzer.

Man wird an dieſer ganzen Küſte kaum eine Minen-
ſtadt — a mining camp — finden, in der es nicht ein
oder zwei, oft drei bis vier ſolcher Hurdy-Gurdy-Häuſer
giebt, — hier in Dalles gegenwärtig drei — was der
Verfaſſer dieſer wahrheitsgetreuen Schilderung nicht blos
von Hörenſagen weiß, ſondern mit eigenen Augen geſehen
hat, da er nicht nur in Oregon, ſondern auch in Californien und Nevada ziemlich weit herumgekommen iſt. Wie
groß die Zahl ſolcher verwahrloſten Mädchen an dieſer

Küste ist, läßt sich schwer ermitteln; doch würden die nassauischen und hessischen Polizeibehörden höchst wahrscheinlich
die Augen vor Erstaunen weit aufthun, wenn sie die nackte
Wahrheit zu hören bekämen!

Die einzige Möglichkeit, dieser den deutschen Namen
schändenden Hurdy-Gurdy-Wirthschaft zu steuern, ist, die
neue Zufuhr von Mädchen aus Deutschland zu
verhindern. Den Mädchen, die, leider Gottes, einmal hier
sind, kann nicht geholfen werden. Man hat es wiederholt
versucht, dieselben als Hausmädchen mit einem Monats-
lohn von dreißig bis vierzig Dollars zu engagiren; das
wilde Leben ist ihnen aber so zur andern Natur geworden,
daß sie alle derartige Anerbieten rundweg abgeschlagen haben.

Die Mitglieder eines Comités in San Francisco,
welches dieses zu bezwecken suchte, sind zum Dank für ihre
menschenfreundlichen Bemühungen sogar wiederholt von den
Seelenverkäufern nächtlicher Weile verfolgt, niedergeschlagen
und mißhandelt worden, so daß man zuletzt alle ferneren
Schritte zum Wohl der Mädchen, als gänzlich nutzlos, eingestellt hat und die Menschenhändler ihre Schandwirthschaft
nach wie vor ungestört treiben, mit der schon gedachten
alleinigen Ausnahme, daß die Hurdy-Gurdy-Häuser in San
Francisco selbst unterdrückt sind.

Da die Tanzmädchen jedoch sämmtlich in kurzer Frist
durch Alter und das allnächtliche Schwärmen abgenutzt sein
werden, so müßte die ganze Hurdy-Gurdy-Wirthschaft allmählich von selber aufhören, wenn nur der ferneren Zufuhr von Deutschland Schloß und Riegel vorgeschoben werden könnte. Und dieses ist es eben, worauf der Verfasser
dieser ungeschminkten Enthüllungen die betreffenden deutschen
Regierungen und das deutsche Volk selber hinleiten möchte, daß
sie nicht die Hände in den Schooß legen und über die Schlech-
tigkeit der Welt lamentiren, sondern zur That schreiten.

Hier im golbenen Oregon würde man einen solchen Seelenhändler, der von hier aus amerikanische Mädchen als Tanzwaare exportiren wollte, wegen beleidigter Nationalehre ganz einfach „lynchen", theeren und federn, todtschießen, todtstechen, aufhängen, todtprügeln — je nachdem. Wenn diese bewährten Mittel nun allerdings für Deutschland nicht zu empfehlen sind, so giebt es doch wohl noch andere, um dergleichen Schurken unschädlich zu machen.

Genug aber von dieser Schmach des deutschen Namens, die jedem ehrlichen Deutschen, den sein Lebensloos auf diese Scholle fremder Erde geworfen, die Schamröthe in's Gesicht treibt! Möge diese wahrheitsgetreue Darstellung von Thatsachen, die wahr bleiben, troß aller ihnen widersprechenden „Erklärungen", endlich den sie betreffenden deutschen Regierungen die Augen öffnen, damit sie energische Schritte thun, diesem Menschen= und Seelenhandel ein Ende zu machen; denn aufhören wird er und aufhören muß er, oder Deutschland wird die Achtung im Auslande, mit der es leider einmal nicht eben glänzend bestellt ist — Dank sei es der inneren Zerrissenheit und der ungenügenden nationalen Vertretung in fremden Ländern — mit der Zeit noch gänzlich verlieren.

Dalles im Staate Oregon, Ende Februar 1865.

Theodor Kirchhoff."

* * *

Soweit jener mein Erstlings=Artikel in der „Gartenlaube", der seiner Zeit eine gewaltge Aufregung unter den Polizeidirectionen deutscher Kleinstaaten verursachte. Für mich hatte derselbe, außer dem zufrieden stellenden Bewußtsein, jenen Ehrenmännern einmal ein recht helles Licht der Selbsterkenntniß angesteckt zu haben, noch das Angenehme

im Gefolge, daß ich — auf Anregen der verehrlichen Re=
daction der Gartenlaube — mich bewogen fühlte, auf dem
einmal eingeschlagenen Wege zu beharren, meine Muße=
stunden mit literarischen Arbeiten auszufüllen. Manche Freude
ist mir dadurch zu Theil geworden, die mir mein Leben
in Amerika verschönert hat! Daß ich dieses in erster
Linie den von mir so grausam verfolgten Hurdy=Gurdys zu
verdanken habe, ist einer jener seltsamen Zufälle, welche
oft das Leben und Thun eines Menschen in ganz neue
Bahnen lenken.

Was nun die Hurdy=Gurdys anbelangt, so hat die
neuere Zeit den früher offen getriebenen Menschenhandel
durch das erwachte deutsche Nationalbewußtsein von selbst
unmöglich gemacht. Von einer systematischen Importation
deutscher Mädchen nach San Francisco zu den in obigem
Artikel geschilderten Zwecken, ist heute nicht mehr die Rede.
Allerdings findet man noch in den meisten Minenlagern an
dieser Küste Hurdy=Gurdy=Häuser, und in San Francisco
trifft man mehr rheinländische Polkamädchen in den Keller=
höhlen, als einem guten Deutschen lieb ist — aber die
meisten jener Tanzmädchen sind „veraltete Waare", so zu
sagen ein Vermächtniß deutscher Kleinstaaterei.

Bilder aus dem Süden.

(1866 — 1870.)

———

1. Der Nicaragua Transit.

Ehe die Pacificbahn gebaut war, gab es drei Reise=
routen von San Francisco nach den „Staaten": die eine
Ueberland mit der Stagekutsche und die beiden andern zur
See, über Panama oder Nicaragua. Als ich im November
1865 von Californien nach Texas reisen wollte, wohin
dringende Geschäftsangelegenheiten mich riefen, wählte ich,
da ich oft schon von der wundervollen Scenerie von Nica=
ragua gehört hatte, die Linie der (jetzt eingegangenen) „Nica=
ragua Transit Compagnie", die sogenannte „Oppositions=
linie". Die Agenten der regulären „Panama=Linie" warn=
ten allerdings vor den Beschwerlichkeiten des kostspieligen
Nicaragua Transits, auf dem die Passagiere sich selbst be=
köstigen müßten, und oft schon hatte ich gehört, daß Rei=
sende wochenlang dort aufgehalten worden und vielerlei
Unannehmlichkeiten ausgesetzt gewesen waren, ehe sie den
Transit hätten bewerkstelligen können; — aber ich las in
den San Francisco Zeitungen, die Compagnie würde für's
Wohl der Passagiere musterhaft sorgen, und der San Juan
Fluß sei voll von Wasser, so daß unterwegs durchaus gar
kein Aufenthalt zu befürchten wäre. Innerhalb vierund=
zwanzig Stunden würde der Transit gemacht und — „no
extra charge for board on the Isthmus (keine Extra=
Vergütung für Lebensunterhalt auf dem Isthmus)".

Genug, ich dachte, ich könnte die Reise über Nicaragua
so gut wie die andern siebenhundert Passagiere, welche diese

Linie gewählt, riskiren, zahlte der „Central American Transit=Compagnie" Einhundert und fünfzig Dollars in Gold für den besten Platz auf ihrem besten Dampfer, der „Amerika", und machte mich reisefertig.

Es war am 13. November 1865, als unser gutes Schiff „Amerika", welches vor der Abfahrt noch von einigen geldgierigen Gläubigern der sich fast fortwährend in pecuniären Verlegenheiten befindenden Transit=Compagnie mit Beschlag belegt war und nur mit Mühe eine Kleinigkeit von neunzehn Tausend Dollars gezahlt hatte, um freien Abzug zu erhalten, — der Goldstadt ein Lebewohl sagte und unter dem Zuruf der am Mission Street Wharf dicht gedrängten Zuschauer langsam in die offene Bai hinausfuhr. Nachdem sämmtliche Passagiere noch einer genauen Billet=Revision unterworfen worden, bei welcher Gelegenheit, wie dieses auf den California=Dampfern nichts Seltenes ist, mehrere billetlose Subjecte, welche die Reise nach den „Staaten" umsonst zu machen beabsichtigten, per Schub in eines der uns begleitenden Boote transportirt wurden; nachdem mehrere an Bord befindliche Polizisten sämmtliche Passagier=Physiognomieen einer kritischen Examination unterworfen hatten, um zu sehen, ob sich nicht Galgenkandidaten unter uns befänden, welche sich der speciellen Fürsorge von Oncle Sam zu entziehen wünschten, und nachdem der Lootse uns glücklich durch das ganz in Nebel gehüllte goldene Thor geleitet; — verließen uns die billetlosen Passagiere und Lootse, und wir braus'ten, uns selbst überlassen, lustig gen Süden, dem Tropenkreise entgegeneilend.

Da es nicht der Zweck dieser Skizze ist, eine Beschreibung meiner Reise von San Francisco nach Central=Amerika zu geben, so will ich nur kurz erwähnen, daß dieselbe im Allgemeinen eine recht angenehme, wenn auch sehr langsame war. Letzteres hatte seine Ursache darin, daß unsere Dampf=

keſſel von Altersſchwäche litten und nicht viel Dampfdruck aushalten konnten, weshalb wir z. B. gezwungen waren, auf der Höhe des Caps Corrientes einen halben Tag ſtille zu liegen, damit eine ſchadhafte Stelle an einem der Dampf= keſſel ausgebeſſert werden könne.

Sonſt ſtörte Nichts das Angenehme der Reiſe, deren Gemüthlichkeit auf den Poſtdampfern des Stillen Meeres ſprichwörtlich geworden iſt. Eine Schauſpielergeſellſchaft, die ſich an Bord befand, unterhielt uns mit mimiſchen Vor= ſtellungen und Concerten; bei Tage hatten wir das immer wechſelnde Schauſpiel der wolkengekrönten Bergkette der Cordilleren, welche ſich majeſtätiſch zu unſerer Linken in den blauen Aether thürmte; auf dem Hurrican=Deck wurde, als wir in wärmere Breiten kamen, faſt jeden Abend beim hellen Lichte des Vollmondes getanzt; die lauen Tropen= nächte waren himmliſch — Luna ſegelte in ſilberner Pracht in den blauen Tiefen des unbewölkten Himmels, und malte leuchtende Pfade über die dunklen Fluthen des friedlichen Stillen Meeres, das die Flanken unſeres feuerſchnaubenden Renners mit goldenen Funken umſpielte, indeß unterirdiſche Feuer blitzende Lichter an den fernſten Gipfeln des in Dunkel gehüllten mexikaniſchen Hochgebirgs anzündeten.

Am frühen Morgen des 27. Novembers liefen wir, nach einer Fahrt von 2500 Seemeilen, in die kleine und offene, von waldgekrönten Felſen umgebene Bucht von San Juan (Huan) del Sur ein, und ankerten inmitten derſelben. Jedermann an Bord war vor Allem begierig, zu erfahren, ob der an der Oſtſeite des Iſthmus erwartete Dampfer, der uns von Greytown nach New=York bringen ſollte, bereits angelangt ſei; es war jedoch unmöglich, ir= gend eine genaue Auskunft hierüber zu erhalten.

Um das Schiff ſchwärmte eine Menge von Ruderbooten, worin halb entkleidete Eingeborne uns mit Geſchrei und lebhaften Pantominen zu überreden suchten, uns für einen halben Dollar die Person ans Land rudern zu lassen. Der Wunsch, bald einmal wieder den Fuß auf festen Boden zu setzen, war zu stark, als daß wir den Aufforderungen der Eingebornen hätten lange widerstehen können, obwohl unser Capitän versicherte, daß die Leichter des Dampfers uns binnen Kurzem unentgeltlich an's Land bringen würden. Es währte daher nicht lange, bis ein großer Theil der Passagiere, worunter auch ich, sich mit ihrem Handgepäck an's Ufer rudern ließ, um den unbekannten Hafenort etwas näher in Augenschein zu nehmen.

San Juan del Sur verdiente kaum den Namen einer Stadt, und war weiter nichts als ein Landungs=Depot der Transit=Compagnie, in dessen Nähe die Eingebornen eine Anzahl von offenen, mit Ochsenfellen bedeckten Buden und Baracken, für welche der Name Häuser zu gut wäre, er= richtet hatten, um daselbst von den Durchreisenden für Leckereien, Getränke, Cigarren, Kuriositäten und dergleichen mehr möglichst viele Zehn=Cents= und Halbdollarstücke zu erhaschen. Von Amerikanern und Deutschen waren mehrere Hôtels und „Stores“ erbaut worden, welche recht gute Geschäfte machten. Wie es möglich sein kann, in einem solchen Platze, der nur einmal im Monat eine Verbindung mit der äußeren civilisirten Welt hatte, eine zufriedene Existenz zu führen, war mir ein Räthsel. Da den in San Juan del Sur wohnenden Yankees und Deutschen der Platz jedoch zu gefallen schien und sie Niemandem etwas zu Leide thaten, so hatte natürlich auch Niemand ein Recht, etwas gegen ihr Hiersein einzuwenden.

Zur Zeit unserer Ankunft in San Juan befanden sich nur wenige Eingeborne im Ort. Die Mehrzahl derselben waren mit ihren Mauleseln und Fuhrwerken nach der zwölf englische Meilen von San Juan entfernten Stadt Virgin

Bay gezogen, wo sie auf die Passagiere des New-Yorker Dampfers warteten, um dieselben über Land nach San Juan del Sur zu bringen.

Die Zeit bis zur Ankunft der Karavane von Virgin Bay, welche unser Capitän per Telegraph nach San Juan beordert, verbrachte ich zum größten Theil auf der Veranda des „California House", an dessen Giebel ein Schild mit den Worten „Deutsches Gasthaus" parabirte. Unser Wirth, Mr. Green, wie er sich schrieb — wahrscheinlich ein Herr Grün — schien ein Universalgenie und ein ächter Welt-bürger und keineswegs ein Grüner zu sein. Seit geraumer Zeit war er hier ansässig, und führte ein einträgliches Ge-schäft. Zur Zeit der Flibustier-Expedition hatte ihm Herr Walter fast all sein bewegliches Hab und Gut abgenommen und dafür Schatzscheine auf den neu etablirten Nicaragua-Sclaven-Staat gegeben. Unser Landsmann, der Gott dankte, damals das nackte Leben gerettet zu haben, scheint seine Flibustier-Verluste durch doppelte Energie so ziemlich wieder ersetzt zu haben und macht Geld, wie er mir er-zählte. Seine Familie lebte zur Zeit in New-York. Er hat den Bibelspruch: „Es ist nicht gut, daß man allein sei", jedoch wohl beherzigt, indem er eine pompös aus-sehende Gelbe, mit kohlschwarzem Haar, hohem Busen und Gluth schießenden Augen als Haushälterin genommen, welche mit ihm die Einsamkeit theilt und ihm die Trennung von seiner Familie weniger bitter erscheinen läßt.

Die Aussicht von der Veranda meines Hôtels war recht romantisch. Gerade vor mir lag die halbmondförmige Bucht von San Juan mit ihren felsigen, waldgekrönten Ufern, hinter ihr das Stille Meer, zum tief-blauen Himmel gleichsam emporsteigend; inmitten der Bucht unser gutes Schiff „Amerika" mit dem Sternenbanner am hohen Mast. Leichte Ruderboote fuhren zwischen Schiff und Ufer hin und her, welches die vom offenen Meer hereinrollenden lang schwellenden Wogen jede halbe Minute mit einem Schaum kranze wie mit Silber umgürteten, während das Donner der Brandung durch die stille Luft erzitterte. Am Strand hin und her wogte das Getriebe der Passagiere und Ein gebornen, und mischten sich die Töne fröhlichen Gesänge mit dem Donnern der nahen Brandung.

Während ich, eine Havanna=Cigarre dampfend, an der Veranda des Hôtels meine Siesta hielt, ward es an Ufer immer lebendiger. Die meisten unserer Passagier befanden sich am Lande, und auch unser Gepäck war an gelangt und in den Schuppen der Compagnie untergebracht Bereits sprengte die Avantgarde der Maulesel=Karavane von Virgin Bay kommend, im gestreckten Galopp in di Stadt und wurde von den Passagieren mit jubelnden Hurrah begrüßt.

Auf dem Schiffe waren wir vor diesen gelblich=braune Mauleseltreibern gewarnt worden, welche auf alle nur er denkliche Weise von den Passagieren Geld erpressen würden Es wurde vor unserer Abfahrt vom Schiffe bekannt ge macht, daß man jedem Passagier am Lande ein „Ticket' (Billet) geben würde, welches ihn je nach seiner Wahl zu einem Platz in einem der Fuhrwerke oder zu einem Rit per Esel oder Roß nach Virgin Bay berechtige. Jede Extra Geldforderung sei Schwindel und dem Vertrage der Transit Compagnie mit den Eingebornen zuwider.

Um mir möglichst schnell einen guten Platz zu ver schaffen, begab ich mich nach der „Ticket=Office", gerad als das Gros der Muleteers und Fuhrleute mit de Roß= und Mauleselarmee in die Stadt rückte. Passagiere welche bereits von der „Office" zurückkamen, suchten sich die besten Thiere aus und boten ihre „Tickets" den Ein geborenen als Zahlung an, welche diese mit Verachtung

zurückwiesen, und einen oder zwei Dollars oder noch mehr
Zuzahlung verlangten. Der Lärm, das Geschrei und
die zornigen Gestikulationen sowohl von Muleteers als
den erbosten Californiern waren sehr erheiternd. Hin
und wieder sprengten Passagiere durch's Gedränge, welche
sich einen Esel erobert hatten, der hinten und vorn aus=
schlug, rechts und links nach den Fußgängern schnappte
und mit flach an's Haupt gelegten Ohren äußerst feind=
selig aussah.

Die Eß= und Trinkbuden machten brillante Geschäfte.
Neger und Eingeborne beiderlei Geschlechts — sowohl Damen
als Herren, Alle Cigarren rauchend — waren die Besitzer
dieser Restaurationen, wo den Passagieren für hartes Geld
die Delicatessen Central=Amerikas verabreicht wurden, meistens
unnennbare Confitüren, Kaffee, Chocolade, Eier und braune
Kuchen. Wer Kuriositäten als Andenken an San Juan zu
kaufen wünschte, der hatte die Wahl zwischen Kalabaschen,
welche mit blumigem Schnitzwerk verziert waren, worauf
sich die Industrie der Eingebornen zu beschränken schien,
und bunten Muscheln.

Mit großer Mühe arbeitete ich mich durch's Gedränge
an die „Office" der Transit=Compagnie und verschaffte mir
das ziemlich nutzlose „Ticket", worauf ich mich nach dem
Waaren=Schuppen begab, um nachzusehen, ob mein Gepäck
glücklich angelangt sei. Da die Compagnie sich nur für Koffer
verantwortlich erklärt hatte, bei denen fünfzig Pfund Ge=
wicht frei befördert wurden, da zehn Cents in klingender
Münze für jedes Pfund Uebergewicht gezahlt werden muß=
ten, und Handkoffer, Mantelsäcke und ähnliche kleinere
Packete ohne Aufsicht im wilden Durcheinander an's Land
transportirt wurden, so war ich begierig, zunächst das
Schicksal meines herrenlos umherwandernden Valise
(Handkoffer) zu erfahren.

Am Waaren-Schuppen stand eine Abtheilung von Ni-
caragua-Linientruppen aufmarschirt, von denen der Flügelmann, eine imposante Erscheinung in schmutzigen, bis über
die Kniee aufgerollten Leinwandhosen, welche die chocolade-
farbenen Beine in Natura zeigten, in Schwalbenfrack, Hickory-
hemd und Strohhut und mit dampfender Cigarre im Munde,
mir mit kühnem Griff das Bayonnet seines alten Feuer-
schloßgewehrs entgegenhielt und mich grimmigen Blicks in
mir unverständlichem Spanisch zurückbeorderte. Die meisten
dieser barfuß wandernden Grenadiere waren ähnlich wie
mein Flügelmann uniformirt, Jeder nach seinem Geschmack,
und ein Jeder von ihnen mit der unvermeidlichen langen
schwarzen Nicaragua-Cigarre im Munde.

Möglichst schnell vor meinem grimmigen Flügelmann retirirend, begab ich mich zwischen die Packwagen, in
deren Nähe ich meines Gepäckes zu meiner Beruhigung
ansichtig ward. Die in Nicaragua, wie in allen spanisch-
amerikanischen Ländern, gebräuchlichen Packwagen haben
meistentheils Räder von ungeheuren Dimensionen, an denen
alles Eisenwerk fehlt. Das Kreischen der Räder auf ihren
Achsen, wenn sich die Stiere in Bewegung setzten, welche
von nacktbeinigen, vor den Thieren marschierenden, laut
schreienden Treibern vermittelst eisenbeschlagener Piken geleitet wurden, war wahrhaft ohrenzerreißend und gab die
höheren Discantnoten zu dem uns umrauschenden Gemenge
thierischer und menschlicher Töne. Die Langsamkeit, mit
der das Aufladen des Gepäcks betrieben ward, überstieg
alle Begriffe.

Nicht weit von den Packwagen standen in langer Reihe
die Passagierwagen, schwere, unbeholfene Fuhrwerke, mit
den schändlichsten Schindmähren bespannt, welche je die Rolle
von Kutschpferden gespielt haben. Fast ein jeder dieser
Wagen war gedrängt voll von Passagieren, Männern,

Frauen und Kindern, von denen die Damen nebst der Ju=
gend bereits von vier bis zu sechs Stunden lang dort ge=
sessen hatten und geduldig auf die Abfahrt warteten.

Da mir die Esel und Reitpferde noch weniger als die
Wagen als Transportmittel zusagten, so beschloß ich zu=
vörderst, mein Heil in einem der letzteren zu versuchen.
In einem wie mir deuchte ziemlich leichten Fuhrwerk er=
oberte ich mir einen Platz auf dem Kutscherbock und war
froh, als unser Wagen bereits um drei Uhr Nachmittags
reisefertig war.

Mein Kutscher, dessen eines Bein um mehrere Zoll
kürzer als sein anderes war und der wie alle Nicaraguer
ein drittehalb Fuß langes, in einer mit Kupferknöpfen
beschlagenen Lederscheide steckendes wuchtiges Haumesser
(Machete) am Gürtel hängen hatte, hinkte, eine Cigarre
dampfend und eine aus dem Urwald geschnittene Peitsche
schwingend, ein paar Mal um unsere Equipage herum, sein
Gespann mit kritischen Blicken musternd, ehe er auf dem Kut=
scherbock neben mir Platz nahm. Dann ging's, indem er mit
einem lauten Halloh die Thiere aufmunterte, endlich vorwärts.

Langsam manöverirte er unsere Karosse durch's Ge=
dränge, und ich schätzte mich glücklich, nachdem er in den
ersten zehn Minuten versucht, wenigstens ein halbes Dutzend
Bäume umzufahren, endlich aus dem Gewirr der Wagen
und der unter lautem Hurrah auf und ab reitenden Esel=
reiter mit heilen Knochen herauszukommen.

Wir hatten ein Zweigespann vor dem Wagen, Esel
und Roß, die beide äußerst niedergeschlagen aussahen und
weder durch Schläge, noch Zureden aus dem Schritt zu
bringen waren. Auch war es ein absolutes Ding der Un=
möglichkeit, die Thiere zu bewegen, gleichzeitig anzuziehen.
Der Schimmel namentlich zeichnete sich durch seine Störrig=
keit aus und weigerte sich entschieden, anzuziehen, wenn der

Esel sein Bestes that. Ein zweiter Esel, der hinten am
Wagen angebunden war, that sein Möglichstes, das Fuhr=
werk mit steifem Nacken rückwärts zu ziehen.

Meine Reisegesellschaft bestand aus einer Amerikaner=
Familie, welche aus den Goldlanden nach dem Osten heim=
kehrte. Die Frau, eine schmächtige Südländerin mit halb
durchsichtigem Teint, wie er von Amerikanern so sehr be=
wundert wird, war in tiefe Trauer gekleidet. Zwei Brüder
waren ihr in den südlichen Armeen in Virginien gefallen.
Ihr Gemahl, ein Yankee von ächtem Schrot und Korn,
fragte bereits in den zehn Minuten unserer Bekanntschaft
meine ganze Lebensgeschichte von mir aus. Meine Schick=
sale und Wanderzüge in beiden Hemisphären schienen ihm
bedeutenden Respekt vor mir einzuflößen, und es währte
keine weitere zehn Minuten, bis auch ich über seine Erleb=
nisse ziemlich gut unterrichtet war. Er hatte einen Feldzug
auf der „Peninsula“ unter McClellan mitgemacht, war
sodann Stiefel=Lieferant in Washington gewesen, speculirte
in Gold, wobei all sein mit Stiefeln erworbener Reichthum
wieder verschwand, wanderte nach Californien und Washoe
aus, wo er glücklich in claims und Füßen machte und
ging jetzt wieder heim nach den Staaten. Die beiden
Buben, Lee und Sherman, aßen Nicaragua=Candy und
freuten sich über den Schimmel und Esel. Bob Sherman
titulirte seinen jüngeren Bruder, der den Schimmel bean=
spruchte, mit Rebell und wollte ihm Candy wegnehmen,
worauf die Mutter mit dem durchsichtigen Teint den kleinen
Lee zu sich auf den Schoß nahm und der Papa dem Bob
auf die Schultern klopfte. Ich machte den stillen Beob=
achter, wie sich so ein Stückchen Weltgeschichte neben mir
abspann.

Langsam fuhren wir durch die etwas rückwärts gelegene
Hauptstraße von San Juan, wo sich viele unserer Passa=

giere versammelt hatten und sich theils mit Speise und
Trank zu der bevorstehenden Reise stärkten, theils, im
Schatten eines Cocusbaumes lagernd, den Tönen der Man-
dolinen lauschten, welche nebst heiterm Gesange aus dem
Innern einer Adobe-Wohnung hervorklangen. Mehrere der
Häuser an dieser Hauptstraße, wenn eine Reihe von Bretterbuden mit Blätterdächern und „Adobes" diesen Namen verdient, waren unbewohnt. Thüren und Fenster waren ver-
nagelt, und die Straße hatte trotz des Getümmels der
California-Passagiere ein sehr trostloses Aussehen. Im
gewöhnlichen Alltagsleben, wenn kein Dampfer im Hafen
liegt, möchte San Juan del Sur ein beneidenswerthes Asyl
für einen menschenfeindlichen Einsiedler abgeben!

Sobald wir die letzten Häuser der Stadt hinter uns
hatten, bog unser Dreigespann in den dunklen Tropenwald
ein, durch welchen sich die Transit-Straße wie ein heller
Faden hinschlängelte. Hin und wieder standen Rohr- und
Maisfelder am Wege, die von kreuz und quer über einander geworfenen riesigen Baumstämmen eingefenzt waren,
und alle paar hundert Schritt kamen wir an Eß- und Trinkständen vorbei, wo von den Eingebornen oder von Negern
den Reisenden Delicatessen und Getränke zum Verkauf angeboten wurden.

Unser Fuhrmann, der bald rechts, bald links in die
Büsche hineinfuhr, fast an jeder der zahlreichen Brücken
Viertelstunden lang stecken blieb und uns alle Augenblicke
der Gefahr des Umwerfens aussetzte, würde einen Washoe-
Stagekutscher, der sein schnaubendes Sechsgespann im ge-
streckten Galopp über die Sierra peitscht, zur Verzweiflung
gebracht haben. Der langsamen Reise herzlich satt, schlu-
gen der Yankee und meine Wenigkeit sich seitwärts in die
Büsche, wo wir uns ein paar tüchtige Dornenknittel als
Peitschen abschnitten, indeß der Gelbe, der neben den Thie-

ren auf und ab hinkte, dieselben mit freundlichen Worten
zum Weitergehen zu überreden suchte.

Ich hatte einen besonderen Groll auf den Schimmel, der
bereits in der Stadt, als ich neben ihm stand, wiederholt
nach mir gebissen, und der Yankee nahm den Esel in Arbeit
— und ehe wir es uns versahen, ging's in schlankem Trab
vorwärts, indeß unsere Dornenknittel schnell in Fetzen zer=
sprangen. Ein halbes Dutzend Californier, die wie toll an
uns vorbei galoppirten, hieben gleichfalls auf unsere Thiere
ein. Diesen schien jedoch der Spaß schlecht zu gefallen.
Plötzlich bogen sie, über die schändliche Behandlung ent=
rüstet, scharf in den Wald ein, wo unser Wagen in schiefer
Stellung an einem Bananabaume Halt machte, während
der Esel, welcher hinten am Fuhrwerk angebunden war,
seinen Strick zerriß und langsam zur Stadt zurücktrabte.

Da die Sonne bereits stark im Niedergehen begriffen
war, und ich befürchtete, falls ich mich länger auf unsere
Extrapost verließe, spät in der Nacht nach Virgin Bay zu
kommen, so beschloß ich, die Strecke nach dem nur noch ein
paar Meilen entfernten „half way house" zu Fuß zu=
rückzulegen und mir dort wo möglich ein gutes Reitpferd
zu verschaffen. Das Wetter war herrlich und durchaus
nicht übermäßig warm. Die Regenzeit, welche erst seit ei=
nigen Wochen vorüber war, ließ die Vegetation noch im
herrlichsten Grün prangen, und ein kühler Seewind rauschte
durch den dunklen Wald. Die Landstraße war besser als
ich erwartet, und an Unterhaltung unterwegs fehlte es
nicht, da sowohl Eingeborne als Passagiere fast fortwährend
im wilden Durcheinander bei mir vorbeisprengten.

Wie ich, rüstig vorwärts marschirend, die Wasser=
scheide zwischen dem Stillen Meere und dem See Nicara=
gua erstiegen hatte, gewahrte ich plötzlich die gewaltige
Kegelkuppe des Vulcans Omotepec, der, von der Abend=

sonne beleuchtet, majestätisch über die grünen Baumwipfel in den blauen Aether ragte. Es war ein herrliches Schauspiel, einzig in seiner Art, und kam so unerwartet, daß ich, in Verwunderung versunken, wohl eine Viertelstunde lang wie angemauert stehen blieb.

Im „Halbweghause" miethete ich mir, nachdem ich mich daselbst zuvor mit einer Tasse vorzüglicher Chocolade gestärkt, für anderthalb Dollars eine feurige Rozinante, auf der ich bald wohlgemuth weiter ritt. Ganz unerwartet überraschte mich bereits nach einer guten halben Stunde die Nacht, welche in diesem Breitengrade sehr schnell hereinbricht.

Der Ritt nach Virgin Bay, ganz allein und unbewaffnet wie ich war, in dunkler Nacht und in einem fremden, nur halb civilisirten Lande, war einer der unklugsten Streiche, welche ich mir je in meinem Leben habe zu Schulden kommen lassen. Oefters begegneten mir Eingeborne, die halb betrunken waren und mit ihren drittehalb Fuß langen Messern sehr verdächtig aussahen. Einer derselben machte den Versuch, meinem Pferde in den Zügel fallen, und zog, als ich mit einem gewichtigen Strick, den ich als Peitsche benutzte, nach ihm ausholte, drohend sein Messer. Doch kam ich mit dem bloßen Schrecken davon, da mein Schlachtroß bald im Galopp von meinem Widersacher fortsprengte. Zwischen den dunklen Büschen glänzten öfters die Lichter von Trinkständen, bei denen ich mich jedoch nicht aufhielt, sondern mein Roß unbarmherzig antrieb, um wo möglich eine mir etwa vorangegangene Reisegesellschaft einzuholen.

Bald darauf traf ich mit einer Gesellschaft von sechs Californiern zusammen, welche an einem der Trinkstände Halt gemacht hatten, gewahrte jedoch zu meinem nicht geringen Aerger, daß dieselben in keineswegs nüchternem Zustande waren und also sehr schlechte Reisebegleiter sein

würden. Ich ließ mir ein Glas aguardiente reichen und wollte
allein weiter reiten, als ein von mir nicht bemerkter, drei=
viertel angetrunkener Mestize plötzlich dicht vor mir im Grase
einen Kriegsgesang anstimmte, der meine Rozinante so sehr
außer Fassung brachte, daß sie mit beiden Hinterbeinen auf
einmal ausschlug — gerade in den Trinkstand hinein. Nach
rechts und nach links, durcheinander hin flogen Gläser und
Flaschen, Orangen, Backwerk, Cocusnüsse und Bananen,
und fort sprengte mein Gaul, von den carachos der ihre
Messer schwingenden Eingebornen verfolgt. Von Barm=
herzigkeit meinerseits gegen meine Rozinante war natürlich
keine Rede und ich wundere mich nur, daß ich sie nicht zu
Tode geprügelt.

Bald war ich wieder allein im Finstern und begegnete
von jetzt an nur noch einigen Zügen von Muleteers, die
mit ihren Thieren von Virgin Bay nach San Juan zu=
rückkehrten.

Meine Phantasie bevölkerte die dunklen Büsche rechts
und links an der Landstraße mit den Schatten kämpfender
Flibustier, und mancher schwankende, nackte Ast nahm die
Gestalt eines riesigen Reiters an, der sich mir drohend ent=
gegenstellte. Ich sprengte hier über geschichtlichen Boden,
den Walker mit seinen wilden Flibustiern, Nicaraguer,
Guatemaler und Costa Ricaner, sich wieder und wieder
streitig gemacht hatten. Dort hinter jener Anhöhe lagen
vielleicht die verwegenen Scharfschützen, welche mit sicherem
Auge und mit fester Hand den Tod aus ihren langen
Büchsen in die Reihen des zehnfach überlegenen Feindes
sandten, welche den Krieg aus Lust zum Abenteuerlichen
trieben, jenem Manne blindlings gehorchend, der ein neues
Sclavenreich in Central=Amerika gründen wollte.

Froh war ich, als ich die Lichter von Virgin Bay vor
mir erblickte und die Brandung des nahen Sees durch die stille

Nacht zu mir herübertönte. Nachdem ich mein treues Roß
an den ersten besten Baum gebunden und dort seinem Schick=
sal überlassen, wanderte ich zunächst durch die mit hell er=
leuchteten Buden, Stores und Hôtels besetzte und mit lär=
menden Passagieren und Eingebornen angefüllte lange Haupt=
straße des Orts nach dem See, um mich an Bord des
Dampfers zu begeben und die Stunde seiner Abfahrt aus=
zukundschaften. Am untern Ende eines langen und statt=
lichen Holzquais, an dem der See mit mächtigen Wellen
hinbrauf'te, fand ich unsern Dampfer, der jedoch durchaus
keine Anstalten zur baldigen Abreise zeigte. Vor Tages=
anbruch war auch offenbar hieran gar nicht zu denken,
da noch manche Stunde vergehen mußte, bis das zahlreiche
Gepäck der Passagiere anlangen würde.

Ich begab mich daher bald wieder in die Stadt, um
die Ankunft der Gepäckwagen abzuwarten. Das lebhafte Ge=
treibe daselbst während der Nacht war sehr unterhaltend.
Alle zehn Minuten langte eine neue Gesellschaft von Passa=
gieren von San Juan an, deren Erscheinen jedesmal mit
dem Klingeln unzähliger Glocken und dem betäubenden
Getöse der Gongs begrüßt wurde, womit die hungerigen
Gäste von den Bewohnern des „Jungfrauen=Hafens" zum
Abendmahl eingeladen wurden. An verschiedenen Plätzen
hatten sich Gesellschaften im Freien gelagert, welche heitere
Gesänge vortrugen. Eine Abtheilung Deutscher marschirte
die Hauptstraße des Orts singend auf und ab und erntete
ungemessenen Beifall durch ihren kräftigen, vierstimmigen
Männergesang, welcher von dem dumpfen Rauschen der
nahen Brandung begleitet wurde.

An einem Tische, wo von dunkeläugigen Nicaragua=
Schönen Chocolade ausgeschenkt ward, nahm ich Platz und
beobachtete das mich umgebende fremdartige Treiben. Die
feurigen Augen, die regelmäßigen Gesichtszüge und der

schöne Wuchs der Töchter Nicaraguas, welche fast ohne Ausnahme etwas sehr Einnehmendes sowohl in Benehmen als Kleidung hatten, interessirten mich fast noch mehr als die romantisch=wilde Umgebung des Ortes. Die schönste der Schönen von Virgin Bay versah an meinem Tische ihr Amt als Mundschenk mit so viel natürlicher Grazie, daß ich mich bewogen fühlte, mehrere Tassen ganz vorzüglicher Chocolade zu trinken, um nur etwas länger in ihrer Nähe verweilen zu können.

Ein infernalischer Lärm, der plötzlich aus einer der nahen Buden erscholl, wohin von allen Seiten wie auf ein gegebenes Signal eine dichte Menschenmenge strömte, bewog mich jedoch, meine Chocoladen=Spenderin zu verlassen und mich nach der Ursache desselben zu erkundigen. Er kam aus einer der vielen Spielbuden, wo' den Passagieren mit genialem Hazardspiel ihr überflüssiges Reise=Kleingeld ab= genommen wurde. Ein Californier, der soeben achthundert Dollars verloren hatte, klagte den Bankhalter des Schwin= dels an und fluchte wie nur ein biederer Goldgräber zu fluchen versteht, obgleich seine Lungenanstrengung ihm offen= bar zu nichts nützte.

Die auf dem Isthmus üblichen Hazardspiele werden theils mit Karten, theils mit Fingerhüten gespielt.

Zum Kartenspiel werden drei Karten gebraucht. Der Bankhalter legt sie zuerst alle drei offen vor sich hin, mischt sie alsdann und legt sie zuletzt verdeckt vor sich auf den Tisch, und wer Lust hat, mag wetten, ob er eine der drei Karten nennen kann. Der Bankhalter macht mit Vorbedacht wie zufällig Merkmale an den Karten, biegt die Ecken um, be= zeichnet sie mit Flecken oder dergleichen, so daß die Zu= schauer, welche diese Zeichen bemerkt haben, schwören, sie wissen ganz genau die Karte, welche sie nennen sollen. Aber gerade diese Zeichen, welche der Spieler geschickt und unbemerkt verändert, sind das Verführerische beim Spiel, und der Bankhalter, der so wie so immer auf zwei gegen eine Karte wettet, gewinnt fast immer.

Das Fingerhutspiel wird nach derselben Theorie mit drei Fingerhüten gespielt, meistens auf einem der Kniee des mit der ehrlichsten Miene von der Welt da sitzenden Finger= hut=Bankiers. Dieser rollt ein kleines Kügelchen mit fabel= hafter Geschwindigkeit bald unter den einen, bald unter den andern Fingerhut und läßt es zuletzt unter einem derselben liegen. Die meisten der Zuschauer nun glauben ganz be= stimmt, den Fingerhut nennen zu können, unter dem das Kügelchen verschwunden ist. Es gewinnt aber Niemand, außer der Fingerhut=Spieler läßt Jemanden mit Willen ein paar Mal den richtigen Fingerhut treffen, um ihn hitzig zu machen, auf daß er hoch spiele. Es ist für den Spieler ein Leichtes, die Kugel beim Aufheben des Fingerhuts ver= schwinden zu lassen, und der Betrug dabei ist so offenbar, daß es Wunder nimmt, wie sich Jemand verleiten lassen kann, sein Geld so fortzuwerfen. Unser californischer Freund, der seine achthundert Dollars unter dem Fingerhut verloren, fuhr fort, solch einen Höllenlärm zu machen und dabei einen geladenen Revolver, den Finger am Drücker und die Mün= dung gegen den Fingerhut=Künstler gerichtet, so unvorsichtig in der Hand zu halten, daß dieser es für rathsam fand, mit seinem Raube auf kurze Zeit vom Schauplatz seiner Industrie in der Dunkelheit zu verschwinden. Er war je= doch bald wieder da, und muß, nach dem Gedränge und den Verwünschungen der Umstehenden zu urtheilen, noch manchen Dollar bis Mitternacht mit seinen Fingerhüten ver= dient haben.

Gegen Mitternacht meldeten sich endlich die Gepäck= wagen mit ihren kreischenden Rädern, und fuhren langsam durch die Stadt nach dem Dampfer. Ich folgte ihnen als=

bald, um meines Handgepäcks nicht verlustig zu werden. Dieses wurde von den Wagen in wildem Durcheinander auf den Quai geworfen, und Jeder mußte für das seinige sorgen und Acht geben, daß ihm nichts abhanden komme. Da die Transit=Compagnie, wie bereits früher bemerkt, sich nicht für kleinere Packete verantwortlich hielt und an Spitz= buben eben kein Mangel war, so hatte ich begründete Ur= sache, für mein herrenlos gewordenes „Valise" besorgt zu sein. Ich war jedoch so glücklich, dasselbe bald im Ge= bränge zu erhaschen, und war froh, als ich es unverletzt an Bord gebracht, wo mehrere meiner Mitreisenden, denen ihre Mantelsäcke entweder aufgeschnitten oder gar unsichtbar geworden waren, laut lamentirten.

Da bereits alle Schlafstellen auf dem Dampfer mit Beschlag belegt waren, so suchte ich mir ein Ruheplätzchen auf dem Quarterdeck, wo ich es mir auf den harten Brettern den Umständen nach bequem machte, um dort das Signal zur Abreise in Geduld abzuwarten.

Wie herrlich die laue Tropennacht dort auf dem hohen Verdeck des Nicaragua=Dampfers! Dunkel vor mir hob sich die gewaltige Kegelkuppe des Vulcans Omotepec aus den Wogen des Sees in die blaue Ferne, und das Kreuz des Südens glänzte in Demantpracht in einem Gewirr goldener Sterne; aus der Stadt herüber tönten vaterlän= dische Gesänge, und unter mir rauschte der See mir ein Schlummerlied. Wie ich halb träumend in die lichtdäm= mernde Ferne hinausblickte, hob sich im Nordost plötzlich eine blendend=glühende Feuerkugel, deren scheinbarer Durchmesser dem der untergehenden Sonne gleich kam. Langsam erstieg das Meteor den Zenith des sternenbesäeten Gewölbes, wo es plötzlich erlosch. War es eine irrende Welt, welche, aus den unbestimmten Tiefen des Himmels kommend, die Bahn unseres Erdballs gekreuzt und, von dessen Atmosphäre entzündet, plötzlich einen Feuertod gefunden? oder war es eine Schöpfung unserer Erde, eins von jenen unerklärbaren electrischen Phänomenen, welche, wie das Nordlicht an den Grenzen unseres Luftkreises, ein kurzes aber blendendes Dasein feiern? Mir war es ein leuchtender Himmelsbote, welcher mir einen Gruß gebracht über Länder und Meere von den Lieben des fernen Vaterlandes.

Unvermerkt ward ich im Geiste der Gegenwart ent-rückt, und Vaterland und Tropenwelt füllten denselben mit Zauberbildern, bis plötzlich das schrille Signal des Dampfers mich aus einem kurzen Schlummer aufschreckte, und als das Kreuz des Südens in dämmernder Morgenstunde erbleichte und sich die Gebirgsufer des Sees deutlicher zeigten, fingen die Räder des Dampfers an, sich brausend zu drehen; hinaus ging's in die wogende Ferne, und neue Bilder ent-rollten sich vor meinen Blicken.

Der jetzt ausgebrannte Vulcan Omotepec, welchen ich bereits Tags zuvor von der Landstraße zwischen San Juan und Virgin Bay bewundert hatte, zog nebst dem neben ihm stehenden, etwas niedrigeren Madeira mehr als alles An-dere meine Aufmerksamkeit auf sich. Die regelmäßige Kegel-form dieser Geschwisterberge, welche von fast allen Punkten des Isthmus und sogar vom Stillen Meere aus deutlich gesehen werden, und die sich direct aus dem Schooße des Sees Nicaragua in den blauen Aether erheben, war einzig in ihrer Art. Schrecklich schön muß das Schauspiel ge-wesen sein, wenn diese Berge, mit glühenden Lavabändern geschmückt und von wildkochenden Wogen umbraus't, ihre dampfenden Häupter wie zwei zornige Titanensöhne über dem feuerfarbenen See hoch in den finstern Wolken schüttel-ten, und mit höllischem Athem Asche und Gluthmassen vom Stillen Meere bis zur Caraibischen See über den zittern-den Isthmus ausschütteten. Aber jene Zeiten des Schreckens

liegen in dunkler Vergangenheit. Mit seinem Zwillings=
bruder, dem Madeira, auf dieselbe Insel gebaut, liegt der
Omotepec jetzt friedlich da im Schooße blauer Wellen,
und nur noch die Wahrzeichen alter Lavaströme, welche in
schwarzen Furchen die grünen Abhänge dieser Kegelbergriesen
durchziehen, mahnen an die höllischen Feuer, welche unter
ihren Grundfesten schlummern.

Die zahlreichen Vulcane, welche sich am Stillen Meere
entlang in fast gerader Linie von Fonseca bis zu der von
Nicoya hinziehen, bilden nächst den großen Inland=Seen
— Managua und Nicaragua — das Hauptcharakteristicum
der Bodenformation des Staates Nicaragua. Seit der
Zeit der spanischen Eroberung sind zahlreiche feuerspeiende
Berge dort abwechselnd mehr oder minder in Thätigkeit
gewesen; gegenwärtig scheinen sie jedoch, mit Ausnahme der
Vulcane von Masaya, Coseguina, Momotombo und Orosi,
sämmtlich erloschen zu sein.

Zur Zeit der spanischen Eroberung war der Vulcan
von Masaya, damals die Hölle von Masaya genannt, der
Schrecken des Landes. Im Jahre 1670 fand ein Ausbruch
statt, bei dem ein Lavastrom durch den nördlichen Abhang
des Vulcans brach und fast zwanzig Meilen weit, bis in
die Nähe des Sees Managua, durch's Land wogte. Ge=
genwärtig kreuzt die Landstraße, welche von Granada nach
Leon führt, dieses Lavafeld, das mit seinen zerrissenen,
pechschwarzen Lavamassen, die in riesigen Tafeln und Blöcken
regellos über und durch einander daliegen, einen schrecklich
wilden Anblick gewährt, wie die lebhafteste Phantasie ihn
sich kaum schreckhafter ausmalen könnte. Solch eine chao=
tische Lava=Wüste, gelegen inmitten der reichsten Tropen=
natur, muß dem Beschauer ein Bild entsetzlich grausiger
Verlassenheit in die Seele malen. — Seit der Zeit dieses
Ausbruchs ist der Vulcan öfters in Thätigkeit gewesen, das

letzte Mal im Jahre 1857, als er ungeheure Maſſen von Sand und Aſche aus ſeinem Krater ſchleuderte.

Der Ausbruch des Bulans von Coſeguina im Jahre 1863 war einer der ſchrecklichſten in den Annalen vulcani= ſcher Eruptionen. Er begann am 30. Januar und dauerte ununterbrochen drei Tage und drei Nächte lang. Solch ungeheure Maſſen von Aſche und Sand wurden aus dem Krater emporgeſchleudert, der pechſchwarze Rauchwolken dämoniſch weit und breit durch die Luft rollte, daß die Sonne bis auf eine Entfernung von hundert Meilen gänz= lich verfinſtert war. Schauer von Sand fielen auf einem Durchmeſſer von fünfzehnhundert Meilen, in Jamaica, Santa Fé de Bogota und Mexico, und ein Schiff ſegelte zur ſel= ben Zeit eine Strecke von fünfzig Leguas durch ſchwim= mende Maſſen von Bimsſtein, welche die Oberfläche des Waſſers buchſtäblich bedeckten. Der Donner der Explo= ſionen war in einer Entfernung von achthundert Meilen deutlich zu hören. Am vierten Tage trat die Ruhe ebenſo plötzlich wieder ein, wie der Ausbruch unerwartet gekommen war, und ſeit jener Zeit geben nur noch die hin und wie= der ſeinen Gipfel umflatternden Rauchwolken ein Zeichen, daß der Rieſe nur ſchlummert.

Sowohl der Bulcan Momotombo, als der am ſüd= lichen Ufer des Sees gelegene, 8650 Fuß hohe Bulcan Oroſi, ſind heutzutage in unausgeſetzter Thätigkeit.

Außer den genannten Bulcanen giebt es Hunderte von ausgebrannten Kratern in den Bergen, welche, von ver= brannten Felsmaſſen eingeſchloſſen und öfters mit Waſſer gefüllt, alsdann kleine Landſeen bilden. Der nicht unbe= deutende See von Maſaya iſt einer dieſer Krater=Seen Nicaraguas. Kein Land der Erde — die Inſel Island etwa ausgenommen — zeigt ſo viele Merkmale vulcaniſcher Thätigkeit, wie der ſchmale Landſtreifen in Nicaragua,

welcher sich zwischen seinen Binnenseen und dem Stillen
Meere hinzieht.

Der See Nicaragua, auf dem wir hinfuhren, der
Cocibolca der Ureinwohner, hat eine Länge von 110 und
eine Durchschnittsbreite von 35 englischen Meilen. Die
Wasser desselben nehmen gegen die Ufer hin allmählich an
Tiefe ab, und nur an wenigen Stellen können größere
Schiffe landen. Doch ist seine Durchschnittstiefe für die
Schifffahrt vollkommen genügend. Vor dem Ausfluß des
San Juan ist die Tiefe nur von fünf bis zu zehn Fuß,
an andern Stellen dagegen vierzig Faden. Es ist dieser
See vielleicht der schönste der Landseen Amerikas. Die in
regelmäßiger Kegelform sich aus seinem Schooße empor-
hebenden Vulcane Omotepec und Madeira, die mit Wald
bedeckten Gebirgslande, welche sein südliches Ufer umkränzen, sowie die an seine nördliche Küste sich lehnenden
wellenförmigen grünen Savannen, die Heimath unzähliger
Rinderheerden, die zahlreichen grünen Inseln, welche aus
seinem klaren Spiegel emportauchen, und die sich überall
bis hart an's Wasser drängende reiche tropische Vegetation
entzücken das Auge durch ihre mannigfaltigen, malerischen
Gruppirungen.

Am südlichen Ufer des Sees die ehemals bedeutende,
von Hernandez de Corbova im 1822 gegründete und auf
Befehl Walkers im October 1856 zerstörte Stadt Granada,
einst die Haupthandelsstadt Nicaraguas. Im siebzehnten
Jahrhundert war Granada eine der bedeutendsten Städte des
spanischen Amerika. Es führte einen directen Handel mit
Guatemala, Honduras und San Salvador, mit Peru, Panama,
Carthagena und Spanien. Ein damals das Land bereisender
englischer Mönch mit Namen Gage erzählt, daß er an
einem Tage achtzehnhundert mit Indigo, Cochenille und
Häuten beladene Maulesel in die Stadt ziehen sah, und

daß zwei Tage darauf wieder neunhundert Packthiere daselbst anlangten, von denen der dritte Theil mit Gold und
Silber — Tribut des Königs — beladen war. Als General Henningsen, der unter Walker ein Commando führte,
die Stadt, welche die Flibustier nicht zu halten vermochten,
zerstörte, betrug ihre Bevölkerung noch an fünfzehntausend
Seelen. Es befanden sich zu der Zeit unter andern hervorragenden Gebäulichkeiten sieben Kirchen, ein Hospital und
eine Universität in der Stadt.

An demselben Ufer mit Granada, aber vierzig Meilen
davon entfernt, liegt die alte Stadt Rivas, eine der bedeutendsten Städte Nicaraguas, welche wie Granada der
Schauplatz mehrerer der heftigsten Flibustier-Kämpfe war.
In ihren Mauern wurde das Ende des Flibustier-Dramas
gespielt, als Walker mit dem Rest seiner Mannschaft an
den Vereinigten Staaten Flottencommandeur H. Davis
capitulirte.

Der Handel Nicaraguas hat seit der Vertreibung der
Spanier an Bedeutung ungeheuer verloren. Dasselbe
Schauspiel hat sich hier wie in fast allen ehemalig spanisch-
amerikanischen Colonien wiederholt. Die Bevölkerung —
zum größten Theil eine Mischlingsrace — hat sich, nachdem sie sich nur einmal im Befreiungskriege ermannt, darauf wieder ganz der ihr angebornen Trägheit ergeben, und
die ehemals so blühenden Städte dieser Länder sind alle-
sammt mehr oder minder in Verfall gerathen. Die Hauptstadt des Landes, das einst so blühende Leon, zur Zeit
der spanischen Herrschaft eine Stadt von Palästen, ist gegenwärtig ein wahres Jammerbild des Verfalls. Revolu-
tionen, welche Feuersbrünste und Plünderungen im Gefolge
hatten, haben den ehemaligen Glanz der Stadt zerstört.
Ganze Straßen sind verlassen und mit Sträuchen und
Unkraut überwachsen, aus denen die Ueberreste in Staub

sinkender Prachtgebäude traurig hervorragen. Innerhalb stolzer Marmorhöfe stehen elende Rohrhütten, und die prächtige Kathedrale ist ringsum von den Ruinen ehemaliger Paläste umgeben.

Die Ergiebigkeit des Bodens von Nicaragua wird von keinem Lande der Welt übertroffen und müßte, hätte jenes eine arbeitsame, intelligente Bevölkerung, demselben bald eine geachtete Stellung im Weltverkehr sichern.

Unter den zahlreichen tropischen Landesproducten bringt der Cacao dem Anbauer des Bodens den meisten Nutzen. Es ist allerdings große Sorgfalt nöthig, um die Schößlinge und jungen Bäume aufzuziehen, und es erfordert sowohl Capital als Arbeit, um eine Cacaopflanzung anzulegen. Ist eine solche jedoch einmal sicher gegründet, so ist es ein Leichtes, dieselbe durch Anpflanzung neuer Bäume jährlich zu vergrößern. Ein Mann ist im Stande, tausend Bäume in Obhut zu nehmen und ihre Ernte einzusammeln, weshalb Cacaopflanzungen weit werthvoller sind als die von Zucker, Indigo, Baumwolle oder Cochenille. Der jährliche Ertrag einer guten Cacaopflanzung beträgt etwa zwanzig Unzen Nüsse für jeden Baum, was für tausend Bäume zwölfhundert Pfund erzielen würde. Da der Marktpreis fünfundzwanzig Dollars pro Quintal (101 Pfund) beträgt, so beläuft sich der jährliche Ertrag von tausend Bäumen und einem Arbeiter auf dreihundert Dollars. Der Cacao von Nicaragua ist nächst dem von Soconusco,* welcher unter der spanischen Herrschaft ein Monopol der Krone war, der vorzüglichste der Welt, und hat hier zu Lande den drei- und vierfachen Werth des von Guayaquil, welche letztgenannte Sorte fast ausschließlich nach den Vereinigten Staaten exportirt wird.

* Der südlichste Staat Mexico's, am Golf von Tehuantepec und nördlich von Guatemala gelegen.

Alle Arten tropischer Producte gedeihen in Nicaragua auf's Ueppigste. Zuckerrohr bringt zwei, und wenn der Boden bewässert wird, drei Ernten im Jahr, und braucht nur einmal in zwölf bis vierzehn Jahren frisch gepflanzt zu werden. Baumwolle, obgleich bis jetzt nur wenig cultivirt, ist von ausgezeichneter Güte. Reis, Indigo, Taback, Cochenille, Kaffee, sind werthvolle Landesproducte. Farbehölzer, Mahagony= und Rosenholz werden in unerschöpflichen Quantitäten gefunden. Mais wird drei Mal im Jahr geerntet, Gemüse sogar sechsmal. Die Eingebornen verdingen sich für zwanzig Cents pro Tag und Verpflegung, und sind als Farmarbeiter in genügender Anzahl zu finden.

Der nördliche, gebirgige Theil des Staates, Nueva Segovia, der das Klima und den Baumwuchs der gemäßigten Zone hat, ist reich an Gold, Silber und Kupfer. Viele der dortigen Ströme führen Gold mit sich, welches von den Indianern in bedeutenden Quantitäten ausgewaschen wird. Von San Francisco aus, wo man hiervon unterrichtet ist, sind schon mehrere Compagnieen von Bergleuten in diese Minendistricte gezogen. Auch auf unserm Schiffe befand sich eine Gesellschaft von Deutschen, welche von Virgin Bay aus dorthin wandern wollten. Obgleich die Production edler Metalle seit der spanischen Herrschaft sehr abgenommen hat, so ist dieselbe, namentlich die des Silbers, immer noch beträchtlich. Die Bearbeitung der Silberminen wird jedoch sehr nachlässig betrieben, und von neueren Maschinen, wie sie in Californien, Nevada und andern Minenländern angewendet werden, weiß man hier gar nichts.

Die Eingebornen bringen höchstens bis zu fünfundvierzig Fuß tief in die Erzgänge und wühlen, so zu sagen, wie Maulwürfe darin herum. Auf eingekerbten Baumstämmen klettern sie, Lasten von hundert bis zu hundert und zwanzig Pfund Erz in einem über die Stirn gehängten Ledersack tragend,

22

die Löcher hinauf, welche sie in die Erde gewühlt haben
und die nicht den Namen Schachte verdienen. In den
Minen sitzen die Arbeiter nackt auf dem steinigen Grunde
und hauen das Erz beim Lichte eines über ihnen im Felsen
steckenden Talglichts aus der Erde los. Wasserpumpen,
um die Tiefgänge trocken zu legen, sind ihnen gänzlich
unbekannt. Das aus den Minen herausgeschaffte Erz wird
mit ungeheuren, tausend bis fünfzehnhundert Pfund schweren
Steinen, die wie ein Wagenrad im Kreise umherlaufen, auf
der bloßen Erde zermahlen. Das Silber wird alsdann ent=
weder durch Feuer aus der zerriebenen Masse herausge=
schmolzen, oder diese nach einer kostspieligen Methode mit
Quecksilber amalgamirt, aus dem dann das Silber durch
Verdünstung gewonnen wird. Welchen Aufschwung diese
Minen, deren Reichthum unerschöpflich ist, durch Anwendung
neuerer Maschinen nehmen könnten, ist unberechenbar.

Das Klima des Staates Nicaragua ist an seinen Seen
und in den westlich gelegenen Landstrichen, besonders aber
in seinen nördlichen Minendistricten, der weißen Race im
Allgemeinen sehr zuträglich. Dagegen sollten die dem Ca=
raibischen Meere zugewendeten Küstenstriche, welche wärmer
und feuchter als die westlichen sind und häufig Fieber ver=
ursachen, von weißen Colonisten möglichst vermieden werden.
Die im Osten gelegenen Landestheile sind ihres ungesunden
Klimas halber auch weit spärlicher bevölkert, als die im
Innern des Landes und am Stillen Meere liegenden.

Im großen Centralbecken von Nicaragua ist das Klima
bedeutend gemäßigter als in andern unter demselben Breiten=
grade liegenden Ländern der tropischen Zone. Die ausge=
dehnten Landseen in seinem Innern geben den durch Berg=
ketten ungehindert vom Atlantischen Meere über den Isthmus
streichenden Passatwinden freien Spielraum, um die Luft
abzukühlen und von schädlichen Dünsten zu reinigen.

Die Jahreszeiten zerfallen in die trockene und in die
Regenzeit, von denen die erste Sommer und die letzte
Winter genannt wird.

Die Regenzeit beginnt im Mai und dauert bis zum
November, während welcher Zeit, namentlich zu Anfang
und Ende derselben, es häufig Tage lang regnet, oft jedoch
Wochen lang kein Wölkchen am Himmel zu sehen ist. Regen=
schauer sind häufig, meistens am Nachmittage und während
der Nacht. Wälder und Felder kleiden sich mit dem üppig=
sten Grün, und die Temperatur wechselt zwischen 78 und 88
Grad Fahrenheit. Mitunter, aber selten, kühlt sich während
der Nacht die Luft bis zu 70 Grad ab, und erhitzt sich
Nachmittags bis zu 90 Grad Fahrenheit.

Während der trockenen Jahreszeit, welche vom Decem=
ber bis gegen das Ende des Monats April dauert, ist die
Temperatur bedeutend kühler. Namentlich des Nachts tritt
sie alsdann mitunter mit fröstelnder Kälte auf. Der Him=
mel ist wolkenleer, und nur selten fallen Regenschauer auf
das ausgedörrte Land. Die Vegetation auf den Feldern
wird von der Sonne versengt, das Vieh zieht sich in die
feuchteren Gründe, an die Seen und Flußläufe, und der
umherfliegende Staub ist in den Städten fast unerträglich.
Er bringt durch die glaslosen, offenen Fenster und durch
die Ziegeldächer massenweise in die Häuser, findet einen
Eingang durch die kleinsten Spalten in Schränke und Ver=
schläge, und zieht wie Höhenrauch durch die Straßen. Diese
Jahreszeit, obgleich unangenehm, ist die gesundeste und hat
auf die Pflanzennatur den Einfluß eines nordischen Winters,
indem sie die zu üppige Vegetation beschränkt, welche z. B.
in dem nur wenige Grade weiter südlich gelegenen Panama,
wo die Regenschauer heftiger und zu allen Jahreszeiten
häufig sind, undurchdringliche Dickichte, die Heimath giftiger
Fieber, bildet.

22*

Die Zukunft dieses von der Natur so außerordentlich
bevorzugten Landes, welches dazu vermittelst eines Canals
oder durch Schienenwege Aussicht hat, dereinst eine der
Hauptverbindungsstraßen zwischen zwei Oceanen durch sein
Inneres zu führen, berechtigt zu den kühnsten Hoffnungen.
Wenn der Rückschritt, den dasselbe in Folge der Flibustier=
Expeditionen erlitten hat, überwunden sein, und vermehrte
Einwanderung einer thatkräftigen Bevölkerung die jetzt das
Land bewohnenden Mischlingsracen regeneriren und dem
Handel einen neuen Aufschwung geben wird — was sicher=
lich nur eine Frage der Zeit ist — so werden wenige
Jahre daselbst Wunder bewirken.

Die Perle des Landes, welche ihm eine gütige Vor=
sehung geschenkt, ist ein herrliches, 300 Meilen langes und
150 Meilen breites Centralbecken, ein Thal, das zum
größten Theil in ausgedehnten und überaus fruchtbaren
Ebenen besteht, in deren Mitte die Seen Managua und
Nicaragua liegen, welche die von allen Seiten ihnen zu=
strömenden Gewässer des Staates durch einen einzigen Aus=
fluß, den Rio San Juan, in die Caraibische See ergießen.
Ein Blick auf die Landkarte genügt, um den Eifer zu er=
klären, mit dem man seit Jahrhunderten die Ausführung
eines die beiden Oceane durch das Innere Nicaraguas ver=
bindenden Canals als ein der gesammten civilisirten Welt
unberechenbare Vortheile bringendes Unternehmen erkannt hat.
Verschiedene Canal=Nivellements sind seit der Zeit der Er=
oberung des Landes durch die Spanier sowohl von euro=
päischen als nordamerikanischen Ingenieuren gemacht wor=
den, welche sämmtlich mehr oder minder günstige Resultate
geliefert haben. Zu einer Ausführung eines solchen Pro=
jects wurde wohl deshalb bis jetzt nicht geschritten, weil es
immer noch nicht unbedingt erwiesen worden, daß die Nica=
ragua Canalroute die günstigste ist, und der Kostenpunkt
ein ganz enormer sein würde. —

Unter dem köstlichsten Wetter durchkreuzte unser Dampfer mit seiner lebendigen Fracht von über siebenhundert Passagieren den herrlichen See. Von den heftigen Windstößen, welche auf diesen Gewässern mitunter mit solcher Stärke auftreten, daß die Dampfer genöthigt sind, hinter einer der hohen Berginseln Schutz zu suchen, blieben wir gottlob verschont, obschon unser Capitän einmal einen solchen prophezeihte, der die Waffer des Sees wie Meereswogen im Sturm aufrühren sollte.

Diese Windstöße, Papagayos genannt, sind die atlantischen Passatwinde, welche hier, von Bergzügen ungehindert, über die ganze Breite des Isthmus streifen und, die entgegengesetzten Luftströmungen vom Stillen Meere treffend, mitunter äußerst widerwärtige Wirbelwinde verursachen. In der Regel wehen sie heftig am Abend aus Nordost und legen sich gegen Morgen, so daß die Gewässer des Sees, von ihnen emporgetrieben, sich an seiner Südküste abwechselnd zu heben und zu senken scheinen, und das niedrigere Land dort häufig überfließen. In früheren Zeiten glaubte man, daß der See wie das Meer regelmäßig Ebbe und Fluth zeige, oder daß ein unterirdischer Abzugscanal ihn mit dem Stillen Meere in Verbindung setze, was Alles jedoch nur auf der von den Papagayos verursachten Täuschung beruhte.

Die Kegelkuppen der Vulcane Omotepec und Madeira weit hinter uns lassend, näherten wir uns, als die Sonne höher stieg, allmählig dem östlichen Ende des Sees, welchem der Rio San Juan entspringt. Die Ufer rechter Hand wurden niedriger, und Inseln, mit dunkelgrünen Waldungen geschmückt, lagen hier und da traulich in den klaren Fluthen. Auf mehreren derselben gewahrte ich Wohnungen und angebautes Land. Fast beneidete ich die glücklichen Besitzer dieser Eilande, welche in dem herrlichsten Klima der Welt, umgeben von den Reizen einer tropischen Natur, dort in sorgenloser Abgeschiedenheit lebten und dabei von ihrer Thürschwelle die brausenden Boten der neueren Civilisation begrüßen konnten.

Die Passagiere unseres Dampfers befanden sich in der besten Stimmung und bewunderten das herrliche Landschafts= gemälde. Jedermann schien die schlechten Transportmittel der Transit=Compagnie zwischen San Juan. del Sur und Virgin Bay vergessen zu haben und erwartete die Einfahrt in den San Juan Fluß. Die socialen Genies thaten ihr Bestes, die Reisegesellschaft zu erheitern, und Gesang und Scherz erschallten aus mancher Gruppe, die im süßen Nichts= thun auf dem Verdeck lagerte.

Gegen Mittag jedoch, als sich bei der Mehrzahl der Passagiere, welche von der Zeit an, als wir den Dampfer „Amerika" verließen, bis jetzt auf eigene Unkosten gelebt und seit dem frühen Morgen keinen Bissen zu sich ge= nommen hatten, eine Sehnsucht nach leiblicher Speise ein= stellte, verlor die romantische Scenerie des Sees alle Reize, und es bemächtigte sich eine unverkennbare Unruhe aller Gemüther.

Die Transit=Compagnie hatte allerdings in den San Francisco=Zeitungen bekannt gemacht: „No extra charge for board on the Isthmus", aber — wo blieb das Mittagsmahl? von dem Frühstück oder Lunch gar nicht zu reden, welches die Compagnie in dem Wirrwarr der Ein= schiffung wahrscheinlich aufzutischen vergessen hatte. Selbst die feinsten Riechorgane konnten keine Spur von werdenden Beefsteaks, Trüffeln, Pfannekuchen, Torten oder dergleichen Erfrischungen entdecken.

Endlich erschien ein Chimborazo der elendesten „Sand= wiches" (belegtes Butterbrot), welche je einen civilisirten Menschen beleidigt, und dazu etwas schmutzig=gelber Kaffee, der wie ein Abguß von gerösteten Linsen schmeckte und ohne Kaffeelöffel in ohrenlosen Tassen verabreicht ward, so daß man gezwungen war, Bleistifte und Zahnstocher als Löffel zu improvisiren, um ein biminutives Quantum von Zucker in der Kaffee sein sollenden Flüssigkeit aufzulösen. Dieses barbarische Kaffeegebräu — das mich lebhaft an den texanisch-conföderirten Kaffee von 1862 erinnerte — hier im Vaterlande des Kaffee's, der vor unsern Augen auf's Ueppigste am nahen Ufer wuchs, war ein entsetzlicher Hohn der tyrannischen Transit=Compagnie auf unsere rebellischen Mägen; und wenn schon wegen der „Sandwiches", auf denen die Butter wie hingehaucht erschien und der Schinken an Hungersnoth mahnte, derselben von siebenhundert Passagieren wenigstens siebenhundert Flüche entgegengeschleubert worden waren, so waren die Verwünschungen wegen des Kaffees wahrhaft furchtbar.

Glücklicher Weise hatte ich mich in Virgin Bay mit einem gebratenen Hühnchen und einem halben Schock hartgesottener Eier verproviantirt, da ich mich auf die Auslegung des Orakelspruchs der Transit=Compagnie nicht gern verlassen wollte. Wo nichts gegeben wird, da wird auch keine Zahlung verlangt; das schien mir jetzt die Meinung der Zeitungsanzeige der Transit=Compagnie zu sein, welche uns aus purer Menschenliebe die famosen „Sandwiches" und den Pseudo=Kaffee verabreichen ließ.

In keineswegs gehobener Stimmung liefen wir um ein Uhr Mittags in den San Juan Fluß ein, woselbst uns ein kleinerer Dampfer erwartete, der uns zunächst nach Castillo bringen sollte. Südlich von dem Ausfluß des San Juan, dem Fort San Carlos schräg gegenüber, ergießt sich Rio Frio in den See Nicaragua, ein nicht unbedeutender Fluß, der an dem 11,400 Fuß hohen Vulcan Cartago in Costa Rica entspringt.

Das vom Rio Frio durchströmte, schwer zugängliche Thal ist die Heimath der Guatuso-Indianer, welche sowohl den Spaniern als den heutigen Regierungen Central-Amerikas gegenüber ihre Unabhängigkeit stets bewahrt, und jegliche Versuche, sowohl von Reisenden als Militär-abtheilungen, in ihr Gebiet einzudringen und sich mit ihnen bekannt zu machen, blutig zurückgewiesen haben. Die Ver-muthungen über ihren Ursprung, in so weit dieselben durch Sprachverwandschaften Wahrscheinlichkeit erhalten, scheinen sich dahin zu vereinigen, daß die Guatuso-Indianer zu der-selben Aztec-Race gehören, welche zur Zeit der spanischen Eroberung im Thale von Anahuac in Mexico und im jetzigen Staate San Salvador wohnte. Wahrscheinlich be-wohnte sie, als Gil Gonzalez d'Avila im Jahre 1522 das jetzige Nicaragua der spanischen Krone unterwarf, die Ufer des Sees Cocibolca (Nicaragua), von wo aus sie vor den Spaniern die Thalengen des Rio Frio hinauf flüchteten, in denen sie, wie bereits erwähnt, bis auf den heutigen Tag ihre Abgeschlossenheit und Unabhängigkeit gegen alle Ein-dringlinge bewahrt haben.

Linker Hand auf einem hohen Bluff, nahe dem Aus-flusse des Rio San Juan, stand das alte Fort San Carlos mit einigen elenden Strohhütten im Innern desselben, welche, durch eine einzige wohlgezielte Bombe in Brand geschossen, die Besatzung schnell ausräuchern würden. Ein paar alte Kanonen, auf massiven Lafetten ruhend, beherrschten die Flußmündung, und nicht weit davon lagen die Ueberreste eines untergegangenen Dampfers, ein Monument der Flibustier-Expedition, deren gesetzlosem Treiben von den Costa Ricanern unter dem Befehl des braven Spencer im December 1856 und zu Anfang des Jahres 1857 auf dem San Juan Flusse ein Ziel gesetzt ward. Die ganze Transit-Route ist übrigens so mit Walker identificirt, der seinen

Namen an derselben überall mit blutigem Griffel einge=
graben hat, daß man sich unwillführlich in jene Zeit zurück
versetzt, als er mit einer Handvoll Abenteurer in diesem
Lande ein neues Reich zu gründen versuchte, und noch heute
seinen Kriegszügen mit unvermindertem Interesse folgt.

Bald war unsere gesammte Reisegesellschaft auf das mit
zwei Rädern am Stern versehene Dampfboot „City of Leon"
versetzt, wo wir es uns auf dem ringsum offenen oberen
Verdeck auf Bänken und Stühlen bequem machten. Ein
über die ganze Länge und Breite des Verdecks gespanntes
Leindwandtuch gab Schutz gegen die Sonnenstrahlen, und
die Aussicht nach allen Seiten war durch nichts gehindert.

Der Rio San Juan, welcher bei einer Breite von
hundert bis abwechselnd zu vierhundert Yards mit seinen
Windungen eine Länge von 128 englischen Meilen hat, ist,
wie bereits früher erwähnt, der einzige Ausfluß der Nica=
ragua Binnenseen. Die Vortheile, welche er einem zu
schaffenden Canal bietet, sind jedoch sehr überschätzt worden,
da seine Tiefe zu Zeiten sehr gering ist und in der trockenen
Jahreszeit stellenweise kaum zwei Fuß erreicht. Die zahl=
reichen Stromschnellen und Untiefen bilden alsdann für
die Schifffahrt fast unübersteigliche Barrieren. Während
der Regenzeit oder kurz nach derselben — wie zur Zeit
meiner Reise der Fall war — ist jedoch die Masse des
Wassers in ihm sehr bedeutend.

Von dem Dampfer, der uns von Grey Town nach
New=York bringen sollte, war immer noch nichts zu hören.
Auf's Gerathewohl und über das Schicksal des New=Yorker=
Dampfers gänzlich im Dunkeln, fuhren wir den San Juan
Fluß hinunter, mit der unwillkommenen Aussicht, in dem
ungesunden Grey Town wenigstens auf eine Woche Quar=
tier beziehen und dort die Ankunft des ersehnten See=
Steamers abwarten zu müssen. Da es schon öfters vor=

gekommen, daß die Passagiere auf dieser Linie wochenlang auf eigene Unkosten auf dem Isthmus verweilen mußten, ehe die Dampfer von San Francisco oder New=York anlangten, welche sie weiter befördern sollten, so versetzte das Ausbleiben der Nachrichten vom New=Yorker Steamer uns Alle in eine keineswegs heitere Stimmung, welche sich bei minder resignirten Geistern in ungezählten Verwünschungen auf die Transit=Compagnie Luft machte. Sobald wir jedoch den San Juan hinabfuhren und sich rechts und links vor unsern Blicken die herrlichste Tropen=Vegetation entfaltete, verschwanden Mißmuth und Feindseligkeit. Jeder suchte die Gegenwart zu genießen, und überließ es der Zukunft, für unser Schicksal zu sorgen.

Die Ufer, welche zuerst sumpfig waren, wurden fester je weiter wir kamen. Binsen und Schilfrohr machten den schön geformten Bäumen der Tropennatur Platz, während das saftig=dunkelgrüne Laubwerk unzähliger, unserer nordischen Pflanzenwelt verwandter Baumarten den Rahmen des Gemäldes bildeten. Cocos= und Bananenbäume mit ihren in dichten Büscheln von den Kronen hängenden Riesenblättern, unter denen ihre Früchte einladend hingen, drängten sich abwechselnd in langen Reihen an die nahen Ufer; wie Mauern standen die durch unzählige Schlingpflanzen — Lianen — mit einander verwobenen Bäume und Sträucher in langen Façaden auf beiden Ufern da; überall reichte die üppigste Vegetation bis hart an's Wasser und sogar bis in dasselbe hinein, als ob die Mutter Natur kein Fleckchen Erde unbenutzt lassen wolle, um den Ausfluß des schönsten der Seen Amerika's mit dem Schmucke tropischer Riesenguirlanden zu kränzen.

Je weiter wir kamen, um so großartiger zeigte sich uns die Tropennatur, so daß das Auge zuletzt fast ermüdete, die Pracht derselben zu fassen. Auch die Thierwelt, die Besitzerin dieser herrlichen Wildnisse, fing an, sich hier zu regen, schien jedoch das in ihr Heiligthum ein= bringende, Feuer schnaubende, schwimmende Ungeheuer des Menschen mit keineswegs freundlichen Augen zu betrachten. Große, langgeschwänzte Papageyen, mit feuerrothem Ge= fieder, flogen schreiend über den dunklen Wald, oder saßen, unwillig ihre Federn spreizend, auf nackten Aesten da; schneeweiße, langbeinige Reiher und andere, mir unbekannte Wasservögel standen am nahen Ufer und streckten ihre lan= gen Hälse mißtrauisch zu uns herüber; mit einem wahren Freudengeschrei wurden die ersten Affen begrüßt, die sich, an den hohen Aesten eines mächtigen Cibeba = Baumes mit ihren Schwänzen hängend, gemüthlich hin und her schaukel= ten und uns Grimassen zuschnitten.

Auf einmal bemächtigte sich, ob des augenscheinlichen Hohns dieser das menschliche Antlitz lächerlich machenden Zweibeinsthiere, kriegerische Wuth fast sämmtlicher Passa= giere. An fünfhundert Pistolenkugeln saus'ten mit einer knatternden Salve den Affen an den Ohren vorbei, und die Flucht derselben, wie sie sich mit ihren Schwänzen von Ast zu Ast schwangen und laut aufschreiend in's Dickicht eilten, wurde von uns mit Siegesgejauchze gefeiert und mit donnerndem Hurrah begleitet, als ob wir soeben eine Bri= gade feindlicher Reiter in die Flucht gejagt hätten.

Von jetzt an war nichts Lebendiges mehr vor unsern Pistolenkugeln sicher. Papageyen, Reiher, Vögel aller Art, Affen — Alles mußte vor unsern Salven flüchten, welche öfters wie Pelotonfeuer ein donnerndes Echo in den nahen Wäldern wachriefen. Alligators jedoch, von welchen der Fluß wimmeln soll, die wir weit lieber als jene friedlichen Thiere zur Zielscheibe unserer Kugeln genommen hätten, zeigten sich an diesem Tage nirgends, da die Luft bedeckt war und sie nur im Sonnenscheine an's Ufer kommen.

Hin und wieder sahen wir Indianerhütten am Strande, deren spitze Dächer mit getrockneten Riesenblättern gedeckt waren, und ein paar Mal begegneten uns Bungos, große, flachgebaute Kähne, welche von Indianern durch lange Ruder fortbewegt wurden. Mit donnerndem Zuruf wurden die nackten braunen Gestalten begrüßt, welche sich, von unserm Hurrah begeistert, nach jedem Ruderschlage sämmtlich auf= recht hinstellten und mit der ganzen Schwere ihrer Körper auf die Ruder fielen, um uns einen guten Begriff von ihrer Fertigkeit im Rudern zu geben.

Nachdem wir vor Abend die gefährlichen Toro=Rapids passirt, langten wir nach Dunkelwerden bei dem alten Fort Castillo, vierzig Meilen von San Carlos, an, wo das Fahrwasser abermals durch Stromschnellen unterbrochen wird, woran dieser Fluß ganz besonders reich ist und welche in diesem Falle zu bedeutend waren, um eine Ueberfahrt mit unserm Dampfer wagen zu dürfen. Die Wasser des Flusses fallen daselbst in der trockenen Jahreszeit fast acht Fuß über eine Felsenbank in einer Strecke von kaum zehn Ellen; und selbst bei hohem Wasser, wie wir es hatten, sind die in Stromschnellen verwandelten Fälle für Dampfer nicht passirbar.

Hier wurden wir auf zwei kleinere, unterhalb der Fälle liegende Dampfboote versetzt, wobei ein Jeder gezwungen war, sein Handgepäck ein paar hundert Schritt weit von Boot zu Boot zu schleppen, indeß die Koffer auf einem Schienen= wege in Handwagen transportirt wurden. Da wir an Bord derselben bis zum nächsten Morgen verweilen sollten, so mußten wir die Nacht verbringen so gut es ging.

Am Ufer stand wieder eine Reihe von Indianerhütten und Eß= und Trinkbuden — die Stadt Castillo —, wo wir Gelegenheit hatten, uns für den folgenden Tag zu ver= proviantiren, was die Mehrzahl der Passagiere auch sofort

that, da die Aussicht auf eine Wiederholung der famosen
„Sandwiches“ und des Transit=Kaffees durchaus nicht ein=
ladend war. Kaum waren wir angelangt, so hatte ein
wissenschaftlich gebildeter Jünger des Merkur seine drei
Fingerhüte schon wieder in Bewegung gesetzt, um den spiel=
süchtigen Californiern die Zeit zu vertreiben. Nach den
häufigen Verwünschungen der ihn umgebenden Menge zu
urtheilen, muß der Fingerhut=Spieler mit den Geschäften
in Castillo, womit er die ganze Nacht über anhielt, sehr
zufrieden gewesen sein.

Da für Schlafstellen an Bord der Dampfer fast gar
nicht gesorgt war, so streckten sich die meisten Passagiere,
so gut es ging, auf Wolldecken oder Ueberröcken auf's
ringsum offene Verdeck, um ein paar Stunden Schlaf zu
erhaschen. Mehrere der mitreisenden Damen kamen dabei
in das Dilemma, an der Seite fremder Männer im trau=
lichen Durcheinander ruhen zu müssen, was mancher blöden
Schönen keineswegs angenehm zu sein schien. Ich hatte
das beneidenswerthe Loos, einer neuvermählten Jüdin einen
Zipfel meiner Wollendecke als Schutz gegen die feuchte
Tropennacht anbieten zu dürfen. Meine holde Nachbarin,
ein poetischer Charakter mit schmachtenden, dunklen Augen,
Römernase, schwarzem, üppigem Haar und milchweißem
Teint, die gern Heine'sche Verse recitirte und auf der Reise
ihre Flitterwochen feierte, war erst nach langem Zureden
von ihrem gefühllosen Gemahl zu bewegen, neben mir
Platz zu nehmen. Sie vertraute mir unter Thränen an,
daß sie diese Nacht zeitlebens nicht vergessen werde. Als
Flitterwochen=Tour möchte ich auch die Reise über den
Isthmus von Nicaragua keiner meiner Landsmänninnen —
einerlei weß Glaubens — anempfehlen, da das Poetische
derselben zu sehr an praktische Wirklichkeit stößt, um zarten
Naturen besonders angenehm zu sein.

Trotz des Lärmens und Singens am Lande, wo eine geräuschvolle Tanzmusik die Vergnügungssüchtigen zu einem Fandango mit dunkeläugigen Signoritas aufforderte versank ich bald in einen tiefen Schlummer, aus dem ich nicht eher erwachte, als bis ein schrilles Dampffignal den Herumlungerern und Tanz- und Spielsüchtigen am Strande die bevorstehende Weiterreise kurz vor Tagesanbruch kundthat. Es befanden sich etwa vierhundert Passagiere auf unserm kleinen Dampfer, welche den Platz so sehr beengten, daß eine freie Bewegung außer Frage stand und man sich nur langsam von einer Seite des Boots nach der andern bewegen konnte. Im Toilettenzimmerchen hatte die Transit-Compagnie großmüthig für eine zinnerne Waschschüssel und ein etwa zwei Fuß langes Handtuch gesorgt, damit wir vierhundert Passagiere uns damit den Schlaf aus den Augen wüschen, auf daß wir die großartige Tropennatur mit klaren Blicken betrachten könnten. Die delikaten „Sandwiches" und der superbe Mocca fehlten zum Frühstück natürlich auch nicht. Ich nahm jedoch nicht Theil am Festmahl der Transit-Compagnie, sondern speis'te bei einer freundlichen Signorita in Castillo.

Sobald es Tag geworden, konnte ich die romantische Umgebung unseres Nachtlagers deutlicher als am Abend zuvor im Halbdunkel erkennen. Hoch auf einem steilen, mit grünem Rasen bedeckten Berge lag am rechten Stromufer das alte Fort Castillo, ein steinerner Bau mit runden, vorspringenden Eckthürmen, zinnen-gekrönten Bastionen und innerer Citadelle, welche den Fluß sowohl unterhalb als oberhalb beherrschte und den Anschein großer Stärke hatte, obwohl ein weiter rückwärts gelegener Bergrücken, Nelson's Hügel genannt, einer angreifenden Truppenmacht eine dominirende Stellung zu geben schien. Von hier aus war auch das Fort im Jahre 1780 von Lord Nelson, damals

Flottencapitain an Bord des britischen Kriegsschiffes Hinchin=
brook, mit Sturm genommen worden. Von zweihundert
Mann, mit denen er zum Angriff ausrückte, brachte er nur
zehn wieder nach der Flotte zurück, pflanzte aber das St.
Georgs=Kreuz siegreich auf die alte Veste. Weniger glück=
lich waren Walkers Myrmidonen, welche unter ihrem Führer
Titus — einem gewaltigen Maulhelden, der in Kansas
Buschklepper=Commandeur gewesen war — das Fort den
unter dem Befehl des kühnen Spencer es vertheidigenden
Costa=Ricanern wieder zu entreißen suchten, vor dem drohen=
den Anblick der Veste aber so sehr in Furcht geriethen,
daß sie, ohne den Versuch zum Sturm zu wagen, schimpf=
licher Weise wieder nach Grey Town zurückkehrten, wohin
sie unter Anführung eines gewissen Lockridge von New=
Orleans ausgezogen waren, um die Costa=Ricaner wieder
vom San Juan zu vertreiben.

Ich nahm diesmal meinen Platz auf einer Bank ganz
vorn auf dem Schiffe, um einen besseren Ueberblick auf
beide Stromufer zu gewinnen. Bald setzte sich unser Dampf=
boot, das den stolzen Namen „City of Rivas" führte und
dem ein anderer Dampfer mit dem Rest der Passagiere auf
eine halbe Stunde vorangeeilt war, in Bewegung und fuhr
langsam stromabwärts. Eine Abtheilung nacktbeiniger Ein=
gebornen, die am Bug postirt waren, sondirte mit langen
Stangen den Fluß, der hier sehr viele Untiefen hatte, und
war öfters genöthigt, das Schiff von Sandbänken loszu=
stoßen. Bei niedrigem Wasser soll die Schifffahrt auf dem
untern Stromlaufe sehr gefährlich sein. Die Transit=Com=
pagnie hat schon manches Boot daselbst verloren, trotzdem
diese sehr flach gebaut sind und kaum zwei Fuß Tiefgang
haben. Sogar bei hohem Wasser, wie wir es hatten,
war das Anrennen des Schiffes an verborgene Sandbänke
nichts Seltenes.

Nachdem wir die Wracks mehrerer Dampfer, Denk=
mäler Walkers, passirt hatten, verloren wir bei einer Bie=
gung des Stromes das Fort von Castillo aus den Augen
und fuhren, wie am Tage zuvor, zwischen den grünen
Waldmauern hin, die sich majestätisch, in immer wechselnden
Formen, rechts und links am Ufer hinzogen.

Der Rio San Juan, der ein so schlammiges Wasser
wie der Vater der Flüsse hat, das der unverwöhnteste
Alligator sich nicht gemüthlicher wünschen könnte, schlängelte
sich in einer Breite von etwa vierhundert Ellen durch die
Urwildniß, welche fast ununterbrochen überraschend schöne
Ansichten zeigte. Ueberall waren die Bäume von einem
undurchbringlichen Gewirr üppig wuchernder Schlingpflanzen
durchflochten, die malerisch von den hohen Aesten herabhin=
gen und darunter eine grüne Fläche, einem dicht überrankten
Riesen=Gitterwerke ähnlich, bildeten, welche hin und wieder
von Portalen, Säulengängen und reizenden Lauben unter=
brochen ward. Mitunter stand eine Indianerhütte, mit ge=
trockneten Blättern gedeckt, im Dickicht, und ein paar Mal
begegneten uns Bungos, die am Ufer hinfuhren, und deren
nackte Ruderer jedesmal mit Jubel begrüßt wurden. Die
meisten Passagiere standen schußfertig mit ihren Revolvern
an der Brüstung des Dampfers und schossen auf jegliches
Lebende, das sich am Waldessaum rührte.

Bei den in der trockenen Jahreszeit für die Schifffahrt
sehr gefährlichen Machuca=Stromschnellen, auf denen das
Wrack eines untergegangenen Dampfers, von einer dichten
Pflanzenmasse überwachsen, eine kleine Insel mitten im
Strome gebildet, landeten wir, um einen neuen Vorrath
von Holz als Feuerungsmaterial für den Dampfer ein=
zunehmen.

Bald befand sich die Mehrzahl der Passagiere am
Lande und durchstreifte den Urwald nach allen Richtungen,

um Kuriositäten einzusammeln, unbesorgt um Taranteln und Schlangen, riesige Ameisen und giftige Kräuter, vor denen der Capitän uns gewarnt hatte. Um eine mächtige Ceder, auf der sich auf einem der höchsten Zweige eine fast vier Fuß lange, bläulich schimmernde Eidechse, Iguana genannt, sonnte, hatte sich bald eine Schaar von Scharfschützen versammelt, welche nach mehreren Salven das fremdartige, ganz unschuldige Geschöpf erlegten und im Triumph auf's Schiff brachten. Ich war so glücklich, einer allerliebsten, blau= und weiß=roth gestreiften Schlange, barber's pole genannt, zu begegnen und ihr mit dem Knittel das Garaus zu machen. Unser Capitän behauptete, daß sie eine der giftigsten Schlangen dieser Wälder sei, deren Biß fast plötzlichen Tod verursache.

Als der Dampfer das Signal zur Weiterreise gab, eilte die im Walde umherstreifende Menge, mit riesigen Blättern, welche mit dolchartigen, einen halben Fuß langen Stacheln besetzt waren, mit Sträuchern und Blumen beladen, wie Macbeth's wandelnder Wald, wieder an's Schiff, wo die Damen sich während unserer Abwesenheit damit unterhalten hatten, eine Legion kleiner und größerer Fische, die das Schiff umschwärmten, mit Brodkrumen zu füttern.

Um die Mitte des Tages passirten wir die Mündungen der Flüsse Carlos und Serapiqui, die bedeutendsten Nebenflüsse des Rio San Juan, welche in den Hochgebirgen von Costa=Rica entspringen.

Bald darauf, als das Wetter sich gänzlich aufgeklärt, bemerkten wir zum ersten Male einen riesigen Alligator, der, von der Sonne warm beschienen, am nahen Strande schlummerte. Ein paar hundert Pistolenkugeln, die ihm ganz unerwartet auf den Schuppenpanzer rasselten, störten den Beherrscher dieser Gewässer aus seinem Mittagsschläfchen und bewogen ihn, so schnell seine kurzen Beine es erlaubten, in die feuchte Tiefe zu watscheln. Von jetzt an mehrten sich

diese riesigen Amphibien, welche öfters die Länge von fünfzehn Fuß hatten, so sehr, daß wir kaum Zeit fanden, unsere
Pistolen zu laden, um ihnen beim Vorbeifahren, wenn sie
sich wohlbehaglich am nahen Ufer oder auf Sandbänken
im Flusse sonnten, einen Freundschaftsgruß in Gestalt
bleierner Kugeln zuzusenden. Ob wir welchen derselben
wehe gethan, ist wohl sehr fraglich, da nur ein Schuß
in's Auge oder hinter das Schulterblatt, welches meistens
unterm Wasser liegt, ihnen tödtlich sein soll.

Der Jubel der Passagiere war grenzenlos und das
Geschrei: „Shoot him!" — „Hit him:" — „Give it
to him! etc.", wenn die riesigen Thiere unbeholfen vor
unsern Kugeln flüchteten, wollte gar kein Ende nehmen.
Affen, Papageyen und die zahlreich uns umflatternden
großen und kleinen Vögel waren jetzt sicher vor unsern
Geschossen, welche nur die gehaßten Amphibien suchten.
Oefters wurden diese von mehreren Kugeln getroffen, ohne
daß sie sich nur gerührt hätten; aber ein halbes Dutzend
oder mehr blauer Bohnen, die ihnen an den Schädel rasselten, bewogen sie jedesmal zum schleunigen Rückzuge. Das
Knallen und Hurrahrufen behandelten sie mit stiller Verachtung, und selbst der nur fünfzig Schritte vor ihnen vor-
beirauschende Dampfer wurde von ihnen gänzlich ignorirt.

Nachmittags passirten wir mehrere niedliche Wohnungen,
welche in reizenden Bananenhainen lagen, mit sauberen
Gärten dabei, voll von tropischen Gewächsen und schimmernden Blumen. Männer, Frauen und Kinder standen
unter den von Lianen überrankten Verandas und grüßten
uns mit flatternden Tüchern. Dann sangen Vögel im Wald
fremde Lieder, und die bunten Farben großer Papageien
schimmerten im dunkeln Grün der Palmenkronen; vom
obern Deck des Dampfers ertönten die frohen Klänge eines
Waldhorns, dem ein Schweizer herrliche Töne entlockte,

und welche das Echo jauchzend von fernen Waldmauern
zurückrief. Im Hintergrunde der Landstraße zeigte sich
höheres Land, auf dem der Wald sein dunkelgrünes Laubdach wellenförmig emporsteigend in den blauen Aether gebaut —, und dabei ein himmlisches Wetter, wie es nicht
schöner zu denken war, eine Luft, geschwängert mit dem
erfrischenden Dufte der vom gestrigen Regen noch feuchten
tropischen Riesenwaldungen — wahrlich eine Reise, die mir
ewig unvergeßlich bleiben wird!

Leider sollte unsere Festfahrt noch kurz vor ihrem
Ende durch einen Schreckensunfall unterbrochen werden,
der alle Heiterkeit hinwegscheuchte. Als wir gegen Abend
eine Anzahl von Inseln und Stromverzweigungen, worunter
den rechter Hand abfließenden, den Eldorado, passirt
hatten und in der Dämmerstunde nur noch eine Meile von
Gretz Town entfernt waren, erscholl plötzlich der Schreckens-
ruf: „Ein Mann über Bord!" — Kaum hatten wir den
Unglücklichen gesehen, wie er mit den dunklen Wogen kämpfte,
als schon sein Todesschrei über die Wasserfläche tönte.
Ein riesiger Alligator riß ihn vor unsern Augen in die
finstere Tiefe. Das Opfer des schrecklichen Todes war
einer der Zwischendecks-Passagiere, ein Franzose, der aus
Unachtsamkeit dem ganz freien Bootrande zu nahe gekommen
und über Bord gefallen war.

Der Name und die Heimath desselben konnten leider
nicht ermittelt werden, da der Capitän es nicht der Mühe werth
erachtete, sämmtliche Reisende nach der Passagierliste aufzu-
rufen, blos um einen Zwischendeck-Passagier, und zwar nur
einen Franzosen, zu identificiren. Jahre lang vielleicht hatte
dieser den unzähligen Gefahren und Mühseligkeiten des Lebens in den californischen Goldminen getrotzt, um die Noth
der Seinen zu erleichtern, kehrte nun heim nach dem geliebten Frankreich mit seinen Ersparnissen, und reis'te, wie

so viele Andere, im Zwischendeck, um möglichst viel von seinem Erworbenen mit in die Heimath zu bringen. Daheim erwarteten ihn vielleicht Eltern und Geschwister. Eine Gattin mit blühenden Kindern zählte vielleicht die Stunden und Tage, welche noch vergehen mußten, ehe sie den so lange von ihr Getrennten wieder an die klopfende Brust pressen konnte. Ach! die Stunden und Tage werden sich in Monde und Jahre dehnen; die Gattin wird gramgebrochen sterben, und die blonden Locken der Kinder wird der Schnee des Alters bleichen, wenn die Hoffnung, den lang Ersehnten wiederzuschauen, schon längst zu Grabe getragen worden ist. Nicht trauernde Liebe weinte an der Stätte, wo die ewige Nacht ihn ereilte; nur der Tropenstrom rauschte zwischen finstern Urwaldsmauern ihm ein Todtenlied.

Etwas nach Dunkelwerden landeten wir, durch den soeben stattgehabten Schreckensfall sämmtlich in niedergeschlagener Stimmung nach einer Fahrt von 83 englischen Meilen, seit wir am Morgen Castillo verlassen, an dem Quai von Grey Town, auch San Juan de Nicaragua genannt. Der von New-York erwartete Dampfer war noch nicht angelangt, und die Transit-Compagnie weigerte sich, uns in der Stadt Freiquartiere zu geben, was einen Sturm der Entrüstung hervorrief. Nach längerem, zornigem Debattiren gab die Gesellschaft zuletzt in so weit nach, daß den Passagieren der ersten Cajüte Freibillette nach den verschiedenen Hôtels der Stadt gegeben wurden, während die der zweiten Cajüte und die Zwischendecks-Passagiere nach wie vor auf die delicaten „Sandwiches" und den Transit-Kaffee angewiesen waren, oder auch sich selbst in der Stadt beköstigen durften, und entweder am Ufer in offenen Scheunen oder auf dem Verdeck der Fluß-Dampfer auf Unkosten der Compagnie, oder auch für's eigene Geld in beliebigen Hôtels schlafen durften.

Nach einem beschwerlichen Marsche von fast einer Meile, in finsterer Nacht und in einer mir unbekannten Stadt, in der die fast häuserlosen Straßen mitunter durch Buschwerk und sumpfige Wiesen führten, und wobei ich gezwungen war, meinen vierzig Pfund schweren Handkoffer selber zu tragen, langte ich endlich transit-satt in meinem ersehnten Quartier, dem „Western Hôtel", an, wo mein Wirth, ein höflicher Africaner, mir ein trauliches Zimmerchen von etwa acht Fuß im Geviert als Boudoir anwies, welches außer einem massiven Bett nur noch einen mit himmelblauem Damast überzogenen Lehnstuhl innerhalb seiner vier Wände als Mobiliar enthielt. An dem himmelblauen Lehnstuhl fehlte ein Bein, was ich leider nicht eher entdeckte, als bis ich arglos in ihm Platz nahm und in einer sehr unpoetischen Stellung plötzlich seitwärts auf den Boden glitt. Nachdem ich mein keineswegs mit schneeiger Leinwand überzogenes Bett erst gehörig recognoscirt und einen giftigen Tausendfüßler, der es sich unter meinem Kopfkissen bequem gemacht, ermordet, begab ich mich zur Ruhe und entschlummerte bald, trotz bissiger Ameisen und brummender Musquitos, und träumte von Tropenwäldern, Alligatoren und ertrinkenden Franzosen, bis der neue Tag durch mein scheibenloses Gitterfenster dämmerte.

Unser Aufenthalt in Grey Town hatte wenig Anziehendes. Die Stadt, welche sehr weitläufig gebaut ist, liegt in einer sumpfigen, von Wald umgebenen Niederung, deren eine Seite an das Meer stößt, und soll für nicht Acclimatisirte sehr ungesund sein. Einem Fremden hat dieselbe nichts zu bieten, wodurch ihm ein längerer Aufenthalt in ihren Mauern angenehm gemacht werden könnte. Die in ihren Mauern zerstreut dastehenden Cocos-, Palm-, Brotfrucht-, Bananen- und andere tropische Bäume verlieren das Interesse, sobald die Neuheit vorüber ist. Das Wetter bei Tage war schwül und regnerisch, und Musquitos und Ameisen thaten ihr Möglichstes, Einem die Nächte gründlich zu verleiden.

Etwas Unterhaltung gewährte am zweiten Abende unseres Aufenthaltes eine blutige Schlägerei zwischen Eingebornen und Jamaica=Negern, welche letztgenannte, von der Insel Jamaica eingewanderte Menschenklasse sowohl auf dem Isthmus von Nicaragua als in Panama sehr zahlreich vertreten ist und durch ihre grenzenlose Frechheit, Faulheit und Unsauberkeit allen Reisenden den widerwärtigsten Eindruck hinterläßt. Das Gejammer und Zetergeschrei von den mit fliegenden Haaren und händeringend auf und ab rennenden schwarzen und braunen Frauen, das Fluchen in Spanisch und Englisch von den ihre langen Messer schwingenden, halb betrunkenen Männern — dieser Bedlams=skandal in halbdunkler Nacht übertraf an Wildheit und Rohheit Alles, was ich noch je in dieser Art gesehen hatte.

Froh waren wir, als nach zwei Tagen der stattliche Seedampfer „Santiago de Cuba" auf der Rhede anlangte, und sämmtliche Passagiere auf kleineren Dampfschiffen nach einer vor dem Hafen gelegenen Sandbank, Punta Arenas, gebracht und von dort in Brandungsbooten zum Oceandampfer gerudert wurden. Die Fahrt durch die Brandung war der Schlußakt des Transits, der in unserm Fall ohne Unglück bewerkstelligt wurde, bei stürmischem Wetter jedoch sehr gefährlich sein soll. Das Wasser der Bai wimmelt nämlich von Alligators und Haifischen, welche die Rettung über Bord Fallender schlechterdings unmöglich machen, da diese von den Ungeheuern schneller fortgeschnappt werden, als man eine helfende Hand nach ihnen ausstrecken kann. Im Jahre vor meiner Reise schlug ein mit englischen Matrosen bemanntes Boot im Hafen um, dessen Inhaber sämmtlich, so zu sagen im Handumdrehen, aufgefressen wurden.

Ich postirte mich, hiervon unterrichtet, wohlweislich bei der Ueberfahrt inmitten des ganz bedenklich wackelnden Brandungsboots, und war froh, als ich das sichere Verdeck des „Heiligen Jago" betrat.

Die Zeit des Transits, welcher nach dem Versprechen der Compagnie in höchstens vierundzwanzig Stunden bewerkstelligt werden sollte, betrug von der Landung in San Juan del Sur bis wir an Bord des Dampfers „Santiago" stiegen, gerade fünf Tage und fünf Stunden, könnte jedoch mit besseren Verbindungsmitteln leicht in zwei Mal vierundzwanzig Stunden bewerkstelligt werden. Was die Bekanntmachung von der „freien Beköstigung auf dem Isthmus" anbelangt, so war dieselbe von der Transit-Compagnie wohl nur als unschuldiger Scherz gemeint, der Niemandem besonders wehe thun würde. Die auf einer solchen Reise gehabten Widerwärtigkeiten vergißt man ja so wie so bald! Ich meinestheils werde das schöne Nicaragua, den Garten von Central-Amerika, in wohlwollendem Andenken behalten, und fühle mich durch das Abenteuerliche des Transits und durch die reiche Tropenwelt, welche ich dort geschaut, tausendfach für alle Unannehmlichkeiten der Reise entschädigt.

————

2. Eine Dampferfahrt auf dem Red-River.

Unter allen zahlreichen Strömen Nordamerika's zeichnet sich der Red-River, der Rothe Fluß, von den Indianern nach seiner Farbe Ke-che-a-que-ho-no, der Strom der blutigen Wasser benannt — nicht zu verwechseln mit dem in Minnesota entspringenden und nördlich strömenden, in den Winipeg-See sich ergießenden Red-River of The North — durch ein ganz besonders gefährliches den Dampfschiffen unheilbringendes Fahrwasser aus. Gingen doch binnen 10 Monaten seit der Wiederaufnahme des Handelsverkehrs nach dem großen Bürgerkriege auf seinem untern Strom-laufe, zwischen Shreveport und seiner Mündung in den Mississippi, 34 — sage vierunddreißig — Dampfboote darauf zu Grunde! Und doch ist die Dampfschifffahrt auf diesem seinem untern Stromlauf im Vergleich zum obern nur Kinderspiel.

Auf den ausgedehnten „Salzebenen" im äußersten Nord-westen des Staates Texas und westlich von den Höhenzügen der Washita-Berge, in einer Entfernung von 2100 englischen Meilen von seiner Mündung in den Mississippi, liegen die Quellen des blutrothen Ke-che-a-que-ho-no. Scheinbar grenzenlose Ebenen, blendend weiß, wie mit frisch gefallenem Schnee bedeckt, lehnen sich zu beiden Seiten an die Ufer des jugendlichen Stromes.

Das diese Ebenen bedeckende Salz hat seinen Ursprung in unzähligen Salzquellen, die aus dem Boden emporsprudeln, deren Wasser sich auf der Fläche ausbreitet und schnell in der brennenden Sonne verdunstet. Das Salz bildet stellenweise eine tiefe Kruste, so daß man es buchstäblich aufschaufeln kann, und würde, wenn der Transport desselben nicht so kostspielig wäre und ein Schienenweg diese entlegenen Gegenden mit der civilisirten Welt verbände, bald einen bedeutenden Ausfuhrartikel des nördlichen Texas bilden und dem gegenwärtig von Liverpool aus nach New=Orleans und andern Häfen des Südens in großen Quantitäten eingeführten Grobsalz eine nicht zu verachtende Concurrenz machen.

In Folge des Ursprungs des Red=River auf diesen Salzebenen hat sein Wasser einen eigenthümlich brackigen Geschmack. Für die Dampfboote ist das im Innern der Dampfkessel sich ansetzende Salz ganz besonders lästig. Da sie keine Destillirapparate, wie die Seedampfer mit sich führen — was auch nicht nöthig ist, weil der Salzgehalt des Red=River=Wassers, namentlich im untern Stromlaufe, nur gering ist — so ist ein häufiges Reinigen der Dampfkessel nicht zu vermeiden, was dem Red=River schon manchen ungalanten Fluch seitens der ihn gelegentlich besuchenden Mississippi=Dampfbootfahrer eingetragen hat.

Die Salzebenen hinter sich lassend, durchzieht der Red=River weite Prairien, die Wohnung zahlloser Bisons, welche, von der unaufhaltsam nach Westen vorwärts schreitenden Civilisation aus ihrer alten Heimath, vom Colorado, Brazos und Trinity, verdrängt, dort einen zeitweiligen Zufluchtsort gefunden haben. Aus der Ebene tretend, strömt er, bis zu seiner Mündung zwischen dicht bewaldeten Ufern hinbrausend, am südlichen Fuße der Washita=Berge hin, bis er am östlichen Endpunkte der Ausläufer derselben den ihm an Größe gleichen Washita=Fluß aufnimmt, der am nördlichen Fuße der Washita=Berge hinfließt und diese mit dem Rothen Flusse gleichsam eingekeilt hat.

Die Wassermenge des Red-River ist an diesem Punkt, etwa 500 englische Meilen von seinen Quellen, wo das Städtchen Preston steht, nur unbedeutend. Die von ihm durchströmten Prairien sind sehr wasserarm und die Washita-Berge nicht bedeutend genug, um einen Fluß von der Länge des Red-River das ganze Jahr hindurch gleichmäßig mit Wasser zu speisen, was sich bis nach Shreveport hinunter bemerklich macht. Durch plötzliche Regengüsse und das gleichzeitige Schmelzen des Schnees auf den Washita-Bergen nimmt sein Wassergehalt jedoch mitunter dermaßen zu, daß er für Dampfboote bis auf eine Entfernung von 1200 englischen Meilen von seiner Mündung, bis an den Einfluß des Kiamitia (Kei-a-misch), namentlich in den Frühlingsmonaten, zugänglich wird. Einzelne Dampfer haben bei besonders hohem Wasserstand sogar schon das Städtchen Preston erreicht.

Durch das plötzliche Schwellen seiner Gewässer richtet der Red-River mitunter ungeheure Verheerungen an. Am gefürchtetsten ist das sogenannte Juni-Hochwasser, welches durch das Schmelzen der auf den Washita-Bergen lagernden Schneemassen verursacht wird. Oft ist das obere Strombett halbe Jahre lang so wasserarm, daß Mann und Roß mit Leichtigkeit hinüber passiren können; die Dampfschifffahrt ist gänzlich unterbrochen, und der Handel leidet großen Schaden. Plötzlich jedoch kommen gewaltige Wassermassen das gewundene Thalbett herabgebraus't. Die Gewässer scheinen gleichsam lebendig zu sein von schwimmenden Baumstämmen, die sich oft ineinander festklemmen und natürliche Flöße oder halbverwitterte, unbeschreiblich wüst aussehende Baumstammbarricaden, namentlich an den Uferströmungen, bilden.

Man male sich ein Bild von solch einer verheerenden Fluth, wie z. B. die vom Jahre 1843, der schrecklichsten der Ueberschwemmungen, welche seit Menschengedenken das

Red-River-Thal verwüstet haben, als der Fluß 40 Fuß in
dreizehn Stunden stieg, das Land und die reichen Pflanzungen auf beiden Ufern meilenweit überflutend, Baumstämme wie Mauerbrecher durch die Häuser schleudernd,
Zäune und alles nicht Niet- und Nagelfeste mit sich fort-
führend, und denke sich dabei Dutzende von Dampfern,
welche, das hohe Wasser benutzend, sich durch die schwimmenden Baumstamm-Massen stromaufwärts arbeiten und
schwarze Rauchwolken über die Wälder rollen; man stelle
sich vor das dumpfe Brausen der seitwärts durch die Waldungen hinstürzenden Gewässer, untermischt mit dem klagen-
den Gebrüll ertrinkender Rinder, und man wird mit mir
übereinstimmen, daß der blutige nordamerikanische Südwest-
strom in entfesselter Kraft ein recht unbändiger Sohn der
Wildniß ist.

Glücklicherweise sind solche Fluthen, wie sie besonders
in den Jahren 1843, 1844 und 1849 sich ereigneten, eine
Seltenheit, und nur in solchen Ausnahmefällen werden die
Pflanzungen überschwemmt, da die Ufer an 30 Fuß überm
niedrigen Wasserstand erhaben sind; aber Fluthen von 15
bis zu 25 Fuß Höhe gibt's in jedem Jahre, die, statt
Schrecken einzuflößen, mit Freuden begrüßt werden. Das
Hochwasser giebt nämlich den Dampfern die Möglichkeit,
den Fluß hinaufzufahren und die an seinen Ufern auf Transport wartenden Baumwollenballen stromabwärts nach New-
Orleans zu bringen.

Da das Hochwasser jedoch fast eben so schnell wieder
fällt als es gestiegen ist, so ist es keine Seltenheit, daß
einer oder der andere Dampfer, ehe er wieder stromab-
fahren kann, auf einer Sandbank festsitzen bleibt und dort mit
seiner reichen Ladung auf das nächste Hochwasser warten muß.

Seinen Namen verdankt der Fluß, wie schon bemerkt,
seiner braun-rothen Farbe, die er vom Boden, welchen er

durchströmt, einer röthlichen Thonerde, annimmt, die für
den Ackerbau ganz besonders ergiebig ist. Fruchtbareren
Alluvialboden, als den am Red-River, gibt es wohl nirgends
in der Welt, selbst die Niederungen des Nil und die
Mississippi-Bottoms nicht ausgenommen. Dreiviertel bis
zu einem Ballen Baumwolle (der Ballen zu 500 Pfund,
gereinigt, gerechnet = 1750 Pfund gepflückt) auf den Acker
ist der gewöhnliche Ertrag des Bodens, der sich in einzelnen Fällen bis auf 3000 Pfund gesteigert hat.

Wegen seiner beständigen Krümmungen gleicht der Red-
River dem Mäander der Alten. Wer je auf seinen Gewässern eine Vergnügungs- oder Geschäftsreise gemacht hat,
der hat sich sicherlich darüber geärgert, daß es ein Ding
der Unmöglichkeit ist, bei Tag auch nur ein halbes Stündchen gemüthlich auf dem Dampferdeck oder in seiner Koje
im Schatten zu schlummern. Bald scheint die Sonne von
rechts her, bald von links, bald brennt sie einem den Rücken
und bald blendet sie die Augen, gerade als ob sie um einen
herumliefe. Auf einer Stelle macht der Strom eine Bie-
gung von 27 Meilen* und kommt dem Halse der Krümmung
wieder auf anderthalb Meilen nahe, ehe er in gänzlich plan-
loser Weise weiter fließt. Doch sind die Krümmungen
meistens nur kurz. Die Entfernung von Shreveport nach
Rowland am obern Red-River, die in gerader Linie etwa
hundert Meilen beträgt, ist auf dem Fluß über sechshundert
Meilen lang.

Alle jene Widerwärtigkeiten der Schifffahrt auf dem
Red-River kommen jedoch nicht in Betracht gegen diejenigen, welche durch die unzähligen schwimmenden oder
im Strombett festsitzenden Baumstämme verursacht werden.

*) Unter Meilen sind allemal englische Meilen zu verstehen.
Eine englische Meile = 1760 Yards. 8100 Yards sind 1 deutsche
Meile.

An den vielen kurzen Biegungen setzen sich diese nament= lich leicht fest. Oft sieht man sie im wildesten Chaos dort aufgethürmt und in großen Strecken in einander verflochten, oder auch vereinzelt stromab treiben. Bei niedrigem Wasser= stand rennen sich viele dieser schwimmenden Stämme mit ihren das Wasser einsaugenden und schwereren Wurzeln im Grunde fest. Der Stamm, von dem Aeste und Rinde bald von andern vorbeischwimmenden Baumkolossen abge= rissen werden, wendet sich mit der oberen Spitze stromab und steht wie eine Pallisade im Wasser da. Steigt das Wasser, so wird der Stamm von demselben ganz oder theil= weise verdeckt, und der „Snag" ist fertig, der Todfeind aller, insbesondere der Red=River=Dampfer.

Ein nur schwach vom Wasser bedeckter Snag, der sich mitunter leise aus der dunklen Fluth hebt, die sein Haupt kräuselnd umspielt, ist ein sehr ungemüthliches Schauspiel für den Reisenden, namentlich wenn der Dampfer scheinbar gerade auf ihn losjagt, und der Pilot zum Spaß versucht, wie nahe er wohl an ihm vorbeifahren könne, ohne das Schiff aufzuspießen. Bei einer Schnelligkeit von zehn oder zwölf Meilen in der Stunde auf einen Snag zu rennen, kann einem Red=River=Dampfer jede Minute widerfahren. Den Erfolg, wenn jener durch die Planken in den untern Raum des Dampfers bricht, kann sich der Leser wohl leicht vorstellen.

Oberhalb Shreveport, wo der Fluß nur wenig Gefäll hat, haben sich Millionen von Stämmen in einander ge= schoben, und eine feste Masse, das weit bekannte und be= rüchtigte sogenannte „Red=River=Raft", gebildet. Die Ober= fläche des Flusses ist dort von fest in einander geschobenen Baumstämmen überdacht. Büsche und große Cotton=Wood= Bäume (Populus Canadensis) wachsen mitten auf dem Raft; Rehe gehen wie auf einer Brücke hinüber.

Ehedem erstreckte sich dasselbe 150 Meilen bis nach Loggy Bayou, 110 Meilen unterhalb Shreveport. Ein gewisser Shreve, der Gründer der Stadt Shreveport, schaffte den größten Theil des Raft im Jahre 1841 fort, indem er die Stämme einzeln in Stücke sägen und vom untern Ende desselben stromab schwimmen ließ. Der obere Theil des Raft wurde nie ganz fortgeschafft. Shreve that es nur theilweise, indem er einen Canal, der Mitte entlang, hindurchsägen ließ, der aber bald wieder von neuem Treibholz verschlossen ward. Im Jahre 1856 unternahm es ein gewisser Fullner, ein Kentuckier, dem die Staaten Louisiana, Arkansas und Texas dazu die Summe von 150,000 Dollars vorschossen, zum zweitenmal. Er hatte nur eine kurze Strecke des Raft fortgeschafft, als ein Hochwasser die geöffnete Stelle wieder mit losen Stämmen füllte, worauf er, mehr auf den Vortheil seiner Tasche als auf den Nutzen des Landes bedacht, mit dem Unternehmen aufhörte, das ihm, beiläufig sei's bemerkt, die Kleinigkeit von 140,000 Dollars eingetragen haben soll — also ein gutes Geschäft war. Vor einigen Jahren, als bei außergewöhnlich trockenem Sommer der Wasserstand im obern Red-River ganz besonders niedrig war, sprach man in Texas allen Ernstes davon, das einer Brücke ähnliche Raft auszubrennen; aber es blieb beim Wollen, da der Krieg dort zu Lande die Gemüther zu sehr beschäftigte, als daß das Volk sich hätte entschließen können, dieses Werk freiwillig zu unternehmen.

Daß das Raft weggeschafft werden kann, unterliegt keinem Zweifel. Der Vortheil, welchen die Schifffahrt auf dem obern Red-River dadurch gewinnen würde, wäre ein ungeheurer. Die aller Berechnung spottenden Ueberschwemmungen würden aufhören, oder sich doch bedeutend verringern, da das Wasser alsdann einen regelmäßigen Abfluß

hätte, und Dampfboote könnten fast das ganze Jahr hin=
durch den Fluß bis auf eine Entfernung von etwa 1200
Meilen von seiner Mündung hinauf befahren. Auch würde
ein bedeutender Landstrich außerordentlich fruchtbaren Bo=
dens, der gegenwärtig von flachen Seen bedeckt ist, durch
Wegschaffung des Raft trocken gelegt und dem Anbau zu=
gänglich gemacht, was allein schon alle Kosten des Unter=
nehmens zehnfach einbringen würde. Gegenwärtig existiren
noch etwa 30 Meilen vom Raft. Es sind aber viele Stellen
offenen Wassers darin, und die längste feste Strecke beträgt
nur sieben und eine halbe Meile, das Hauptquartier der
unzähligen Alligators vom Red=River.

Die Dampfboote, welche den obern Fluß befahren,
umgehen das Raft vermittelst einer Kette von Seen und
Bayous, welche man durch Canalbauten der Schifffahrt
mehr zugänglich gemacht hat. Sie bedecken das Land an
dieser Stelle meilenweit, und ohne sie wäre der obere Red=
River durch das Raft gegen die Schifffahrt streng ver=
schlossen. Nach rechts hin dehnen sich die in einander ver=
schlungenen Seen und Bayous 50 Meilen weit bis nach
der Stadt Jefferson aus, dem Stapelplatz der reichen Counties
am obern Red=River, welche, wenn die Schifffahrt auf dem
obern Fluß unterbrochen ist, von hier aus mit Shreveport
und New=Orleans in Verbindung treten.

Von Shreveport aus, das sich zu einer blühenden
Handelsstadt emporgeschwungen hat,* der bedeutendsten am

---

* Die Stadt Shreveport hat als der östliche Terminus der gegen=
wärtig im Bau begriffenen Texas Pacific=Eisenbahn, deren westlicher
Ausgangspunkt der Seehafen St. Diego im südlichen Californien
werden soll, erhöhte Bedeutung erlangt. Durch die furchtbare
Gelbesfieber=Epidemie, welche die Stadt im Jahre 1873 heim=
suchte, ist ihr Aufschwung nur zeitweilig gehemmt worden und eine
bedeutende Zukunft steht ihr ohne Frage in Aussicht.

Red=River, mit der nach südlichen Begriffen nicht unbedeu=
tenden Einwohnerzahl von 5000 Seelen, welche jedoch
den Handel einer deutschen Binnenstadt von wenigstens
sechsfacher Bevölkerung vertreten, ist die Schifffahrt bis zur
Mündung des Flusses, eine Strecke von 500 Meilen, das
ganze Jahr hindurch offen. Nur die Jahre 1853 — 1855
bildeten eine Ausnahme, in denen das Wasser so niedrig
war, daß Dampfer nur bis nach Alexandria gelangen
konnten.

Unter den Stromschnellen sind die sogenannten Falls
(Fälle), eine Meile oberhalb der Stadt Alexandria und
150 Meilen von der Strommündung gelegen, die bedeu=
tendsten, und erschweren bei niedrigem Wasserstande die
Dampfschifffahrt ganz außerordentlich. Bei hohem Wasser
dagegen sind diese Fälle kaum bemerkbar. Dort stehen
die Ueberreste des vom Admiral Porter im April des Jahres
1864 gebauten Dammes, durch den er das Wasser des
Flusses künstlich aufstaute, um seiner Kanonenboot=Flottille
nach General Banks' unglücklichem Feldzuge gegen Shreve=
port einen Ausweg nach dem Mississippi zu verschaffen.
Das Wasser im Red=River war nämlich plötzlich dermaßen
gefallen, daß die Kriegsschiffe auf Sandbänken festsaßen und
nicht mehr über die Fälle, auf denen nur anderthalb Fuß
Wasser stand, zurück konnten. In wenigen Tagen wurde
dieses Riesenwerk, wozu das Material von den aus Ziegeln
erbauten in der Nähe liegenden Zuckersiedereien genommen
wurde, ein Denkmal der Energie der Yankees, geschaffen;
und als das Wasser genügend gestiegen war, schossen die
von den Rebellen bereits als gute Beute angesehenen
Panzerboote, vom aufgestauten Wasser emporgehoben, durch
die am einen Ende des Dammes nahe am Lande geöffnete
Schleuse auf wildschäumenden Wogen stromab und waren
gerettet.

Im Januar 1867, als ich bei sehr niedrigem Wasser=
stande den Red=River nach Shreveport hinaufreis'te, ver=
brachte ich einen sehr interessanten Tag an dieser Stelle.
Es nahm unserm Dampfer zehn Stunden Zeit in Anspruch,
um sich über die Fälle und durch Porter's Damm zu
arbeiten. An gewaltigen, oberhalb der Fälle am Ufer be=
festigten Stricken zog der Dampfer unser Schiff langsam
mit Titanenkraft gegen die wilden Wasserströme aufwärts.
Zoll um Zoll eroberte der Dampf sich das ihm von der
Strömung streitig gemachte Terrain. Die in der Ferne
liegenden Ruinen von Alexandria, welche Stadt von Ge=
neral Banks auf seinem eilfertigen Rückzug im Frühjahr
1864 zerstört ward, ein vor unsern Augen und ganz in
der Nähe so eben versunkener Dampfer, der seine Baum=
wollenladung auf eine Sandbank zu retten versuchte, zwei
Sandforts am Strande, aus deren Schießscharten ein paar
Kanonenmündungen finster zu uns herüberschauten, und unser
gegen die blutrothen Wasser mühevoll ankämpfender Dampfer
gewährten ein mir unvergeßliches wild=romantisches Bild.

Um dem Leser eine Fahrt auf dem oberen Red=River,
sowohl bei niedrigem als bei hohem Wasserstand, recht zu
veranschaulichen, lasse ich jetzt die getreue Darstellung einer
Reise folgen, welche ich in den Monaten April und Mai
1867 von Rowland nach Shreveport zurücklegte.

Es war am Scheidetag des Monats März, als die
willkommene Nachricht in Clarksville, meinem zeitweiligen
Aufenthaltsort im nordöstlichen Texas, anlangte, daß ein Hoch=
wasser den seit mehr als acht Monaten fast ausgetrockneten
Red=River anschwelle und daß mehrere Dampfer, denselben
benutzend auf ihm stromaufwärts nach Rowland fahren.

Ein jeder, der sich im Besitz von Baumwolle wußte,
worunter auch ich, hörte diese Nachricht mit Freuden, und
ich war keiner der letzten, die sich hoch zu Roß von Clarks=

ville nach dem etwa 15 Meilen entfernten Rowland in
Bewegung setzten.

Daselbst angelangt fand ich den zwerghaften Dampfer
„George" an dem etwa 30 Fuß steil abfallenden Ufer
liegen, so daß kaum die Kronen seiner Schornsteine vom
Lande aus zu sehen waren. Das Hochwasser war also
keineswegs ein bedeutendes zu nennen. Da der George
jedoch nur zwei und einen halben Fuß Tiefgang hatte, so
wagte ich es doch ihm eine Partie meiner Baumwolle an=
zuvertrauen, in der Hoffnung, daß ein frischer Wasserzufluß
ihn über die zahllosen Sandbänke und Untiefen hinüber=
tragen werde.

Der Morgen des 1. April dämmerte kaum, als das
schrille Signal unsers Dampfers das Echo in den finstern
Wäldern am jenseitigen Ufer, der Heimath der halb civi=
lisirten indianischen Nationen wachrief. Die Aprilsonne be=
mühte sich scheinbar vergebens, die graue Nebeldecke von
den blutrothen Wellen des Flusses zu lüften, auf dem wir
langsam stromabwärts fuhren. Es war sehr unangenehm
kühl, so daß ich froh war, mich in meine warme Decke
hüllen zu können. Die frische Temperatur am heutigen
Morgen erinnerte an ein nördliches Klima, das mancher,
dem die Witterungsverhältnisse dieses Landes fremd sind,
in diesem Breitengrade wohl nicht erwarten möchte.

Allmählich gewannen die Sonnenstrahlen über die mit
ihnen streitenden Nebelbänke die Herrschaft. Diese hoben
sich von den Wellen und glitten von beiden Seiten des
Flusses über die Waldungen und Plantage=Felder nach den
nächsten Hügeln, wo sie sich lagerten und nach und nach
verschwanden. Diese Nebel sind die Ursache giftiger Wechsel=
fieber, welche an den Ufern des Red=River zu Hause sind.
Alte Pflanzer, die mit der Natur dieser Fieber vertraut
sind, bauen ihre Wohnungen am liebsten in der Nähe des

Flußufers, wo vom Fieber weniger zu befürchten ist als weiter landeinwärts, wo die Nebel sich bei Tage ablagern.

Als es der Sonne gelungen war, die Nebel vom Flusse zu verjagen, begann ich diesen mit kritischen Augen zu betrachten, um etwaige verborgene Sandbänke und Snags zu entdecken. Die waldgekrönten Uferbänke ragten zu beiden Seiten 25 bis 30 Fuß über den Wasserspiegel empor, weßhalb ich, um eine Aussicht in die Landschaft zu gewinnen, in dem nach Bauart aller amerikanischen Flußdampfer ganz oben überm obern Cajütendeck des Dampfers angebrachten Steuerhause Platz nahm. Dort hatte ich Gelegenheit, mit dem Piloten eine Bekanntschaft anzuknüpfen und von ihm manche interessante Aufschlüsse über den Red-River und dessen Umgebung zu erhalten.

Der Pilot eines amerikanischen Flußdampfers ist so zu sagen die Seele des Schiffs, und hat unter allen Officieren, den Capitain nicht ausgenommen, die verantwortlichste Stellung auf demselben. Auf dem Flusse gleichsam geboren, ist er mit allen Tücken desselben vertraut, so daß seine Dienste, auf einem Strom mit so gefährlichem Fahrwasser wie der Red-River es ist, gleichsam mit Gold aufgewogen werden.

Nach dem Schlusse des Bürgerkrieges und der Wiederaufnahme des Handelsverkehrs im Süden hatten die Lootsen des Red-Rivers goldene Tage. In den ersten sechs Monaten belief sich ihr Monatsgehalt auf 1500 Dollars, wurde aber alsdann etwas heruntergesetzt; der unsrige erhielt nur noch 1000 Dollars, worüber er sich bitter beklagte. Der Gehalt der Lootsen, welcher sich vor dem Kriege nur auf ein paar 100 Dollars monatlich belief, stieg so hoch, einestheils, weil zuverlässige Piloten nur noch selten zu finden waren, anderntheils, weil die so lange unterbrochene

Dampfschifffahrt durch unzählige neue Snags und Sand=
bänke außerordentlich erschwert wurde und von Seiten des
Piloten verdoppelte Aufmerksamkeit verlangte.

Ein ungewöhnliches Schwanken des Dampfers und ein
seltsam knarrendes und schabendes Geräusch unter uns er=
regte plötzlich meine Aufmerksamkeit. Der Pilot trieb das
Fahrzeug mit einigen energischen Glockenzügen sofort zu
verdoppelter Eile an, und erwiederte auf meine Frage: was
es gebe? „only a bar" (nur eine Sandbank), über welche
der flach gebaute Dampfer mit dem Boden hinkratzte.
Der Dampf war jedoch nicht im Stande, unser Schiff so
leicht über die Barre hinüberzutreiben wie der Pilot es er=
wartet hatte; die Strömung faßte den Dampfer seitwärts,
der plötzlich eine Schwenkung machte und sich quer über
den Fluß legte.

Ein Boot auszusetzen, — ein Kabel an einem festen
Baum am Ufer zu befestigen, womit der Dampf unser
Schiff vermittelst der auf dem Vordertheil des Fahrzeugs
angebrachten Dampfwinde wieder herumzog, — sich mit
dem Rad rückwärts von der Sandbank loszuarbeiten, das
war die Sorge des Capitains, der Officiere und der ganzen
Negermannschaft, wobei es an grimmigen Redensarten und
satanischen Flüchen, namentlich seitens des Mate (der erste
Officier, welcher die Mannschaft commandirt), gegen die
Schwarzen nicht fehlte.

Sobald das Schiff wieder flott war, übernahm der Pilot
das Commando auf's Neue, leitete den Dampfer rückwärts
eine Strecke stromauf und nahm alsdann einen tüchtigen
Anlauf mit aller disponiblen Dampfkraft, vermittelst dessen
der Dampfer so zu sagen über die Sandbank hinübersetzte.
Dieses Manöver bezeichnete der Pilot mit dem Kunstaus=
druck „jumping a bar" (über eine Sandbank springen); doch
kann ich nicht sagen, daß dieser Kraftsprung des Dampfers,

der dabei in allen Fugen knackte, indeß Gläser, Teller und Flaschen in der Küche, und Tische und Stühle in der Cajüte klirrten und umhertanzten, mir besonders behagte.

Der Red-River bildete hier die Grenze zwischen dem Staate Texas und der „Nation", wie das verschiedenen halb civilisirten Indianerstämmen von den Vereinigten Staaten angewiesene Gebiet genannt wird. Die an den Red-River grenzenden Counties des nördlichen Texas sind ganz besonders productiv, sowohl an Baumwolle, als an den verschiedenen Kornarten, besonders Mais und Weizen, und die Viehzucht, namentlich von Schafen und Rindern, in ihnen ist bedeutend. 1500 Pfund gepflückter Baumwolle, 40 Bushels Mais und 20 Bushels Weizen sind der Durchschnittsertrag auf den Acker. Saftigere Melonen und Pfirsiche giebt's nirgends in der Welt. Ich habe Melonen gesehen, die 60 Pfund wogen. Die einheimische Rebe wächst hier auf's üppigste wild.

Ein reicher schwarzer Boden durchzieht diese Counties in ausgedehnten Flächen, „the black lands", das schwarze Land, benannt, zum Unterschiede von den meistens am Red-River belegenen „red lands" (rother Alluvialboden) und den „sandy lands" (mit Sand gemischter Boden) der Pine- und Post-Oak-Landstriche — und ruht auf einer von zwei bis zu zehn Fuß unter ihm lagernden Kalksteinformation, die öfters zu Tage tritt.

Das schwarze Land, welches so reich ist, daß es bei dem in den Wintermonaten häufigen Regenwetter sich fettartig anfaßt und in schweren Klumpen an die sich darüber hinbewegenden Wagenräder hängt, dehnt sich von Red-River-County incl. in einer Länge von etwa 130 Meilen von Ost nach West aus. Seine Durchschnittsbreite, die im östlichen Theile von 10 bis zu 15 Meilen schwankt, erweitert sich mit vielen Ausläufern im Westen bis auf 100 Meilen.

In den Sommermonaten bildet dieser schwarze Boden,
namentlich in den Prairien, die besten Landstraßen, die
man sich nur denken kann. Es ist eine Freude, in den
Monaten Mai und Juni, wenn die Prairie ihr buntes Fest-
kleid angelegt, im leichten Wagen über den glatten Boden
hinzurollen, rechts und links sanft wogende, von Waldungen begrenzte Savanen, die mit schmucken Pflanzungen
und hin und wieder mit Gehölzen wie übersäet sind

Trotz aller natürlichen Bevorzugung dieses Landes
leben die Leute hier schlechter als ich es irgend sonstwo in
Amerika gefunden habe. Allerdings giebt es Ausnahmen;
doch sind diese selten. Farmers, die Hunderte von Stücken
Vieh besitzen, haben oft kaum Milch genug für ihren Kaffee;
Obst und Gemüsegärten sind fromme Wünsche; an Wein-
bau denkt Niemand. Jedermann ist auf den Anbau von
Baumwolle bedacht, obgleich auch bei diesem auf jedem
Acker etliche 100 Pfund von der Ernte verloren gehen,
die aus Nachlässigkeit nicht ausgepflückt werden.

Vor dem Kriege legten die Pflanzer den größten Theil
ihres Erwerbs in Negern und Mauleseln an; ihre Frauen
und Töchter kauften allenfalls Hundert=Dollars=Seidenroben
und Fünfhundert=Dollars=Pianos auf Credit. Die Pflanzer
borgten was sie brauchten von den Kaufleuten auf zwölf
Monate Zahlungszeit und liquidirten in der Regel erst nach
vierundzwanzig oder dreißig Monaten.

Die Folgen des Krieges, namentlich die Emancipation
der Schwarzen haben jedoch in allen bürgerlichen Verhältnissen eine gänzliche Umwälzung hervorgebracht. Das Cre-
ditsystem ist verpönt, und die Pflanzer, die, nachdem die
alten Schulden abbezahlt sind, nicht mehr Neger kaufen
können wie ehedem, und nicht wissen, was sie mit ihrem
Geldüberschuß anfangen sollen, beginnen nach und nach sich
das Leben bequem zu machen — to live like white folks

(leben wie es Weißen geziemt) wie man sich hier zu Lande
auszudrücken pflegt.*

Das Klima des nördlichen Texas ist ein eigenthümliches
und ganz außerordentlich veränderliches. Die Luft erhitzt
sich in den Sommermonaten durchschnittlich bis auf 90 Grad
Fahrenheit. Im Sommer 1860 stieg die Hitze während
mehrerer Wochen bis auf 110 Grad; in anderen Jahren
erreicht sie kaum die mittlere Höhe. Im Winter steht der
Thermometer durchschnittlich auf 60 Grad, mitunter jedoch
fällt er bis unter den Gefrierpunkt; der Schnee liegt bis
zu 6 Zoll tief und Eis bildet sich 5 bis 6 Zoll dick.
Dieß sind aber Ausnahmsfälle. Die Jahre wechseln fast
regelmäßig mit nassen und trockenen; der Boden verträgt
aber sowohl anhaltende Dürre als große Feuchtigkeit in
ungewöhnlichem Maße, so daß die Ernten nicht sehr dar=
unter leiden.

Nicht zu verwechseln mit den aus dem Norden über
die großen Prairien aus den untern Luftschichten kommenden
Schneeniederschlägen sind die mit Recht berüchtigten
„Northers“, Sendboten der oberen eisigen Luftregionen
unsers Planeten, die auf Texas und das östliche Mexiko
beschränkt sind. Sie sind meistens trockene Winde, nur
selten von Regenschauern begleitet.

* Durch die Vollendung der Eisenbahnen, welche das nördliche
Texas sowohl mit St. Louis, als mit Galveston und Shreveport
in directe Verbindung gebracht haben, entwickeln sich jetzt jene Ge=
genden riesig schnell. Eine massenhafte Immigration besiedelt das
Land und bringt seine reichen Hülfsquellen zur vollen Geltung.
Wer nach einer Abwesenheit von nur zehn Jahren das nördliche
Texas wieder besucht, der wird in allen Verhältnissen dort einen
Unterschied finden, als sähe er sich aus dem Zeitalter der Diligencen
von Großvaters Zeit plötzlich in das der Eisenbahnen und Tele=
graphen versetzt.

Einige Stunden vor dem Erscheinen eines Norther lullt der Südwestwind, und die Luft ist schwül und drückend. Von Norden herauf steigt eine finstere Wolke und sobald diese den Zenith erreicht hat, bricht der Norther los. Mitunter ist er anfangs von Regengüssen begleitet. Diese sind aber nur von kurzer Dauer, da der aus den oberen Luftschichten kommende kalt=trockene Wind schnell alle Feuchtigkeit aufsaugt, die er findet.

Wenn der Norther beginnt, stellt sich bei Menschen und Thieren heftiger Durst ein, und die Haut, welche sich schnell ihrer Feuchtigkeit entledigt, brennt und kitzelt. Der Fall der Temperatur ist tief und außerordentlich plötzlich, oft von 75 bis zu 40 und 30 Grad F. innerhalb weniger Minuten, und ist wegen der ihn begleitenden Trockenheit für die Haut um so empfindlicher. An den Grenzen des Territoriums Washington habe ich bei mehr als 20 Grad F. unter Null nicht halb so gefroren als bei manchem Nor= ther auf den Prairien von Texas.

Wehe dem unbeschützten Wanderer, den ein Norther auf offener Prairie überrascht! Bei dem ersten kalten Luft= hauche wird der mit den klimatischen Verhältnissen des Landes Vertraute seinem Rosse sofort die Sporen in die Weichen drücken und nach dem nächstgelegenen Hause galoppiren. Sich von dort entfernen, ehe der Norther vorübergezogen, wäre Tollheit und wird auch Niemandem so leicht in den Sinn kommen. Alle Bewohner hocken mit klappernden Zähnen vor riesigen Kaminfeuern, indeß draußen der Sturm heult. Sobald der Norther sich empfohlen, giebt's vielleicht wieder das herrlichste Wetter, als ob man urplötzlich von Labrador nach Nicaragua versetzt wäre; Alt und Jung wirft Mäntel und Decken beiseite und begiebt sich luftathmend in's Freie; das Feuer in den Kaminen erlischt und der Winter ist vergessen.

Wenden wir jetzt unsere Blicke zum linken Stromufer, nach der „Nation". Dort wohnt der Stamm der Choctaws, der vor dem Kriege über 12,000 Köpfe zählte, welche jetzt auf weniger als 8000 gesunken sind. Die Choctaws sind gute Nachbarn der Texaner. Im letzten Kriege standen sie dem Süden ohne Ausnahme zur Seite. Sie treiben Ackerbau und Viehzucht und es giebt unter den $\frac{3}{4}$ = oder $\frac{7}{8}$ = Weißen in der Nation viele reiche Pflanzer, welche vor dem Kriege Hunderte von Negersclaven besaßen. Von den Pflanzern am gegenüber liegenden Texas-Ufer des Red-River werden die Choctaws im Herbst und Winter mit großem Nutzen beim Auspflücken der Baumwolle verwendet, worin sie die Neger bei weitem an Sauberkeit übertreffen. Den erworbenen Lohn vertrinken sie sofort in „Feuerwasser", dessen Einfuhr in die Nation bei strenger Strafe untersagt ist. Von den Vereinigten Staaten werden den verschiedenen Stämmen jährliche Subsidien gezahlt; auch sind Agenten unter ihnen angestellt um „den großen Vater", nämlich den Präsidenten in Washington, würdig zu vertreten. Ihre innern Angelegenheiten leiten sie selber durch eigens erwählte Häuptlinge.

Mit gierigen Augen betrachten die Bewohner der angränzenden Staaten Arkansas und Texas die Nation, deren Gebiet einen außerordentlich fruchtbaren Boden besitzt, Metalle, Petroleum und Kohlen enthält und von zahlreichen, immer gefüllten Bächen durchzogen wird, welche Fabriken eine unerschöpfliche Wasserkraft zur Bewegung von Maschinen geben würden. Aber es ist den Weißen streng untersagt, sich dort niederzulassen, und nur Indianern und Mischlingen und solchen die, wenn auch nur ein paar Tropfen, indianisches Blut in ihren Adern haben, oder sich mit Squaws verheirathen, oder auch besondere Erlaubniß vom Häuptling erlangen, ist der Eintritt gestattet, und erlaubt, Handel und Ackerbau dort zu betreiben.

Nach dieser kleinen Abschweifung, die ich machen mußte um den Leser mit unserer Umgebung etwas vertraut zu machen, wollen wir uns wieder mit dem „George" auf die Reise begeben.

Schon wieder höre ich das schabende Geräusch unter uns! Zwei der weißen Matrosen werfen alle Viertel= Minuten, jeder an einer Seite des Schiffs, das Loth aus und rufen die Tiefe ab, die von $3\frac{1}{2}$ bis zu $2\frac{1}{2}$ Fuß schwankt, und ihre schwarzen Collegen stehen mit langen Stangen bereit, um den Bug des Dampfers, sobald er eine Sand= bank berührt, seitwärts zu schieben.

Da sitzt der „George" schon wieder fest und macht dieselbe Querschwenkung wie früher. Trotz eines zweimaligen verzweifelten Anlaufs will es ihm nicht gelingen, über die Sandbank hinüberzukommen, da das Wasser auf derselben nur 28 Zoll tief ist. Man muß also zu andern Mitteln greifen. Das Kabel wird nach vorne gebracht und an einer starken Sycamore am Strand befestigt, der Dampf wird angespannt und zieht das Schiff langsam mit dem Capstan über die Barre. Rechter Hand liegt eine stattliche Pflanzung, auf der etliche 30 Neger eifrig beim Pflügen beschäftigt sind; links sitzt eine Gesellschaft liederlich gekleideter Choctaws am hohen Ufer und blickt mitleidig auf uns herab. Endlich, nach Verlauf von anderthalb Stunden und nachdem das Kabel zweimal gerissen, sind wir glücklich über die Bank und reisen weiter.

Die nahen Ufer sind meistens öde und wild und mit dichten Waldungen bewachsen. Unter den Bäumen sind die Cotton=Wood=Bäume, eine Pappelart, vorherrschend. Den Namen führen sie nach ihren der Baumwolle ähnlichen Blüthen=Capseln, deren schneeweiße Faserchen im Frühjahr in solcher Menge vom leisesten Winde fortgeführt werden, daß die Luft oft ganz lebendig von ihnen zu sein scheint.

Mitunter erfreuen stattliche Pflanzungen das Auge, sowohl am Texasufer als an dem der Nation; weniger in letzterer, wo sie mehr landeinwärts liegen.

Durchschnittlich sitzt der „George" in jeder Stunde einmal fest und muß alsdann die gewöhnlichen Tanzmanöver ausführen, welche jedoch mit der Zeit für den Reisenden sehr langweilig werden. Mitunter tanzt der Dampfer einen förmlichen Walzer im Fluß. Mit dem Bug an eine Sand= bank stoßend, schwingt er den Stern ganz herum, treibt eine Strecke stromab, und führt, einer geschickten Steuer= bewegung des Lootsen gehorchend, nochmals eine Halbschwen= kung aus, worauf er wieder reglementmäßig weiter fährt. Bei sehr scharfen Uferbiegungen und reißender Strömung führt der Pilot dieses Manöver mitunter mit Willen aus, und schwingt den Dampfer mit graziöser Schwenkung um die Ecke. Fuhr der Dampfer mitunter auf längere Strecken, ohne daß Sandbänke und Snags seinen Lauf gefährdeten, gemüthlich stromab, so ergaben sich die Neger sofort ganz ihrer ihnen angeborenen Heiterkeit. Es war eine Freude, ihren Capriolen zuzuschauen, wenn sie sich balgten und mit den eisenharten Köpfen wie Ziegenböcke zum Spaß gegen einander rannten. Andere sangen im Chor ihre monotonen Gesänge oder ein lustiges Liedlein, z. B.: „Molly is a good girl and a bad girl too!" — um dessen originelle Melodieen sie ein Schubert schwerlich beneidet hätte.

Am folgenden Tage kamen wir an eine Sandbank, auf der das Wasser kaum zwei Fuß tief war. Hier nutzten sowohl Springübungen, als Dampfwinde nichts; die Baumwolle mußte ausgeladen werden, um das Schiff zu erleichtern, ein paar hundert Schritt am Ufer entlang gerollt und alsdann wieder eingeladen werden. Zu meiner Freude lag am untern Ende der Sandbank ein anderer Dampfer „Hoyle", dem es nach zweitägiger Arbeit gelun=

gen war, sich über die Barre hinüberzuarbeiten, und der gerade seine Baumwolle wieder eingeladen hatte, und im Begriff stand, weiter stromab zu fahren. Da ich keine Lust verspürte, zwei Tage lang an dieser Stelle zu verweilen und dem Aus= und Einladen der Baumwollenballen zuzusehen, so sagte ich dem „George" Lebewohl, und begab mich an Bord des „Hoyle", um auf ihm meine Reise fortzusetzen.

Auf dem „Hoyle" wiederholten sich die Einzelheiten der Fahrt des „George" in erhöhtem Maßstabe. Der Fluß war fortwährend im Fallen begriffen, so daß wir in der nächsten Woche kaum 150 Meilen vorwärts kamen, mitunter keine 15 Meilen in 24 Stunden. Das Flußbett war stellenweise so voll von Snags, daß sich unser Dampfer nur mit großer Mühe und äußerster Vorsicht zwischen denselben hindurcharbeiten konnte.

Endlich langten wir an den sogenannten „White=Oak= Shoals" (Silbereichen=Untiefen) an, auf denen wir zu unserm Schrecken nur 18 Zoll Wasser fanden. Hier mußte alle Baumwolle ausgeladen werden, und alsdann kostete es der Dampfwinde noch einen vollen Tag unausgesetzter Arbeit, um den leeren Dampfer über die an 200 Yards sich ausdehnenden Untiefen hinüber zu bugsiren.

Wir waren bis in die Nähe des Städtchens Fulton in Arkansas gelangt. Die Sonne senkte sich hinter die Cotton= Wood=Wälder am hohen Ufer, welche bereits lange Schatten über die bräunlichen Fluthen warfen. Der Tag war außerordentlich schwül gewesen, und Jedermann freute sich auf die Kühle der Nacht. Plötzlich leuchtete es im Nordwest über den dunkelnden Wäldern, und ein heller Lichtstreifen zog sich scharf in derselben Himmelsgegend über dem Horizont hin. Das Schiff unter Schutz an die nächste von Bäumen freie nördliche Uferbank zu legen und mit

mächtigen Kabeln an entfernter stehenden dicken Bäumen
zu befestigen, war die nächste Sorge unsers Capitäns, indeß
der Dampfer den Koch zur Eile antrieb, die Oefen in der
Cajüte mit Kohlen vollzupacken und diese sofort in Brand
zu setzen.

Kaum waren wir so gerüstet, den Feind zu empfangen,
als der electrische Nordsturm, in diesem Fall ein Ver=
wandter vom „Norther", schon grimmig über die rau=
schenden Waldwipfel von Arkansas herüberbrauf'te, und
als erste Begrüßung einen wahren Sündfluthregen, kalt
wie Eiswasser, über das Verdeck schüttete. Ich habe früher
schon in den Tropen Regengüsse erlebt, die sich sehen lassen
konnten; aber im Vergleich mit diesem konnte ich jene nur
als plätschernde Frühlingsschauer bezeichnen. Die ganze
Nacht hindurch leerte Jupiter Pluvius nicht Eimer, sondern
Tonnen voll Wasser über uns arme Menschenkinder aus,
so daß bald kein trockenes Plätzchen mehr in unserer
schwimmenden Behausung zu finden war. Dabei blitzte es
unablässig, als ob der ganze Himmel in Brand stände.
Der Donner rollte und krachte in den nahen Wäldern,
Schloßen wie zackige Eisstücke rasselten auf's Cajütendeck,
und der Sturm heulte durch den ächzenden Urwald, als ob
er ihn mit den Wurzeln aus seinen Grundvesten heraus=
reißen wolle.

Glücklicherweise blieb es beim Regen und Hagel, und
die Kälte war erträglich; bei dem glühenden Ofen in der
Cajüte fühlten wir uns sogar sehr behaglich. Der Sturm
(Storm, wie diese Naturerscheinungen hier zu Lande
kurzweg genannt werden) war augenscheinlich eine Art
Zwitterding zwischen einem Snowstorm und einem
Norther. Ueber die Ostgrenze der letztern waren wir
hinaus und für einen regulären Schneesturm war die
Jahreszeit zu weit vorgerückt. Ich kam zu der Ueber=

zeugung, daß es eben gar keine Regeln für das Klima in dieser Gegend giebt.

Eine traurige Nacht war es, die ich verbrachte! Durch das Cajütendeck drang der kalte Regen wie durch ein Sieb in meine Coje, und sammelte sich zutraulich in kleinen Lachen auf meiner Decke, die ich vorsichtshalber über mein Bett gelegt hatte. In nichts weniger als liebenswürdiger Stimmung verließ ich mein feuchtes Nachtquartier und setzte mich in der Cajüte in der Nähe des glühend rothen Ofens nieder, wo ich zu meinem goldgelben Meerschaum als Sorgentröster Zuflucht nahm.

Am folgenden Morgen hatte sich gottlob die Wuth des Wetters gelegt, und die Sonne schmückte das saftige Laub der hohen Cedern und Cotton-Wood-Bäume mit Millionen diamantener Tropfen. Strichweise schwammen schmutzig-weißer Schaum, halb verwitterte Baumstämme, Aeste und vegetabilische Ueberreste des Urwalds auf der Oberfläche des Stroms; ein untrügliches Zeichen, daß ein Hochwasser den Fluß anschwelle, was mit allseitigem Jubel begrüßt wurde, da wir fortan weniger von Sandbänken zu befürchten hatten. An vielen Stellen lagen entwurzelte Bäume im Flusse, die der Sturm vom hohen Ufer herab-geschleudert hatte. An einer Stelle sperrte eine riesige Lebenseiche, die quer über den Fluß gefallen war, das Fahrwasser, so daß dieselbe erst mit Aexten auseinander geschlagen werden mußte, ehe wir weiter fahren konnten. Jetzt begriff ich, warum unser Capitän das Schiff Nachts zuvor so sorgsam an eine baumlose Uferbank gelegt hatte. Wie leicht hätte der Sturm sonst einen der Baumkolosse auf unser Schiff schleudern und argen Schaden anrichten können.

Ohne weitern Aufenthalt durchkreuzten wir die süd-westliche Ecke des Staats Arkansas, der hier beide Fluß-

ufer bildet, und befanden uns bereits am folgenden Mor=
gen an der Grenze des Staats Louisiana. Das allein
Sehenswerthe in Arkansas war eine Familie schwarzer
Bären, die gemüthlich am hohen Ufer umher wandelten.
Ein paar wohlgezielte Pistolenkugeln veranlaßten den Papa
Braun zum schleunigen Rückzug in den dichten Wald,
indeß die Mama ihre beiden Jungen, denen das Schießen
Spaß zu machen schien, in derselben Richtung die der
Gemahl genommen, ängstlich zur Eile antrieb.

An der Grenze des Staats Louisiana begrüßten uns
die Vorläufer des Raft in großen wüsten Baumstamm=
feldern, die sich hie und da dem Ufer entlang gelagert
hatten, und bald darauf, 150 Meilen unterhalb des
Städtchens Fulton, liefen wir links in den sogenannten
Moores=Canal ein, um das den Red=River sperrende Raft
zu umgehen.

Die Umschiffung des Raft vermittelst der bereits an
einem früheren Ort in dieser Skizze erwähnten Kette von
Seen und Bayous war im höchsten Grad interessant; der
Canal durch den wir fuhren jedoch weiter nichts als eine
künstliche Verbindung derselben. Für die Benutzung des
Canals ist eine geringe Abgabe von 25 Cents auf jeden
durchpassirenden Ballen Baumwolle und eine ähnliche auf
Waarengüter gelegt worden.

Bald befanden wir uns in einem Landsee oder, besser
gesagt, mitten in einem überschwemmten offenen Walde,
wo wir mühsam zwischen den Bäumen uns durchwanden,
und bald mit dem Stern bald mit dem Bug des Schiffs
an Baumstumpfen anrannten. Als Wegweiser durch dieses
Baum=Labyrinth, und um die Wasserstraße zu bezeichnen,
hatte man hie und da etwas lose Baumwolle zwischen die
Zweige gesteckt oder an den Baumstämmen befestigt.

Dann ging es durch krumme Bayous weiter, in denen
die Strömung außerordentlich stark war, so daß wir uns
nur mit äußerster Vorsicht vorwärts bewegten, um nicht
bei einer der vielen Biegungen seitwärts in den Wald zu
laufen. Fortwährend fuhr uns ein leichtes Ruderboot
voran, dessen Mannschaft den Bug des Dampfers jeden
Augenblick mit einem Kabel an einen Baum binden mußte,
damit das Schiff eine kurze Schwenkung ausführen konnte.
Büsche und Baumzweige guckten in die Cajüte, drängten
sich zwischen die Schornsteine und prasselten über das Cajütendeck, als ob alles am Dampfer kurz und klein brechen
müsse. Dies war jedoch nur der Anfang. Bald sollte
es besser kommen!

Nachdem wir bereits mehrfach Seitenblicke auf das
Raft gehabt, wie wir, zwischen den Bäumen hin, den
Fluß zur Rechten, uns durch diese reizende Landschaft
bewegten, machte unser Dampfer plötzlich eine scharfe
Schwenkung nach rechts und durchkreuzte langsam den Red-
River an einer vom Raft offenen Stelle nach der gegen-
überliegenden Red-Bayou. Uns zu beiden Seiten lag das
Raft, ein Chaos wild durcheinander geschüttelter nackter
Baumstämme, hie und da mit großen Bäumen und Büschen
bewachsen, eine doppelte Brücke auf dem Red-River bildend.

Viel hätte ich um eine gute photographische Darstellung
des Raft gegeben, um dem Leser ein treues Bild von
diesem Naturwunder vorzuführen. Wenn man sich vor-
stellt, daß ein ganzer durch Millionen von Blitzstrahlen
verdorrter und zerschmetterter Urwald plötzlich vom Himmel
herabgefallen sei, gerade in den Red-River, und dort stecken
geblieben, so würde das Bild nicht übertrieben sein.

Sobald wir die Red-Bayou erreicht, ging's wieder
munter vorwärts. Die Strömung war sehr stark und die
Bayou nichts weniger als nach dem Lineal ausgelegt, und

so enge, daß der Dampfer zu beiden Seiten fast die Büsche
berührte. An diesen hingen mehr oder weniger weiße
Baumwollenflocken, welche aus den Cottonballen vorüber-
fahrender Dampfboote von den Zweigen herausgerissen
worden waren. Ein leichtes Ruderboot fuhr wie früher
uns fortwährend voran, um dem Dampfer mit einem Tau
um die Ecken zu helfen.

Ich begab mich aufs obere Deck und beobachtete die
interessante Fahrt. Oft ging es mit Blitzesschnelle eine
lange, so zu sagen mit Wasser gefüllte, Baum Allee hinab;
rechts und links krachten, kratzten und klapperten Büsche
und Zweige zwischen den Gallerien, die theilweise ganz zerschlagen wurden, stießen die Fenster entzwei, zerbrachen
an den Schornsteinen und raschelten über das Cajütendeck.
Auf die größeren Aeste, welche gelegentlich mit Donnerge-
polter über das Deck fegten, hatte ich ein ganz besonderes
Augenmerk, und mehrfach mußte ich hinter das Pilot-
haus flüchten, wenn mir ein dicker Ast zwischen die Beine
fahren wollte.

An einer Stelle waren die Bäume zu beiden Seiten
der Bayou abgebrannt und theilweise verkohlt. Hier verbrannte im vorigen Sommer der Dampfer „Stare" mit
einer Ladung von 500 Ballen Baumwolle. Die Passagiere, worunter mehrere Damen, retteten sich in die Bäume,
wo sie so lange sitzen blieben, bis der nächste vorüber-
fahrende Dampfer sie erlös'te. Das brennende Wrack trieb
eine Strecke von fast zwei Meilen stromab, wo es sank,
und die Bayou so verengte, daß die Dampfboote jetzt kaum
vorbeifahren können.

Die Nacht überraschte uns, ehe wir noch aus der Red
Bayou heraus waren. Da es Tollheit gewesen wäre, in
einem so gefährlichen Wasser bei Nacht zu fahren, so
legten wir bei und erwarteten das Tageslicht.

25

Am nächsten Tage hatten wir eine verbesserte Auflage der gestrigen Fahrt, dießmal durch die sogenannte „Black Bayou," die gefährlichste aller dieser verschlungenen Wasser= straßen. Freilich war sie etwas breiter als die Red Bayou, dafür aber auch doppelt so reißend und hier und dort mit Snags gewürzt. Seitwärts rauschte das Wasser zwischen den Büschen und durch den Wald wie ein Mühlstrom in allen nur möglichen Richtungen; wirbelnde Wellen drehten den „Hoyle" mitunter ganz herum, so daß er bald rückwärts, bald vorwärts fuhr und an besonders gefährlichen Stellen sicherheitshalber an Seilen, die an starken Bäumen befestigt wurden, stromabwärts gelassen werden mußte.

An einer Stelle, wo die Bayou sehr enge war, rannte das Schiff, das die Strömung plötzlich von der Seite packte, gegen einen starken Eichenast, der einen Schornstein in der Mitte abbrach, was einen unbeschreiblichen Wirrwarr ver= ursachte. Ich wähnte, der Dampfer sei auf einen Snag gerannt, und wußte, daß er in diesem Falle binnen wenigen Minuten sinken würde; doch kamen wir mit dem bloßen Schrecken davon!

Endlich hatten wir die Black Bayou hinter uns und begrüßten froh den romantischen „Clear Lake" mit seinen im Frühlingsschmuck prangenden hellgrünen Waldufern und zahlreichen Cypressenbäumen, deren malerische Gruppen sich in seinem klaren Wasser abspiegeln.

Alle das Red River=Raft umkränzenden Seen sind auf diese Weise mit Bäumen und Büschen so zu sagen be= pflanzt. Die meisten der letzteren sind die sogenannten Cypress knees (Cypressen=Kniee), deren Laubkronen nur eben über den Wasserspiegel emporragen.

Die Weiterfahrt von hier bis nach Shreveport, wo= selbst wir am folgenden Morgen glücklich anlangten, bot nichts besonders bemerkenswerthes dar. Die verschiedenen

Seen und Bayous sehen sich alle so ziemlich gleich — die Seen voll von Bäumen und Cypressen=Knieen, die Bayous eng und reißend.

In Shreveport traf ich den Dampfpalast „National", gegen den die elenden Hinterrad=Dampfer des obern Red= River wie Nußschalen aussehen, und auf dem ich sofort einen Platz nach New=Orleans nahm. Nach einer Abwesen= heit von fast einem Monat langte ich wieder in Shreveport an, um den Red=River noch einmal stromauf zu befahren, und zwar nahm ich einen Platz nach Rowland auf dem nicht unansehnlichen Dampfer „Pioneer Era" und befand mich bald auf's Neue in dem Gewirr der Seen und Bayous, welche das Raft umkränzen.

Je weiter wir kamen, um so höher ward das Wasser, das fortwährend im Steigen begriffen war und uns eine Ueberschwemmung befürchten ließ. Bald zeigte sich diese im schrecklichsten Umfange. Der Red=River hatte die Ufer= bänke weit und breit überfluthet und brau'ste mit Gewalt durch die Wälder, ein Bild schrecklicher Zerstörung. Alle Pflanzungen, ohne Ausnahme, waren überschwemmt, die Baumwollen=Anpflanzungen gänzlich verwüstet, der Schaden unberechenbar.

Der Strom war gleichsam lebendig von schwimmenden Bäumen, abgerissenen Aesten, dickem, gelblich weißem Schaum und Schmutz aller Art; ertränktes Vieh, Acker= baugeräthschaften, Wagengestelle, Betten und Möbel, Bretter, alles trieb in unbeschreiblicher Verwirrung stromab. Das Vieh hatte sich auf die höhern Erdschollen gerettet, und stand oft ängstlich brüllend bis an den Leib im Wasser, wo es unfehlbar umkommen mußte, sobald die Glieder ihm erstarrten. An Rettung desselben war nicht zu denken, da fast nirgends ein trockener Fleck Bodens zu sehen war.

Die meisten der Häuser standen im Wasser, und die Bewohner blickten aus ihren Gefängnissen traurig zu uns herüber, als wir langsam vorbeifuhren. Tag und Nacht arbeitete der Dampfer, schwarze Rauchsäulen emporstoßend, mit Titanenkraft gegen die reißende Strömung an, ohne daß der Pilot sich viel um Snags und Sandbänke bekümmert hätte, von denen bei so hohem Wasser nur wenig zu befürchten war. Nur einmal — die Passagiere waren eben beim Mittagsmahl versammelt — rannte das Schiff ganz unerwartet gegen eine Sandbank. Der Stoß war so gewaltig, daß die meisten der Esser — worunter auch ich — sich plötzlich unter den Tisch versetzt sahen, indeß Schüssel und Teller, Hammelsschnitten und Schweinsrippen, Salat und Obst vom Tisch auf die Stühle herabtanzten.

Die diesjährige Ueberschwemmung übertraf alle vorhergehenden des Red=River seit dem Jahre 1843. Das Wasser war in unglaublich kurzer Zeit 35 Fuß gestiegen, so plötzlich, daß sich Niemand darauf hatte vorbereiten können. In der Stadt Jefferson riß die Fluth sogar feste Steinhäuser fort; der daselbst angerichtete Schaden belief sich auf 300,000 Dollars.

An drei Stellen zwischen dem Raft und Rowland hatte der Red=River seine Biegungen verkürzt. An einer Stelle, im County von Bowie in Texas, war eine Pflanzung von der Fluth mitten durchgeschnitten, und wo vor wenigen Tagen eine blühende Baumwollenpflanzung gestanden, peitschte jetzt unser Dampfer auf 40 Fuß tiefem Wasser in einem über eine halbe Meile breiten Strome die blutrothen Wogen des Red=River. Die Verkürzungen des Flußbettes in jenen drei Abschnitten beliefen sich auf dreißig Meilen; oberhalb Rowland hatten sich noch zwei andere bedeutende Durchbrüche gebildet. Durch diese

Verkürzungen des Flußbettes war die Strömung außerordentlich verstärkt worden, so daß zwei mit schwächeren
Maschinen ausgerüstete Dampfer, die wir überholten, nicht
mehr vorwärts kommen konnten, sondern an den Bäumen
befestigt lagen, bis die Gewalt der Fluthen etwas nach-
lassen würde.

Da alle Holzlager fortgeschwemmt und es unmöglich
war im überflutheten Walde Holz zu schlagen, so nahmen
wir Fenzriegel als Feuerungsmaterial, wo wir derselben
habhaft werden konnten. Die Neger, welche dieselben an
Bord holen mußten, waren genöthigt dabei bis an die
Hüften durchs Wasser zu waten, was ihnen unbeschreibliche
Freude zu machen schien. Sie lachten dabei wie eben nur
Neger lachen können. Wenn wir, wie mehrere Male
vorkam, in stockfinsterer Nacht uns mit Brennholz versehen
mußten, und die Neger, im Wasser hinter einander her-
schreitend, bei riesigen im düstern Urwald hochauflobernden
Feuern die auf ihre Schultern gehäuften Fenzriegel an
Bord trugen, so gab dies ein überaus romantisches Bild.

Doch wir nähern uns dem Ende unserer Reise! Vor
uns liegen die Baumwollspeicher des jetzt überschwemmten
Rowland, wo wir den tapfern „Pionier" verlassen wollen,
der lustig weiter brauf't, wo möglich noch ein paar hundert
Meilen weiter, bis nach Preston hinauf.

3. Auf dem Caddo=See.

Am mittleren Laufe des Red River und einen Theil seines Stromgebiets bildend, liegt, wo die Staaten Louisiana und Texas aneinander grenzen, eine Reihe von Seen, die neueren Ursprungs sind. Diese Landseen, unter denen der Caddo=See der bedeutendste ist, sind vielfach verzweigt und durch natürliche Canäle (Bayous) miteinander verbunden; sie haben zusammen eine Ausdehnung von etwa fünfzig englischen Meilen Länge bei sieben Meilen durchschnittsmäßiger Breite.

Vor dreißig Jahren war der Landstrich, in dem jene Seen gelegen sind, eine waldreiche Niederung, die von dem „großen Cypressenflusse" (Big Cypreß), einem Nebenflusse des Red River, durchströmt wurde. Große Baumwollenpflanzungen mit ansehnlichen Gebäuden und reiche Ländereien lagen dort, die jetzt ganz vom Wasser bedeckt sind. Von den Landseen existirte nur der De Soto=See, jetzt einer der bedeutenderen unter den Zweigseen des Caddo, damals jedoch ein unbedeutendes Gewässer, das im Sommer beinahe austrocknete. Der Caddo=See führt seinen Namen nach dem in früheren Zeiten in dieser Gegend ansässigen mächtigen Stamme der Caddo=Indianer, nach denen auch das an Texas grenzende Caddo=Parish im Staate Louisiana benannt worden ist. Die Caddo=Indianer sind jetzt ganz von dort verschwunden.

Der Caddo=See mit seinen Verzweigungen hat große Waldungen überschwemmt und theilweise zerstört. Zahllose von der Zeit und den Elementen halbzertrümmerte Baumskelette, meistens den Species von Eichen und Fichten angehörend, welche im Wasser bald aussterben, stehen zerstreut inmitten der weiten Wasserfläche. Viele von diesen sind angebrannt und halb verkohlt, wie man dergleichen Baumreste auf fast allen angebauten Ländereien in Amerika vorfindet. Diese abgestorbenen Bäume wurzeln auf ehemaligen Baumwollenfeldern, tief unter der wogenden Fluth. Noch zahlreicher als die Ueberreste der Eichen und Fichten sind die im Wasser stehenden Cypressenbäume, die nur theilweise abgestorben sind und von denen sich viele im Sommer mit grünen Laubkronen schmücken. Diese Bäume haben die Gestalt von riesigen Keulen und erheben sich bis zur Höhe von etlichen 20 Fuß über die Wasserfläche. Die breit aus dem Wasser emporschießenden und wie abgeschnitzelt nach oben spitz zulaufenden Stämme, die einen Zweigbüschel als Krone tragen, sehen recht seltsam aus. Außer jenen Bäumen und Baumresten stehen unzählige sogenannte Cypressenkniee (cypress knees) im Wasser, eine verkrüppelte Art von Cypressen, die sich, wie ihr Name andeutet, knieartig nur wenig über die Oberfläche des Wassers erheben. Dieselben wachsen im Wasser und sprossen aus Wurzeln, nicht aus Samen empor, und sind im Sommer belaubt.

Die Ursache des Entstehens vom Caddo=See und seinen Verzweigungen ist das dem Leser aus meiner Schilderung des Red River bereits bekannte Red River=Raft. Das durch dasselbe aufgestaute Wasser mußte sich neue Abzugscanäle suchen. So entstanden seitwärts von dem alten Flußbette des Red River zahlreiche Bayous; am Big Cypreß wurden die Niederungen durch die Rück=

strömungen des aufgestauten Wassers weithin überschwemmt, und es bildeten sich dort permanente Landseen. Die im Wasser stehenden Eichen und Fichten starben bald ab, während das Wachsthum der Cypressen wenig oder gar nicht gehindert wurde.

In der Configuration des Landes fand durch das Entstehen jener Landseen eine vollständige Veränderung statt; neue natürliche Verkehrswege waren geschaffen worden, und wurden bald vom Handel und von der Schifffahrt aufgesucht, trotzdem die überflutheten Waldungen, durch welche die neuen Wasserstraßen führten, einem freien Verkehr große Schwierigkeiten boten. Am oberen Ende der Seen entstand am Big Cypreß die schnell emporblühende Stadt Jefferson, bald das Handelsemporium des productenreichen nordöstlichen Texas. Flotten von Dampfschiffen durchkreuzen jetzt diese Seen und natürlichen Canäle, bringen Waarengüter von New=Orleans nach Jefferson, und führen die Landesproducte des nordöstlichen Texas, darunter einen jährlichen Bodenertrag von mehr als hunderttausend Ballen Baumwolle, auf die Weltmärkte. Wo vor einem kurzen Menschenalter ein winziges Flüßchen durch eine waldige Niederung floß, in der reiche Plantagen zerstreut lagen, brausen jetzt schwerbeladene Dampfschiffe über weite Wasserflächen, und suchen mühevoll ihren Weg zwischen abgestorbenen Baumstämmen und einem wahren Gewirr von Wassercypressen und Cypressenknieen. Bei niedrigem Wasserstand ist die Schifffahrt auf den Seen aber mitunter ganz unterbrochen, oder sie beschränkt sich doch auf sehr kleine Dampfschiffe.

Im Monat April 1870 fuhr ich über den Cabbo=See auf einem Dampfer von Shreveport nach Jefferson. Zum Erstaunen war die Geschicklichkeit, womit unser Pilot den Weg durch das Gewirr von abgestorbenen Bäumen, Wasser=

cypressen und Cypressenknieen fand, wo ich auch nicht das
geringste Merkzeichen einer Wasserstraße gewahr werden
konnte. Trotz aller Umsicht desselben rannte unser Schiff
mehreremal auf einen unter dem Wasser verborgenen
Baumstumpf. Dann wurde ein mächtiges Kabeltau an
einer passend dastehenden starken Cypresse befestigt, und
das Dampfschiff Zoll bei Zoll mit der Dampfwinde wieder
in tieferes Fahrwasser gezogen, um vielleicht in den nächsten
Minuten auf einen andern Baumstumpf aufzulaufen, wo
dasselbe Kunststück wiederholt werden mußte. Ein Ruder=
boot war in steter Bewegung, um starke Taue bald nach
rechts bald nach links hin vom Dampfer nach einer Cypresse
zu tragen und dort zu befestigen, damit unser Schiff mit
dessen Hilfe die fortwährenden kurzen Schwenkungen und
Biegungen zwischen den Bäumen und Knieen ausführen
konnte. Stellenweise hatte das Fahrwasser nur eine Tiefe
von 28 Zoll, und unser Dampfer mußte vermittelst der
Dampfwinde an gewaltigen Kabeln buchstäblich über die
Untiefen geschleift werden.

Oft sitzen die flachgebauten Dampfer, welche diese
Seen befahren, stunden=, ja halbtagelang auf einem Baum=
stumpf fest, und es zerspringen bei der Arbeit, wieder flott
zu werden, die riesigen zweiundeinhalb bis drei Zoll starken
Kabeltaue von der gewaltigen Kraft der an ihnen ziehenden
Dampfwinde, während das Schiff knarrt und knackt, als
ob alles daran kurz und klein brechen müßte. Wenn auf
einem mit Baumwolle beladenen Dampfer auf dem Caddo=
See Feuer ausbricht, was fast in jedem Jahre einem oder
dem anderen Schiffe passirt, so gehen in der Regel viele
Menschenleben dabei verloren; die nächsten Ufer sind oft
meilenweit entfernt und die einzige Möglichkeit der Rettung
ist die, daß die Mannschaft und die Passagiere des dem
Untergange geweihten Schiffes sich an einem Baumstumpf

im Wasser anklammern oder auf einen Baum im See
klettern, bis Hilfe kommt. Wir passirten auf unserer
Fahrt mehrere solcher Wracks, die Schreckensmonumente
der Schifffahrt auf dem Caddo=See. Bei Hochwasser, das
mitunter bis zu zweiundzwanzig Fuß steigt, ist die Schiff=
fahrt in diesen Seen weniger gefährlich. Die Dampfer
nehmen alsdann einen graden Cours quer zwischen den
Baumwipfeln hin, ohne sich der Gefahr des Auflaufens
auszusetzen.

Die Bayous, welche die verschiedenen Seen mit ein=
ander verbinden und eigentlich nichts weiter sind als das
ursprüngliche Bett des Big Cypreß, haben meistens einen
sehr gewundenen Lauf. Wilde Sumpfwaldungen, in denen
die mit langem zottigen Moos behängten knorrigen Eichen
und hin und wieder die hohen glatten weißstämmigen
Sycamoren das Auge besonders anziehen, liegen an den
Ufern und an den vielen Verzweigungen des trüben Ge=
wässers, der Heimath zahlreicher Alligatoren, eine urwüste
Gegend, deren panoramenartig vorbeiziehendes Bild, vom
hohen Bord eines Hinterrad=Dampfers betrachtet, auf der
abenteuerlichen Fahrt durch die Bayous und über die
Seen, durch die halbzerstörten Waldungen und gleichsam
mit Cypressen bepflanzten weiten Fluthen für den Reisenden
einen eigenthümlichen Reiz der Neuheit hat.

4. Eine Eisenbahnfahrt in Texas.

Die Eisenbahn, welche die Städte Shreveport in Louisiana und Marshall in Texas verbindet, die sogenannte „Southern Pacific Railroad", war in früheren Jahren die schlech= teste in der Welt! Daß dieser etwas gewagt klingende Ausspruch der Wahrheit ziemlich nahe kommt, wird dem Leser aus der hier folgenden Schilderung einer Reise, welche ich im Jahre 1867 auf jener Texasmusterbahn zurücklegte, gewiß einleuchten. Um jedoch einem Lande, in welchem ich jahrelang ein gastliches Asyl gefunden, nicht vor der Welt einen noch schlechteren Namen zu machen, als es leider, und nicht ganz mit Unrecht schon besitzt, will ich gleich hinzufügen, daß jene Eisenbahn in jüngerer Zeit, wenn auch nicht so gut, als die zwischen Köln und Minden, doch als ein Glied der neuen Texas=Pacificbahn so gut als die meisten amerikanischen Eisenbahnen ist.

Es war an einem frostigen Märztage, als ich nach einer Reise von hundert englischen Meilen, die ich in einer Privatfuhr in sieben Tagen unter zahllosen Schwierigkeiten zurückgelegt, endlich das freundliche Städtchen Marshall im nördlichen Texas mit Freuden vor mir sah, weil ich daselbst das Ende der Mühseligkeiten meiner Reise erreicht zu haben glaubte, da ich von dort aus auf der Eisenbahn nach Shreveport im Staate Louisiana weiter zu fahren gedachte. Die Berichte von der unglaublichen Langsamkeit jener Bahn, welche ich oft gehört hatte, hielt ich für über=

trieben und hoffte, die kurze Strecke von nur vierzig engl. (circa neun deutschen) Meilen in höchstens einem halben Tage zurückzulegen.

Gegen sechs Uhr langten wir am nächsten Morgen an der Stelle an, „wo der Bahnhof stehen sollte" und verfügten uns in den Waggon — diese Eisenbahn besaß nur einen Waggon; die andern Wagen waren meistens offene, in unserm Falle mit Baumwollenballen beladene Packwagen. Zum Glück hatten wir einen kleinen eisernen Ofen im Waggon, der mit Kienholz vollgepfropft und roth= glühend war. Da der Waggon, der nach amerikanischem Stil aus einem zwischen den Sitzplätzen mit einem langen Mittelgange versehenen offenen Raum bestand, von Rei= senden beiderlei Geschlechts, Kindern und Negern gedrängt voll war, so war es, die von der Menschenmenge ver= pestete Atmosphäre abgerechnet, welche von der auf dem rauchenden Ofen fortwährend verdunstenden Tabacksjauche parfümirt war, darin recht behaglich).

Endlich, — nachdem wir fast eine Stunde nach fest= gesetzter Abgangszeit im Waggon auf die Abfahrtszeit ge= wartet, meldete sich die Locomotive „Ben Johnson" mit kuhhornartigem Geheul und spannte sich vor den Zug, der Locomotivführer und Heizer gossen in einer nahen Schenke noch einen Schluck Whisky hinter die Binde und zündeten ihre kurzen Thonpfeifen an, und mit Bedacht ging's vorwärts.

Die erste halbe Stunde, in der wir fast eine deutsche Meile zurücklegten, verlief ohne besonderen Zwischenfall. Ich dachte schon, daß alle die schrecklichen Gerüchte über diese Eisenbahn elende Verläumbungen seien — als der Zug plötzlich zum Stillstand kam. Der „Ben Johnson" hätte kein Brennholz mehr, hieß es, und ein Krahn sei verstopft. In anderthalb Stunden lief der Krahn wieder, und ein halbes Klafter Holz war an Bord genommen. Die Zugführer hatten sich die Zeit in einer nahen Schenke beim Kartenspiel mit einer Partie „Seven up" vertrieben und die Neger, welche angewiesen waren, Handlangerdienste zu leisten und den Schaden auszubessern, sich dabei offenbar nicht übereilt.

Heulend machte sich die Locomotive mit dem Bahnzug wieder auf den Weg. Der Waggon schaukelte weiter auf dem unebenen Geleise wie ein Schiff auf stürmischer See, schon nach einer halben Stunde ward wieder angehalten. Das Wasser im Kessel sei erschöpft, hieß es. Die Locomotive verließ uns in einem Sumpfe, der an diesem winterlichen Tage doppelt traurig aussah, und fuhr nach dem nächsten drei englische Meilen entfernten Wasserreservoir, um sich mit dem unentbehrlichen feuchten Elemente zu versorgen, und kam erst nach zwei Stunden zurück.

Während dessen war ein echter texanischer Schneesturm ausgebrochen — Regen, Hagel, Glatteis und alle möglichen Sorten gefrorenen und halbgeschmolzenen Schnees, Donner, Blitz und eisig kalte Stoßwinde, — alles durcheinander ... ein scheußliches Wetter. Im Waggon gingen Whiskyflaschen die Runde, die Neger waren kaum mit Gewalt vom Ofen fort und an die Arbeit zu bringen.

Endlich war der „Ben Johnson" wieder da und marschfertig. Der Bahnzug fing eben an, recht munter über die Schienen hinzuholpern, so daß seine Insassen ob der schnelleren Locomotion in freudige Aufregung geriethen, — als plötzlich ein ominöses Gekrach unter uns ertönte und der Waggon, der nach einigen Sätzen energisch zum Halt kam, Passagiere, Koffer und Mantelsäcke durcheinander warf, ein Paar schlummernde Afrikaner auf den heißen Ofen schleuderte und ein recht komisches Durcheinander verursachte. Gottlob ward Niemand beschädigt, und wir kamen

mit dem Schrecken davon. Nach dreistündiger Arbeit im
Schneegestöber, wobei sämmtliche Passagiere thätig waren,
gelang es uns, den Waggon wieder auf die Schienen zu
bringen, und der unermüdliche „Ben Johnson" trabte lang=
sam weiter.

Es ward Nachmittag. Die Passagiere, durch Whisky=
zechen erregt, ließen es an derben, anzüglichen Bemerkungen
auf den Conducteur und sämmtliche Beamten der berühmten
„Southern Pacific Railroad" nicht fehlen, — als der
Zug im Wald bei einem Blockhause unter dem allgemeinen
Zuruf der Passagiere: „Whoa! — here we are at the
grocery!" — (Brrr! — hier ist die Kneipe! —) wieder
zum Stillstand kam.

An der Wegseite hielt eine Ochsenfuhr, welche Baum=
wolle, die ursprünglich zum Transport mit der Eisen=
bahn bestimmt war, und seit zwei Monaten vergeblich
darauf gewartet, in Marshall geladen hatte, — deren
Treiber dem Conducteur das freundliche Anerbieten stellte, seine
Stiere vor den Zug zu spannen, auf daß er schneller nach
Shreveport käme. Sofort zog der Conducteur den Rock
ab, und forderte den Ochsentreiber wegen Beleidigung zum
Zweikampf heraus. Dieser, ein echter Texaner Hinter=
wäldler, der für den Hochgenuß einer gemüthlichen Schlä=
gerei zu jeder Zeit ein Paar Meilen weit gegangen wäre,
nahm die Herausforderung mit Freuden an. Sämmtliche
Passagiere stürzten aus dem Waggon, ohne sich um das
Unwetter zu kümmern und bildeten einen Ring, in dem
der Conducteur und der Ochsentreiber bald handgemein
wurden.

Mit gezogenen Revolvern standen die Zuschauer des
heroischen Kampfspiels im Kreise da, jeder von ihnen
schwörend, er werde den ersten niederschießen, der einem
der Kämpfer helfe, indeß der Conducteur und Ochsentreiber

wie ein Paar fechtende Hunde über einander in dem sum=
pfigen von halbgeschmolzenem Schnee bedeckten Boden hin=
rollten. Bald war der eine von ihnen unten, bald der
andere, und Fäuste, Stiefel und Zähne thaten ihr Mög=
lichstes, den Gegner zu besiegen, während die Zuschauer,
die meistens für den Ochsentreiber Partei genommen, von
aufmunternden Zurufen und thierischem Gejauchze den
Wald wiederhallen ließen. Dem Ochsentreiber gelang es
zuletzt, seinen Gegner mit den Zähnen an der Nase zu
fassen und ihm nach texanischer Sitte mit dem Daumen
ein Auge halb auszudrücken (mit dem technischen Namen
„gauging" benannt), worauf der Conducteur schrie, er
habe genug.

Das Kampfspiel hatte jetzt ein Ende, die Pistolen
wurden von den Zuschauern in den Rockschooß gesteckt, und
der Sieger forderte mit indianischem Schlachtgeheul jeden
zum Zweikampf heraus, der ein Freund des Conducteurs
und der Eisenbahn sei. Als Niemand sich bewogen fühlte,
die Herausforderung anzunehmen, verfügten sich sämmtliche
Passagiere, in freudiger Stimmung über das amüsante
Intermezzo, wieder in den Waggon; der „Ben Johnson"
spannte sich auf's Neue vor den Zug, und langsam ging
es vorwärts.

Bis vor Abend legten wir auf oben beschriebene
Weise etwa fünf deutsche Meilen zurück — da wollte die
Locomotive, der sowohl Wasser als Holz ausgegangen war,
nicht mehr ziehen, und der Conducteur, der sich aus Wuth
über seine Niederlage tüchtig betrunken hatte, bedeutete den
Passagieren, daß er vor dem nächsten Morgen nicht weiter
zu fahren gedächte.

Die eingeborenen Texaner, kräftige, verwogen aus=
sehende Gesellen, die des Bivouakirens gewohnt waren,
hatten bald ein riesiges Wachtfeuer angezündet, um welches

sie sich in malerischen Gruppen lagerten. Lichterloh schluge
die Flammen, vom Sturmwind angefacht, hinauf bis unte
die mit langem zottigem Moos behängten entlaubten Aest
der knorrigen Waldesriesen und malten phantastische Ge
bilde im halb erleuchteten Urwaldsdunkel, indeß die Schnee
flocken zischend in die Gluth fielen. Trotz aller Romanti
zog ich mich aber bald in den Waggon zurück, da mir da
Lager auf feuchtem Rasen und bei dem grimmigen Nord
wind wenig behagte.

Eine traurige Nacht war es, die ich verbrachte. Mic
in mein Minimum zusammenkrümmend machte ich wieder
holt vergebliche Versuche, auf einem der Sitze einzuschlum
mern. Ein Afrikaner, der hinter mir Platz genomme
und sonore Baßlieder modulirte, streckte seine Beine übe
die Sitzlehne dicht mir unter die Nase, ein anderer, der vo
mir auf dem Boden schnarchte, legte gelegentlich sein rustige
Wollenhaupt zutraulich mir in den Schooß, betrunken
Irländer sangen herzzerbrechende Lieder, der Ofen war bal
rothglühend, bald eisigkalt und rauchte wie ein Schornstein
der Blutumlauf stockte in meinen zusammengepreßte
Gliedern — kurzum, ich mußte auf den Schlaf verzichten

Endlich brach der neue Tag an — bleifarben, norther
heulend, kaffeelos. Um sieben Uhr sollte der Versuch ge
macht werden, weiter zu fahren. Eine neue Locomotiv
sei in der Nähe, hieß es, der „Jay bird" — die Elster
— und werde schieben, während der „Ben Johnson" zöge
Beide Locomotiven waren aber festgefroren. Ein Versuch
die Eisenrosse zum nächsten Wasserreservoir zu schieben
mißlang. Wir Passagiere kochten an den Bivouakfeuer
Wasser in Zinnkesseln und trugen es sechzig Schritt wei
zu den Locomotiven, welche wir damit losthauten, indeß di
Negerarbeiter sich schneeballten und weder durch Drohunge
noch Zureden zu veranlassen waren, uns zu helfen.

Um zwei Uhr Nachmittags waren der „Ben Johnson" und die „Elster" marschfertig, und unter dreimaligem Hurrah der Passagiere setzte sich der Zug in Bewegung. Nach vier= maligem Zulauf erreichten wir eine Höhe. Munter ging es auf der anderen Seite eine geneigte Ebene wieder hinab und dann durch einen Durchschnitt, der so enge war, daß die Wagen zu beiden Seiten die Böschungswände fast be= rührten. Hier kam der Zug aus dem Geleise und brach in der Mitte zusammen, — anderthalb Meilen von der Stelle, wo wir übernachtet. Der Passagierwagen mit der „Elster" war hinten, der „Ben Johnson" mit den Pack= wagen vorne, und eine fast bodenlose, vom Regen erweichte Lehmmasse, die einem beim Hineintreten in die Stiefelschäfte lief, füllte den Hohlweg.

Den Passagieren ward jetzt von dem Conducteur der Vorschlag gemacht, auf den offenen Baumwollenwagen die übrigen 13 engl. Meilen nach Shreveport zu fahren, — eine nicht sehr einladende Aussicht. Doch eine zweite Nacht im Waggon oder Bivouak zu verbringen, stand außer aller Frage. Wir schleppten also unser Gepäck vom Passagier= wagen durch den fußtiefen Schmutz und halbgeschmolzenen Schnee nach den Baumwollenpackwagen.

Bis vor Abend war der Umzug bewerkstelligt, und nachdem wir vor Kälte zitternd noch ein Stündchen auf die Rückkehr des „Ben Johnson" gewartet, der auf Re= cognoscirung vorangefahren war, ging es, als die Nacht hereinbrach, wieder vorwärts. Mit verstärkter Wuth pfiff der Wind uns um die Ohren, und Hagel, Schnee und Regen rasselten auf uns herab, wie wir, dicht zusammengedrängt, hoch oben auf den Baumwollenballen kauernd, unserm er= sehnten Ziele entgegenjagten. Die Wagen schwankten und holperten in kurzen Sätzen oft dermaßen auf dem un= ebenen Geleise, daß Geschicklichkeit dazu gehörte, nicht

von den hochgethürmten Baumwollenballen hinunter-
zufallen.

Um neun Uhr in der Nacht langten wir in Shreveport an, wo ein Bahnhof zu den unbekannten Größen
zählt. Auf offener Straße mußten wir absteigen, halb
verfroren und hungrig wie Hyänen, da wir auf vierzig-
stündiger Reise nur von Käse und Brotkrumen, den
Resten unseres Frühmahls in Marshall gelebt. Vierzig
englische Meilen hatten wir in gerade vierzig Stunden
zurückgelegt. Froh war ich, als ich in dem warmen
Kajütensalon des stolzen Red-River-Dampfers „Alabama"
an fürstlich besetzter Tafel Seele und Leib restauriren
konnte, und gelobte es mir feierlich, daß diese Eisenbahnfahrt auf der „Southern Pacific Railroad" meine erste
und letzte auf jener Texasmusterbahn sein sollte.

———

5. Mein Freund Pompejus.

Mehrere Jahre, mit die angenehmsten meines Lebens, habe ich vor dem Ausbruche des amerikanischen Bürgerkrieges in Texas verbracht. Während des Krieges durchzog ich als Neutraler mancher Herren Länder und kehrte im Jahre 1866 nach einer kleinen Zehntausend Meilen=Reise in meine frühere südliche Heimath zurück, um Geschäfts=außenstände von meinen alten Freunden, den rechtschaffenen Pflanzern, einzutreiben. Daß die rechtschaffenen Pflanzer in Texas mich eher auf irgend einen amerikanischen Blocks=berg, als in mein altes Revier zurückwünschten, ist unter den Umständen sehr erklärlich, und daß ich in einem Lande, wo es noch vor Kurzem nichts Seltenes war, daß Räuber bei hellem, lichtem Tage in die Wohnungen drangen und den Bewohnern die Füße auf glühende Kohlen legten, um Geldcontributionen zu erpressen; wo die Deutschen wie wilde Thiere zu Tode gehetzt wurden; wo man Unionisten zum Vergnügen aufhängte und alle Landstraßen von Mör=dern, Spitzbuben und Gesindel aller Art wimmelten — daß ich in einem solchen Lande als plötzlich gleichsam von den Todten erstandener Gläubiger fast des halben County's nicht eben auf Rosen ruhte, ist ebenfalls sehr erklärlich, da, wie bekannt, bei Geldsachen sogar in friedlichen Ländern die Gemüthlichkeit aufhört.

Indeß hatten sich dazumal die Gemüther im Süden Gott Lob so ziemlich beruhigt und ich muß es dankbar an=

26 *

erkennen, daß man mich dort nicht nur nicht mehr als paſ=
ſende Eichenaſt=Fahne betrachtete, ſondern, im Gegentheil,
ſogar in Geldangelegenheiten, äußerſt zuvorkommend und
freundſchaftlich behandelte. Jede Regel hat aber ihre Aus=
nahmen. Eines ſchönen Tages — es war am 22. Februar,
dem Geburtstage Waſhington's — befand ich mich in mei=
nem Hauptquartier, einem Advocaten=Bureau, in dem mich
meine alten Freunde, die Pflanzer, gelegentlich mit Zwanzig=
dollar=Goldſtücken und Rollen von „Greenbacks" erheiterten
und ſtand, meinen Meerſchaum rauchend, gemüthlich am
luſtig brennenden Kaminfeuer, indeß ich mit zwei anweſenden
Rechtsgelehrten einen Baumwollen=Caſus kritiſch beleuchtete,
wobei es ſich darum handelte, ob meine Wenigkeit oder die
unter Oncle Sam's Namen den Süden ausplündernden
Baumwollen=Diebe das nächſte Anrecht auf ein Dutzend
Ballen Baumwolle hätten, als ein halbangetrunkener Te=
xaner in die Stube hereinwankte und in einem Lehnſtuhl
mir dicht gegenüber Platz nahm.

Unſer Beſucher war ſeit den letzten Jahren der Schrecken
der Stadt geweſen. Alle zwei, drei Tage kam er in den
Ort und ſchoß beliebig mit ſeinen zwei geladenen Revolvern
— die er beſtändig ſchußfertig im Gürtel trug — in den
Straßen herum, wobei verſchiedene Male nur wie durch
ein Wunder ſowohl Herren als Damen ſeinen planlos
umherfliegenden Kugeln entgingen. In mehreren Privat=
gefechten hatte er ſeine Widerſacher mit Meſſerſtichen ge=
fährlich verwundet und einen derſelben erſchoſſen, ging aber
deſſenungeachtet und obgleich vor dem Geſetze als Mörder
denuncirt, frei in der Stadt umher, da ſich Niemand getraute,
ihn zu arretiren.

Er war auf unſer Bureau gekommen, um ſich bei dem
einen der daſelbſt wohnenden Advocaten, den er aus Verſehen
Tags zuvor auf der Straße faſt erſchoſſen hatte, für ſeinen

Scherz zu entschuldigen. Mit mir hatte er nie Streit gehabt.
Seine Frau Mutter, die eine ansehnliche Pflanzung in der
Nähe unserer Stadt besaß, war in früheren Jahren einer
meiner besten Kunden gewesen, so daß ich mit der Familie
unseres Besuchers auf freundschaftlichem Fuße stand, obgleich
ich diesem Sprößlinge derselben von jeher am liebsten mög=
lichst weit aus dem Wege ging, weil ich an seinen Pistolen=
übungen wenig Gefallen fand.

Ich begrüßte ihn freundschaftlich: „Wie geht's, Pomp?"
(Pompejus hieß der Ritter). Wie der Blitz riß er einen
geladenen Revolver aus dem Gürtel und hielt ihn mir,
nur zwei Fuß entfernt, vor's Gesicht, indem er den Hahn
halb spannte und rief: „Rede nicht zu mir, Du verdammter
Deutscher; ich schieße Dir den Schädel vom Kopf herunter!"

Ich gestehe es, mich überlief es eiskalt, als ich so
hülflos vor diesem Tiger in Menschengestalt stand und
ihm in's unheimlich blitzende Auge schaute. Bei einer wilden
Bestie im Käfig wäre mir wohler gewesen. Daß er nicht
im Scherz zu mir redete, sondern bittern Ernst meinte, war
unverkennbar. Was gilt auch das Leben eines Dutchman,
wie man verächtlicher Weise unsere Landsleute an dieser
Seite des Oceans öfters titulirt, einem solchen edelgeborenen
Amerikaner, der sich himmelhoch über jenen erhaben dünkt!
Er würde nicht mehr Gewissensbisse darüber empfinden, eine
so tief unter ihm stehende Creatur, einen Deutschen, nieder=
zuschießen, als ob er ein Licht ausgeblasen hätte.

Ich blickte meinem Dämon möglichst kaltblütig in's
Auge, was, wie mir instinctmäßig bewußt war, meine einzige
Hoffnung auf Rettung aus meiner peinlichen Lage blieb, da
er mir bei der geringsten Bewegung ohne Frage eine Kugel
durch den Kopf gejagt hätte.

„Ich will Dich, glaube ich, doch todtschießen", fuhr
er, abgebrochen zwischen den Zähnen murmelnd, fort und

spannte den Hahn vollends — Klick! Unbeweglich stand ich drittehalb Fuß vor der Mündung der Pistole, während es mir vorkam, als packte mich eine kalte Hand im Genick. Dann sagte ich bittend, doch bestimmt: „Laß das dumme Zeug, Pompejus, schieße nicht auf mich."

Nachdem er, vorgebeugt im Lehnstuhl vor mir sitzend, den Finger am Drücker und die Mündung der Pistole gegen meinen Kopf haltend, mich fast zwei Minuten lang in dieser Stellung stier angeblickt, besann er sich eines Bessern und steckte den Revolver langsam wieder in den Lebergurt, worauf ich mich entfernte.

Meine beiden Freunde, die Advocaten, welche rechts und links etwas entfernt von mir an ihren Schreibtischer saßen und mir nicht helfen konnten, bemerkten späterhin, daß sie mein Leben nicht fünf Cents werth erachtet hätten und ihnen vor Entsetzen bei der jetzt geschilderten Scene der Athem still gestanden. Daß mein Freund Pompejus für diesen „Spaß" nicht bestraft wurde, versteht sich von selbst.

6. Gerichtsscene in Texas.

Einer Gerichtssitzung in Texas beizuwohnen, ist ein Capital-Vergnügen, das ich, wenn sich mir eine Gelegenheit während meines Aufenthaltes in jenem Lande darbot, selten versäumt habe. Außer dem Genusse, den oft mit glänzender Beredsamkeit von den Advocaten geführten Reden zuzuhören, bietet das ganze Ensemble des Gerichtssaals ein Bild, dessen getreue Wiedergabe einem Hogarth Stoff zu unsterblichen Meisterwerken geben würde.

Da sitzt zunächst der Richter auf seinem erhabenen Sessel, in möglichst nachlässiger Stellung, die Füße in gleicher Höhe mit der Nase vor sich auf dem Pulte liegend und ein solides Stück von ächtem Virginia-Kautabak im Munde, aus dem er goldene Fontänen alle halbe Minuten nach rechts und nach links entsendet; vor ihm steht ein Eimer mit Wasser, aus dem er sich gelegentlich den Mund rein spült und bräunliche Stromwellen über das Pult auf den Boden spritzt.

Die Advocaten — die meisten mit geladenen Revolvern unter dem Rockschoße und sammt und sonders mit Energie Tabak kauend und, wenn nicht plädirend, in dicken Folianten blätternd — benutzen denselben Eimer mit Wasser, um sich des Tabaks zu entledigen, wenn einer von ihnen eine Rede halten will. Die Zuschauer, gleichfalls mit Revolvern an der Seite und fast alle Tabak kauend, oft in Hemdärmeln und die Hosen in die Stiefelschäfte gesteckt, sitzen und liegen in pittoresten Stellungen ringsum auf den Bänken, balanciren auf den Rücklehnen oder liegen auf den breiten Fenster= bänken. Einige nehmen sich die Freiheit, aus Stummel= pfeifen zu rauchen, und mitunter geht Einer in den mit einem Geländer umgebenen Raum, worin Richter und Advocaten hausen, spült sich am Eimer den Mund aus und nimmt einen Schluck. Sämmtliche Anwesenden haben aus Respect vor dem Gesetze den Hut abgenommen und verhalten sich ziemlich ruhig, da jedes auffallende Geräusch, als gegen die Würde des Gerichtshofs verstoßend, sofort vom Richter mit Geldbußen strenge geahndet wird.

In einer solchen Gerichtssitzung, der ich in dem Städtchen Clarksville im nördlichen Texas beiwohnte, fand ein Zeugenverhör in einem Familienzwiste statt, wobei der Friedensrichter, ein Schneidermeister, präsidirte. Der Rechts= fall war wie folgt:

Ein besonders zanksüchtiger Texaner, der, seinen Schnurr= bart kräuselnd, den rothhaarigen Friedensrichter und den Staatsanwalt hohnlächelnd musterte, hatte seine Frau durch= geprügelt und seine Schwiegermutter, die ihrer Tochter beistehen wollte, erst mit einem Stuhlbein um's Haus gejagt, sie dann mit einer geladenen Doppelflinte in's Kornfeld verfolgt und ihr schließlich gedroht, er werde sie scalpiren, falls er ihrer habhaft würde.

Richter und Publicum hatten offenbar für die Damen= Partei genommen und zwei Rechtsgelehrte, angestellt als Vertheidiger des ungalanten Hinterwäldlers, den zehn Mann erst nach einem lebhaften Scharmützel im Urwald zu arre= tiren vermocht, hatten einen harten Stand, da der Richter ihnen alle Augenblicke in die Rede fiel. Einer derselben, der beide Füße bequem vor sich auf einen Tisch gelegt, ließ sich jedoch nicht abschrecken, die Schwiegermutter durch Kreuzverhör so in die Enge zu treiben, daß sie zitternd anfing sich selber zu widersprechen und der Casus für den Staatsanwalt bedenklich ward.

Unser Schneidermeister, der Friedensrichter, der eine besondere Malice auf den ihn verächtlich musternden Ange= klagten zu haben schien, gebot plötzlich, nachdem er sich den Mund am Eimer hitzig ausgespült, mit einem Faustschlag auf das Pult, dem die Schwiegermutter verwirrenden Advocaten „Silentium!" stieg vom Katheder herunter, setzte sich neben die Schwiegermutter und sagte zu ihr: er werde sie beschützen, sie solle nur keine Angst haben, sondern frei von der Leber weg reden.

Dem Secretär, der die Acten führte, gebot er, die ganze Sudelei von dem Verhör fortzuwerfen, und gab ihm einen halben Dollar, um besseres Papier zu kaufen und nach seiner Leitung die Acten wieder von vorn anzufangen. — „Und was Eure verdrehten Reden anbelangt," — fuhr er fort, sich grimmig an die Advocaten wendend — „ich verstehe kein Wort von all' dem Unsinn. Ich habe auch noch ein Wort mitzusprechen. Was dort in Euren dicken Büchern steht, bleibt sich ganz gleich; ich weiß schon, wer Recht hat, so gut wie irgend Einer. Und wenn's vierzig solcher Rechtsfälle wären, ich würde jeden der Hallunken trotz aller Eurer Reden und Spitzfindigkeiten schuldig be= finden. — Hallo! mein Tabak ist alle geworden! Hat nicht Jemand von Euch ein Primchen für mich?"

7. Das „Schnupftabakdippen" der Südländerinnen.

Viele von den Damen im sonnigen Süden der Vereinigten Staaten haben die häßliche Angewohnheit, sich die
Zähne mit Schnupftaback einzureiben, was mit dem technischen Ausdrucke Dippen bezeichnet wird. Der in Schott-
land verfertigte, dunkelbraune Schnupftabak, welcher in
kurzen, vierkantigen Flaschen massenweise nach den amerikanischen Südstaaten importirt wird, ist dazu besonders
beliebt. Das „Dippen" wird folgendermaßen betrieben:
die jener Unsitte ergebene Dame hat ein Stäbchen von
weichem Holze, dessen eines Ende sie mit ihrem Speichel
anfeuchtet, und in die breithalsige Flasche tunkt (dippt,
daher der Ausdruck dippen), und dann den daran haf-
tenden Schnupftabak mit dem Stäbchen auf und hinter die
Zähne reibt; ein für den Zuschauer nicht eben einladender
Proceß.

Wie mir von dippenden Damen in Texas oft versichert worden, ist der durch den Schnupftabak auf das
Zahnfleisch und die Gaumennerven erzielte Reiz äußerst
angenehm und pikant. Es geht den südländischen Schönen
hierin ähnlich wie den chinesischen Opiumrauchern. Haben
sie die häßliche Gewohnheit einmal angenommen, so ist es
fast ein Ding der Unmöglichkeit, dieselbe zu bewältigen,
obwohl die schädlichen Folgen davon unausbleiblich und
bald sichtbar sind.

Das „Dippen" wird von jungen Damen meistens insgeheim betrieben, da die Herren dasselbe mit nichts weniger als freundlichen Augen betrachten; verheirathete Damen geniren sich weniger dabei. Oft habe ich solchen meine Aufwartung gemacht, welche mich, mit der Schnupftabaksflasche in der Hand, im Parlor empfingen. Ich mußte bei der Unterhaltung über ihre Geschicklichkeit im Handhaben des Schnupftabakstäbchens unwillkürlich erstaunen.

Die erste dippende Dame sah ich im Staate Alabama. Ich kehrte, wie es dazumal Sitte war (es war zu Anfang der fünfziger Jahre), auf meiner Reise bei einem reichen Pflanzer ein, der mir auf der Thürschwelle seiner Wohnung freundlich entgegenkam, und mich als willkommenen Gast einlud, es mir in seinem, allen anständig gekleideten Fremden stets geöffneten Hause, bequem zu machen. Mit der Tochter des Hauses, einer blendenden Schönheit im Alter von sechzehn oder siebzehn Jahren, hatte ich bald eine rege Unterhaltung angeknüpft. Sie hatte in einem Schaukelstuhle Platz genommen, und wiegte sich darin mit der allen Südländerinnen eigenen Grazie. Mit einem reichbordirten, pariser Fächer wehte sie sich Kühlung zu, und war ohne Frage in dem mit hellen Blumenstickereien besetzten, schillernden Seidenkleide eine reizende Erscheinung. Plötzlich legte sie den Fächer beiseite, und nahm eine ordinäre breitmaulige Schnupftabaksflasche in die mit kostbaren Ringen geschmückte elfenbeinweiße Hand, und begann zu meinem nicht geringen Entsetzen den von mir oben beschriebenen, widerlichen Proceß des „Dippens." Dabei wiegte sie sich schneller und schneller im Schaukelstuhle hin und her, und spritzte den Speichel mit unglaublicher Gewandtheit weithin von der Veranda in den Hof. Daß meine Bewunderung für die südländische Schöne sofort ein Ende erreicht hatte, brauche ich wohl kaum hinzuzufügen.

In Texas halten die dem Schnupftabak verfallenen Damen ordentliche Zusammenkünfte, wobei bei geschlossenen Thüren nach Herzenslust „gedippt" wird und Tagesneuigkeiten, Moden, die neuesten Romane, Klatschereien zc. abgehandelt werden. Die Gegenwart von Männern ist bei diesen Dippgesellschaften verpönt. Während des Krieges, als die Importation von schottländischem Schnupftabak nach dem Süden durch die Blokade außerordentlich erschwert, und der Artikel eine Seltenheit geworden war, fingen viele südländische Frauen, denen der Gebrauch des Tabaks zum Lebensbedürfniß geworden war, nach Art der Männer an, Tabak zu kauen. Jetzt wird aber wieder um so eifriger „gedippt", wie vor dem Kriege.

Die schädlichen Folgen des „Dippens" sind im Süden allgemein bekannt. Nicht selten bringt der feine Tabak in die Lungen ein und verursacht gefährliche Brustkrankheiten. Ein bleicher, wächserner Teint ist das untrügliche Kennzeichen einer „alten Dippschwester." Es ist aber eine große Seltenheit, wenn eine solche den Schnupftabak verbannt; der eigenthümliche Nervenreiz ist ihr bald so zum Bedürfniß geworden, daß sie nicht davon ablassen kann, obwohl sie weiß, daß die ihr zugemessene Lebenszeit dadurch bedeutend verkürzt wird.

8. Eine interessante Reisegesellschaft.

Auf den prächtigen Dampfern, welche den unteren Mississippi befahren, drängt sich allerlei Volk zusammen, worunter „die Söhne Erins oder der grünen Insel" stark vertreten sind, die sich nach ihrer Art manchmal auf eine eigenthümliche Weise belustigen.

Eine Prügelei in Masse (an irish fight) gilt bekanntlich bei den Irländern für das höchste denkbare Vergnügen. Während einer Reise, die ich im Jahre 1870 von St. Louis nach New Orleans auf dem Mississippi-Dampfer „Henry Ames" machte, ward mir die Gelegenheit, einer solchen irischen Massenprügelei zuzuschauen. Als unser Dampfer die Stadt Natchez im Staate Mississippi verlassen wollte, um seine Fahrt stromabwärts fortzusetzen, kam eine Bande von etwa 75 irländischen Deicharbeitern mit geschwungenen Knüppeln und Hurrah vom Berge herabmarschirt und verlangte von unserm Capitain Passage nach dem 135 englische Meilen entfernten Baton Rouge zu einem Dollar den Kopf. Nach längerem Debattiren ward die Fahrt bewilligt, jedoch nur unter der Bedingung, daß sich die Herren Irländer unterwegs „nett betragen" sollten.

Die gestellte Bedingung fand in dem Aussehen der neuen Reisegesellschaft ihre volle Berechtigung. Die lie=

derliche Kleidung der Neuankömmlinge, sowie ihre Mantel=
säcke und Reisetaschen, die offenbar schon manchen Sturm
erlebt hatten, erinnerten mich lebhaft an die drei Hand=
werksburschen in dem weltbekannten Lustspiel „Lumpaci=
vagabundus“. Und dann diese Gesichter! Die rothen,
aufgestülpten Nasen, die pfiffigen Augen, verkratzten, pur=
purnen Backen, wilden Haare und Bärte — in meinem
ganzen Leben hatte ich nicht eine solche Blumenlese von
originellen Bummlerphysiognomien beisammen gesehen.
Jeder führte den historischen irländischen Knüppel, „Shi=
lela“ genannt, in der Hand. Gelegentlich einem schwarzen
Deckarbeiter einen festen Rippenstoß versetzend, kam die
lustige Bande an Bord marschirt. Sobald der letzte
Mann dieser „alten Garde“, von denen jeder seinen
Papierdollar Passagegeld in der Hand hielt und am Lan=
dungsplatze abgeben mußte, an Bord war, wurde das
Brett eingezogen, unsere 75 neuen Passagiere brachten ein
donnerndes Hoch aus auf das „bloody Natchez!“ und
hinaus in den weiten Mississippi schoß unser prächtiger
Dampfer.

Während der nächsten Stunde hatte unser „Bar=
keeper“ — Schenkwirth an der Bar — alle Hände voll
zu thun, um seine neuen fünfundsiebenzig, stets durstigen
Gäste zu bedienen. In dichten Haufen drängten sich die=
selben an die Bar, um einen Schluck zu einem viertel
Dollar zu erobern. Dieser Schluck bestand jedesmal in
einem bis zum Rande gefüllten Wasserglas mit Whisky.
Jeder Irländer hatte fünf Dollars, welches Geld ihnen
als Abschlag für Deicharbeiten in Natchez ausgezahlt
worden, im Vermögen, und konnte, nach Abzug des einen
Dollar für Passage, folglich über vier Dollars verfügen,
ein Aequivalent für sechszehn solcher Schlucks. Die köst=
lichsten Einfälle gaben die lustigen Zechbrüder gratis zum

Besten; kein Volk in der Welt besitzt so viel Mutterwitz und natülichen Humor, wie der Irländer.

Bald fing der Whisky an, seine Wirkung auf unsere heiteren Cumpane auszuüben. — Paddy, Patrick, Maloney und Mc Carty versetzten einander gelegentlich einen freundschaftlichen Hieb mit dem Shilela auf den Hirnschädel oder einen wohlgemeinten Rippenstoß, und das Fordern von mehr Whisky wurde immer ungestümer. Zuletzt erklärte der Barkeeper, dem vor seinen lärmenden, durstigen Kunden angst und bange wurde, daß er keinen Tropfen Whisky mehr im Vorrath habe, schloß den Trinkstand und machte sich aus dem Staube. Mit einer Fluth von entsetzlichen Flüchen auf den Ganymed und den „trockenen Steamer" begaben sich unsere interessanten Reisegefährten alsbann aus der Cajüte auf das untere Deck zurück.

Während der nächsten sechs Stunden wurde nun auf dem untern Verdeck des Dampfers zur Feier des Tages eine förmliche Schlacht geliefert, ein echtes „Irisch fight." Jeder prügelte sich mit allen; die Shilelas, welche Nationalwaffe die Irländer mit unglaublicher Gewandtheit zu handhaben wissen, und zwar so, daß sie den Stock allemal in der Mitte anfassen, kreisten umher wie Windmühlenflügel und klapperten beim Pariren nicht selten auf den Knöcheln und Hirnschädeln. Dabei wurde geflucht und geschrien, ein wahrer Bedlamslärm. Alles dies war aber nur zum Spaß. Wurde aber mitunter Einer böse, der einen tüchtigen Hieb davongetragen hatte, so forderte er zunächst Jedermann mit haarsträubenden Flüchen im Ernst zum Zweikampf heraus und fand auch bald seinen Mann. Den Oberkörper halb entblößt, stürzten die Gegner wie wilde Bestien auf einander los, kugelten über einander auf dem Boden hin und bearbeiteten einander mit Faustschlägen und Fußtritten.

Mit Beißen und mit den Daumen die Augen des Gegners aus den Höhlen drücken, wie die Amerikaner es bei einer Schlägerei zu thun pflegen, oder gar mit Schießen und Stechen, befaßt sich der Irländer nicht; dafür ist er zu civilisirt. Um so lieber gebrauchen sie den Shilela, reißen sich an der Nase und an den Lippen und packen sich in den Haaren. Gegen Pistolen und Messer hegt der Irländer einen unüberwindlichen Widerwillen. Selten wird daher Einer bei einer solchen Rauferei ernstlich beschädigt. Die Gesichter der Kämpfenden sehen allerdings nach derselben entsetzlich aus.

Während des Gefechts, das die Irländer, dreiviertel angetrunken, wie sie waren, so recht con amore unter sich veranstalteten, standen die schwarzen Deckarbeiter mit den rollenden Augen bewundernd umher, und die Cajütenpassagiere bildeten das feinere Zuschauerpersonal oben auf der Cajütengallerie, so zu sagen auf dem ersten Range.

Als ich gegen Abend das Schlachtfeld besuchte, lagen an vierzig mehr oder weniger Blessirte durch- und übereinander auf dem Verdeck und schliefen ihren Rausch aus. Keiner war seltsamerweise während des Handgemenges über Bord gefallen.

9. Ein Besuch in der Mammuth-Höhle in Kentucky.

Eine meiner liebsten Reiseerinnerungen ist mir ein Besuch der berühmten Mammuth-Höhle. — Mein langgehegter Wunsch, jene Riesenhöhle zu sehen, verwirklichte sich aber erst im Sommer 1870. Als ich im Monat Juli des genannten Jahres von einem Besuch in Texas nach Californien zurückkehrte, stand mir die Wahl offen, entweder über St. Louis oder über Louisville nach Omaha und San Francisco zu reisen, welche letztere Route mich, wie ich wußte, in die Nähe der Mammuthhöhle bringen würde. Die directe Fahrt über St. Louis wäre wohl etliche Hundert Meilen näher gewesen; aber ein solcher kleiner Umweg kommt ja bei einer Reise in Amerika wenig in Betracht und sollte mich auch nicht abhalten, einen Abstecher nach der gewaltigen Höhle zu machen. Gesagt, gethan! — In New-Orleans löste ich mir ein Fahrbillet nach San Francisco via Louisville, und bald durchflog ich auf der „New-Orleans, Jackson & Great Northern Eisenbahn" den Staat Mississippi, — meine alte Heimath in den fünfziger Jahren. Nachdem ich die Staaten Mississippi und Tennessee durchkreuzt hatte, verließ ich am letzten Tage des Junimonds bei der Eisenbahnstation Cave City in Kentucky den Schnellzug, von wo mich ein Omnibus durch eine malerische Waldgegend nach dem nur noch sechs englische Meilen entfernten, in der Nähe der Mammuthhöhle erbauten Hotel brachte.

Der Landstrich von Kentucky, wo sich die Höhle befindet, 95 englische Meilen südlich von der Stadt Louisville am Ohiofluß, ist eine malerische Waldgegend, deren Untergrund aus einer gewaltigen Kalksteinschicht besteht. Der nahe Green River, welchen jetzt an 300 Fuß hohe Abhänge jener Felsart einschließen, ist der eigentliche Höhlenbaumeister gewesen. Im Laufe der Jahrtausende hat er sein Bett immer tiefer eingeschnitten und zugleich die Kalksteinlager an seinen Ufern etagenweise erst durchlöchert und mit Wasser gefüllt, und, als er auf ein tieferes Niveau sank, drainirt. Daß die Hauptgänge einst das Bett von unterirdischen Flüssen waren, unterliegt keinem Zweifel. Sowohl an den Höhlungen, als vom Ablagern loser Felsstücke auf dem Kies= oder Sandboden derselben ist der Lauf, den das Wasser hier vor ungezählten Jahren genommen, heute noch ganz deutlich zu erkennen. Die weiten Gewölbe und Hallen (sogenannte Dome), sowie die zahlreichen brunnen= artigen Abgründe wurden entweder durch das Einstürzen von übereinander liegenden Gängen und Zersetzung des Gesteins gebildet, oder sie verdanken ihr Entstehen dem fortwährenden Herabträufeln und Durchsickern von Grund= wasser, welches dieselben im Laufe der Zeit aus dem festen Felsen sozusagen herausgemeißelt hat. Die Reste der unterirdischen Gewässer befinden sich gegenwärtig 285 Fuß unter dem Plateau und stehen mit dem Green River, dessen Wasserstand auch den ihrigen bedingt, in Verbindung.

Die Mammuthhöhle ist ein ungeheures Labyrinth von unterirdischen Gängen (Avenues), Gewölben, Engpässen, Hallen ꝛc., mit zahlreichen Gewässern, Abgründen, Gyps=, Tropfstein= und anderen Gebilden. Namentlich ist es das Kolossale ihrer Räumlichkeiten, was jeden Besucher in Er= staunen versetzt. Der großartige Charakter der amerika=

nischen Natur hat hier unter der Erde gleichsam ein
Gegenstück gefunden. Die Gesammtlänge von 72 bis jetzt
erforschten, neben= und übereinanderliegenden „Avenues"
(nur solche Gänge, welche wenigstens eine halbe englische
Meile lang sind, werden Avenues genannt), beträgt mehr
als 150 englische Meilen, und ist die Höhle noch lange
nicht in allen ihren Theilen bekannt geworden. Die Mam=
muthhöhle wurde zufällig im Jahre 1809 durch Jäger
entdeckt, als ein gehetzter Bär in der damals mit dichtem
Gebüsch überwachsenen Oeffnung vor der Verfolgung Schutz
suchte. Lange Zeit war nur der vordere Theil der Höhle
bekannt, bis ein gewisser „Stephen" (hier S t e p h e n der
G r o ß e genannt), ein Halbblutindianer mit eisernen Nerven,
in den dreißiger Jahren auf einem über den sogenannten
„bodenlosen Abgrund" geworfenen Baumstamme in das
unbekannte Jenseits hinüberkletterte und in den tiefer
liegenden Theil der Riesenhöhle eindrang. Die vordere
Höhle muß schon vor ihrer Entdeckung durch die Weißen
den Indianern, deren Spuren man dort vielfach gefunden
hat, bekannt gewesen sein. Auch zwei indianische Mumien
wurden in ihr entdeckt. —

Nachdem ich im Hotel die nöthigen Erkundigungen
über die Höhle eingezogen, war ich bereit, meinen Ausflug
in das finstere Labyrinth derselben zu beginnen. Da keine
holde Ariadne mit einem meilenlangen Zwirnfaden mitging,
so mußte selbstverständlich ein erfahrener Führer mich be=
gleiten, welchen mir der Wirth in dem H e r r n A b r a h a m
vorstellte, dem zuverlässigsten und am besten instruirten
unter allen seinen Collegen. Meine Reisegenossen in die
Unterwelt bestanden ferner aus einem Geologen, der ein
schätzenswerther Begleiter auf einer solchen unterirdischen
Spaziertour war, und aus einem amerikanischen Professor
von einer Hochschule in Louisville, welcher in Heidelberg

ftubirt hatte, nebſt deſſen Gemahlin und ihrer Freundin.
Wir Herren ließen unſere Röcke auf den Rath des Führers
im Hotel zurück und zogen wollene Jacken an, die Damen
erſchienen in intereſſantem Bloomerkoſtüm. Abraham hatte
ein halb Dutzend Oellampen und ein Packet Eiſenbahn=
annoncen, die mit Kohlenöl getränkt waren, in der Hand,
womit er, wie er bemerkte, die ſehenswertheſten Theile der
Höhle erleuchten wollte.

Bald gelangten wir an den Eingang zur Höhle. Ein
weites und dunkles Gewölbe, von herrlichen Laubbäumen
umſchattet, lag ſie in der Tiefe vor uns da, und bildete
einen ſo romantiſchen Höhleneingang, wie einer ſich nur
denken läßt. Ueber das Höhlenthor ſtürzte ein kleiner
Waſſerfall hinunter, und ein kalter Luftzug drang aus dem
Innern der Erde hervor. Als wir auf einem abſchüſſigen
und ſchlüpfrigen Pfade in die Tiefe gelangt waren, fühlte
ſich dieſer Luftzug eiſig kalt an, ſo daß wir ſchnell Tücher
um den Hals banden und froh waren, uns auf den Rath
des Führers in warme wollene Jacken gekleidet zu haben.
Dieſer kalte Luftzug hat ſeine Urſache in der Temperatur
der Höhle, welche das ganze Jahr hindurch + 59 Grad
Fahrenheit beträgt. Die Höhlenluft ſucht mit der äußeren
Atmoſphäre ein Gleichgewicht herzuſtellen — daher der
Luftzug. Im Sommer wird die Luft von der Höhle in
langem, gleichmäßigem Zuge ausgeſtoßen, im Winter zieht
ſie die äußere Luft ein. Dies pflegt man als „das Athmen
der Mammuthhöhle“ zu bezeichnen. Iſt die äußere Luft
auch + 59 Grad, ſo findet kein Luftzug ſtatt. Zur Zeit
meines Beſuches betrug die Wärme im Freien 90 Grad,
— ein plötzlicher, recht unangenehmer Temperaturwechſel
von 31 Grad.

Ehe wir in die Höhle traten, zündete der Führer die
Oellampen an und überließ Jedem von uns eine derſelben.

Der Luftzug war zuerst so stark, daß mehrere Lampen
davon ausgelöscht wurden; bald aber warb er schwächer,
und als wir nach einem Marsche von etwa zehn Minuten,
der uns durch einen langen, tunnelartigen Felsengang führte,
die sogenannte „Rotunde" erreicht hatten, war nichts mehr
davon zu spüren. Die gleichmäßige kühle Temperatur der
Höhlenluft war im Gegentheil von jetzt an angenehm für
Nerven und Lungen. Die in allen Theilen der Höhle
merkwürdig reine Luft ist so kräftigend, daß selbst schwächliche
Personen, die kaum im Stande sind, im Freien einen kurzen
Spaziergang zu machen, durch einen viele Stunden anhal=
tenden Marsch in der Höhle nur wenig ermüdet werden.

Wir blicken uns um in der Rotunba, einem mäch=
tigen Gewölbe von etwa 100 Fuß Höhe bei 175 Fuß im
Durchmesser, das gerade unter dem Speisesaal des erst
vor Kurzem von uns verlassenen Hotels liegt. Auf dem
Boden befinden sich riesige, aus schweren Bretterbohlen
verfertigte viereckige Kusen, Wasserröhren, große Stein=
haufen rc., — die Ueberbleibsel ansehnlicher, zu Anfang
des Jahrhunderts hier bearbeiteter Salpeterwerke. Nöth=
licher Sand und ebenso gefärbte Steine, aus denen der
Salpeter gewonnen warb, bedecken den Boden. Die Bretter
und Balken sind in der reinen Luft nicht im mindesten
angefault, obgleich sie beinahe sechszig Jahre hier gelegen
haben. Am Boden sind die Fußtapfen von Ochsen und
die Radspuren von Wagen, welche hier vor zwei Menschen=
altern hin und her fuhren, noch ganz deutlich zu bemerken.
Der Lehm, in den sie sich eindrückten, ist seitdem zu festem
Gestein geworden.

Langsam wanderten wir weiter durch einen von ge=
waltigen Felsen überhängten Gang, den steinigen Pfad mit
unseren Lampen vorsichtig beleuchtend, und treten bald
darauf in ein zweites, achtzig Fuß breites und vierzig Fuß

hohes Gewölbe, die Methodistenkirche genannt. Beim
Beginn dieses Jahrhunderts war hier in Wirklichkeit die
Kirche in der Mammuthhöhle. Siebzig Jahre! eine lange
Zeit in Amerika! — Das wilde Kentucky, damals der
„blutige Grund" genannt, wo vor zwei Menschenaltern
Indianer und Weiße grauenvolle Kriege miteinander führten,
ist seitdem zum Garten Amerika's geworden. Die Indianer
sind ganz von dort verschwunden. Aber an der Mammuth=
höhle sind die Jahre spurlos vorübergegangen. Hier stehen
noch dieselben Bänke, liegen noch die nämlichen Holzklötze
an derselben Stelle, wo die andächtige Gemeinde dem
Prediger bei Fackellicht vor siebzig Jahren zuhörte. Ein
fünfundzwanzig Fuß hoher Fels bildete an der einen Seite
der Höhle die natürliche Kanzel. Unser Führer hieß uns
auf einer alten Bank Platz nehmen, bestieg den Kanzelfels
und zündete einen von seinen mit Oel getränkten Papier=
blättern an, dessen Licht die ganze Halle erleuchtete. Dann
warf er das brennende Papier hinunter. Heller flackerte
es auf und erlosch plötzlich, und wieder umschloß uns das
neblige Dunkel, dessen Nähe nur von unsern Lampen spärlich
beschienen wurde.

Wir befanden uns jetzt in der großen Avenue, die
sich sechs englische Meilen weit erstreckt und eine Höhe von
vierzig bis hundert, bei einer Breite von sechszig bis zwei=
hundert Fuß hat, — der größten unterirdischen Straße in
der Welt. Der Boden in derselben ist meistens glatt wie
der in einer Tenne; die Decke schließt sich wagerecht an
die senkrecht aufsteigenden Seitenwände. Man denke sich
eine Hauptstraße in einer der größeren Städte Amerika's
oben an den Dächern der Häuser quer hinüber geschlossen,
und der innere Raum der Straße wird demjenigen von
der „großen Avenue" annähernd gleichkommen. Die Kreide=
felsen der Decke sind vielfach von Eisenoxyd geschwärzt

und zeigen oft seltsame Figuren, aus denen sich eine lebhafte Phantasie leicht Formen von Menschen und wunderbare Thiergestalten bilden kann. Es sind dies gleichsam die Freeko's in der Mammuthhöhle.

Nur spärlich vermochten unsere Lampen die näher liegenden Theile der gewaltigen „Avenue" zu erhellen. Es war, als ob die Finsterniß das Licht einsöge. Als ich die dämmernde Felsenstraße hinunterblickte, die sich wie in's Endlose vor uns erstreckte, war es mir, als wandelten wir hier durch die unterirdischen Gewölbe eines uralten, riesigen Tempelbau's. Die tiefe Stille, welche uns umgab, hatte etwas unbeschreiblich Ernstes und Feierliches. Kein Laut von der Oberwelt war je bis hierher gedrungen. Mochte droben ein Donner krachen oder ein Orkan über uns durch die Wälder toben, nicht den leisesten Wiederhall davon könnten wir hier vernehmen. Wie grenzenlos verlassen mußte man sich in der Finsterniß allein in diesen riesigen öden Räumen fühlen! Der bloße Gedanke daran machte das Herz lauter klopfen. Der Führer erzählte uns Beispiele von Touristen, welche beim Umherwandern in der Höhle durch Sorglosigkeit von ihren Gefährten getrennt worden waren. Vergebens suchten sie einen Ausweg, verloren sich tiefer und tiefer in den sich endlos verzweigenden Gängen und Gewölben. Ihre Lampen erloschen; Niemand hörte ihren Angstschrei. Wurden solche Verirrte später aufgefunden, (es sind Fälle vorgekommen, wo acht und vierzig Stunden vergingen, ehe man sie entdeckte) so fielen sie ihren Rettern weinend um den Hals, oder sie saßen stumm am Boden — wahnsinnig.

Unser Führer machte uns auf einen gewaltigen Felsblock aufmerksam, der rechter Hand nahe an der Höhlenwand lag und einem Sarge täuschend ähnlich war. Dieser sogenannte „Sarg des Riesen" ist 40 Fuß lang, 20 Fuß breit und 8 Fuß hoch und könnte, falls er hohl wäre, einen recht ansehnlichen Goliath aufnehmen. Ein weißgrauer Rand giebt seinem oberen Theile das Ansehen eines Sargdeckels. Beim „Sarge des Riesen" verlassen wir zeitweilig die „große Avenue". Der rauhe Weg, den wir jetzt einschlugen, führt durch ein wahres Felsenlabyrinth. „Die Köpfe in Acht genommen!" (careful for heads) ruft Abraham jeden Augenblick. „Vorgesehen links!" — „Rechter Hand aufgepaßt!" — erschallt die Warnung. Auf nichts weniger als festen Leitern steigen wir in die Tiefe, schreiten dahin auf engen, gewundenen Pfaden, klettern über große Steinblöcke, kommen an Abgründen vorbei und ducken uns unter gewaltigen Felsmassen; eine romantische Spaziertour, bei welcher wir den Pfad Schritt vor Schritt mit unsern Lampen beleuchten müssen.

Auf einer Leiter erklimmen wir einen Felsenvorsprung und blicken durch eine fensterähnliche kaum drei Fuß breite Wandöffnung in den Gorin's Dom. Der Führer mahnt uns zur Vorsicht und läßt uns allein am Fenster zurück. Bei dem matten Schein der Lampen können wir aber, uns an das schmale Gesims anklammernd, nicht viel mehr als eine uns gegenüber liegende ausgehöhlte Felswand erkennen, die senkrecht emporragt und sich wie das Gemäuer eines Brunnens jäh in die Tiefe senkt. Nach oben blicken wir hinauf wie in einen dunklen Thurm, und nur der Wiederhall von dem auf den Boden herabträufelnden Wasser giebt eine Ahnung von der bodenlosen Tiefe des Abgrundes. Die vor uns liegende halbrunde Felswand, welche eine etwa sechszig Fuß weite Oeffnung einschließt, ist etwa zweihundert Fuß hoch; das natürliche Fenster liegt ungefähr in der halben Höhe derselben. Plötzlich ist der ganze Dom hell erleuchtet. Abraham hat an einer oberen Oeffnung mehrere von seinen mit Oel getränkten Papierblättern an-

gezündet und wirft dieselben nach einander hinab, die krei=
send und hell aufflackernd in die Tiefe sinken. Die ganze
Höhe der ungeheuren röthlich schimmernden concaven Fels=
wand erschließt sich momentan unserm Blick. Von dem
fortwährend an ihm herabrieselnden Wasser ist dieselbe vom
obern Gesims bis 160 Fuß herab, wo sie abbricht, aus=
gefurcht und wie in Falten gelegt. Es gehört nur wenig
Einbildungskraft dazu, sich in dem thurmartigen Dom einen
uralten unterirdischen Tempel vorzustellen, dessen Aller=
heiligstes durch jenen röthlichen Felsenvorhang gleichsam
verdeckt war.

Wir kehrten nun zurück nach der „großen Avenue"
und kamen bald an einigen dachlosen Steinhütten vorbei,
den ehemaligen Wohnungen von Schwindsüchtigen, welche
sich in früheren Jahren hier monatelang aufzuhalten pflegten,
um in der gleichmäßigen Höhlentemperatur Genesung zu
erlangen. Keiner von ihnen wurde geheilt. Lebendig
hatten sie sich begraben und siechten schnell dahin. Geister=
bleich wankten sie wieder hinauf zum Sonnenlicht, um bald
zu sterben. Ein trauriger Gedanke, hier in der Einsam=
keit, in diesen todten unterirdischen Räumen, neues Leben
zu suchen!

Jetzt will uns Abraham mit einem Stückchen Zau=
berei überraschen. Er ersucht uns, auf einer am Wege
stehenden Holzbank Platz zu nehmen, läßt sich sämmtliche
Lampen geben und verschwindet damit hinter einem Fels=
block. Ein seltsames Schauspiel entwickelt sich nun vor
unseren Augen. Allmählich scheint sich die Höhle in ein
langes und tiefes Thal zu verwandeln. Vor uns thürmt
es sich empor wie ein Gebirge, mit Schnee an den Ab=
hängen in der nächtlichen Dämmerung. Am Gewölbe,
das sich dunkelblau in weite Ferne erhoben hat, beginnen,
erst matt dann immer heller leuchtend, zahllose Punkte zu

schimmern, als blickten wir hinauf in den Sternenhimmel; selbst ein Komet ist deutlich zu erkennen. Bald darauf zieht eine dunkle Wolke langsam am Himmel vorüber, die Gebirgswand wird beschattet, die Sterne verschwinden. So= bald die Wolke vorüber gezogen, blinken die Sterne wieder hell wie zuvor. Der Führer entfernt sich nun mit allen Lampen in den Hintergrund der Höhle und läßt uns allein in der Finsterniß. Pechschwarz, ich möchte sagen mit den Händen greifbar ist diese — eine wahre Rabennacht. Doch sieh! — in weiter Ferne erscheint ein matter Lichtstreifen. Allmählich wird es dort heller, als bräche der Tag an. Wir gewahren deutlich Wolken, umsäumt vom ersten Morgenschimmer. Das Licht hebt sich und wird zur Sonne; und plötzlich bringt wieder ein heller Schein zu uns her= über. Ja, das war schön, einzig schön! — Noch nie sah ich eine solche Täuschung. Es waren die Wunder der sogenannten Sternenkammer (star-chamber), die sich soeben unserem Blick erschlossen. Der seltsame Augentrug hat seine Ursache in dem Reflex des Lichtes, welches von den versteckt gehaltenen Lampen auf die eigenthümlich gefärbten Felsen der Wände und Höhlendecke fällt. Diese ist schwärz= lich und mit vielen diminutiven Krystallen besetzt, während jene weißlich und dunkel schattirt sind. Bei einer geschickt angebrachten Beleuchtung erscheint die Decke wie ein leerer Raum. Die Krystalle an derselben werden durch das Licht der Lampen gleichsam in Sterne verwandelt, während die hellgrauen mit schwarzen Schraffirungen durchzogenen Seiten= wände sich wie schneebedeckte Gebirge aufthürmen.

Unser Weg führte uns nun nach den „gothischen Ar= kaden". Ehe wir dorthin gelangten, kamen wir durch das sogenannte „Registerzimmer", wo die niedrige, breite Decke, die wie das mit Kalk getünchte Plafond eines großen Saales aussah, mit einer Menge Namensschriften bedeckt

var. Besucher haben sich hier verewigen wollen und ihre
Namen meistens mit Kienruß pöbelhaft hingemalt. Als
ein bleibendes Denkmal roher Eitelkeit verunzieren diese
Zudeleien, denen ich sonst noch leider zu oft begegnete, die
Mammuthhöhle. Die „gothischen Arkaden", welche wir bald
darauf erreichten, zeigten eine Menge der prachtvollsten
Stalactiten und Stalagmiten. Die zwei größten derselben, die
„Säulen des Herkules" genannt, haben einen Umfang von
nicht weniger als dreißig Fuß. Mein Reisegefährte, der
amerikanische Geologe, überraschte uns mit der Erklärung,
daß es funfzig Jahre nähme, um an einem Tropfstein die
Dicke einer Oblate herzustellen und daß diese Riesensäulen
mindestens ein Alter von 20,000 Jahren hätten. Im
sogenannten „Hochzeitszimmer" sind jene Gebilde besonders
schön. In großem Bogen stehen die gelblich-weißen ge=
schweiften Säulen rings in der Halle, während kleinere
Zapfen wie eine Garnitur zwischen ihnen von der Decke
herabhängen, und gewähren einen reizenden Anblick. In
dieser Halle wurde einmal bei Fackellicht und dem Scheine
von bunten Lampen eine höchst interessante Trauung voll=
zogen. Ein hartherziger Vater einer schmachtenden Süd=
länderin hatte geschworen, daß er ihre Hochzeit auf der
Erde mit ihrem Herzliebsten nie gutheißen werde. Dieser
entführte nun seine Braut unter die Erde und hielt
Hochzeit in der Mammuthhöhle, wogegen der reiche
Schwiegerpapa vernünftigerweise nichts einzuwenden hatte.

Die Endstrophen eines Gedichtes,* worin ich jener herr=
lichen Tropfsteinkammern Erwähnung gethan, mögen der
Beschreibung dieser meiner ersten, etwa neun englische
Meilen langen Tagereise in der Mammuthhöhle als
Schluß dienen:

*„Die Mammuthhöhle in Kentucky" aus dem II. Bande
pag. 234 ff. der Gedichtsammlung Adelpha.

Da trat ich in die „gothischen Arkaden“,
  Wo mir ein Feenreich die Höhle schien, —
Als hätt' der Erdgeist mich zu Gast geladen,
Die Lampe mir vertraut des Aladin:
  Der Stalactite Silbersäulen standen
  Im prächt'gen Kranze, trugen leicht und kühn
Die Decke, ringsum blitzt' es wie Demanten,
  Die unter weiße Rosen hingestreut;
  Und um der Säulen Kapitäler wanden
Guirlanden licht ihr Alabasterkleid.

  Hier der Altar, allwo, so sagt die Kunde,
  Ein flücht'ges Brautpaar Hymnen sich geweiht:
An hundert Fackeln strahlten in der Runde
  Ihr Licht von jedem Silber=Stalactit;
  Wie Geisterruf erscholl's aus Priesters Munde,
Als sie im Höhlentempel hier gekniet.

  Wie horchten auf die Gnomen, als erklungen
  In ihrem stillen Reich das heil'ge Lied!
Aus tausend Klüften kamen sie gesprungen
  Und staunten an die sonnenlichte Pracht.
  Man sagt, sie hätten alle mitgesungen
Mit leiser Stimme und geflüstert sacht;
  Und nach der Feier hätten sie dem Pärchen
  Das Glück, den Segen unsichtbar gebracht.

Und ich, der Dichter, dachte an dies Märchen,
  Als aus der Höhle kommend, müd' ich lag
Auf weichem Moos; laut zwitscherten die Lerchen
  In blauer Höh', der Sonne Goldstrahl brach
  Durch's dunkle Grün des Urwalds, laue Lüfte
Umkos'ten meine Stirn am Sommertag,
Und durch das Laubwerk wogten Blüthendüfte:
  Und nahe lag im tiefen Thalesgrund,
  Vom Wald umringt und wildem Felsgeklüfte,
Ein schwarzes Thor, der Mammuthhöhle Schlund.

Am zweiten Tage meines Besuchs im „Cave Hotel"
herrschte schon früh Morgens reges Leben unter den Gästen,
denn unser Wirth hatte gesagt, daß Jeder, der sich an
einem Marsche auf der sogenannten „langen Route" be=
theiligen wollte, zeitig gerüstet sein müsse. Unsere ganze
Gesellschaft von gestern, sowie mehrere Neuankömmlinge
hatten sich zu der Spaziertour gemeldet, und außer diesen
bemerkte ich noch vier deutsche Musiker mit ihren Instru=
menten, die in der Höhle für uns spielen sollten. Einen
interessanten Anblick bot unsere zahlreiche Gesellschaft in
dem pittoresken Höhlenkostüm, als wir in langer Reihe
durch die Corridors des Hotels in's Freie schritten. Am
Höhlenthor erwartete uns wieder Freund Abraham, der
außer den nöthigen Lampen und den mit Oel getränkten
Eisenbahnannoncen noch einen großen mit Lebensmitteln
gefüllten Korb bei sich hatte. Wir gedachten an diesem
Tage einen Marsch von achtzehn englische Meilen unter
der Erde zu machen, und sollten weit jenseits des Styx
zu Mittag speisen.

Bald waren die Lampen vertheilt, und in langer
Reihe folgten wir dem Führer in den finsteren Schooß der
Erde; auf's Neue blies der kalte Zugwind wiederholt die
Lichter aus, ehe wir in die schützende Tiefe der gewaltigen
Höhle gelangten. Durch die „große Avenue" schritten wir,
vorbei am „Sarge des Riesen", dann durch eine wilde
Felsenenge nach dem sogenannten „bodenlosen Abgrund"
(bottomless pit). Bodenlos ist dieser Schlund nun freilich
nicht, hat aber doch eine Tiefe von 200 Fuß, welche
Abraham durch einige hinabgeworfene brennende Eisenbahn=
annoncen anschaulich machte. Ehe Stephen der Große
diesen Abgrund überbrückte, hielt man denselben für das
Ende der Höhle; aber jetzt führt ein sicherer Steg über
den Schlund. Auf der Mitte der Brücke erschloß das ver=

einte Licht unserer Lampen und der brennenden Papierblätter uns zu Häupten ein domartiges Gewölbe, während sich ringsum zerrissene Felsmassen aufthürmten und zu Füßen der Abgrund gähnte.

In einem langen und niedrigen, kaum vier Fuß hohen Gange wanderten wir gebückt weiter und stiegen dann tiefer hinab, durch ein brunnenartiges Loch, worüber ein gewaltiger Felsblock so zu sagen in der Schwebe hing. Jeden Augenblick vernahmen wir wieder die bekannten Mahnrufe Abraham's, besonders oft die Worte: „careful for heads!" — Wir gelangten jetzt in einen schlangenartig gewundenen Engpaß, mit gleichsam glatt polirten Seitenwänden, augen= scheinlich einstmals der Kanal eines reißend hindurch strö= menden Wasserlaufes. Stellenweise war der sich durch festen Fels windende Gang so eng, daß selbst die minder Korpu= lenten in unserer Gesellschaft Mühe fanden, sich hindurch zu zwängen, wobei unsere Köpfe oft in Gefahr waren, mit den dicht über uns hängenden spitzigen Felsen in unangenehme Berührung zu kommen. Dieser Engpaß, der von achtzehn Zoll bis drei Fuß breit und von vier bis acht Fuß hoch ist, führt den mehr passenden als poetischen Namen „der Jammer des fetten Mannes."

Rasch näherten wir uns nun dem Styx, auf Kiesboden und durch hohe, vierzig bis sechszig Fuß breite Hallen hinschreitend, wo wir uns ohne Zweifel in dem Bette eines ehemaligen unterirdischen Flusses befanden. Endlich standen wir am Ufer des Styx, eines gegen zweihundert Ellen langen, und von fünfzehn bis vierzig Fuß breiten Gewässers, welches von einer natürlichen Brücke überspannt wird. Der Höhlenfluß, von dem ich so viel gehört hatte, entsprach jedoch keineswegs meinen Erwartungen. Dieser Styx schien mir überhaupt eine verfehlte Idee zu sein. Das Ufer war sumpfig, das Wasser dem eines schmutzigen

Teiches ähnlich. Da waren keine Schatten der Abgeschie-
benen, welche auf die Ueberfahrt warteten. Kein drei-
köpfiger Cerberus schnappte Einem nach den Waden. Das
alte, halb mit Wasser gefüllte Fährboot hätte nicht einmal
eine Passagierladung von Geistern tragen können, und von
Charon war vollends gar nichts zu sehen. Einen besseren
Eindruck machte der See Lethe, den wir bald darauf erreichten, über welchen uns Abraham in einer Viertelstunde
in einem bereit liegenden Kahn ruderte. Die Decke der
Höhle liegt dort neunzig Fuß über dem Wasserspiegel.
Weshalb übrigens der Lethe als ein See figurirt, ist unklar.
Er hat die ungefähre Größe und Ausdehnung des Styx
und könnte so gut wie dieser ein Fluß heißen. Stephen
der Große, welcher alle jene Gewässer benannt hat, lebte
wahrscheinlich mit der Geographie der Unterwelt auf etwas
gespanntem Fuße.

Nachdem der Lethe hinter uns lag, wanderten wir
wieder eine halbe Meile durch einen großen Höhlen-
gang, der sich bei Hochwasser des Green River in einen
Fluß verwandelt, und dessen weit über uns liegende
Decke beim matten Schein der Lampen aussah, als schwebten
dort Lämmerwolken am dunklen Himmel. Am Ende dieser
„Avenue“ gelangten wir an den dreiviertel englische Meilen
langen Echofluß und nahmen Passage in einem zweiten
Fährboot. Die lange dauernde Fahrt auf dem Echofluß
machte einen traumhaften Eindruck. In der That, es gehörte nicht viel Einbildungskraft dazu, sich hier auf einer
Reise nach Pluto's Reich zu dünken. Stellenweise war
die Höhlendecke so niedrig, daß wir dieselbe mit den
Händen berühren konnten. Der Fluß hatte eine Breite
von zweihundert Fuß, unser Charon gebrauchte sein Ruder,
namentlich an solchen Stellen, wo er behutsam um die vorspringenden Felsufer herumfuhr, mit vielem Geschick. Die

leiſen Worte, welche wir redeten, hallten ſeltſam an der Felsdecke wieder; die Lampen beleuchteten wie wandernde Irrlichter die dunkele Fluth; aus der Ferne ließen die zurückgebliebenen Muſiker ſanfte Accorde ertönen, wie ein Lebewohl aus der ſchönen Oberwelt, — „Gungl's Heimathklänge", deren letzte, leiſe verhallende Tonwellen melodiſch an den Felſen hinzitterten; dazu das unbekannte Jenſeits, dem wir entgegenſteuerten, — eine Fahrt, deren Bild ſich meinem Geiſte unauslöſchlich eingeprägt hat.

Alle dieſe und andere Gewäſſer in der Mammuthhöhle ſtehen, wie ſchon bemerkt wurde, mit dem Green River in Verbindung und ſteigen und fallen mit ſeiner Fluth. Bei Hochwaſſer füllen ſich ihre Gänge bis an die Decke mit Waſſer, das ſich alsdann auch in die nahe liegenden „Avenues" verbreitet und jede Verbindung von Außen her mit dem inneren Theile der Höhle abſchneidet. In allen jenen Höhlenſtrömen, insbeſondere im Echofluß, befinden ſich augenloſe Fiſche und Krebſe. Dieſelben ſind ganz weiß und haben, mit Ausnahme weniger bis acht Zoll langer Exemplare, eine Länge von kaum zwei Zoll. Sie ſind echte Raubfiſche und die größeren von ihnen verfolgen und verzehren die kleinen. Es ſcheint, daß dieſe Fiſche, welche wohl urſprünglich aus dem Green River gekommen ſind, in der Höhle, wo ſie ſich fortpflanzen, bei ſpäteren Geſchlechtern die Augen verloren haben. Die Augenhöhlen ſind ihnen geblieben, aber die Augäpfel verſchwanden daraus. Dagegen ſind die Höhlenheuſchrecken, ekelhafte, blutarme und halbdurchſichtige Geſchöpfe, welche an den Felswänden in der Höhle umherkriechen, nicht blind, was ich aus dem Umſtande, daß dieſelben jedesmal vor dem Lichte unſerer Lampen flohen, ſchließen konnte. Dieſe Thiere, ſowie die in der Höhle nicht ſeltenen Eidechſen, Ratten und Fledermäuſe, die alle mehr oder weniger ſehen können, mögen wohl durch Felsspalten gelegentlich an das Tageslicht gelangen, wogegen es kaum anzunehmen ist, daß die augenlosen Fische und Krebse, falls einige von ihnen einmal vom Echofluß nach dem Green River schwimmen sollten, den Weg nach ihrer Höhlenheimath zurückfinden können.

Nachdem wir den Echofluß passirt hatten, schritten wir auf gelbem weichem Sandboden, eine volle deutsche Meile weit, durch eine gewaltige, gegen vierzig Fuß hohe „Avenue", in welcher streckenweise oben ein breites Gesims hinlief, das wie ein Chorbau in einer Kirche aussah. Dann gelangten wir in einen wilden Felsenpaß, El Ghor ge= nannt, wo wir uns während dreiviertel Stunden einen Weg über ein Chaos großer von der Decke herabgestürzter Felstrümmer suchen mußten, bis wir jenseits einer steilen und schlüpfrigen Treppe Martha's Weinberg erreichten. Fürwahr, eine Ueberraschung nach der wilden Felsenscenerie von El Ghor! — An der Decke und an den Wänden der Kammer hingen Hunderte ganz natürlich aussehende Traubenbüschel aus dunkelblauem Tropfstein. Unwillkürlich suchte das Auge nach dem Spalier, welches dieselben trüge. Wie von kunstfertiger Hand gemeißelt sahen diese Beeren und Ranken aus, welche das langsam herabträufelnde, mit Gyps, Alabaster und Eisenoxyd durchsetzte Wasser hier im Laufe der Zeit gebildet hatte.

Es ist hoher Mittag. Wie die Zeit enteilt ist! — Seit fünf Stunden befinden wir uns in der Höhle und haben eine ganz erkleckliche Anzahl von Meilen zurückgelegt. Soeben sind wir in eine geräumige Halle getreten, welche den Namen Washington's führt. Abraham macht den Vorschlag, hier zu Mittag zu speisen, welche Aufforderung mit Freuden von der Gesellschaft angenommen wird, denn es hat sich bei uns Allen durch den langen Marsch in der frischen Höhlenluft ein starker Hunger eingestellt. Bald haben wir uns, auf Felsblöcken ringsum Platz nehmend, romantisch in der weiten unterirdischen Halle gelagert, der Proviantkorb wird auf einer Felstafel entleert und Jedermann langt wacker zu. Hell erklingen die mit funkelndem Weine gefüllten Gläser, welche wir dem Vater Amerika's zu Ehren in dem nach ihm benannten Gewölbe der größten Höhle der Welt aneinanderstoßen.

Nachdem wir uns gut ausgeruht und Abraham die Lampen mit dem hier in Blechkannen vorräthig gehaltenen Oele frisch gefüllt hatte, ging's mit neuer Kraft weiter. Wir betraten jetzt einen der schönsten Theile der Mammuth=höhle, und während der nächsten Stunde .drängte förmlich eine Ueberraschung die andere. Zuerst hatte der nicht sehr hohe Gang, durch welchen wir hinschritten, das Aussehen, als sei er mit zahllosen Schneeballen beklebt; dieselben hatten einen Durchmesser von zwei bis vier Zoll und be=standen aus runden, nebeneinander sitzenden Gypsballen. Dann waren sowohl Wände als Decke der Höhle mit Gyps= und Alabasterblumen, die wie aus hellem Wachs ver=fertigt aussahen, sowie mit muschelähnlichen Verzierungen aus demselben Material dicht beklebt. Täuschend ähnliche Nachbildungen von gelblich=weißen Rosen und Lilien, von Caktussen, Tulpen und vielen anderen Blumen klebten in reizendem Gewirr und mit stets wechselnden Formen als kalkige Excrescenzen, in Rosetten und Arabesken, an den Felsen und kräuselten sich wie der Blätterschmuck an Säulenkapitälern. Eine weiße Gypsblume von etwa acht Zoll im Durchmesser, die „letzte Rose des Sommers" genannt, hing an der Decke in einer von den Blumen=kammern und sah mit ihrem vollen Kelche und den zartgeschweiften Blättern prächtig aus. Cleveland's Cabinet heißt dieser Blumengarten in der Mammuth=

höhle, der sich einunddreiviertel englische Meilen weit
erstreckt.

Der Führer bedeutet nun unseren Damen, zurückzu=
bleiben, da der Weg von hier bis zum Ende der Höhle
für sie etwas angreifend sein möchte. Diese sein gestellte
Aufforderung wurde jedoch von den Vertreterinnen des
zarten Geschlechtes energisch abgelehnt, und erklärten alle
von ihnen auf das Bestimmteste, mitgehen zu wollen —
soweit wie irgend einer von den Herren. Während der
nächsten Meile führte der Weg über zahllose Felstrümmer,
die wüst durcheinander gewürfelt den Boden bedeckten und
offenbar einst von der Decke der Höhle herabgefallen waren.
Mühsam bewegten wir uns vorwärts, mit den Lampen
vorsichtig vor uns hinleuchtend. Von Felsstück zu Fels=
stück, von einem Steinhaufen auf den andern stolperten,
sprangen, krochen, balancirten wir, — eine gefährliche
Tour, wobei Jeder für sich im Halbdunkel, so gut es
ging, die beste Passage suchen mußte. Doch überwanden
selbst die Damen mit lobenswerther Ausdauer alle jene
Hindernisse und gelangten mit dem Reste der Gesellschaft
glücklich bis an das Ende des von einer schroff aufsteigenden
felsigen Höhe abgeschlossenen Ganges. Nachdem wir wieder
zu Athem gekommen waren, erkletterten wir den vor uns
liegenden an hundert Fuß hohen Berg von losen Fels=
blöcken und standen endlich auf dem Kamme der sogenannten
„Felsengebirge" (rocky mountains). Vor uns gähnte
ein weites, offenes Gewölbe, in welchem die Finsterniß für
das Auge so undurchdringlich war, daß es den Anschein
hatte, als ständen wir einem riesigen schwarzen Vorhange
gegenüber. Sobald aber der Führer jenen sogenannten
„grausigen Thalgrund" mit seinen Papierfackeln dämmernd
erleuchtete, erschlossen sich unserem Blick rechts und links
zwei sich in Nacht verlierende mächtige Hallen, während zu

unseren Füßen ein wahres Felstrümmer=Chaos lag und
sich jenseits desselben eine breite Felswand steil emporbaute.
Unstreitig war dies der wildeste Theil der Mammuthhöhle,
den ich bis jetzt gesehen hatte.

Nochmals eine Kletterübung und wir erreichten in der
linker Hand liegenden Halle den Rand eines 175 Fuß
tiefen und 20 Fuß weiten Schlundes, welcher den höchst
unpassenden Namen „der Maelstrom" führt, und in den
ein kleiner Wasserfall hinabstürzte. Wir befanden uns hier
am Ende der Mammuthhöhle, volle neun englische
Meilen vom Eingang. Wenn ich von einem Ende der
Höhle spreche, so ist damit der Punkt gemeint, bis wohin
ein gewöhnliches Menschenkind gelangen kann. Ein Blick
in die grausige Tiefe des „Maelstromes", den Abraham
mit einigen brennenden Papierblättern erleuchtete, belehrte
uns, daß von einem wirklichen Ende der Riesenhöhle auch
dort nicht die Rede sein konnte, denn am Boden des Ab=
grundes öffneten sich wieder drei schwarzaufgähnende Gänge.
Vor einigen Jahren wurde der Versuch gemacht, dieselben
zu erforschen. Ein Wagehals ließ sich an einem Strick
hinunter und drang eine Strecke weit in zwei Gänge vor;
aber ein Ende derselben fand er nicht. Als man ihn
wieder heraufzog und er in halber Höhe vom Boden
schwebte, entzündete sich das Tau, waran er hing, durch
Reiben an einem vorspringenden Felsen; doch wurde das
Feuer glücklich gelöscht, ehe der Strick durchgebrannt war.
Der bekannte Schriftsteller Prentice aus Louisville war
der Mann, welcher jenes haarsträubende Abenteuer bestand.
Er meißelte seinen Namen in einen Felsen am Boden des
Abgrundes. Ein Engländer und ein Amerikaner haben
später nochmals diese interessante Tour gemacht.

Langsam wanderten wir jetzt auf demselben Wege, den
wir gekommen waren, zurück nach dem Ausgange der Höhle.

Im Felsenpasse El Ghor blieb ich, als ich längere Zeit Höhlenheuschrecken inspicirte, unvorsichtiger Weise hinter der Gesellschaft zurück, verlor dieselbe aus den Augen und befand mich bis zum Echofluß ganz allein. Den Weg dorthin verfehlte ich zwar nicht, aber der Marsch ganz allein durch die finsteren gewaltigen Gänge war nichts weniger als angenehm. Wenn sonst Mehrere von uns beisammen gingen, so ließen sich die Umgebungen bei dem vereinten Lichte von einem halben Dutzend und mehr Lampen recht gut erkennen; aber ein einzelnes Licht machte dieses fast unmöglich, und ich mußte mich vorsehen, nicht jeden Augenblick zu stolpern oder gegen Felsen anzustoßen. Ich ging im Mittelpunkte eines kleinen Lichtschimmers, um mich pechschwarze Nacht. Wie Geistererscheinungen traten mir hier und da die Felsen entgegen und verschwanden ebenso schnell wieder in der undurchdringlichen Finsterniß. Der Gedanke, daß ich in der Höhle zurückgelassen werden und gar meine Lampe erlöschen könnte, beunruhigte mich während dieses Ganges. Eben stellte ich nichts weniger als heitere Betrachtungen über die Art und Weise an, wie ich mich wohl zu verhalten hätte, wenn Abraham mit dem Fährboot bereits vom Echofluß, ehe ich diesen erreichen könnte, fort sei, — als ich zu meiner Beruhigung die Reisegesellschaft dort wieder einholte. Als wir am hohen Nachmittage, nach einem Marsche von mehr als achtzehn englische Meilen unter der Erde, aus der kühlen Höhle wieder in's Freie traten, machte der plötzliche Temperaturwechsel von etwa dreißig Grad Fahrenheit einen Eindruck auf das Nervensystem, als wehe uns eine wahre Backofenhitze entgegen. Der kurze Gang nach dem Gasthause badete uns förmlich in Schweiß.

Mit einem Ausfluge nach dem berühmten Mammuth=dome, wohin ich mich am nächsten Morgen in Be=

gleitung des amerikanischen Professors aus Louisville begab, fanden meine Streifzüge in der Mammuthhöhle ihren
Abschluß. Nachdem uns Abraham zuerst durch die eine
Meile lange, direct unter den „gothischen Arcaden" liegende
prächtige „Pensacola Avenue", in welcher die Felswände
stellenweise sechzig Fuß hoch sind und dann wieder die
Decke auf langen Strecken in einer Breite von hundert
Fuß wagerecht nur acht Fuß über dem Boden liegt, geführt hatte, wanderten wir über den „bodenlosen Abgrund"
und durch den „Jammer des fetten Mannes" nach der
„Schinkenkammer", deren Tropfsteingebilde genau so aussahen, als ob etliche tausend westphälische Schinken dort
hingen. Dann gelangten wir in den „Banditensaal", eine
urwilde Felsenhalle, gewiß ein idyllisches Plätzchen für
Straßenräuber, die sich's dort auf den Felsblöcken bequem
machen, und vor der Polizei sicher, in der Tiefe der Erde
Trinkgelage abhalten könnten. Durch einen mit wüsten
Steintrümmern übersäeten und unangenehm niedrigen
Felsengang, in welchem wir uns eine volle Meile weit
tief gebückt fortbewegen mußten erreichten wir endlich den
Abhang vor dem Mammuthdom.

Vorsichtig stiegen wir auf einer vierzig Fuß langen
schlüpfrigen Leiter hinab in die gewaltige Höhle, welche
Abraham mit einem Aufwande von brennenden Eisenbahnannoncen vergeblich ganz zu erleuchten sich bemühte. Man
denke sich ein Gewölbe tief unter der Erde, worin der
Mittelbau des Capitols zu Washington bequem stehen
könnte, und man wird einen Begriff von der Riesenhöhle,
deren Höhe über 250 Fuß beträgt, erhalten. Das
Gestein hatte ein röthliches Aussehen, und Wasser tropfte
und rieselte unaufhörlich an den Felswänden herunter.
Noch betrachteten der Professor und ich mit Staunen
die kolossalen Raumverhältnisse jenes größten natürlichen

Gewölbes in der Welt, als Abraham uns zum Weiter=
gehen ermahnte. Er schien wenig Lust zu haben, hier
länger als nöthig war zu verweilen, weil nach dem Ur=
theil von Sachverständigen, wie er uns anvertraute, der
Einsturz der sich beständig vergrößernden Felskuppel nächstens
stattfinden könne; eine recht pikante Bemerkung, die, ich
gestehe es, meine Bewunderung über den romantischen
Dom sehr verringerte.

Am Fuße eines von herabrieselndem Wasser schlüpfrigen
und wie ein Kirchendach steilen Abhanges im Dome machten
wir Halt. Diesen sollten wir hinaufsteigen, was sich leichter
sagen, als thun ließ; denn von einem Pfade war keine
Spur zu sehen. Im Halbdunkel folgten wir dem Führer,
indem wir uns an Felssplittern, die oft unter unsern
Händen losbröckelten, anklammerten, bis wir die fatale
Höhe glücklich erklommen hatten. Hier standen wir vor
den sogenannten „Korinthischen Säulen“, welche fünf an
der Zahl aus einer röthlichen Felswand in plastischen Um=
rissen hervortraten, ihre an achtzig Fuß hohen Schäfte so=
wie Kapitäler so natürlich, als wären sie von Menschen=
händen geformt. Eine halbrunde, über hundert Fuß hohe
Nische befand sich nicht weit von den Säulen. Alles dieses
war zweifelsohne sehenswerth, als wir aber den Abhang
hinunter klettern sollten, verwünschte ich dennoch die Ko=
rinthischen Säulen und den ganzen Mammuthdom. Abra=
ham ermuthigte uns, ich befahl dem Herrgott meine Knochen
und abwärts ging's in die finstere Tiefe. Nur mit größter
Mühe vermochten wir beim Hinuntersteigen das Ausglitschen
zu vermeiden, und konnten oft minutenlang nirgends einen
Anhalt finden. Langsam hinabrutschend, erfaßten wir mit
der einen Hand die feuchten Felssplitter und mußten dabei
in der andern Lampe und Spazierstock halten, — eine ge=
fährliche Turnübung! Endlich langten wir glücklich wieder

unten an und beeilten uns, aus dem romantischen Dom herauszukommen. Als wir auf dem Rückmarsche aus der Höhle durch die gewaltigen Räume der „großen Avenue" schritten, erscholl das Lachen von Kinderstimmen und Knabengesang aus weiter Ferne uns entgegen, und bald darauf blitzte eine lange Reihe von Lichtern durch das Dunkel. Es machte dies einen ganz eigenthümlichen Eindruck, wie wenn eine Schaar lustiger Gnomen uns in diesen riesigen unterirdischen Hallen begrüßen wollte. Die Gesellschaft bestand aus Knaben und Mädchen mit ihrem Lehrer aus Louisville, welche die Mammuthhöhle in Augenschein nahmen.

Am Nachmittage des dritten Tages meines Besuches nahm ich Abschied von der gewaltigen Höhle, in welcher ich im Ganzen gegen funfzig englische Meilen umhergestreift war. Bald hatte ich die Eisenbahn wieder erreicht und spannte den eisernen Rappen, der mich meiner fernen Heimath im Goldlande zuführen sollte, in's Geschirr. Den grünen Wäldern von Kentucky Lebewohl sagend und den Geist voll von den märchenhaften Naturwundern der Riesenhöhle nahm ich meine unterbrochene 4000 Meilen-Reise wieder auf und rastete nicht eher, bis die weiten Fluthen der Bai von San Franzisco mich auf's Neue begrüßten.

Druck von Gustav Esch in Altona.

Adelpha. Gedichte der Brüder **Christian** und **Theodor Kirchhoff.** Altona. San Francisco. Erster Band: Die Rose vom Rhein. Magnolien vom Mississippi. Zweiter Band: Eider und Rhein. Bilder aus beiden Hemisphären. — Neue unveränderte Ausgabe. Altona 1872. Carl Theod. Schlüter. In New-York bei E. Steiger, in San Francisco bei J. B. Golly zu haben. Preis à Band: gebunden 4 M., brochirt 3 M.

Blätter für literarische Unterhaltung 1874, Nr. 6.

Mit dem Dichten ist es doch eine eigene Sache. Die Muse verleiht nun eben nicht jedem den bewußten Schleier, der aus „Morgenduft und Sonnenklarheit" gewebt ist. Und mancher, der dieses köstliche Geschenk empfangen hat, weiß es nicht zu gebrauchen: anstatt den Schleier über die Wirklichkeit auszubreiten, hält er ihn dicht vor seine Augen und sieht in Folge dessen alles in einen poetischen Nebel gehüllt. Es ist deshalb nicht zu verwundern, daß man sich wie in eine andere Welt versetzt fühlt, wenn man einem echten Sänger begegnet, oder gar einem Sängerpaar, wie es die Gebrüder Kirchhoff sind. Da lauscht man jeder Strophe und möchte kein Wort verlieren:

> Wir spannten den eisernen Rappen vor,
> Auf Flügeln des Dampfes zu jagen,
> Zweitausend Meilen, vom Goldenen Thor
> Zum Missouri, im glänzenden Wagen;
> Hoch unter den Wolken, im donnernden Zug,
> Durch endlose Wüsten, im sausenden Flug –
> In vier gemessenen Tagen.

Wir sehen den Hotelzug auf der Pacificbahn an uns vorüberrollen. Jede Zeile athmet Frische und echte Poesie:

> Ade, du herrliche grünende Flur,
> Ade, ihr Frühlingsgefilde!
> Dich, Goldland, schmückte Mutter Natur
> Zu paradiesischem Bilde!
> Der Himmel, so tief, mit klarstem Blau,
> Die Lüfte im Winter sommerlau,
> Wie im Tropenlande so milde!

Es ist bekannt, daß die Gedichte der beiden Brüder Christian und Theodor Kirchhoff unter dem Titel „Adelpha" erschienen sind. Der erste Band erregte bei seinem Erscheinen sofort Aufsehen. Jetzt liegt auch der zweite vor uns und bietet eine noch größere Auswahl vortrefflicher Gedichte als der erste. Diesmal erhalten wir auch eine reiche Auslese von Vaterlandsliedern, die sich durch kernige Sprache und tiefgefühlten Patriotismus auszeichnen. Sie sind größtentheils von Christian Kirchhoff gedichtet. Sie behandeln Schleswig-Holsteins Erhebung und Befreiung. Als ein den beiden Brüdern gemeinsames Theilstück der Sammlung müssen die Soldatenlieder gelten, die unter dem Titel: „Der Krieger und sein Mädchen", die Freuden und Leiden des Soldatenlebens schildern. Wie schön klagt das Mädchen um ihren Geliebten, der in den Krieg gezogen ist:

Und die Welt so köstlich,
Und die Welt so schön!
Und mein Herz so traurig!
Muß alleine gehn.

Auf die stillen Berge
Treibt mich's, durch die Flur,
Auf die alten Burgen,
Durch die Waldnatur.

Ob er froh und wohl ist?
Ob verwundet, krank?
Nicht den Hügel wüßt' ich,
Wenn ins Grab er sank!

Wenn die bleir'ne Kugel
Ihm die Brust durchschlägt,
Sind es zwei, die einsam
Man zu Grabe trägt.

Wahrlich, zu beneiden
Ist der Männer Loos:
Siegend heimzukehren
In der Liebe Schoos;

Oder leicht zu sterben
Schnellen Schlachtentod.
Unser sind die Thränen
Und die lange Noth.

Und die Welt so köstlich!
Und die Welt so schön!
Und mein Herz so traurig!
Muß alleine stehn.

Die Abtheilung enthält 24 schöne Lieder.

Die ganze Gedichtsammlung muß überhaupt für eine poetische Gabe von seltener Reichhaltigkeit angesehen werden. Sämmtliche Poesien des Brüderpaars empfangen ihre Anmuth und ihren Schwung aus dem lebenskräftigen Boden der Wirklichkeit. Das macht sie so anziehend, wie alles, was den Stempel der Naturwahrheit trägt. Ein aufmerksamer Leser kann in den Gedichten den individuellen Lebenslauf jedes der beiden Brüder wiedererkennen.

Die landschaftlichen Schilderungen aus der Neuen Welt von Theodor Kirchhoff sind mit wahrhaft hinreißendem Schwung der Sprache geschrieben. Es sind Gemälde, die mit wenigen Strichen das Wesentliche skizziren und das übrige der Phantasie zum Hinzudenken überlassen. Der Dichter weiß uns die Schönheiten des Yankeelandes zu erschließen und einen eigenthümlich romantischen Farbenton über seine Schilderungen zu verbreiten. Man höre die Beschreibung eines Urwaldes:

Von den düsteren Morästen
Längs dem tückischen Yazoo,
Wo sich an Cypressenästen
Wiegt das Cherokee-Canoe —
Bis zum Mississippistrande,
Wo sich waldbedeckte Lande
Wie ein endlos hoher Wall
Spiegeln schwarz im Fluthenschwall:

Dort erstreckt sich hundert Meilen
Modervoll ein Riesensumpf.

Mammuthbäume, noch von Beilen
Nie entweiht, stehn dicht und dumpf.
Träge Schlammgewässer fließen
Durch das Sumpfland; breit aufsprießen
Gelbe Blumen. Weit herum,
Liegt der Urwald, kühl und stumm.

Durch der Waldcyklopen Gipfel
Dringt der Mittagssonne Gluth;
Schweigsam stehn die hohen Wipfel
Und die Thierwelt schläft und ruht.
An den knorr'gen Aesten schwanken
Dichtverschlung'ne Epheuranken,
Ungeheuern Schlangen gleich
Aus der Vorwelt Fabelreich.

Von den Zweigen hängt herunter
Langes Moos, wie zott'ges Haar,
Und auf grünem Rasen drunter
Spielt die muntre Eichhornschaar.
Plötzlich jagen all' im Sprunge
Hoch hinan mit leichtem Schwunge,
Von entferntem Knall erschreckt,
Der des Waldes Echo weckt.

Nun folgt in den weitern Strophen eine Beschreibung der Thierwelt des Urwaldes
in größter Ausführlichkeit. Schlangen, Spinnen, Skorpione, Eidechsen, Mosquitos,
Kolibris, Eichhörnchen und Waschbäre — jedes bekommt den ihm gemäßen Platz
im Naturhaushalte des ungeheuren Waldes angewiesen. Dann folgt die Schilderung
eines Orkans:

Plötzlich regen sich die Gipfel
Ries'ger Bäume wie zum Tanz,
Und die dichtbelaubten Wipfel
Drehen sich im Wirbelkranz.
Wie ein Donnerkeil von oben
Stürzt sich des Orkanes Toben,
Jäh, mit schmetternder Gewalt
Nieder auf den weiten Wald.

Hundert rothe Blitze sprühen
Durch die Lüfte auf einmal —
Leuchten, zischen, zucken, glühen,
Wie durchwühlt von Höllenqual
Scheint die Erde selbst zu wanken.

Hundertjähr'ge Bäume schwanken
Zittern leicht wie Espenlaub,
Dicht umhüllt von schwarzem Staub.

Wir sehen das Schauspiel greifbar vor unsern Augen. In derartigen Beschreibungen ist Theodor Kirchhoff ein ebenbürtiger Rivale Freiligrath's. Ein wahrhaft groß artiges Gemälde entrollt uns der Dichter in seiner Schilderung des schrecklichen Brandunglücks, welches den Dampfer Golden-Gate auf offener See betraf und den Untergang desselben zur Folge hatte.

Die „Adelpha" beweisen, daß es immer noch Poesie gibt, und daß Eisenbahnen und Telegraphen, Walzwerke und Spinnereien, Actiengesellschaften und Versicherungs-bureaur nicht im Stande sind, die ganze Welt in prosaische Nüchternheit zu versenken.

E. Zachariä.

Die Blätter für literarische Unterhaltung 1870, Nr. 44
sagen über die Gedichte Theodor Kirchhoff's:

Dieselben bekunden sogar mitunter, namentlich da, wo sie die Schranken eines subjectiven Gefühlslebens durchbrechen und Welt und Zeit in ihren Kreis ziehen, einen gewissen großen Zug, etwas Fernblickendes, etwas Culturhistorisch-Grandioses, wie die sehr klangvollen und inhaltschweren „Terzinen" aus Italien und das „Mississippi-Panorama" beweisen. Der Verfasser ist ein vielgereis'ter Mann, der es versteht, die Völker mit ihren Sitten und die weite Welt mit ihren wechselnden Naturscenerien in seinen Poesien wiederzuspiegeln. Dem „Stillen Meere" widmet der Dichter die folgenden anapästischen Strophen:

Willkommen! du herrliches Stilles Meer
    von tropischer Fülle umgeben,
Wo die schwellenden Wasser im Sonnenglanz
    wie Wonne athmend sich heben,
Wo klar sich spiegelt der Berge Kranz,
    im Schooße der Azurwogen,
Und dunkelblau darüber sich wölbt
    des südlichen Himmels Bogen.

Willkommen, du Golf von Panama,
    mit den Inseln voll duftender Wälder,
Wo am Fuße der grünenden Hügel stehn
    die rauschenden Zuckerrohrfelder;
Mit den alten Gemäuern so traulich dort
    im Schatten der Cocosbäume,
Wo die säuselnden Winde melodisch wehn
    wie im Zauberlande der Träume.

Einst sah dich staunend, ein neues Meer,
    der tropischen Urwelt Spiegel,
Der Spanier, blinkend im Panzerkleid,
    von des Isthmus schwellendem Hügel.

> Nach Golde suchend irrte er weit,
> gen Westen, gen Westen immer;
> Auch mich verlockte vom Vaterland
> des Westlands goldener Schimmer.
>
> Ihr blanken Gewässer, tragt mich sacht
> vom palmenumgürteten Strande,
> Von Neu-Granada's bläulichem Golf
> zum californischen Lande;
> Wo der Waldstrom rauscht auf goldenem Sand
> über funkelnde Felsenquadern,
> Und die Felswand blitzt, wie edles Gestein,
> durchflochten von leuchtenden Adern.

Aber die Sehnsucht nach der Heimath ist mächtiger als der Reiz der Tropen, und das Gedicht klingt mit folgenden elegischen Versen schön aus:

> Hinüber, hinüber zieht es mich
> zur Heimath aus fernsten Weiten!
> Nicht fesseln der Südsee Zauber mich
> und die Himmel tropischer Breiten.
> Ihr duftenden Wälder lauschtet nie
> der Nachtigall Trilleraccorden,
> Und grüner, als Palmen von Panama,
> sind die Buchenhaine im Norden.

Neben diesen im Freskenstil gehaltenen Gedichten finden sich bei Theodor Kirchhoff einfache Lieder voll Gemüth und Innigkeit, wie z. B. „Der lieben Mutter stilles Grab", welches unwiderstehlich das Herz gewinnt, weil es aus dem Herzen stammt. Wir begrüßen den Verfasser als ein respectables Talent.

Magazin für die Literatur des Auslandes, Nr. 31, 1871:

Man kann sich, in einem Bande vereint, kaum etwas Verschiedenartigeres denken, als diese Gedichte zweier Brüder. Beide sind bis zu einem gewissen Grade Meister der Form und gehen in realistischer Richtung. Aber schon in der Bezeichnung, die sie den Hauptabtheilungen ihrer Gedichte gegeben haben, ist der Unterschied angezeigt. Hier der Rhein, dort der Mississippi. Daher bei Christian Kirchhoff, welchen die Rose am Rhein begeisterte, eine tief innere Bewegung, welche durch eine glückliche normal deutsch sich darstellende Liebe hervorgerufen wurde, und selbst in der Abtheilung „Leben" eine reflectirende Beschaulichkeit, die auch da, wo sie eine epigrammatische Schärfe annimmt, ihren tiefgemüthlichen Charakter nicht verläugnet — bei Theodor Kirchhoff dagegen, den Amerika anzog, in jedem Verse ein Wellenschlag, der ungestüm hinaus in das wildbewegte Leben treibt, nach Befriedigung der Wanderlust aber sanft in das trauliche deutsche Bruderhaus zurückführt. Christian K. liebt es, in der Stille der Nacht die Fülle seiner Gedanken auszuströmen — Theodor K. aber gewinnt der in vollem Sonnenlichte strahlenden Natur dem Weltverkehre seine großgezeichneten Bilder ab, und er beweist, daß sich die Poesie recht gut mit den rußigen Schornsteinen der Dampfschiffe, mit dem gellenden Pfiff der Locomotive und sonstigen anscheinend poesiewidrigen Erscheinungen der Neuzeit zu befreunden vermag. Christian K. preis't die Harmonie, Theodor K. erfaßt die Gegensätze in der Natur. Und so ergänzen sich Beide gegenseitig, indem sie vereint uns die Mannichfaltigkeit im deutschen Dichterwalde vor die Augen und zu Herzen führen. G. H.

Magazin für die Literatur des Auslandes
Nr. 5. 1872.

Ueber die Dichtungsweise dieser beiden begabten Brüder haben wir uns bei Gelegenheit des ersten Bändchens ihrer Gedichte ausgesprochen. Wir freuen uns das günstige Urtheil von damals auch über den reichen Inhalt des zweiten Bandes fällen zu können. Natürlich hat der Sturm der großen Zeit, die wir durchleben, auch die Saiten in der beiden Brüder Leyer berührt, und mit kräftigem Klange hallt in ihnen die begeisterte Vaterlandsliebe wieder. Es ist ganz dankenswerth, jetzt, wo alle Welt die Erfüllung der Kyffhäusersage besingt, in Liedern auf den Anfang des gewaltigen Ringens um die deutsche Einheit zurückzuweisen: die Kämpfe in Schleswig-Holstein, sie verdienen die poetischen Blätter, welche Christian K. als ahnender Zuschauer, Theodor als Mitkämpfer ihnen geweiht hat. Mit diesen Poesien bilden die aus der Fülle des Herzens gedrungenen Verse aus den Jahren 1870/71 einen prächtigen Kranz von Zeitgedichten. Zum Theil haben sie in San Francisco das Licht der Welt erblickt, wo Theodor dem Enthusiasmus der Deutsch-Amerikaner über Deutschlands Erhebung zündende Worte verlieh. — Wenn sodann Theodor in seinen Gedichten „Bilder aus beiden Hemisphären" getreu dem Motto: „Kreuz und quer — Ueber Land und Meer" Amerika und Europa al fresco malt, so kann er doch in Amerika den Europäer und dann in Europa den Amerikaner nicht verläugnen. Wir gestehen, seine glänzenden, farbenreichen Bilder aus Amerika bei weitem vorzuziehen; sein Pinsel ist da von kräftiger, oft ergreifender Wirkung. Aber wir warnen ihn freundschaftlichst, den Heine'schen Ton anzuschlagen; den originellen Inhalt mag auch die originelle Form umschließen. G. H.

Europa, 1872, Nr. 52.

In diesen Gedichten vereinigen zwei Brüder ihre poetischen Gaben, Brüder von ganz verschiedener Geistesart und Gemüthsstimmung; der eine, Christian, ist eine mehr innerliche, tief bewegte und feinfühlende Natur, der andere, Theodor, ein sich mit Wohlbehagen in den Wogen des Lebens badender, thatenlustiger und jugendfrischer Geselle. Diesem Unterschiede Beider gemäß und auf Grund ihrer verschiedenen Lebensstellung — Christian lebt in Altona, Theodor in San Francisco — tragen die Poesien des Einen einen mehr contemplativen, reflectirenden Charakter, während die des Andern eine glückliche Naturanschauung und große Plastik der Darstellung documentiren. Deutsches und Amerikanisches Leben reicht sich in diesen Gedichten der beiden Brüder die Hand, — und da ist es denn wieder für Christian, den Repräsentanten Deutscher Gemüthsinnigkeit, bezeichnend, daß wir in seinen Gedichten mehr den weichen Ton der Beschaulichkeit angeschlagen finden, für Theodor, den Amerikanischen Bürger mit Deutschem Herzen, aber charakteristisch, daß er uns weite Perspectiven eröffnet in das farbenreiche Leben der transatlantischen Welt. Diese Tropen- und Oceangemälde Theodor's halten wir für die bedeutendsten Piecen des Buches. Die öden Einsamkeiten der Prairie, die üppige Vegetation des Urwaldes, die Schrecken des fürchterlichen Hurrikan, jenes Alles vernichtenden Sturmes, die Sommernächte im wildromantischen Plutonthale, — das Alles lebt und athmet in den Liedern Theodor Kirchhoff's. Daneben ist das gesellschaftliche Leben Amerikas durch mehrere Gedichte glücklich zur Erscheinung gebracht, und neben den im Fresco-stil breit und imposant ausgeführten transatlantischen Landschaftsgemälden finden sich Gedichte, welche interessante Erlebnisse und Ereignisse anschaulich schildern. Weniger Farbe, als die Amerikanischen Poesien, haben die Europa repräsentirenden Gedichte, die Schweizerbilder, das Gondellied und das Edinburgh gewidmete Gedicht, obwohl das letztgenannte einen fast Platen'schen Schwung hat. Der Liedercyklus: „Der Krieger und sein Mädchen," welcher beide Brüder zu Verfassern hat, spricht durch Wärme der Empfindung und lebhaften Fortgang der anmuthigen Handlung an. Aecht dichterisches Feuer haben die von einer edlen Gesinnung getragenen pa-triotischen Gedichte, welche ebenfalls von beiden Brüdern stammen und namentlich Schleswig-Holsteins Erhebung und Befreiung in oft monumentalen Versen feiern. Dieser zweite Band der „Adelpha" schließt sich somit dem ersten würdig an und legt aufs Neue Zeugniß ab für die hübsche poetische Begabung der Brüder Christian und Theodor Kirchhoff.

Im neuen Reich, 1873, Nr. 14.

Es ist bekannt, daß unsere Landsleute in der Fremde, besonders in Amerika die Bedeutung der letzten politischen Umwälzung früher erkannt und die ersten Erfolge Preußens freudiger begrüßt haben, als Viele in Deutschland, und der Grund davon liegt auf der Hand: in der Entfernung verschwinden die Grenzen der Territorien und der Parteien und man sieht allein auf's große Ganze, dazu waren Jene sozusagen in freier Luft, nicht umnebelt durch die Wolken von Miß-verständniß, Aerger und Verbitterung, welche bei uns auch das Gewitter von Königgrätz noch nicht zerstreuen konnte. Einen Beleg dafür bieten die Gedichte des Californiers Theodor Kirchhoff. In treuer Liebe gedenkt er des schwarz-roth-goldnen Banners, unter dem er einst gegen Dänemark gekämpft hat, aber rückhaltslos jubelt er dem neuen Tage entgegen, welcher über den Schlachtfeldern Böhmens auf-gegangen ist:

> „Die alten Farben fielen —
> Wohlan, so hängt sie auf
> In des Kyffhäuser's Grabe!
> Doch von dem höchsten Knauf
> Der deutschen Dome alle
> Laßt weh'n im Morgenroth,
> Germanias neue Farben,
> Die Banner schwarz-weiß-roth!"

So spricht er 1867 und im folgenden Jahre:

> „Ich glaube, lebt' der alte Fritz
> Und hielt das Scepter fest, — Potz Blitz!
> Ich glaub', er setzt' die Kaiserkron',
> Die deutsche, auf und rief' vom Thron:
> Ich Fritz bin deutscher Kaiser!

Und all' die Kleinen rings im Land
Vom Niemen her bis nach Brabant,
Von Schleswig-Holstein bis Tyrol,
Die würden rufen jubelvoll:
Es lebe Fritz der Kaiser!"

Daß er den Krieg gegen Frankreich und seine Folgen mit überschwänglicher Freude feiert, versteht sich von selbst, und es ist eine Lust zu sehen, wie dieser wackere Patriot unter den speculirenden Yankee's die Geschicke seines Vaterlandes sorgend und jubelnd miterlebt. Echt deutsch ist auch der offene Dichtersinn, mit welchem er die Erinnerungen an die alte Heimath bewahrt, während er zugleich sich in die wunderbaren Landschaften des fremden Erdtheils liebevoll versenkt und die Prairie wie den Urwald, Californiens Berge und die Südsee in glänzenden Bildern zu schildern weiß. Die Verse sind klangvoll und fließend; zuweilen ist wohl etwas zu breit gemalt, wie z. B. die Gedichte „die Prairie" und „der Urwald" durch Kürzung gewinnen würden. Manches ist auch ganz unbedeutend und im Einzelnen vermißt man, namentlich im Ausdruck die feinere künstlerische Aus-arbeitung. Von größter Kraft und Wirkung ist die Darstellung in dem Gedichte „der Brand des Golddampfers Golden-Gate", die Schilderung des brennenden Schiffes, welches mit vollster Dampfkraft dem Strande zujagt.   C. A.

Itzehoer Nachrichten Nr. 147, 19. Decbr. 1871.

Auf den ersten Band der „Adelpha" ist schon früher auch in diesem Blatte auf-merksam gemacht; inzwischen ist ein zweiter gefolgt, der dasselbe Lob verdient, das den Verfassern vielfältig diesseit und jenseit des Oceans gespendet ist. Dazu ist der Inhalt dieses Bandes noch reichhaltiger.

Die erste Abtheilung enthält „Vaterlandslieder", und zwar: „Erinnerungen an Schleswig-Holsteins Erhebung", mit einem Widmungsliede an die Schleswig-Hol-steinischen Kampfgenossen, das mit der schönen Strophe schließt:

„Dein Lied, o Schleswig-Holstein, es war ein Weihesang,
Der wie ein Zauber glühend in alle Herzen drang!
An Deinem Strande ward sie gesä't die heil'ge Saat,
Die jetzt in Deutschland herrlich die Frucht getragen hat."

Ich führe aus diesem Abschnitt nur an: „Eckernförde" in 7 Liedern, „Kolding und Vandrup", „Friedericia" in 5 Liedern (IV. „Delius", V. „Christiansen"), „Missunde". Sie sind meistens von Theodor Kirchhoff. Die zweite, haupt-sächlich Christian angehörende Unterabtheilung: „Schleswig-Holsteins Befreiung", enthält unter andern die vortrefflichen Lieder: „Der Eid", „Der Einzug der Bundes-truppen in Altona", das ausgezeichnete „Intermezzo im Hause", „An Schles-wig", „Ober-Selt", „Leversee". Schleswig-Holsteinisches Fahnenlied", „Unsere Todten", „Alsen". Die dritte Unterabtheilung: „Das Deutsche Reich", ist besonders durch die Mittheilung derjenigen Lieder anziehend, die, von Theodor gedichtet, in öffent-licher Feier zu San Francisco während des großen Krieges und nach dem Friedens-schluß vorgetragen wurden.

Auf diese erste Abtheilung folgt eine zweite unter dem Titel: „Der Krieger und sein Mädchen", von beiden Brüdern in 24 zusammenhangenden lebensvollen Bildern.

Die dritte Abtheilung, ausschließlich von Theodor, giebt außer 7 „Schweizer-bildern" eine Reihe meist großartiger Gemälde aus Amerika, wie: „Die Prairie", „Der Urwald", „Im Hotelzug der Pacificbahn", „Die Mammuthhöhle in Kentucky",

„Der Brand des Golddampfers Golden-Gate" u. s. w.; von andern Gedichten dieser Abtheilung sei endlich nur noch das eine „Las in einem Deutschen Buche", erwähnt, das ein liebliches Bild des elterlichen Hauses darstellt.

In den angeführten Gedichten soll sich eben nur die Reichhaltigkeit und Mannichfaltigkeit des Inhalts der „Adelpha" erweisen; noch manches Lied, wie z. B. die Hymne am Schlusse der ersten Abtheilung, könnte mit Lob genannt werden. Es scheint gerade in diesem Zweige der höheren Lyrik, wie andererseits in dem eigentlichen Liede, Christian's Muse noch einen hervorragenden Platz einnehmen zu können.   —r.

Die Jahreszeiten, 1871, Seite 764.

(K. Z.) Der erste Band der Gedichte des reichbegabten Brüderpaares wurde von der Presse mit lebhaftem Beifall begrüßt, und wiesen mehrere Kritiken darauf hin, daß, wie verschieden auch die Saiten der Leier gestimmt, indem der eine der Sänger mehr aus dem tiefen, unerschöpflichen Bronnen des Gemüths schöpfte, der andere dagegen in der lebhaften, farbenprächtigen Schilderung ferner Tropengegenden einen genialen Schwung offenbare, sie sich doch gegenseitig ergänzten. Das deutsche Gemüthsleben, das in der Heimath wurzelt und in unbegrenzte Fernen schweift, kehrt doch schließlich mit neuen Eindrücken und Bildern bereichert, zum Urquell zurück. —

Der vor uns liegende stattliche Band zerfällt in die Hauptabtheilungen „Vaterlandslieder", „das deutsche Reich", „der Krieger und sein Mädchen" und „Bilder aus beiden Hemisphären". Die Vaterlandslieder versetzen uns in die sturmbewegte Zeit der schleswig-holsteinischen Erhebung und Befreiung, und unter diesen Gedichten befinden sich viele von schneidigem Klang. Der Kampf bei Eckernförde, Kolding, Friedericia, Idstedt u. s. w., wird schwungvoll geschildert; sind doch diese Kämpfe der deutschen Nordmark als die Keime anzusehen, welche den Baum der deutschen Einheit der neuesten Zeit zu üppigster Entfaltung brachten, und aus blutgedüngten Saaten das deutsche Reich erstehen ließen.

Zu den Gedichten dieser Abtheilung trugen beide Brüder gemeinschaftlich bei, und mag nachstehend das Gedicht „Friedrichstadt" von Th. Kirchhoff, sowie „die Befreiung der friesischen Inseln" von Christian K. hier mitgetheilt werden.

Friedrichstadt,

Nacht 4.—5. October 1850.

Nach schweren Jahren, Schlacht auf Schlacht,
    bald Sieg, bald bangem Leid,
Verlassen von dem Vaterland
    in thränenschwang'rer Zeit,
Zurückgedrängt, doch nicht besiegt,
    zur Eider, Schritt um Schritt
Das war der deutschen Nordmark Heer,
    das für die Freiheit stritt.

Zum letzten Male zogen wir
    zum Sturm auf Friedrichstadt.
Die Nacht war schwarz und sternenleer,
    die Heimath thränensatt.

Noch einmal Schleswig-Holsteins Heer,
    noch einmal hoch das Schwert!
Des freien Mannes freies Wort
    ist Ströme Blutes werth!

Der Bataillone Ehrenschaar,
    zum Sturme auserwählt,
Zog lautlos, in gedrängten Reih'n,
    durch's off'ne Wiesenfeld.
Am Eiderdeiche wälzte sich
    entlang die Heeresmacht.
Wie ries'ge Anaconden, stumm
    durch die Octobernacht.

Da plötzlich flammt es, donnert, kracht,
    als berstet' ein Vulkan, —
Musketenknattern, Hurrahruf
    steigt jauchzend himmelan;
Granaten heulen, Kugeln schrein,
    Kartätschen prasseln wild,
Und wie ein breiter Feuergurt
    sprüht's rings am Schlachtgefild.

Hin auf die starken Schanzen stürzt
    das Heer sich, todtgeweiht;
Umsonst! — ob's rasch auf blut'gem Grund,
    auch Sturm auf Sturm erneut
Auf schmalem Damme ohne Schutz,
    verzweifelt ras't der Kampf;
Umsonst! — des Vaterlandes Stern
    erbleicht im Pulverdampf.

Die Bomben schlagen in die Stadt.
    Der Lohe düst'res Roth
Malt rings die Himmel, überall
    entfesselt ras't der Tod.
Der Freiheit Scheiterhaufen flammt
    in blut'gen Sternendom,
Und röthet — Teutschland, wache auf!
    den deutschen Eiderstrom.

Da plötzlich schweigt der wilde Kampf,
    der Sturm und grau'ge Mord,

Und Todesstille lagert nun
   am blut'gen Teiche dort.
Das war von Schleswig-Holsteins Heer
   die letzte Freiheitsschlacht:
Des Sieges Hoffnung sank dahin
   in jener Schreckensnacht.

Die Befreiung der friesischen Inseln.
12. — 19. Juli 1864.

Wo giebt's wohl Reiter und Jäger noch mehr,
Wie Oesterreichs Jäger und Reiter?
Sie stürmen sogar die Inseln im Meer;
Das nenn' ich seltene Streiter.
Wo die deutschen Wogen vor Schleswig gehen,
Ihr Friesen des Meer's, ihr habt es gesehen,
Wie kühn euch die Söhne der Berge befreit.

Ganz Schleswig-Holstein, weit und breit
War voll von Jubel und Ehre.
Wo den Gruß ein Meer dem anderen beut,
Sich begränzen das Land und die Meere,
In Jütlands Höh', auf dem sandigen Skagen,
Triumphirend dort hatten die Flügel geschlagen
Die Adler von Preußen und Oesterreich.

Die ihr schluget den ersten Schwertesstreich,
Jetzt schlagt auch den letzten des Krieges;
Und schmückt euer Haupt mit dem Loorbeer zugleich
Des ersten und letzten Sieges.
An der Schlei, da jagtet ihr Dänemarks Löwen;
Nun jagt von der See seine kreischenden Möven,
Die geschwinde, die beutegierige Schaar.

Wie sie kreischen und zittern vor'm deutschen Aar!
Da schreiten zu Fuß in die Wogen
Vier kühne Boten; die Augen klar,
Ob's stürmt an des Himmels Bogen.
Den Schiffen wollen sie Botschaft bringen;
Ob die Fluthen steigen, sie nieder zu zwingen,
Sie dringen hindurch mit festem Schritt.

Da springt durch's Meer im schäumenden Ritt
Der „Basilisk" mit dem „Blitze",
Und der „Seehund" tummelt sich lustig mit,
Und der „Wall", der aus mächt'gem Geschütze
Im nordischen Meer sprüht heiße Flammen,
Daß scheu das Geflügel allzusammen
Zum Ufer sich drängt vom feuchten Revier.

Ihr Jäger, mit wehender Federn Zier,
Wie jagt ihr auf wogenden Böten!
Jäh stürzen die Vögel, bald dort, bald hier,
Und flattern in Todesnöthen.
Doch drüben am Strand schau'n hoffend und warten
Die Töchter der Inseln, ein Blumengarten,
Für euch mit frischer Liebe geschmückt.

Wie haben sie euch an's Herz gedrückt!
Das war der Friesinnen Ehre.
Wie sprangt ihr Steiermärker entzückt
Auf die sandigen Dünen am Meere!
Da habt ihr getanzt den Siegesreigen.
Nicht Schleswig-Holstein soll es verschweigen,
Wie Ihr seine letzte Scholle befreit.

„O, freie Friesen, der Knechtschaft Leid
Ist vorüber und all ihr Jammer.
Schlug euren eisernen Haß stahlhart
Der Tyrann mit geschwungenem Hammer,
Wir packten ihn fest den „Hammer" des Meeres.
Ihr Männer der See, nun preiset des Heeres
Von Oesterreichs Bergen stählerne Art."

Aus der Abtheilung „Das deutsche Reich" heben wir besonders hervor die Gedichte: „Gruß an Deutschland:
        „Wie ist von hohem Siegesmuth
        Das deutsche Herz so voll",
ferner: „Germanias Gruß", gesprochen von Ottilie Genée in Costüm, zur Eröffnung
der von dem deutsch-patriotischen Frauenverein in San Francisco veranstalteten
Feier, 8.—12. Septbr. 1870, zum Besten der Verwundeten, Wittwen und Waisen
der im Kriege gefallenen Deutschen, sowie die Hymne von Christian Kirchhoff:
        Ewig thront
        Das göttliche Wesen
        Das furchtbar heilige,
        Das lieblich ernste.

Die Abtheilung „Der Krieger und sein Mädchen", ist ein Cyclus von Gedichten, welche bald humoristisch, bald ergreifend die Schicksale des Soldaten im Frieden und Felde, so wie Momente aus dem Soldatenleben in anziehender, wechselnder Form schildern.

Die letzte Abtheilung: „Bilder aus beiden Hemisphären", von Th. Kirchhoff, enthält manche werthvolle Perle, und sind es besonders die Schilderungen aus Amerika, die sich unbedingten Beifalls erfreuen werden, wie u. A. „Die Prairie", „Der Urwald", „Im Hotelzug auf der Pacificbahn", ferner die Terzinen „Die Mammuthhöhle in Kentucky", Der Brand des Golddampfers „Golden-Gate" u. A.

Wir bedauern, das Gedicht „Die Prairie" nicht vollständig mittheilen zu können, da es einen zu großen Raum in Anspruch nehmen würde, doch mögen einige Verse von der Meisterschaft des Verfassers in ergreifender und zündender Schilderung Zeugniß ablegen. Die Prairie steht in Feuer; die Jäger werfen sich auf ihre Pferde, und:

Fort galopiren die Rosse:
   es fliegen die Meilen zurück!
Doch die sengende Woge kommt näher
   und fesselt mit Graun den Blick.
Sie dehnt sich zum fernsten Horizont,
   in unabsehbarer Länge,
Und röthliche Wolken thronen darauf;
   hoch wälzt sich heran das schauervolle Gepränge.

Unzählige Thiere, in Todesangst,
   fliehn tobend im Sturmeslauf.
Es störte das feurige Element
   vom Fraß den Coyote auf;
Rasch sprengen die wilden Mustangs vorbei,
   mit flatternden Mähnen und Schweifen;
Wie die fleckigen Präriehühner
   mit lautem Geschrei durch die Lüfte schwirren und pfeifen!

Jetzt Füchse und Antilopen,
   und Wölfe, mit sträubendem Haar,
Gefolgt mit donnerndem Tosen
   von zottiger Büffelschaar.
Von tausend spitzigen Hörnern starrt
   die drohende, brüllende Menge;
Und die Erde bebt und zittert
   von tausend stampfenden Hufen im dichten Gedränge.

Die Rosse jagen schaumbedeckt;
   und rings im bunten Gemisch
Der entsetzten Thiere toll Gewirr,
   und hinten der Flammen Gezisch.

So stürzt durch die Nacht die wilde Jagd,
    beschaut von den stillen Sternen:
Bis im Osten der Sonne Aug' erwacht,
    und ihr rosiger Finger malt die dämmernden Fernen, u. s. w.

Sonntagsblatt des „Cincinnati Volksfreund",
4. Februar 1872.

Die beiden genialen Brüder haben die deutsche Literatur durch die Herausgabe des 2. Bandes der „Adelpha", der wir schon lange mit Spannung entgegensahen, um einen neuen Schatz bereichert. Während Christian die innere Natur mit ihren feineren psychologischen Zügen und ihrem tiefen Gemüthsleben malt, schildert Theodor die äußere in ihren lieblichen, wie wilden Scenerien mit unerreichbarer Treue. Wollte er sich bemühen, die lebendige Schilderung mit dem epischen Gewande zu bekleiden, wie ihm dies so wundervoll in dem Gedichte: „Der Goldmantel des Mount Davidson" gelungen, wo er sie mit dem Schmuck der Sage umhüllt, so müßten wir ihm unstreitig die Palme unter den deutsch-amerikanischen Dichtern zuerkennen. Seine neue Heimath, das Land des Goldes und der Naturwunder, so groß und reich an erhabenen Scenerien, der Tummelplatz eines riesenkräftigen, unternehmenden Volkes, bietet zahlreiche, gewaltige Stoffe dar, die unter seiner Bearbeitung eine neue Bahn in der Dichtkunst brechen würden.

Die Sammlung zerfällt in die Rubriken: Vaterlandslieder, Schleswig-Holstein, Das deutsche Reich, Der Krieger und sein Mädchen, und Bilder aus beiden Hemisphären.

„Die Berechtigung," sagt Christian, „die Menge vaterländischer Gedichte, welche in diesem Jahre erschienen sind, mit dieser neuen Sammlung zu vermehren, suchen die Verfasser derselben in dem Umstande, daß diese Vaterlandslieder die Geschichte der deutschen Einheitsbewegung dem Auslande gegenüber von der Zeit der ersten schleswig-holsteinischen Erhebung an begleiten."

In der That sind die Lieder, nach dem Wunsche der Verfasser ein Sinnbild davon wie sich die Stimmen aus zwei Welttheilen von diesseits und jenseits des Oceans in dem allgemeinen Chor vereinigen, der jetzt des neuen deutschen Reiches Triumph singt. Zugleich beweisen sie, wie die beiden Brüder Meister der Form und einer edlen Sprache sind. Lassen wir hier ein paar Proben folgen.

Der Goldmantel des Mount Davidson.
Von Theodor Kirchhoff.

Und wieder trägt sein Goldgewand
    Der König der Berge im Silberland!

Sechs Jahre steht er im grauen Kleid,
    Sein staubiges Haupt wie mit Asche bestreut;

Dann liegen im festen Schlafe die Zwerg'
    Auf silbernem Lager im tiefen Berg.

Doch wenn der Lenz zum siebenten Mal
    Mit Blumen wandert durch Feld und Thal,

Geht leises Geflüster durch Bergesgrund,
    Und es ruft durch die Felsen mit Geistermund:

Wacht auf, ihr Schläfer, der Lenz hat gebracht
Dem König Nevada's die goldene Pracht!

Da wird's lebendig tief unten dort;
Die Zwerge erwachen und eilen fort,

Hinauf durch die Hallen, die Gänge schnell —
Wo die Felswand glimmert, von Silber hell,

Und in Massen liegt das edle Gestein
Und blinkt bei der Ampeln zitterndem Schein.

Sie steigen aus kalter Erde Schacht
Hinauf, wo die warme Sonne lacht,

Und begrüßen den Lenz, der in Jugendglanz
Geschmückt ist mit leuchtendem Blumenkranz.

Wie ein strahlender Regen fallen licht
Aus dem Kranze ihm goldige Blumen dicht;

Die haschen die Zwerge, geschwind, geschwind,
Wie sie glitzernd und prangend flattern im Wind,

Und schmücken damit des Berges Höh'n,
Wie mit goldenem Mantel, zaubrisch schön: —

Und königlich trägt er sein Goldgewand,
Der reichste der Berge im Silberland!

Der 8500 Fuß hohe Mount Davidson im Staate Nevada, in dem die reichsten Silberminen der Welt, die der Comstock-Erzader, liegen, zeigt, wie alle Berge in jener Gegend, an seinen Abhängen nur eine äußerst kümmerliche und halb verdorrte Vegetation, und gewährt einen traurigen Anblick. In jedem siebenten Frühling dagegen erblühen glänzende goldgelbe Blumen auf ihm in seltener Fülle, bedecken den ganzen Berg und geben ihm unter den umliegenden öden Hügeln und Gebirgskuppen alsdann ein gar prächtiges Aussehen. Im Jahre 1871 trug Mount Davidson wieder seinen Goldmantel.

SUUM CUIQUE.
Von Christian Kirchhoff.
20. Februar 1864.

1.

Wie heißt das Schwert, das nimmer zerbricht,
Das stärker, als Stahl ist und Eisen?
Das Schwert, das heller strahlt als das Licht,

Und siegend sich stets muß erweisen:
Das nicht schartig wird vom gewaltigsten Schlag,
Und nicht rostet, wie lang man's tragen mag.

Das herrlichste Schwert, es heißt das Recht,
Das gottgebor'ne, das reine.
Vor ihm muß sich beugen der Fürst und der Knecht,
Der Brave, so wie der Gemeine.
Und wer sich empört und trotzt auf die Macht,
Den schlägt es zu Boden in all' seiner Pracht.

Und wär's der König, und handelt' er schlecht,
So beschimpft' er die herrlichsten Ehren.
Ja, ehrlos sei, wer da weicht vom Recht;
Laßt den heiligen Fahnen uns schwören.
Auf der Feigheit Schild sei das Wappen die Schand',
Und das Schwert des Rechts zier' unsere Hand.

<hr>

2.

Wenn die Macht liegt mit der Macht im Streite
Und hüben und drüben wirbt um's Recht,
Wo erfahr' ich dann, auf welcher Seite
Seine Liebe ist? Ihr Götter, sprecht!
„Es richten des Rechtes ernste Musen
Mit höchster Hoheit in deinem Busen.“

Wer aber wird denn, was in der Welt
Geschehn und bestehn soll, richtend entscheiden?
Denn man kann nicht ewig beweisen und schelten,
Und Etwas muß am Ende gelten.
Die Macht spricht Recht da für Einen von Beiden,
Wie der eherne Würfel des Krieges fällt.“

<hr>

„Das Recht ist besser als die Macht.„
Verstehst du denn auch, was da sagst,
Wenn du so nutzlos klagst und klagst?
Verliehn wird Recht auch von der Macht:
Und wer's nicht selber sich schaffen kann,
Der zahlt für Hülfe dem stärkern Mann.

A. G.